教育學

林重新　編著

自序

　　教育學是研究所必考的科目之一，目的在測試考生對教育通盤瞭解的程度，其範圍相當廣泛，又常考時事，須有妥善準備才能得高分，本書即針對教育學考試的性質而寫。

本書特色

　　1.本書取材廣泛，儘量含蓋所有出題範圍：本書共四十章，所含蓋的領域有——心理學、哲學、教育史、教育社會學、課程與教學、教育行政、班級經營、多元評量、輔導、終身教育、特殊教育及教育研究等，內容相當完備。

　　2.內容深入淺出，符合考試錄取的高水準要求：研究所考試競爭激烈，要如何在眾多的競爭者中脫穎而出呢？其答題必須是有思想、有見地、展現出考生對某項議題的深刻瞭解與批判。

　　3.細心蒐集歷屆試題，且正確而深入的分析：研究所考高分的方法就是多看、多做考古題，以形成應考的心向。多看考古題可以瞭解考試趨勢，以便集中火力準備，而多做考古題則可促進思考及臨場感。本書網羅近十年考題，並且深入的分析，對考生有示範及引導作用。

　　4.抓住考試的脈絡與趨勢：脈絡是指過去的一貫出題情形，有些重要的概念一再出現，例如：皮亞傑、杜威、衝突論、和諧論、自然主義、人本主義、合作學習、電腦輔助教學、領導理論、動機理論、班級經營、質與量之研究取向、行動研究法……等。而趨勢是指目前及未來常考者，例如：九年一貫課程綱要、多元評量、混沌理論、多元文化教育、鄉土教學、教育機會均等、創造思考教學、建構教學、批判思考教學、課程統整、學校本位管理、終身教育、特殊教育……等，在本書中都有詳細的討論。

　　5.內容新近抓住命題趨勢：本書內容極新，而且將最近重要的法

案與議題收錄於附錄之中，考生應有通盤的瞭解，並在社會趨勢（例如：人本關懷、多元思想）的大架構下做答，才會得高分（答題符合現在、未來思潮）。

本書寫作架構

　　研究所教育學的考試範圍很廣，只要與教育有關的議題即是出題的範圍。

　　核心理論與相關理論。核心理論部分為考教育學必備的基本知識，應予以精熟，包含：教育心理學、教育史哲學、教育社會學、課程與教學及教育行政學。相關理論部分包含有：班級經營、多元評量、輔導、成人教育、終身教育、特殊教育、教育研究與教育法規等，常與核心理論搭配考出。本書的寫作架構圖示如下：

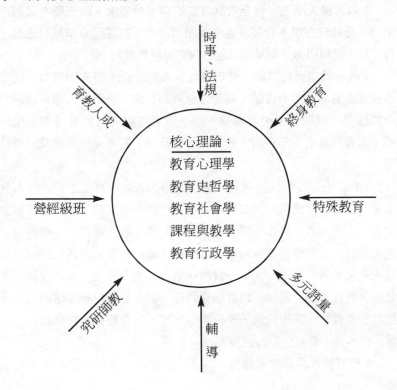

筆者建議下列的準備程序：（1）先精熟核心理論以便打好教育學之基礎；（2）依考試之學校、科目性質（例如：綜合大學之教育所、師院之國民教育所、成人教育學、教師在職進修班〔教學碩士、教育行政碩士、特殊教育〕）以及目前考試的趨勢，（例如：九年一貫國教、多元評量、課程統整、師資培育、教育權下放、終身教育等）選擇瞭解相關理論；（3）將核心理論與相關理論予以融會貫通：研究所考試常具有批判性，考生必須能在融會各種理論、應用與時事的前提下針對議題予以批判，才會得高分。筆者舉幾個曾考過的例子解說融會貫通：「如何提升自閉症、過動兒的注意力與學習？」（教心＋班級經營＋課程與教學＋特殊教育），「試從哲學、心理學、社會學、行政學等層面闡述教育的意義」，「目前國內最極迫解決的教育問題有哪些？應如何解決？」（時事法規＋教育行政〔例如：高中多元入學問題〕、教心〔建構教學之實施〕、成人教育＋教育社會學（城、鄉教育資源不均的問題）、課程與教學（九年一貫課程、課程統整）、多元評量（九年一貫課程等）。

教育學準備方法

1.對一般性議題做概念性的瞭解，以充實背景知識。

2.多花時間準備目前常考的趨勢性題目（例如：九年一貫課程）。

3.融會貫通——問題的形成與解決通常都很複雜，考生應能從不同的層面（心理、社會、哲學、行政）來解答問題。

4.多注意時事，像報紙、期刊、網路等多看。

5.多蒐集與做考古題。

6.回答時注重批判性思考：先求正確，再求深入，須有自己獨到的見解。

7.多請教考上的學生。

謹筆者任教於研究所多年，深入瞭解考試的脈動，本書的寫作非常嚴謹，相信有助於您的成功。研究所在培養做學問追求真理的能

力，對個人的生命將有重大的影響，但其準備卻是艱辛的，需有相當
的決心、毅力與勇氣方能成功。如果您下定決心努力追求，就是一位
勇者，在此預祝您成功，並引一段話共勉：「大獎總是無人取得，
但，命運之神總是眷顧勇敢之人。」

林重新

2001年8月

目次

1 教育心理學

有關教育的心理學理論與試題絕大部分出於此三大學派——行為、認知與人本，因此對其透徹的瞭解，是教育學考試的基本修行。考試的方式可以：

　　1.比較各派對學習的觀點與由此所衍生之教學原理、教學與學習方法。

　　2.與哲學一起考：例如，各心理學派對人性的基本假設與教育目的。

　　3.與教師領導及班級經營一起考。

　　4.與道德發展一起考，例如，道德發展與認知發展的關係。

　　5.與動機理論、教育行政、電腦輔助教學、特殊教育、教育改革……一起考。

行為學派

代表人物

　　行為學派（behavioral theory）的代表人物有：巴夫洛夫（Pavlov）、華生（Watson）、史金納（Skinner）、桑代克（Thorndike）、班都拉（Bandura）等。

內涵

　　1.重視實證。

　　2.視學習之歷程為一種制約作用（conditioning）。

　　3.學習是一種刺激——反應間的聯結，故又稱為「聯結論」，或刺激——反應論（stimulus-response theory, S-R theory）。

　　4.又分為三大理論：經典條件作用、操作條件作用與社會學習論。

經典條件作用（classical conditioning）

1.源於蘇聯生理學家巴夫洛夫（Pavlov）對狗的實驗，意外發現當狗聽到助理送食物的腳步聲時，會分泌唾液，因而提出古典制約刺激的理論如下：（張春興）

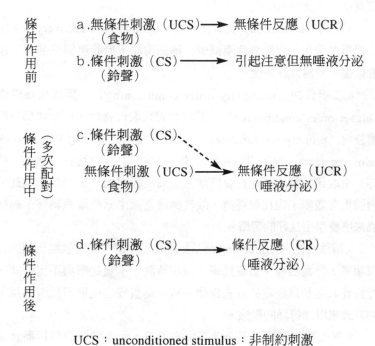

UCS：unconditioned stimulus：非制約刺激
UCR：unconditioned response：非制約反應
CS：conditioned stimulus：制約刺激
CR：conditioned response：制約反應

此圖中之步驟C（條件作用中）是一個配對（鈴聲與食物）與刺激取代（鈴聲取代）食物之歷程，而成功基礎則在於多次的重複養成習慣及後效強化（增強、處罰）。

經典條件作用的行爲原則

1.強化（或增強）（reinforcement）：目的在加強刺激與反應間之聯結或解除聯結（反制約刺激）有正增強、負增強及處罰三種形式。

2.類化（generalization）與區辨（discrimination）：類化與辨別應交互使用才能促進精確的學習。

3.消弱（extinction）與自然恢復（spontaneous recovery）：如果不再提供強化，反應會逐漸減少，稱爲消弱，但若再提供強化，反應會恢復，稱爲自然恢復。

4.二級條件（secondary-order conditioning）：與高級條件作用（higher-order conditioning）：若以鈴聲來取代食物，則食物稱爲原級增強物（primary reinforcement），而鈴聲稱爲二級增強物（secondary reinforcement），但若再以其他方式（通常是社會性增強：讚美、擁抱等）來取代鈴聲，則此社會性增強是爲高級增強。高級增強遠比原級增強更有效率，也比較經濟，故教師應逐漸由原級增強轉移至高級增強來培養學生良好的習慣。

5.增強時制（reinforcement schedule）：是有關增強物出現的方式與頻率，分爲四種：固定比率、固定時間、不定比率與不定時間，在行爲養成之初以固定的方式爲佳，待行爲養成之後則可以改爲以不定的方式來增加行爲的動機。

6.增強物的選擇必須考慮學生的需要，太多會造成饜足而喪失增強物的價值，太少不容易得到，也會喪失求取的動機。

7.教室恐懼症（classroom phobia）：是經由古典制約的方式建立的，處理的方式有認知治療或反制約（conter-conditioning）。

操作條件作用

操作條件作用（operant conditioning）是指實驗者在刺激情境中，針對個體多個自發性反應中的某一反應予以強化，從而建立刺激與反應間之關係。其中以桑代克的餓貓實驗最有名。

桑代克的學習理論

1. 認為學習是一種嘗試錯誤的歷程。
2. 學習的三大定律：

◇練習律（law of exercise）：練習越多，刺激與反應間之聯結越強。

◇準備律（law of rediness）：即身、心的成熟狀況。

◇效果律（law of effect）：利用獎賞與懲罰來促進學習。

3. 反對形式訓練說，主張同元素論（identical elements theory），認為只有類似的東西才具有遷移的效果。

4. 將傳統的哲學取向的心理學轉化為科學的研究方式，被譽為教育心理學之父。

史金納

以史金納箱（Skinner box）的實驗著名，老鼠偶爾壓桿得到食物，數次後，得到食物（強化）的老鼠會自動表現出壓桿的行為（操作行為），其學習理論被視為環境決定論。

行為學派之教室管理方法

1. 代弊制（token economy），以記分→換獎品的方式來管理班級次序。
2. 連續漸進法（successive approximation），以分解動作及後效強化的方式，逐部養成某種行為。
3. 行為改變技術（behavior modification），其原理同連續漸進法。
4. 正增強（positive reinforcement）、負增強（negative reinforcement）與處罰（punishment）：

◇正增強：給予某種強化（刺激）後，個體會表現可欲行為。

◇負增強：取消個體的可欲行為後，會增強個體表現某一目標行為，例如，關掉電視，小孩去做功課。

社會學習論

社會學習論（social learning theory）為班都拉（Albert Bandura）所提，注重觀察學習與自我強化。其特點：

觀察學習

觀察學習（observational learning）並非完全需透過親身經驗（直接經驗）學習而來，尚可透過別人的經驗（間接經驗）來學習，這種學習模式稱之為替代學習（vicarious learning），其歷程為：注意→記憶→複製動作→受到鼓勵→表現行為。

模仿

模仿又稱楷模學習（modeling），有四種方式：

1.直接模仿（direct modeling）：簡單的直接模仿。

2.綜合模仿（synthesized modeling）：例如，幼兒觀察哥哥踩在椅子上拿書，母親也踩在椅子上擦窗子，因而學到踩在椅子上拿東西的行為。

3.象徵模仿（symbolic modeling）：對楷模的模仿不是表面的具體行為，而是背後的抽象精神。

4.抽象模仿（abstract modeling）：學習者習得抽象的原則，例如，數學解題原則。

自我增強與自我評價

班都拉強調個人的主動性，並鼓勵學生自律行為的養成；透過自我觀察→自我評價（self-evaluative）與自我增強（self-reinforcement）的程序來促進學習與反省。班都拉的理論說明身教的重要性。

認知學派

布魯納

1.布魯納（Bruner）將認知表徵的發展分為三個階段：

◇動作表徵（enactive representation）：幼兒利用動作去認識周遭的事物，類似皮亞傑的感覺動作期。

◇形象表徵（iconic representation）：兒童經由記憶中的心象（mental image）來獲取知識，類似皮亞傑的具體運思期。

◇符號表徵（symbolic representation）：以符號、語文、文字的方式來認知，類似皮亞傑的形式運思期。

2.發現學習（discovery learning）：

◇發現學習的概念是布魯納提出的，目的在讓學生處於結構化的學習情境，從而自行發現知識。

◇布魯納指出，學習情境需具有結構之原因：

◆具有結構之教材，記憶才會持久，不易遺忘。

◆由結構中學到之原理原則有助於正向遷移。

◆具結構中的學習，有助於理解。

◇發現學習過程中所得的正確與錯誤答案都具同等價值。

◇教學設計的四原則：

◆教師清楚解說學習情境與教材性質。

◆教師必須配合學生之經驗組織教材。

◆教材的組織依螺旋式課程（spiral curriculum）結構。

◆教材的安排必須考慮學生之動機維持，不可以太難或太容易。

◇發現學習的優點：

◆學生自行發現與組織知識有利於長期記憶。

◆學生主動思維的學習有助於智慧的增進。

◆學生主動發現的過程獲得滿足，不須靠外在的獎賞。

◆養成學生自動自發的獨立精神。

◇發現學習的限制：

◆學生必須具有相當的先備知識與動機。

◆若在發現問題的過程有疑難求助於教師又不得要領，容易產生挫折感。

◆團體中的討論可能抑制能力差者之發言機會。

◆個別能力的差異會影響到發現學習的成效，不一定適合能力差者。

皮亞傑

著名瑞士心理學家皮亞傑（Piaget），首先以質性方式觀察幼兒智力的發展，提出智力的發展是質變而非量變的概念。

認知結構

認知結構（cognitive structure）是皮亞傑理論的中心概念，是一種抽象的形式，具有整體性（wholeness）、轉變性（trans- formation）與自我調節性（self-regulation）等特性，會隨年齡的增長而改變。

基模

認知結構的組成單位是基模（schema），是一種思考與行動的結構或組織，且可以在類似的環境中產生類化或遷移。基模之間彼此交互作用而產生同化（assimilation）或調適（accommodation）。基模具有三項特性：

1.由一系列相關的認知內容所組成。

2.分為感覺動作與認知兩種形式。

3.具有協調與綜合（syntheses）的特性。

認知功能（cognitive function）

1.適應（adaptation）：個體適應環境變遷而調整認知結構。

2.組織（organization）：個體組織相關的基模以解決問題。

認知發展階段

皮亞傑的認知發展論具三項特徵：

1.發展是有次序的。

2.以整體的結構解釋各階段的行為模式。

3.各階段具整體性且不可更換。

另外，認知發展可分為四階段：

1.感覺動作期（sensorimotor stage）：約出生～2歲，以感覺與動作來認識世界。

2.前運思期（preoperational stage）：約2～7歲之幼童，可以開始運用語言、圖形等符號從事思考。但其邏輯推理並不周密，此時期兒童的特徵有：具體（concreteness）、不可逆性（irrevers-ibility）、自我中心（egocentrism）、知覺集中現象（centering）等。

3.具體運思期（concrete operational stage）：約7～11歲，此時兒童能以具體實物來推理，其特徵有：

◇思考由籠統至分化（from global to differentiated thought）。

◇思考由絕對到相對（from static to dynamic thought）。

◇思考由靜態至動態（form static to dynamic thought）。

4.形式運思期（formal operational stage）：約11歲以後之兒童，可以使用概念的、抽象的、合於邏輯的思考。此時期兒童的特徵有：

◇能處理假設性的問題。

◇能同時以兩種方式來思考。

◇具有應變與綜合能力。

道德認知發展

皮亞傑將兒童之道德發展分為：

1.無律期：無任何的道德判斷，行事憑自由意志。

2.他律期：兒童以成人的法規來判斷行為之後果。

3.自律期：以互相尊重為基礎之合作性道德觀（the morality of cooperation）。

限制

1.皮亞傑的理論又稱發生知識論（genetic epistemology），偏重兒童認知發展的研究，卻較少談論兒童的社會發展。

2.皮亞傑的理論較偏重於自然預備說，因此較不具教育的價值。

3.各年齡之實際發展水準與理論有差距，低估了幼兒卻高估了青少年。

貢獻

1.確認認知發展的主動性。

2.提出智力發展的階段看法是質變而非量變。

3.促進質性智力評量的發展（皮亞傑量表）。

維果茨基

1.維果茨基（Vygotsky）為蘇聯心理學家，其主要著作《思想與語言》，因為對教育採積極的看法（鷹架理論）成為教育心理學考試的熱門人物。

2.認為社會文化是影響兒童認知發展的要素，改善兒童的社會環境，將能促進兒童的認知發展。

3.強調兒童自我中心語言（egocentric speech）的重要性，維果茨基認為兒童藉自我中心語言（類似自言自語）來調和其思想與行動，當兒童遭遇之問題越困難，思考活動越活躍時，其自我中心語言也越多。

4.近側發展區（zone of proximal development, ZPD），為維果茨基理論中最重要者，兒童目前的表現水準與經由別人幫助後可達的水準間的差距稱為近側發展區，教師的任務之一就是發掘個別學生的近側發展區，並助其能力發展至近側發展區之上限。

5.鷹架作用（scaffolding）：維果茨基認為教師或能力高的同儕可以對兒童提出適當的協助，促進其能力的成長。

6.教學上應將學生置於由接近全知而又不能全知的情境。

7.維果茨基的理論可視為加速預備說，其缺點是每個學生的近側發展區，每一科目之近側發展區在哪裏，發展極限又在哪裏，不容易確認。

奧蘇貝爾（Ausubel）

1.倡導有意義的學習（meaningful learning），關心教材組織及學習歷程，其理論最接近教育心理學。

2.將概念以層次性結構分為要領概念（superordinate concept）與附屬概念（subordinate concept），附屬概念為事實或細節等瑣碎性記憶，容易忘記，而要領概念為一種原則性的學習，是個人的先備基礎知識，經久不忘，類似認知結構的概念，而學習主要是學要領概念。

3.前導組織（advance organizer）：在學習前，教師將教學內容與舊知識相關的概念先提出來，給予學生提示，以利學習，此種教學步驟即為前導組織。

4.接受學習（reception learning）：並非被動的學習，而是學生依教師所提之前導組織，以主動的學習歷程，運用本身的先備知識以求知。

5.講解式教學（expositive teaching）：教師系統化且詳細的規劃與組織教材後條理分明的呈現給學生，其程序為：

◇提示前導組織。
◇呈現學習材料。
◇漸近分化（progressive differentiation）：從一般概念至特殊概念。
◇統整調和（integrative reconciliation）：將分化後的知識統合成有組織的整體。

蓋聶（Gagne）

1.學習層次（learning hierarchies）理論：蓋聶將學習的結果分為八種層次：

◇訊號學習（signal learning），即一種反射的，非自主的學習。
◇刺激──反應學習（stimulus-response），為一種自主的反應。
◇連鎖（chaining）：由刺激──反應所組成的一連串行為。
◇文字的聯結（verbal association）：一連串的文字反應，例如，單字、句子、作文等。
◇多重區辨（multiple discrimination）：在一組刺激中能辨別各刺激的屬性，例如，能叫出班上同學的名字。
◇觀念學習（concept learning）為抽象概念的學習。
◇原則學習（rule concept），例如，學會四則運算的原則。
◇問題解決學習（problem-solving）。

蓋聶認為教學應促進觀念、原則的學習，與培養學生問題解決的能力。

2.學習結果：蓋聶認為上述的學習層次在教學上可以產生五種學習的結果：

◇動作技能（motor skills）。

◇語文資料（verbal information）：說明與溝通訊息。

◇智慧的技能（intellectual skills）：例如，對環保方法的解說。

◇認知的策略（cognitive strategies）。

◇態度（attitude）。

3.教學設計：蓋聶很強調用科學的方法來從事教學設計，首先應對教學內容做工作分析（task analysis），工作分析的步驟為：

◇教材進行順序分析。

◇學生行為分析。

◇教材內容分析。

◇學生表現行為分析。

4.完整教學設計的流程為：

◇以操作性定義界定目標。

◇流程應以學習階層及工作分析為根據。

◇規劃教學事件，研擬教學活動。

◇評量學生之表現。

5.蓋聶以科學方法來促進學習對講求效率的現代社會有很大幫助。

訊息處理論

訊息處理論（information-processing theory）主要在探討人類之感官記憶、注意、辨識、編碼、記憶與學習之關係，其發展間接促進了通訊與電腦的研究。

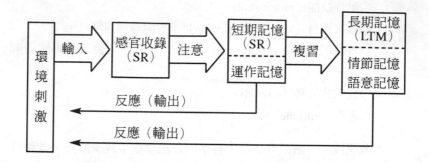

訊息處理的歷程

認知心理學家認為訊息處理分為三個階段，彼此獨立又相互交流：

1.感官收錄（sensory register, SR），在3秒以下，個人依感官（視、聽、嗅、味）對外在刺激的短暫記憶。若個人決定對感官記憶予以注意，則可以加以編碼或輸入至短期記憶。

2.短期記憶（short-term memory, STM），在20秒以內，具有運作記憶（working memory, WM）的功能，指個體對訊息在此做進一步處理予以理解，如有需要則經過複習的程序可以進入到長期記憶。

3.長期記憶（long-term memory, LTM），訊息保留的時間與容量，理論上是無限的，而貯存的訊息又分為兩大類：（1）情節式記憶（episodic memory）指與生活情節有關的實況記憶；與（2）語意記憶（semantic memory），指有關語文表達的記憶。

訊息處理論的教學原則

1.短期記憶的策略：

◇先從注意開始。

◇多碼並用原則：例如，在記單字時，可以同時唸出來（聲碼）、手寫（動碼），並記住其意義（意碼）。

◇意元集組原則：短期記憶的容量雖然只有七位數，但是可以經由將記憶的內容組織成意元（有意義的一組符號）的方式來增加短期記憶的容量。

◇運作記憶原則：即在記憶時，留意訊息的特徵與脈絡，可以幫助記憶。

◇複習原則。

2.長期記憶的策略：

◇有計畫的練習，內容少時可以使用集中練習，內容多時應使用分散練習。

◇軌跡法（loci method）：以熟悉的空間心象去回憶需記憶的事務。

◇字鉤法（peg-word method）：常用於序列學習，當事物的名稱有順序時適合使用，例如：（1）表示門；（2）表示沙發；（3）表示冰箱，可以在此三件物品上掛上要記的事物，例如，想依次買三樣東西：麵包、衛生紙、沙拉油，則可以在心中默想：門在吃麵包、又衛生紙做的沙發、打開冰箱裏面都是沙拉油、越滑稽，記憶越深刻。

◇關鍵字法（key-word method）。

◇主觀組織法（subjective organization）：以個人主觀心理的運作，將看似無組織的內容組織起來（張春興）。

以上所述的短期與長期記憶的策略，適用於機械式的學習，但陳述性的知識則需以理解爲主，其記憶的策略有：

1.特別著重理解。

2.雙向處理策略——SQ3R：即瀏覽（survey）、質疑（question）、閱讀（read）、記誦（recite）與複習（review）。

3.做筆記、摘要（張春興）。

認知風格

認知風格（cognitive style）是指個人處理訊息的方式，最早被研究的取向是場獨立與場依賴，場獨立型的兒童較能從複雜的圖畫中找出隱藏的部分，而場依賴型的學生則較爲依靠環境或背景的線索以幫助回憶。此外尚有衝動型、沉思型、掃描型（scanning style）對聚焦型（focusing）、認知綜合型（cognitive complexity style）對認知簡約型（cognitive simplicity style）……等等。各類型的認知形式都各有其優、缺點，在教學上首先教師應先瞭解個別學生的認知形式，配合其認知形式，最後再教其不同的認知形式。

學習類型

學習類型（learning style）的含義較認知類型更廣，類似一種學習的習慣，且受四種因素交互作用的影響：
1.環境面：聲音、溫度、座位……等等。
2.情意面：成就動機、堅持度、時序感等。
3.生理面：知覺偏好、體能特徵、時間知覺。
4.社會面：獨處、小組合作、成人支持等。教師應瞭解學生個別的學習傾向以作爲教學的參考。

人本主義

人本主義（humanistic psychology）源於存在主義與現象學，興起於1950年代中期，是對精神分析論與行爲論的反動，又稱爲第三勢力；目前的教育主流思潮之一即是人本主義，其具體呈現的有開放教育、夏山學校、森林小學等。人本主義的代表人物有馬斯洛與羅吉

斯，他們相信人性本善，且人先天有學習及自我實現的潛能。具體而言，人本主義有四項基本原則：

1.注重人本身的經驗（experience），而外顯行為次之。

2.強調人的獨特性、創造性、選擇性與自我實現，反對機械論。

3.注重事物本身的意義性，反對過分強調客觀。

4.尊重個人的人性尊嚴與價值，關心每一個人的天賦與潛能的發展，及個人與社會的關係（鄭玉卿）。

馬斯洛（Maslow）

1.主張人性本善，且人性具有普通性與獨特性。

2.人性是整體的而非部分的總和。

3.人有向高層次發展的傾向，而成長的動力源於自己。

4.需求層次論，由底層至高層分別為：生理需求、安全需求、愛與歸屬的需求、尊重需求與自我實現需求、知識與理解需求與審美需求。

5.高峰經驗（peak-experience），是一種強烈的自我認同體驗與幸福感（鄭玉卿）。

羅吉斯（Rogers）

1.認為人性是善良而合理的。

2.相信人是主觀的、有尊嚴的。

3.人有自我實現的潛能。

4.教師或治療者：應對學生保持三種態度：同理心、真誠一致、無條件積極關注。

開放教室與開放教育（open education）

人本主義的實施最具代表之一，就是開放教室（open classroom），具有下列特徵：

1.學生主導自己學習。

2.採診斷式的成績評量，評量的目的不在比較而在找出學習的困難。

3.注重學生自我評量。

4.教材多元化，不採用固定的課本。

5.注重個別化教學，學生依自己的能力決定進度。

6.採混合編班教學模式；不以年級爲編班的依據，而是以能力爲編班的依據。

7.採無隔間開放教室。

8.教師合作協同教學（張春興）。

人本心理學實踐的限制

人本心理學一切以兒童爲主，若對兒童沒有適當的規範，可能會淪爲新放任主義（new permissivist），其主要的限制爲：

1.缺乏明確的目標，例如，自我實現就很籠統。

2.缺乏周詳設計。

3.缺乏評量的依據。

4.缺乏理念共識（張春興）。

2 發展心理學

精神分析論

佛洛依德（Freud）首創精神分析論（the psychoanalysis theory），開啓人性研究的心理學取向，貢獻卓著。其著作較有名的有：《夢的解析》（*The Interpretation of Dream*）、《性學三論》（*Three Essays on the Theory of Sexuality*），以及《論本能及其變異》（*Instincts and Their Vicissitudes*）、《精神分析新論》（*New Introductory Lectures on Psychoanalysis*）。

人格結構觀

佛洛依德認爲人格是由三部分所構成的：

1.本我：以滿足需求爲主，是非道德、非理性的，受制於快樂原則（the pleasure principle）。

2.自我：是人格的核心，具有管理、控制、與協調的功能，與外界接觸，能意識到自己及客觀世界與自己本身的限制。

3.超我：是人格結構中的道德部分，從小由社會化的經歷而逐漸形成。超我由兩個次級系統所組成：良心（conscience）與自我理想（ego idea）。

意識

1.潛意識：是所有慾力（動能）的來源，包含生之本能與死之本能兩個部分。

2.前意識：是意識與下意識的中介歷程，是被擱置的舊有經驗，一般情況不會被覺察到，只有當被注意時，才會被提取至意識界，予以重溫理解。

3.意識：功能是察覺精神本質，其活動包含感覺、知覺、情感、思考等，只占心靈的一小部分，且是受到潛意識的巨大影響。

焦慮

焦慮一般人都會有，產生的原因是本我與超我的衝突，又分為：現實性焦慮，來自環境的威脅；神經性焦慮，是本能與自我的衝突；道德性焦慮，超我受到威脅時的反應。對焦慮的處理方式有積極式（昇華、問題、解決）也有消極方式（自我防衛機轉）。

性──心理發展（psychosexual development）

佛洛依德認為，人格的發展完全受到性的因素所控制，其將人格發展分為五期：

1.口腔期（0～1歲）：嬰兒由吸吮而感到滿足與安全，其快感區是口腔的周圍，佛氏認為此時是一生中人格發展最重要的時期。

2.肛門期（1～3歲）：肛門期的主要挑戰為大、小便訓練，此時的快感區以腔門四周最為強烈。幼兒開始感受到來自父母的權威與負面情緒，並且第一次感到自己的控制力（控制大、小便）。

3.性器期（3～5歲）：快感地帶由肛門移至生殖器周圍，幼兒開始對性別有所瞭解，知道自己是男生或女生，並開始發展走路、說話、思考、肌肉控制與人際互動技巧。此時男孩會發展出戀母情結與閹割恐懼，而女孩會發展出戀父情結。

4.潛伏期（5～12歲）：此時期兒童的性趨力暫時被其他社會興趣所取代（學校生活、學習、運動、交同性朋友），潛伏期的主要任務就是學習。

5.兩性期（12歲～成年）：人生發展的最終階段，此時期以繁衍後代與性活動為主要任務。而個人由父母、原生家庭中獨立，尋找職業與伴侶。

優點

提出潛意識、自我防衛機轉、焦慮等概念，以及重視早年生活對後期的影響，應是劃時代的貢獻。

限制

    1.只重視早期經驗的影響，忽略人生全程之發展。

    2.以性為影響人格的最重要因素，忽略了社會文化的影響及人的自主性，落入決定論的泥淖。

艾瑞克森的心理社會論

    艾瑞克森（Erikson）的心理社會論（psychosocial theory）屬新精神分析學派，不同於精神分析論的地方有：

    1.重視人生全程的發展。

    2.重視社會文化的影響。

    3.相信人性自主（反決定論）。

    他提出發展危機論，每一個階段都有特定的發展任務，若順利解決，則此危機可以是轉機。艾瑞克森認為人生全程發展可分為八個階段，其內容如下表：

艾瑞克森八階段之危機與特色			
階　　　段	年　齡	若成功解決 將導致	若失敗 將導致
1、信任 vs. 不信任	0～1歲	希　望	害　怕
2、自主 vs. 害羞、懷疑	1～3歲	意志力	自我懷疑
3、主動性 vs. 罪惡感	4～5歲	生活有目的	無價值感
4、勤勉 vs. 自卑感	6～11歲	勝任感	無能感
5、自我認同 vs. 角色混淆	12～20歲	忠　實	不確定
6、親密 vs. 孤立	20～24歲	愛　情	離　婚
7、生產 vs. 停滯	25～65歲	關　心	自　私
8、自我統整 vs.失望	65歲以上	智　慧	無意義、絕望

資料來源：林淑梨等。《人格心理學》。頁140。

艾瑞克森認爲在此八階段之中以第五階段：自我認同 vs. 角色混淆最重要，此階段是人生中許多重要的抉擇時期，包含職業與婚姻的抉擇。

柯柏格的道德發展

　　柯柏格（Kohlberg）將道德的認知發展分爲三個時期，六個階段如下：

道德成規前期

　　道德成規前期（preconventional level）的兒童對是非判斷的標準是以大人的權威及行爲後果爲準，又分爲兩階段：

1.階段一：處罰服從導向（the punishment-and-obedience orientation）：對權威的盲目順從。
2.階段二：相對功利導向（the instrumental-relativist orientation）：人際互動如同一場交易，行爲的動機出於互惠。

道德成規期

　　道德成規期（conventional level）尊重社會規範與法律，又分爲：

1.階段一：人際關係導向（the interpersonal concordance）：行事的動機在維持良好的人際關係，促進和協，符合別人的期待。
2.階段二：法律和秩序導向（the law-and-order orientation）遵守法律的規範，善盡職責，維護社會安寧。

道德成規後期

　　道德成規後期（postconventional level）以普遍性的道德的價值或利他行爲行事的動機：

1.社會契約取向（the social-contract orientation）：考慮到個人的價值及意見的相對性，不死守法律。

2.普遍倫理原則（the universal ethical principle）：考慮到普遍接受的倫理律則、社會正義與人權。

教育上

教育上柯伯格提出「道德兩難教學法」，及「道德加一原則」做為提昇個人道德認知層次的方法。

限制

其限制是知與行不一定合一，道德認知與行動有差距。

智力發展

智力的發展有兩個研究取向：

1.哪些因素影響智力的發展？遺傳與環境各扮演什麼作用？

2.智力發展與年齡的關係。

遺傳限（reaction range）

一般認為智力的發展是遺傳與環境交互作用的結果，早期受到遺傳因素的影響較大，爾後環境的影響加深，遺傳設定了個體智力發展的範圍，而環境決定個體是在此範圍的上限、中等或下限，如下圖所示（張春興）：

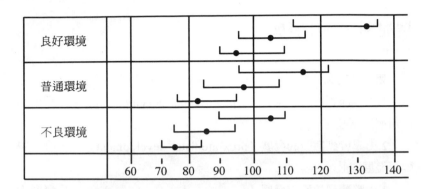

良好環境								
普通環境								
不良環境								
	60	70	80	90	100	110	120	130	140

資料來源：張春興。《現代心理學》。頁456。

Cattell（卡泰爾）智力雙因論

卡泰爾將智力分爲流體智力與晶體智力，前者與各人的動作反應有關，會隨時間的增加而變弱，後者屬社會智力，越老越佳。

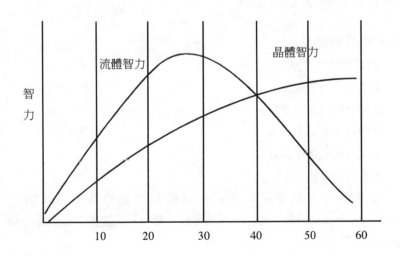

嬰兒期之動作發展

嬰兒期的動作發展（motor development）遵循三種模式：

1.由首部到尾端的發展（cephalocaudal development）；先發展頭部再發展下肢。

2.由軀幹到四肢的發展（proximodistal development）：先發展軀幹再發展四肢。

3.由整體到特殊的發展（mass-specific development）：先發展大塊肌肉活動，再發展小肌肉活動。

語言發展

孔斯基的論點

孔斯基（Comsky）認為，人類天生具有語言習得裝置（lanquage acquisition device, LAD），所以可以習得各類語言，而動物沒有此類能力，因此無法學習人類的語言。

語言發展的階段

語言發展共經歷五個階段：

1.早期的發音練習。

2.發展對語言的覺察。

3.發展命名式的語法。

4.發展核心常用語句。

5.發展複雜語句。

艾瑞克森認為，兒童在三歲以前是發展自我中心式語言（egocentric speech），三歲以後逐漸發展社會中心式語言（sociocentric speech）（廖鳳池等）。

試題分析

一、試從各種人格理論來說明如何培養國小兒童的健全人格。【屏師 82】

　　註：此題是教心根本的問題之一，考生應先簡介各學派的代表人物及理論的要點，之後回答「如何培養」的問題，尤其特別注重國小時期兒童發展的特色。

答：（一）精神分析論

　　　　1.代表人物：Freud。

　　　　2.理論重點：人格結構觀、人格動力觀、人格的性發展論，而國小是潛伏期，主要的發展任務是努力用功以及學業上的成就。

　　　　3.如何培養建全人格：藉減低或解除焦慮的方法，使人格順利的成長，並且避免「固著」現象的產生，方法有：適度的使用自我防衛機轉、昇華、轉向與渲洩等。

　　（二）行為學派

　　　　1.代表人物：Pavlov、Skinner、Watson、Thordike等。

　　　　2.理論重點：環境決定論，認為人格的好壞是由後天環境所塑造的，因此要塑造良好的人格首先要提供良好的環境，然後利用外控的方式（古典制約、操作制約、後效強化、行為塑造法、行為改變技術）等方式，逐漸塑造兒童的人格。

　　（三）人本學派

　　　　1.代表人物：Rogers、Maslow。

　　　　2.理論重點：自我實現、高峰經驗認為，人性本善，且有自我實現的傾向；因此，教師、父母應提供兒童良好的環境，在此環境中兒童自然會發揮其良善的天性與自我實現的本能，大人的任務在引導而非干涉。

（四）社會學習論

　　　1.代表人物：Bandura。

　　　2.理論重點：認爲可透過觀察，模仿與自律的方式培養兒童健全的人格，強調身教、境教與自我反省之重要性。

二、試述馬斯洛（Maslow）之需求（動機）階層論，及其對教育的意涵？【屛師83】

答：（一）馬斯洛將需求分爲五個層次由低而高分別爲：

　　　1.生理需求。

　　　2.安全需求。

　　　3.愛與隸屬的需求（人際關係）。

　　　4.自尊需求。

　　　5.自我實現需求。

　（二）馬斯洛認爲：

　　　1.需求是有次序性的，先滿足底層需求，再逐漸滿足高層需求。

　　　2.呈遞減比率：例如，生理需求滿足80％，就可進入安全需求，而安全需求滿足60％就可進入人際關係需求。

　　　3.呈金字塔形，多數人底層需求較多。

　（三）在教育上的應用：

　　　1.先瞭解學生之需求層次。

　　　2.以學生所需之最底層需求層次開始鼓勵學生。

　　　3.當底層需求層次滿足後逐漸鼓勵其追求較高層次需求的滿足。

　　　4.最終促其自我實現。

三、請舉例說明皮亞傑（J. Piaget）的同化（assimilation）及適應（accommodation）？【屛師83】

答：皮亞傑以認知基模及架構的概念解釋個體與環境互動的歷程，認

知架構是由基模（schema）所組成，而其運作的方式有兩種：同化與調適，所謂同化是指原來的基模可以處理新的問題，例如用筷子來吃西餐，而調適（適應）則是原來的基模無法處理新情境，則個體必須徹底的改變原有基模以適應新情境，例如改用刀、叉吃西餐。

四、試說明皮亞傑（Piaget）的認知發展理論在教學上的應用？【屏師84】

答：（一）皮亞傑認為，認知是主動建構的歷程，所以教師不應使用灌輸式的學習方式，而應鼓勵與輔導學生主動學習。

（二）將認知發展分為四個時期：感覺動作期、運思前期、具體運思期與形式運思期；皮亞傑認為，認知的發展是質變而非量變，也就是說各時期的思考模式是不一樣的，因此在教學上首先教師必須瞭解個別學生的思考認知發展模式，並且在教學上以其所理解的模式呈現給學生。

（三）皮亞傑認為，教師應同時注意學生正確的與錯誤的答案，因為錯誤的答案指出學生的思考模式。

五、試討論訊息處理模式之認知發展觀點在教學上之應用。【屏師85】

答：訊息處理模式（information-processing theory of learning）在處理感官、注意、短期記憶、長期記憶等認知活動的歷程，在教學上之運用有：

（一）刺激的選擇、注意、處理、存取歷程的研究。

（二）如何增加注意力。

（三）如何增進短期與長期記憶。

（四）語言學習的歷程研究與如何提昇語言學習的效率。

（五）問題解索歷程研究與如何促進思考。

六、佛洛依德（Sigmund Freud）和艾瑞克遜（Erik Erickson）分別提出了一個人格發展的理論，請比較此二理論的異同。

答：佛洛依德屬精神分析學派而艾瑞克森屬新精神分析學派，是對舊
的精神分析學派的修正，其比較：

（一）精神分析學派

1.代表人物：佛洛依德。

2.理論重點：

（1）重視早期經驗的影響。

（2）屬於性心理的發展，認為性的慾念是最重要的發展
影響因素。

（3）認為潛意識是主宰。

（4）不注重社會文化的影響層面。

（5）自我是從原我中分化出來的，原我是主子，自我是
奴隸。

（二）新精神分析學派

1.代表人物：艾瑞克森、荷尼、榮格等。

2.理論重點：

（1）同時重視早期經驗與人生全程的發展。

（2）屬於心理──社會發展論，考量社會、文化因素對
人格發展的重要性。

（3）認為意識才是主宰。

（4）認為自我是獨立自主的。

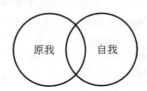

七、我們俗話說「不經一事，不長一智」，試以皮亞傑對認知作用的看法，說明是如何經一事而長一智？【屏師84】

答：皮亞傑以基模（Schema）、基模架構或組織（其定義請參考內文）來說明知識（認知）發展的基本原素，兒童隨著年齡的增長，不斷的與環境互動，其基模架構也不斷的改變、擴展，而改變與擴展的動力來自同化（assimilation）與調適（accomodation），同化與調適為一體兩面，是一種互動的歷程。

當個體受到外界的刺激時，若此刺激對個體具有某種意義，則首先個體會嚐試用原來的基模（架構）去解釋它，如果刺激與原基模的性質類似，則個體可以「理解」此新刺激的意義，而不需要對其認知架構做重大的調整，此過程即所謂的同化。

若新刺激與舊的基模性質相去甚遠，則個體無法理解新刺激的意義，會產生認知上的暫時失衡的現象，此時個體會從新組織基模，或是學習新的事務，以便對此新刺激有所瞭解，再次恢復到平衡的狀態。此過程即所謂的調適。

不經一事，不長一智，如用皮亞傑的觀點來說即是當個體接受外界刺激時，若此刺激對個體產生某種意義，則個體首先嚐試用原有的基模去同化它，若無法同化，則嚐試重新組織基模以適應它，若能適應則增長了認知（智慧）。

弗拉福（Flavell, 1977）指出，同化是「使外在刺激適應自己內在心理結構的歷程」（assimilation, therefore, refers to the process of adapting external stimuli to one's own internal mental structure），而順應是指「同化歷程的相反或補充歷程」，在此歷程中要使自己的心理結構去適應外在刺激的結構（accomodation refers to the converse or complementary process of adapting these mental structures to the structure of these same stimuli）。（鐘聖校；民84），順應的可能性受同化的可能性的規範。以皮亞傑的觀點來看，任何的環境接觸，個體都會同時產生同化與順應的作用，只是兩者的比率不一樣而已。

同化、調適（經一事，長一智）的機制如下：

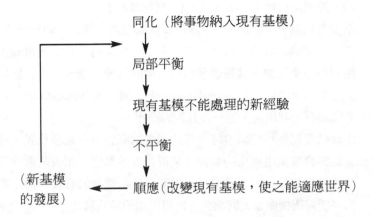

同化（將事物納入現有基模）

↓

局部平衡

↓

現有基模不能處理的新經驗

↓

不平衡

↓

（新基模　←　順應（改變現有基模，使之能適應世界）
的發展）

資料來源：鐘聖校：民84。《認知心理學》。台北：心理出版社。

八、皮亞傑的認知發展論對教育的啓示為何？試述之。【嘉師83】
答：（一）皮亞傑理論的特色：
　　　　1.運用比喻（metaphore）來說明認知的發展：皮亞傑使用
　　　　　的同化、適應、平衡、失衡等詞句都有比喻的意味。
　　　　2.以完整的邏輯思考做為認知發展的上層結構：皮氏認為
　　　　　認知發展是在形成嚴謹的、正確的邏輯思考能力，故其
　　　　　理論較適合於數理學科。
　　　　3.偏重思考形式（form）的探討。
　　　　4.具有濃厚的兒童中心色彩與盧梭、斐斯塔洛齊、福祿具
　　　　　爾等一脈相連。
　　　　5.認為知識是主動建構的過程。
　　（二）理論的限制：
　　　　1.用比喻方式說明可能較易理解，但也易於被誤解。弗拉
　　　　　福認為，皮亞傑的認知發展給人一種靜態的、突然改變
　　　　　的想法應改為較為動態的概念。

2.以數理的邏輯的抽象思考為發展的指標，忽略了認知的其他層面：直覺、想像、機械記憶及頓悟等。皮亞傑自稱其理論是能力模式（competence model），且能力不一定等於表現（performance），也就無法說明認知層次的個別差異問題。

3.思考的形式也許是不可教的，但思考的內容、常識也許可以透過事先規劃而教導學生進行更有效率的學習。

4.濃厚的兒童中心觀點導致「天性是最好的認知依據」（mother nature knows best）的論點，形成兩種偏差：

　（1）消極而過度的強調兒童在某一認知結構上的限制。

　（2）認為兒童只要達到某種發展階段，就自動具有某些能力，不教也會。

5.錯誤否定受試者已有的能力。

6.錯誤的肯定受試者未具有的能力（鐘聖校，民84）。

（三）皮亞傑理論在教育上的啟示

1.學習是基模的類化，是內在某一階段能力的精緻化（elaboration）。

2.學習是兒童面對認知不平衡時，所產生的自我調節活動。

3.學習應引發個體的心靈活動並且避免：

　（1）使用外在增強。

　（2）剝奪兒童自行發現的機會。

4.儘量提供兒童討論對話、觀察他人行動、及相應於主體發展的活動。

5.學習不同於訓練之處有：

　（1）學習具有充分的瞭解，且能使用適當的解釋來支持自己的判斷。

　（2）學習可以承受外界的反詰。

　（3）學習是可以遷移的。

（4）學習所獲取的能力不會有消弱的現象。

（5）學習不是記憶法則或邏輯關係，且不是靠閱讀經驗來獲得。

（6）學習不是累積作業上的表現，而是促進智慧的發展。

（7）學習不是被教或被顯示。

（8）學習不是遵照老師的規則或附合老師的想法。

（四）在教學上的貢獻

1.皮亞傑指出思考是由具體到抽象，故教師教學應顧及學生認知思考的層次。

2.課程與教材的編選要配合兒童的認知發展。

3.教學應以兒童的活動為主，使兒童與環境互動，經同化、調適等機制來充實其智慧。

4.善用認知衝突，衝突不可太大，難以理解，也不可太小，喪失挑戰性。

5.多利用同儕互動以發展兒童的客觀性及互相參照的能力。

6.指出任何認知歷程皆包含了同化與調適，真正有義的學習，可能要經過較為「痛苦」的學習，不像是看小說般的容易（鐘聖校，民84）。

九、試以一個道德兩難的故事為例，說明Kohlberg的六個道德推論階段，又Kohlberg理論常被指為僅代表西方的、男性價值觀，其因為何？【竹師87】

答：（一）此題考生可引用Kohlberg丈夫偷藥的故事，其大意是有一個人發明了一種藥可以治療特殊的病，但要高價賣出，正好同村有一對夫婦，其太太生病，但卻無法支付高額的費用向此人買藥，如果您是故事中的丈夫，您要不要偷藥，請寫出理由，考生必須依回答的理由來分析個案道德發展的層次。

（二）Kohlberg曾對西方女性及中國人做調查發現，都是在道德
　　發展的第三層次（即人際關係取向），有些學者（季利金）
　　認為，這是受到社會文化的影響，因為女性及傳統的中國
　　社會比較重視人際的和諧，這是社會化的結果，但不見得
　　第三層次就比第四層次差，故Kohlberg的研究被評為僅能
　　代表西方男性的思想。

3 教育與哲學的關係

....

1.哲學的涵義

2.哲學與教育的關係

哲學的含義

　　哲學意指智慧的研究，即是對知與行問題的探討，於希臘文，乃愛、智（love of wisdom）所合成，兼指辨物與慎行兩方面。蘇格拉底以前的哲學家偏重知的研究，至蘇氏起，哲學的中心，由知的問題轉向行的問題（吳俊升，民77）。

　　伍振鷟（民85）指出，哲學具有五點含義：

　　1.哲學是愛智（philosophy as love of wisdom）：愛智即講求理性之意。

　　2.哲學是科學的科學（philosophy as the science of science），其目的在建立一切學術的原理原則。

　　3.哲學是規約（philosophy as prescription），將哲學視爲規範的活動。

　　4.哲學是思辨（philosophy as speculation），將哲學視爲一種思辨的活動（內省、直觀、瞭解、辯證等）。

　　5.哲學是分析（philosophy as analysis），將哲學視爲一種觀念分析的活動。

教育哲學的含義

教育哲學的含義（歐陽教，民89）

　　1.教育哲學是對教育理論與教育現象的認知分析與價值判斷。

　　2.教育哲學可分爲某人的教育哲學（a philosophy of education）與「教育哲學」（the philosophy of education）兩類。

　　3.積極上，教育哲學的功能在導向正性價值活動，消極上，則在防患負性的價值活動。

教育與哲學的關係

伍振鷟看法

1. 教育是哲學的實驗室。
2. 哲學是教育的普通原理：

◇教育目的需要哲學的指引。

◇哲學可以批判課程與教材的價值。

◇教學方法需要哲學的指導。

◇哲學可做為訓導方法的依據。

吳俊升

1. 歷史背景：

◇哲學的發生是源於教育的需求，古希臘許多遊方教師即所謂
的哲人。

◇教育的理論和實施隨各時代主要哲學思潮而轉變。

◇多數哲學家也是教育家。

2. 功能觀點：

◇哲學有賴於教育；杜威說：「教育乃是實驗室，在這實驗室
裏，哲學的差別具體表現，且經過考驗」，所以，教育乃成哲
學的試金石。

◇教育有賴於哲學，斐希特說：「教育的藝術離開哲學，自身
永久不能達到完全清晰的境界。因此兩者有交互的作用，彼
此相離，則均不完全，均不能生效」。

3.哲學對教育應有的關係：

◇哲學應注重社會人生的現實問題，定出適當的理想，做爲教育的普通原理。

◇教育應隨時從哲學的觀點來批判其目的與方法。

4 心靈與教育

1.心靈實體說（theory of soul substance）

2.心理狀態說（theory of mental status）

3.唯物主義的心靈論

4.試驗主義心靈論

5.完形派心靈論

心靈問題即探討心（mind）的本質問題，是教育的根本問題之一，不同的觀點發展出不同的教學方法。

心靈實體說（theory of soul substance）

代表人物

柏拉圖（Plato）、亞里斯多德（Aristotle）、笛卡兒（Descartes）等。

意義

認為，人是由身體與靈魂兩部分所組成，靈魂是非物質的實體，是一切生命、思想與動力的來源，可以影響與支配身體：

1.柏拉圖把靈魂分為三部分：最高的一部分為智慧，其次為感情與慾念。

2.自從發現血液循環道理後，改以機械論解釋生命現象，笛卡兒認為，智慧為靈魂的唯一本質。

教育觀

1.官能心理學（Faculty psychology）認為，心靈實體有不同的能力，例如記憶、推理、思考或判斷等，且可藉訓練而增強其能力。

2.形式訓練說（the doctrine of formal discipline）注重形式目的的訓練，認為只要藉著訓練某種心能，則整體心靈的力量都將加強。

3.引發普通教育與專門教育（職業教育）的對立，且認為理智的教育要優於勞力的教育。

4.課程方面，不注重教材的實用性，只注重其訓練性，只要能訓練心能的學科，都認為具有教育的價值，特別重視數理、希臘文、拉丁文的學習。

5.教學方法上重視記憶、背誦、抽象思考，忽視觀察、實驗或做中學以及學習興趣。

6.在教育組織方面，合理化了階層化現象，因柏拉圖認為，教育應將社會分子靈魂中之優越部分加以訓練與發展（吳俊升、伍振鷟）。

心理狀態說（theory of mental status）

代表人物

經驗主義者休謨（Hume）、鐵欽納（Titchener）、戴因（Taine）。

意義

反對心靈實體說，視心靈為一種心理狀態。休謨認為，經驗、印象、觀念等意識流才是心的主體。

教育觀

1.聯合論或原子論觀點認為，心靈既不是實體，也沒有官能，則學習有待觀念面的聯結，教育的目的是實質的而非形式的，教師應提示適當的觀念以充實心靈。

2.重視直觀材料，以充實心靈。

3.重視課程的組織與提示的程序，因心靈是由各種表象所組成，且本身無固定的組織與排列，端賴教師精心設計、組織課程來促進學習，以赫爾巴特四段教學法為代表。吳俊升認為，赫爾巴特對教育的影響有：

◇教育概念的變更。
◇課程內容的重視。
◇唯實主義的注重。
◇教材組織和排列順序的規定。
◇心理的決定主義的建立。

唯物主義的心靈論

唯物主義的心靈論認為，心靈只是神經系統的功能而已，與唯靈主義相反。

代表人物

郎額（Lange）、霍布士（Hobbes）、巴夫洛夫（Pavlov）以及華生（Watson）。

意義

1.早期斯多噶（Stoics）學派把靈魂視為氣與火組合而成。

2.17世紀唯物主義者霍布士說：「心靈為一種物體，精微為感官所無法覺察」。

3.近代唯物觀的代表為心理學上之行為主義，否認意識的存在，認為學習純粹是刺激與反應間的聯結。

教育觀

1.視教育為習慣的訓練：教育的目的在控制神經系統，使產生刺激與反應間的聯結，簡單說，教育即刺激替代的歷程。

2.教育萬能說。

3.重視控制，降低人的尊嚴與價值。

4.不注重理智的訓練。

5.不注視道德的培養。

6.重視學習的生理條件：例如，身體健康等（吳俊升、伍振鷟）。

試驗主義心靈論

代表人物

杜威、詹姆士。

意義

採折衷立場（唯物與唯心之折衷），一方面從生物學觀點，認爲，意識的功能之一在適應環境，另一方面也承認思想的特殊性並非全是反射作用。

教育觀

1.教育是啓發智慧的歷程，杜威指出，教育不同於訓練，其目的在於思想的陶冶。

2.注重經驗的自動性，教育的目的在安排一個適當的環境，使兒童在其中發展其有目的的活動。

3.重新建立道德責任觀念，恢復道德教育的意義，認爲人應爲自己所做的決定及行爲後果擔負起責任。

完形派心靈論

代表人物

庫勒（Koller）、黎溫（Lewin）。

意義

重視整體、頓悟：

1.黎溫提出現象場的概念。

2.庫勒發展頓悟說，否定學習是一種嚐試錯誤。

3.奧地利學派認為，全體多於部分的總和。

教育觀

1.重視學習情境的統整。

2.除教材與學習情境外，也重視學習者應保持客觀、細心、探察與思考的態度（伍振鷟）。

5 人性與教育

人性在西文爲Human Nature即人的本質之意，伍振鷟定義爲：
「人性者，人類生理上、心理上先天固有的自然的原始傾向」（p.
77），其派別及教育主張如下：

性善說

代表人物
　　1.中國：孟子（儒家）、陸賈、韓嬰、班固、陸象山等。
　　2.西方：斯多噶學派、西塞祿（Cirero）、辛尼加（Seneca）及盧
騷（Rousseau）、斐希特（Fichte）、富祿貝爾（Froebel）。

內涵
　　1.孟子認爲，人皆有惻隱、羞惡、恭敬與是非之心，強調仁、
義、禮、智。
　　2.盧騷：「天造之物，一切皆善，一經人手，則變爲惡」，即人之
初、性本善，後天之惡純爲人爲。

教育觀
　　1.順從人的本性發展。
　　2.若因環境而導致不良影響，應設法予以恢復，即加強德育與智
育的訓練（東方強調積極教育）。
　　3.盧騷主張消極教育，排除一切人爲的介入（伍振鷟）。

性惡說

代表人物
1.中國：荀子、韓非、袁枚、俞樾。
2.西方：馬基維利（Machiavelli）、霍布士以及叔本華
（Schopenhauer）。

內涵
1.荀子性惡篇：「人之性惡，其善者僞也」。
2.馬基維利在其君王論中明白表示，威脅的力量要比仁慈的力量
更有效。

教育觀
1.應使用各種外在強制的力量來規範、矯正人的本性。
2.西方有原罪的思想，認爲惡乃人的本性，不易拔除，必須藉宗
教的力量予以淨化。
3.佛洛依德認爲，可藉由自我防衛機轉、渲洩、昇華、頓悟等方
式來輔導。

人性亦善亦惡說

代表人物
1.中國：王充、揚雄、蘇軾。
2.西方：柏拉圖、亞里斯多德。

内涵

1. 揚雄：「人之性也善惡混，修其善則爲善人，修其惡則爲惡人」。

2. 亞里斯多德認爲，靈魂是由理性與非理性兩部分所組成的。

教育觀

1. 對教育持積極正面的看法，認爲教育可以抑制惡性而激發善性。

2. 柏拉圖認爲，教育應依個人的本性中比重較多的部分加以訓練：

◇重理性者發揮其知之德以爲統治者。
◇重意性者發揮其勇敢之德以爲軍士。
◇重慾性者發揮其節制之德以成農工。

人性非善非惡說

代表人物

1. 中國：告子、胡宏、王安石。

2. 西方：伊拉斯莫斯（Erasmus）、洛克（Locke）以及霍爾巴哈（Holbach）。

内涵

1. 告子：「人性之無分於善不善也，猶水之無分於東西也」。

2. 洛克：人心原似一張白紙。

3. 近代行爲主義主張環境決定論。

4. 杜威認爲，人之本質並無善惡，而是由其成長歷程中與環境交互作用逐漸演變出來的。

教育觀

　　重視環境的影響，以境教來塑造良好的本性。康德主張在身、心兩方面需用保育、約束及訓練的方法，而道德方面需養成自覺、自由的人格。

性三品說

代表人物

　　王充、董仲舒。

內涵

　　主張人有性善與性惡。

　　韓愈：「性之品有上中下三：上焉者善而已矣。中焉者可導而上下也。下焉者惡而已矣。」，認為「中焉者可導而上下」→教育對中焉者較有效。

教育觀

　　教育對一般人（中焉者）有積極正向的功能。

6 知識與教育

知識論（theory of knowledge）是一門研究知識的性質、範圍與確實性的學問，其問題如：人類的認知是否可靠？是否有客觀的存在？真理是絕對或相對的……等等（伍振鷟）。

依哈佛大學謝佛勒（Schefdler）的看法，知識論在討論五個基本問題：

1.什麼是知識？
2.何種知識最為可靠而重要？
3.知識的來為何？
4.應如何追求知識？
5.什麼是傳授知識最好的方法？

理性主義

定義

「一種學說，依此學說，一切確定的知識，來自不可否認的、先驗的、顯然的原則，而知識乃此等原則的必然結果，並且一切確定的知識僅從此等原則而生，至於感官對於真理，僅能供給一種混雜的和臨時的見解」（吳俊升）。

代表人物

柏拉圖、亞里斯多德、培根、笛卡兒。

內涵

1.真正的知識是透過理性而得，與經驗無關。
2.觀念、理性是絕對的、普遍的、不變的且自身完備的。
3.知識的基礎來自先天而自明的觀念。
4.康德試圖調和理性與經驗，其認為：知識源生於經驗，但必須

用先驗的形式將這些感覺印象加以統整成知識，而先驗的形式乃理性所具有的超絕觀念。

吳俊升認爲，理性主義的特色爲：

1.主張知識的構成，依靠先天理性，因先天理性是不變的、普遍的，故知識亦是不變的、普遍的。

2.心靈對知識的構成扮演主動的角色，但其活動是先天的，將現有的模型印在流動經驗上，使成一定的形式。

經驗主義

定義

「凡一切哲學中，否認有別於經驗而爲知識原則之自明之理存在者，通名經驗主義」，認爲知識是由經驗中產生的。

代表人物

洛克、休謨、史賓塞斯。

內涵

1.視心靈爲一張白紙，唯賴後天的經驗來充實其內容。

2.否定一切先天原則。

3.認爲心靈是被動的（吳俊升）。

試驗主義

採生物（進化）觀點的知識論，調和了興趣主義和訓練主義。

代表人物

杜威。

內涵

1.知識之基礎在其實用性或工具性。

2.知識的求得須通過試驗的程序。

◇試驗包含動作（活動），是在環境與我們之間創造確定的變化。

◇試驗並非偶然發生的，它是受觀念指導，有目的的活動。

◇試驗的結果重新組織了原來的知識，使其更易於被認知。

3.認為經驗是生物與環境交互作用的產物，而知識亦是改造經驗的成就。

社會學派的知識論

認為知識與社會有關，不同的社會創造出不同形式的知識。

代表人物

涂爾幹、謝勒（Scheler）。

內涵

1.強調集體意識的重要性，即大眾共同持有的心理實體，對個人行為有規範作用，是知識的基礎。

2.強調教育的目的在使兒童社會化，培養其社會性。

3.理性非個人所獨有，而是社會集體的產物，故智育的目的在以社會現成的理性範疇來教育兒童。

理性與經驗主義的調和

康德

康德（Kant）是調和理性主義與經驗主義最成功的一位，他認為知識的構成包含先天的形式與後天的材料，兩者不可偏廢。

1.知識是感性（sensibility）與悟性（understanding）的共同產物，感性提供悟性素材，而悟性則進行判斷活動以產生概念。

2.理性指導原則而非構成原則，知識有其界限，不超過經驗範圍，康德說：「沒有內涵的思想是空的，沒有概念的直覺是盲的」（伍振鷟）。

7 道德與教育

教育上有關道德的研究其範疇有：

1.道德憑什麼決定？是非善惡判斷的標準是什麼？

2.善如何認知？

3.善如何獲得權威，使人實行？（伍振鷟）。

傳統上之道德哲學分成兩派：主內與主外，主內者重視動機，主外者重視結果，此外，近代尚有從認知發展的觀點來談論道德發展（例如柯柏格）。

快樂主義

背 景

1.起源於古希臘的亞里斯戴布斯（Aristippus）的快樂主義認為，善惡是以行為結果的苦樂來區分。

2.伊比鳩魯學派，以快樂為善，純以經驗之苦樂為準。

3.功利主義（utilitarian hedonism），以社會多數人的最大幸福為善的最高準則。其代表為邊沁（Bentham）。

4.彌爾的功利主義除在分量之多寡外，再加入其性質之高低。

共 通 性

1.對行為的善惡判斷，重後果而輕動機。

2.主張善即快樂，惡即痛苦。

3.主張善惡的評斷完全以過去之苦樂經驗為依據。

4.以外力建立道德的權威。

教 育 觀

1.快樂是人生最高理想，故教育之目的在促進個人生活的幸福。

2.為達幸福生活，史賓塞斯認為教育應含蓋五種活動，直接自存活動、間接自存活動、教養子女活動、社交政治活動與休閒活動。

3.教材的價值是以其促進上述活動之功能而定。

4.注重獎賞與處罰。

5.強調自然處罰。

6.道德教育是由外而內的歷程：先決定道德訓練程序，再由外在制裁，逐漸轉移至內在制裁（吳俊升）。

康德道德哲學

1.以動機為判斷善、惡的標準。

2.道德的權威來自先驗理性。

3.善僅存於意志，故訓練意志比養成習慣重要。

4.應訓練兒童為義務而行善，不要有其它動機。

5.不應盲目為履行義務而行善，而須明白規律或義務之合理性。

杜威的道德學說

內涵

1.調和主內與主外觀點，以連續體概念取代二分法。

2.道德應兼顧動機與行為後果。

3.道德判斷的對象首先是存心，最後是一個人的預期與後果是否一致。

4.個人慾望的滿足與社會公眾慾望的滿足不衝突，便是善。

5.經驗中自可建立道德行為標準（道德非先驗的）。

6.若現實我與理想我衝突時，杜威主張用擴展個人自我的方式來使道德行為的本身為個人之所好。

教育觀

1.陶冶道德智慧，以活動方式來吸引兒童興趣。

2.在活動中應對衝動加以訓練，使其理性化，變成習慣，而成爲兒童人格的一部分。

認知發展的道德觀

代表人物

皮亞傑、柯伯格。

內涵

認爲道德發展與認知發展習習相關，教師應使用道德兩難困境的討論來促進兒童之道德發展，柯柏格將道德發展分成三時期、六階段：

1.道德成規前期：

◇階段1：避罰、服從導向。
◇階段2：相對功利導向。

2.道德成規期：

◇階段3：人際關係導向。
◇階段4：遵守法律導向。

3.道德成規後期

◇階段5：遵守社會規範導向。
◇階段6：道德普遍原則導向。

道德教學原則

1.普遍原則：放之四海而皆準。

2.程序原則：民主方式、討論。

3.恕道原則：己所不欲、勿施於人。

4.對等原則：禮尚往來。

5.公平原則：社會正義。

6.自由原則：出於個人的自由意志。

7.自律原則。

8.在教學上可探：道德認知教學、道德行為訓練及情操陶冶（伍振鷟）。

8 社會哲學與教育

1. 個人主義

2. 社會主義

社會哲學主要在探討三類問題：

1.個人與社會的關係應如何？

2.理想的社會組織為何？

3.如何促進社會進步？社會哲學有許多門派，位於兩極端者為：個人主義與社會主義。

個人主義

定義

「凡一切學說，一切傾向，在解釋方面、實行方面、或道德目的方面，承認個人或屬於個人者有本身的價值，且其價值高於社會的或非個人的價值者，稱個人主義」（吳俊升）。

代表人物

斯多噶學派、伊比鳩魯學派、馬丁路德、盧騷、尼采（Nietzsche）、斐斯塔洛齊、福祿貝爾、赫爾巴特等。

内涵

1.社會制度應以個人的幸福為目的。

2.社會制度應以個人的完成為目的，且不管完成的意義為何。

3.在政治上表現為民治主義，尊重個人人格及發展。

4.在經濟上為放任、自由競爭。

教育觀

1.兒童中心思想，例如，羅格（Rugy）與蘇梅格（Shumaker）的「兒童中心學校」有六信條：

◇以自由反制裁。

◇以兒童為主而非以教師為主。

◇以自動反被動。

◇以兒童興趣為課程中心。

◇注重創造性的自我表現。

◇人格發展與社會適應並重。

2.教學法上注重個別化教學（例如，道爾頓制）、能力分組（適性教育）及學生自治等。

3.重視啟發式教學、問題解決能力之培養、興趣原則。

缺點

1.忽視群體。

2.容易造成個人價值觀與社會規範的衝突。

社會主義

定義

涂爾幹：「一切學說，凡是要求現在散漫的一切經濟功能，或其中的一部分，歸屬於社會的指導與自覺的中心者，我們稱為社會主義」（吳俊升）。

代表人物

柏拉圖、亞里斯多德、涂爾幹。

內涵

1.個人與社會不是對立的，個人之人格是在社會生活中發展而成。

2.只有社會道德沒有個人道德。

教育觀

1.教育的重心由個人移到社會，而教育的目的是社會化。

2.國家主義觀點認爲，教育的目的在造就公民。

3.杜威認爲，學校與主持學校者的道德責任繫於社群。

4.普及教育、國辦教育。

缺點

1.忽視個別差異。

2.忽視兒童的興趣。

9 哲學學派與教育

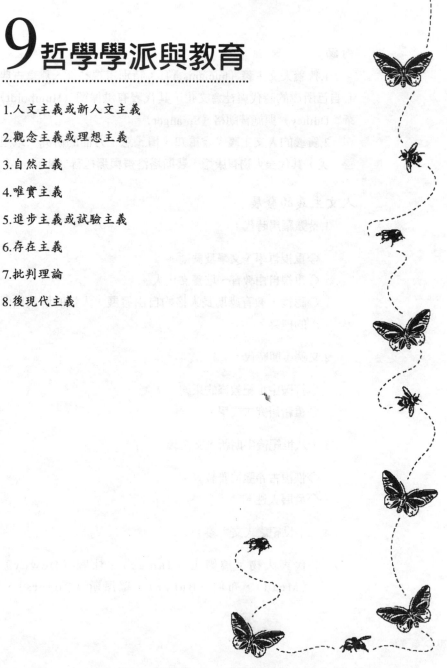

人文主義或新人文主義（neo-humanism）

內涵

1.狹義人文主義（humanism）：特別重視藝術、尊重古典、也關心自己所處的時代與社會文化，其代表有洪保德（Humboldt）、狄爾泰（Dilthey）與施普朗格（Spranger）。

2.廣義的人文主義：兼重知、情、意三方面的研究，以追求眞、善、美，其代表人物有康德、裴斯塔洛齊與那托普（Natorp）。

人文主義的發展

1.希臘羅馬時代：

◇重視哲學、文學及藝術。
◇重視自由教育、培養文化人。
◇認爲，教育應助長人格的自由發展、人性的解放與個人價值的提昇。

2.文藝復興時代：

◇打破中世紀教條的束縛。
◇重新研究古文學。

3.十八世紀後半期新人文主義：

◇恢復古希臘博雅教育。
◇發展人性。

4.二十世紀之人文主義：

◇代表人物：詹姆士（James）、杜威（Dewey）、米德（Mead）、布伯（Buber）、羅傑斯（Rogers）、馬斯洛

（Maslow）、阿德勒（Adler）。

◇認為教育的目的在發展人的特質，促進自我實現。

教育目的

陶冶人的心靈和情感、發展人性、鍛鍊健全體魄、擔負社會責任，並促進自我實現。

教育內容

重視博雅教育，內容偏重文學、藝術、歷史、哲學等陶冶精神之科目。

當代美國人文主義的特色有：

1.初等教育：以自由學校（freedom schools）、夏山學校（Summerhill schools）、雙親教師合作小學（the parent-teacher cooperative elementary school）、及開放教室（open classroom）為代表，均以學習者為導向，其課程包含有科學、繪畫、社會研究、音樂等。

2.中等教育：以變通學校（alternative schools）為代表，以學生之心理需要為考量，課程偏重人文學科、藝術與建築、語言與文學等。

教學方法

1.蘇格拉底的產婆術及詰問法。

2.主張對話。

3.主張開放教室的教學方式，其優點有：

◇教室空間有變異性。

◇學生活動富選擇性。

◇學習材料豐富。

◇課程範圍有統整性。

◇採小組或個別化教學。

4.主張價值是絕對的、永恆不變的，而文學鉅著最能傳達這種思想。

5.重視語言的教導。

6.強調陶冶和教育，並利用文化來陶冶。

7.強調古典語文的學習，羅馬的七藝（算術、幾何、邏輯、天文、音樂、文法、修辭）及自然、體操、歷史等博雅教育。

8.重視品德、舉止優雅、身體建康，長於詩、歌、舞等情感表達。

9.反對經院主義（scholasticism）的繁瑣，偏好文法與修辭。

10.重返世俗、現世的人本教育（徐宗林）。

觀念主義或理想主義

內涵

觀念主義（idealism）認為，世界是人類主觀的存在，而認識的對象，乃主觀的意識內容，而不是離意識而獨立存在的實在。

1.柏拉圖的觀念主義：分為「實在界」與「現象界」，實在界是由永恆、不變的、絕對的真理所組成，包含了真、善、美、正義、幸福等概念。而現象界是指具體而特殊的事件，會因人而變動。柏拉圖認為，只有抽象的觀念才是最真實、美好的。

2.奧古斯丁的觀念主義：接受柏拉圖二分法，認為，神的世界是一個實有（being）的世界，而人的世界是一個改變中（becoming）的世界，而理想的人是為了迎向未來天國所需的人。

3.羅依斯（Royes）認為，一個人必須發展忠誠的理性，以符合道德原則。

教育目的

1. 找尋真理：柏拉圖認為，必須打破觀念上洞穴的禁錮，觀念主義者認為，心靈重於物質，且真理是外在的、美好的。
2. 自我實現：教育應尊重學生之人格發展，助其自我實現。
3. 促進品格的發展。

教育內容

1. 注重思考與觀念的形成。
2. 重視科學課程，以瞭解宇宙。
3. 課程分五類：數學與物理、生物學、文學與藝術、文法、歷史。
4. 強調學習應注意其完整性。
5. 使用辯證及直覺的學習法。
6. 鼓勵學生多讀100本《偉大的書》（*The great books*）。
7. 教師居主導地位。
8. 常使用講述法。
9. 重視歷史。
10. 提昇認知水平。
11. 重視學習的瞭解與系統方法。

限制

偏於傳統的固守，缺乏創造性（邱兆偉）。

自然主義

內涵

自然主義（naturalism）源於盧梭，上承感覺唯實論（sense

realism），為後代心理學上發展主義之先河。盧梭認為，教育要與自然一致，意味：

1.發現、構成及使用自然法則於教育歷程，且簡單的模仿自然。

2.教育必須遵守人類發展的自然法則，以學生之本性為依歸。

3.反對一切人為的事物，重視個人權利，反對國家的權威。

高廣孚與林玉體（民86）認為，自然主義的特色為：

1.解除束縛。

2.消極教育（negative education），即反對人為介入。

3.教育工作者必須瞭解兒童及大人的自然天性。

4.強調自然懲罰，反對人為制裁。

5.認為，「兒童期是理性的睡覺期」，故應偏重感覺訓練。

6.廢除傳統的書本教育，知識來自於自然。

7.青少年期注重自然觀察、親手操作。

8.喜歡以魯濱遜漂流記為例，強調做中學。

9.青少年期應學實用的知識，可培養獨立人格。

10.晚近的自然主義修正了盧梭的觀點較為樂觀。

教育目的

維持自然善及個人道德，建設一個承認自然權利之社會，而其方法是透過消極的歷程。

教育內容

1.禁止理性的道德訓練。

2.發展感官訓練及觀念之自由表達。

3.十五歲以前禁止宗教教育。

4.反對外國語的學習。

5.認為父母即自然的導師及兒童的護士，故以家庭為有效的教育單位。

6.將教育分爲四期：幼稚期、兒童期、少年期、青年期。

7.創立三項教學原理：生長原理、學生活動原理及個性化原理。

8.允許兒童依其天性發展，且個人的需要高於社會需要。

限制

1.忽略社會文化之重要性。

2.軟式教育，准許兒童依其所好而行，雜亂無章。

3.放任主義。

唯實主義

內涵

　　與觀念主義相對。唯實主義（realism）認爲，在心靈之外有一個獨立、客觀存在的個體，且不會因我們的主觀而改變，此概念最早源於柏拉圖共相與殊相之爭，後來亞里斯多德提出四因說，成爲古典唯實論的創立者，其意義：

　　1.認爲每一事物都是從潛能到終極狀態的發展過程，亦即追求自我完成、自我實現的歷程（目的論）；亞里斯多德認爲，萬物的變化是遵循四個步驟：物質因→形式因→有效因→目的因。但此論點的缺點是目的難以確定。

　　2.主張眞理「符應說」以實證的方法來探究，若方法正確，應得相同的結果（因爲有一外在客觀的實體存在），其缺點是，有些事物是無法用感官來衡量的。

　　3.在道德判斷上主張有眞理、客觀性，其缺點是，落入決定主義的圈套。

教育目的

1.培養通才教育與專才教育並重。

2.教育的目的必須是有用的、能活用的、能應用的。

3.獲取利用知識的技巧。

4.增強學生心智能力。

5.以生命之一切表現作為題材。

6.以簡單工作取最大資訊。

7.培養審美風格之感受。

8.刺激學生自我發展。

9.重點在培養基本能力：讀、寫、算。

10.品德教育以實用為目的。

課程與教學方法

1.重視實用教材。

2.重視自然科學。

3.重視基本學科。

4.重視實際經驗。

5.重視道德教育。

教學法上重視系統化，採用赫爾巴特四段教學法、或布勞第（Broudy）之工廠模式（輸入→互動→輸出）、能力本位教學、客觀測量、績效責任制度、教育科學化運動、工學模式。

優點與限制

1.優點：科學化運動影響了智力測驗，標準化成就測驗、視聽媒體、電腦輔助教學等之應用。

2.限制：流於機械化。

進步主義或試驗主義

背景

　　源於英國傳統的經驗主義與美國的實用主義（pragmatism），由杜威首創，其代表作有：《思維術》（*How We Think*）、《民主主義與教育》（*Democracy and Education*）、《經驗與教育》（*Experience and Nature*）等等，此外，其理論基礎尚包含進化論、完形心理學等。

內涵

　　1.教育無目的，杜威說教育即生長，是經驗不斷改造的歷程，生長本身即是目的，而無外在的目的。杜威說：「教育歷程除了他自身以外，沒有別的目的，它就是他自己的目的」。

　　2.教育即生長，進化觀。

　　3.「做」中「學」（learning by doing），重視官能活動。

　　4.教育素材重實際經驗，重視人與環境的交互作用，此即生活經驗課程。

　　5.重視問題解決能力之培養。

　　6.重視建教合作，教育機構應與其他機構合作，學習並非孤立，應加強兒童、學校、家庭與社區之聯繫。

　　7.進步主義的發展分三階段：

　　　　◇早期注重兒童個體發展與興趣。
　　　　◇中期注重民主社會秩序的重組、改造與建立。
　　　　◇最後強調課程應注重民主社會生活之適應。

　　8.兒童中心教育：以兒童的興趣、能力、需要、經驗為教育實施之考量。

　　9.認為，兒童學習的動力是來自內在而非外在。

10.注重活動課程。

11.教師成為教學活動的設計者與協助者而非權威者。

12.注意到學校應負起社會責任（徐宗林）。

限制

1.被評為軟性教育，但杜威答辯兒童非任其生長，而是導其生長。

2.教育經驗的改造與重組必須有認知與規範，不然可能改造成反教育。

3.過於強調個人發展而未兼顧社會發展。

4.教室太人工化，以致於與現實生活脫節。

5.過於依賴兒童的興趣，但兒童的興趣有時不是立即的。

6.兒童年幼，尚無法擔負其行為後果。

存在主義

存在主義（existentialism）源於十九世紀的歐陸，受社會動盪及戰火的洗禮，特別有興趣於人性尊嚴、抉擇及生存目的的探討。存在主義偏向於哲學的思考，較少提到教育之原理、原則問題。

代表人物

存在主義起源於丹麥的寇爾克加德（Kierkgard），後經德哲海德格（Heidegger）和亞斯培（Jaspers）發展成一思想體系，而法國則有馬賽爾（Marcel）及以小說聞名的沙特（Sartre）廣為宣傳，此外，尚有俄國流亡歐洲的白德葉夫（Berdyaev）、西班牙的宇諾母努（Vnamuno）、加舍特（Gasset）及猶太人巴勃爾（Buber）等。

內涵

1.存在的經驗（existential experience）：存在的經驗是不愉快的沙特的「嘔吐的存在」（existence of nausea），是無奈與危險的——海德格的「與可見的死亡同在之存在」（existence with in view）、及無常的——雅士培的「存有的易碎性」（bristleness of being）。

2.存在為探討的對象（existence as an object of inquiry），存在為個人自主性的身內物，是人類所獨有，而人的存有（在）（being）是由存在（existence）與本質（essence）所合併而成的。

3.化成（becoming）的概念：是指人無時無刻不在變動之中，可能變得更好，也可能變得更差。

4.主觀性（subjectivity）：人是完全的主觀的，但此種主觀性卻含有自發與創造的特性，而人的本性是自由的，是無法被剝奪的。

5.情境（situation）：人處於一個未完成而未定案的實在界（an incomplete and open reality），意即一個未完成而有待個人去決定的世界，因此個人有主動的決定權，並透過人際互動來改善其所處的情境。

6.主體與客體的關係（the relation of subject and object），打破主體與客體的界限，主張人因理解其存在的有限性而感到苦悶與焦慮，而其行事融合了理智與情感，是一個活生生的主體，因此在探討人本身的問題時，所探討的是主觀且關懷的態度，而不是客觀、冷靜的態度（邱兆偉）。

7.哲學應關切個人之切身問題。

8.每一個人都是唯一而不可替代的。

9.個人有存在，也有死亡。

10.個人是獨立自由的存在，可以決定自己的命運，追求人格的完成。

11.除重視個人的存在外，亦顧及人或社會的存在（吳俊升）。

教育觀

1.教育的目的在維護個人自由，幫助個人對自己的命運、自己做選擇與決定，並爲自己所做的行爲後果負責任。

2.教育是完整的全人教育，除了知識與技能外，也應重視個人意志與情感的陶冶。

3.認爲，求知不應採旁觀的態度，而應採參與者的態度，實際介入生活中，自己選擇、自己奮鬥。

4.教師應將學生當一個人（person）而不是物（object）看待。

5.不忽視個人與他人及社會應有的和諧關係。

6.重視與個人有密切關係的人文學科及遊戲，反對學科過分的專門化（吳俊升）。

批判理論

批判理論起源於1929年德國法蘭克福所建立的社會科學研究所，承繼十八世紀以降的啓蒙任務，重視對人本身的關懷與理性之發揚，並試圖經由理性的反省而達到「我執」的解放、思想的重建及行動。

代表人物

霍克海默（Max Horkheimer）、阿德諾（Theoder W. Adorno）、馬庫色（Herbert Marcuse）、哈伯瑪斯（Jurgen Habermas）等。

内涵

1.後設理性——對歷史唯物論與實證主義的批判：認爲，預知因果律是荒謬的，反對工具理性所造成的物化、絕對化及機械化。

2.理性的反省、解放與重建：此三個程序是不斷地循環的，反省與解放的目的在解除意識形態的宰制，但需以實踐與重建加以配合。

3.普遍語用學、理想說話情境與有效宣稱：哈伯瑪斯認爲，意識

形態之衝突、批判、解放與重建都必須建立在理想的溝通情境上，在此情境中對各種概念有清楚的定義，哈伯瑪斯以四個有效宣稱來界定理想的溝通情境。

可理解性（comprehensibility）、眞理性（truthfulness）、正當性或適切性（rightness）與眞誠性（sincerity）。

教育觀

1.近程的教育目的在發揚人類的理性與自主性。

2.遠程的教育目的在促進個人與社群的和諧，以建立人類社會美好的生活。

3.教學上側重批判思考能力及自我理性能力的培養。

4.課程以自我主體爲中心，且應具彈性。

5.鼓勵多元參與的課程設計。

6.課程注重溝通與啓發，兼採單科與合科設計。

7.鼓勵學生自我探索，激發自我表達之勇氣與能力（邱兆偉）。

後現代主義（Postmodernism）

背景

後現代一詞的起源有三種說法：

1.源於1960年代美國紐約的藝術工作者對現代畫未能反映社會所做的批判。

2.李歐塔出版的《後現代條件》（*The post modern condition: A report on knowledge*），確定了後現代研究的主題。

3.史學家湯恩比認爲，西方的現代時期約在1850～1875年，此後爲後現代時期。

內涵

1.傅柯（Foucault）的「他者」（otherness）觀點：傅柯認為，歷史往往描述成者、王者的觀點，而忽視其他廣大的民眾，他認為歷史更應觀照那些邊緣人、失敗者、平民等的看法，例如，中世紀的麻瘋病人、十八世紀的失業人口等。

2.傅柯否定歷史是單向、唯一可能，此即所謂的內文的思想，認為，各種論述都有其合法的地位。

3.德希達（Derrida）認為，哲學不應只玩文字遊戲，而應對語言及其背後所代表的文化經驗做解構的工作，以便形成各種不同的論述。

4.李歐塔（Lyotard）反對知識是客觀、絕對或價值中立的，其強調對知識地域性之敏感，認為，知識具有工具性、手段性，是與權力習習相關且不中立的，此即相對關點。

教育觀

1.反內文（counter-text）：認為各種知識都有重新被評估、修正與建構的可能。

2.對多元、邊際論述及地域性論述的肯定。

3.消除課程之科目界限，強調科際整合。

4.課程之設計應考量三原則：

◇利用學生現象文化。
◇彰顯知識的特定文化性使客觀性消失。
◇採取泛文化的立場，使學生檢討個人對自然的關係。

10西洋教育史（上）

希臘時代

辯士（Sophists）

 1.西方最早的老師，以說服為教育的主要方法。

 2.兩面論：相信事務都有正、反兩面，不可以偏概全。

 3.辯士哥寄亞（Gorgias）主張「不可知論」（agnosticism），即懷疑論，我們無法完全瞭解事物的本質。

 4.主張動態的教育觀點，認為價值是相對的，且需經理性的考驗。

 5.主張個人主義（individualism）：普洛塔格拉斯認為：「人為萬物的尺度」。

 6.主張教學應收費。

 7.注重文法分析。

 8.善用比喻

 9.贊成懲罰以阻止學生再度犯錯，其影響有：

　　◇具有啟蒙的功勞：是希臘三大哲學家的催生婆。

　　◇辯士所重視的雄辯，成為往後西方必修課程之一。

　　◇部分辯士過於以巧言取勝，且以利害義。

　　◇絕對論者反對辯士的真理相對說，其中反駁辯士最有名者是
　　艾蘇格拉底（Isocrates, 436～338 B.C.），他主張：

　　　◆口才訓練與品德訓練並重。

　　　◆口才是一門藝術，並非任何人皆可習得（林玉體）。

蘇格拉底（Socrates, 469～399 B.C.）（林玉體，民86）

 1.父親是雕刻師，母親是助產士，因此創立有名的教學法──詰問法與產婆術；認為教師之教學應是類似產婆，由內而外的引出過程。

 2.重視反省與思考：即強調我們必須時刻反省自己，知道己身的優點與限制。

3.求知若渴、虛心求教、不恥下問。

4.追求真理，且為真理而犧牲生命。

5.有教無類，不主張收取學費。

6.將哲學與生活結合：羅馬文豪西塞洛（Cicero, 106～43B.C.）認為，蘇格拉底是第一位將哲學從天上摘下來的人。

7.強調瞭解、反省自己：蘇氏名言「知你自己」——即發現自己無知的歷程，而知道自己的無知，乃追求智慧的開始。

8.主張精英政治：認為少數的精英之見要勝於多數的陳腐之見。

9.在道德教育上強調知行合一。認為知即德（knowledge is virtue）融合了事實上的認知與價值判斷。

10.主張應以歸納法來尋求普遍的定義。

11.為主智主義（intellectualism）之先河（林玉體）。

柏拉圖（Plato, 427～347 B.C.）

1.著有《共和國》（*Republic*）一書，讚同精英政治，主張以「哲學王」（Philosopher-king）為國家之統治者。

2.將心性及社會組織三分，合理化了階級意識：柏拉圖將一個人的心性分成：

◇上層——理性（reason）：為智慧、思考、判斷所在。

◇意性（spirited）：類似人的胸部，為情感所在。

◇慾望（disires）：柏拉圖認為，教師應依個人的屬性而發揮學生之潛能，欲求者應教以節制使成工匠，而情感者應教以勇敢使成軍士，理性者則教以智慧成為領導者。

3.知識四層論：反對知識源於感官，認為知識依其準確度與明晰度可分為四個層次：

◇幻影（images），例如，相片是具體實物的影子。

◇具體實物（sensible objects）：經由感官所得之表徵（appearance）但有時是有錯覺存在的。

◇抽象觀念（intelligible）：抽離所有具體實物的表徵而成觀念（idea）或概念，例如，色彩、冷熱等。柏氏認為，觀念是物體的最根本，其性質完美無缺，英文裡觀念（ideal）的另一意義是理想，故其主張又稱理想主義（idealism）。

◇形式（form）：即獨立自存的知識最高層次，屬先天理性。

4.洞穴隱喻與超越：認為我們必須突破思想的樊籬，走出舊的思考模式（洞穴），使心靈更為開放。

5.認為精英教育是民主政治的條件之一。

6.認為人性是中性的，且同意其師蘇格拉底「先天觀念」的言論。

7.去情存理：柏拉圖思想的最大特色是只重理性不講感性，純以理性的角度思考違反常理，例如，其主張共產，共妻就不可能實踐，因此其理想有時被譏為「烏托邦」（Utopia），只存在觀念世界裏的國度。

8.強調男、女平等。

9.認為最高級的學科是辯證（dialectic）。

10.強調除異求同的教育政策（林玉體）。

亞里斯多德（Aristotle, 384～322 B.C.）

1.曾是亞歷山大大帝的教師，隨其東征西討，看過許多奇花異草，激起對自然科學的研究興趣。

2.於335 B.C.時創設學園（Lyceum），為西方最早之單科大學。

3.其與教育有關的著作是，《政治學》（*Politics*）與《倫理學》（*Ethics*）。

4.心性三分說：以自然科學來比喻人性：

◇營養或植物性（the nutritive or vegetative soul）：例如，生殖、排泄、消化等。

◇動物性（sensible soul）：例如，活動、感官、想像、記憶等身體的基本運作。

◇人性（human soul）：即理性之運作，其又將理性分為實踐理性（practical reason）與理論理性（theoretical reason）；實踐理性與行動有關，而理論理性偏重思考。

◇四因說──由潛能性到實現性。

5.四因說認為：

◇質料因（material cause）：即物質。

◇動力因（efficient cause）：推動萬物改變的原因，如設計師、教師、工人等。

◇形式因（formal cause）：質料→動力→形式，例如，蛋→生長→雞（形式）。

◇目的因（final cause）：即由潛能到實現性的目的，例如，鐵的目的是用來做刀。

6.教育強調實施中庸之道。

7.偏重文雅教育（liberal education）甚於職業教育（vocational education），貶低勞動價值。

8.反對共產、共妻。

9.認為兒童教育以音樂及體育為優先。

10.教育的目的在求幸福。

11.首創三段論法之演繹論證（deductive argument）（林玉體）。

羅馬時代

羅馬人崇拜權威，講求實際與效率，且有行政及組織的長才，在軍事、政治、建築與交通建設方面都有傑出的表現。

西塞洛（Marcus Tullius Cicero, 106～43 B.C.）

　　1.注重辯論，爲雄辯家，著有《辯學》，爲西方重視口才訓練的淵源之一。

　　2.認爲辯論家優於哲學家。

　　3.但辯論家必須心地善良。

坤體良（Marcus Fabius Auintilian, 35～95 A.D）

　　1.著有《雄辯教育》，是西方第一本專門討論教育的著作，其認爲雄辯活動即教育的全部。

　　2.教育的目的在培養雄辯家，而雄辯家＝知識＋口才＋品德。

　　3.語言的學習應希臘文與拉丁文並重。

　　4.認爲學校教育優於家庭教育。

　　5.教學方法採鼓勵與競爭方式。

　　6.反對體罰。

　　7.重視音樂、幾何的學習（林玉體）。

羅馬教育的貢獻

　　1.七藝課程成爲往後裝飾性教育的主要內容。

　　2.教育重視實用技能的傳授，特別注重表達能力之培養。

　　3.鼓勵學者從事研究，並設立圖書館，尊重有知識的人；修辭學家、哲學家、醫生可免勞役。

　　4.實施雙語教學。

　　5.注重法律教育：十二銅表法。

　　6.激發人文教育，以算術、幾何、音樂、邏輯、修辭、文法、天文等學科來培養具人文素養之演說家。

中世紀教育（羅馬至文藝復興運動以前約當西元 500年～1500年）

中世紀基督教興起，教會的勢力大增，神學成為顯學，但神學本質上是非理性的，與原希臘、羅馬時代重視理性的訓練有所衝突，教會領袖認為：

1.哲學是理性的產物，但理性是不可靠的。

2.聖經即所有一切的知識。

奧古斯汀（St. Augustine）

1.著作《懺悔錄》（*Confessions*）宣揚教義。

2.人生的目是信仰上帝以求「天福」。

3.學習即是照明（illumination）是一種重新發現的歷程。

4.以愛為教化之根本。

5.將知識分為兩類：感官知識，以實物為主與理性知識，即觀念。

6.強調「無知者擁有天堂」，只要心中有神，善不善長文字表達則無關緊要（林玉體），此即信仰重於理解的觀點。

7.雙重世界觀：天國的世界 vs.人的世界。

8.心靈三位一體說：存有（being）、理解（understanding）及愛（love）

9.主張人性本惡（原罪），因此教育在抑制人的私慾，以彰顯理性。

10.注重來世：他認為生活的目的是希望死後至神之城（city of God）。

11.教育的目的在培養善良基督徒的品德。

12.同時重視神學與博雅學科（徐宗林）。

多瑪斯（St. Thomas Aguinas, 1225~~1274）

1.借用亞里斯多德的理論，奠定基督教教義之哲學基礎，並且劃清了哲學與神學的界線。教育的實施應把握以神學為目的，哲學為手段。

2.認為教師對學生之教導歷程相當於醫生對病人的診斷歷程。

3.強調抽象的文字符號教學要勝於個別的實物教學。而抽象概念的學習是學習共相概念（例如上帝）不可或缺的基礎。

4.教育的目的在培養基督徒。

5.認為應調和理性與信仰（徐宗林）。

基督教的教育措施

1.教義問答學校（catechetical schools）專為洗禮者初步接受基督教而提供的初步教義之瞭解之教學場所，採個別化、問答方式教學。

2.主教學校（the Bishop's schools）：出現在西元第三世紀，目的在培養教士。

3.唱詩學校（song schools）初期以培育唱詩班歌手為主，後演變為國小程度的教育，教授神學及普通科目。

4.修道院（monastery）是中世紀較特殊的教育方式，其制度化始於第五世紀，為當時保存西方傳統的中心，其特點：

◇修道院常遠離城鎮。

◇為一自給自足社區，生活用品皆為僧侶自行生產、製造。

◇重視培養虔誠、獻身的基督教神職人員，過簡樸、獨居的生活。

◇戒律甚嚴，強調貧窮、勤奮、服從、虔敬、不得與親人聯繫，潛心教義的學習。

◇其專注於書籍抄錄工作，對書籍的保存貢獻至大。

◇中古的修道院必有圖書室為後來圖書館的淵源之一。

◇為中古世紀文學、藝術思想及教育之中心所在。

◇寺院學校（monastic school）：針對青少年，主修拉丁語及教義，以便成為僧侶或神職人員（徐宗林）。

騎士教育

基於封建制度的需要產生了騎士制度（the institution of chivalry），騎士的責任在保護領主、教會、婦孺與貧困者，重振古希臘、羅馬的體育教育精神，其訓練可分為三階段：

1.馬童（page）階段：年齡約7～14歲，從宮廷夫人學習禮儀，熟悉宮中生活，亦可研習詩詞、音樂及閱讀。

2.騎士隨從（squire）階段：14～21歲，跟隨某一武士學習軍事技能。

3.騎士階段（knight）：21歲以後學習告一段落，經由一項儀式而成為騎士。騎士教育採師徒制，對後代的教育有一些影響（徐宗林）。

基爾特（the guilds）制度

為中古行會培養一般市民專業職業教育的制度，也是採用師徒制，其過程：

1.學徒期（the apprentice）：兒童由7歲開始，跟隨一位師傅，接受2～10年的學習。

2.工頭期（journey-man）：學徒期結束後，則擔任工頭，在師傅的監督下，可以指導沒有經驗的同業人員，至其技術純熟後，繳交一項作品，經認可後，頒發證書，即可開業。

3.師傅（master-workman）：成為基爾特行會的成員，享有各項權利，可開班授徒。

中世紀大學

西方大學（university）是中世紀的產物，大學一字源於拉丁文universitas，有自治團體的意思，即基爾特的一種形式。

1.大學興起的背景：

◇自由講學之風氣：例如，貝納得（Benard）在查特銳斯（Chartres）講文法吸引不少學生。

◇民眾為了取得任教資格必須至大學修學分以取得證書。

◇十二世紀時由於知識的日益專精，遂有單科大學成立之需求：例如，波隆納大學以法學聞名、撒來奴大學專攻醫學，而巴黎大學則以神學享有盛名。

◇一般學科研習所就是著名的主教學校，由於師資優良，後發展成大學組織。

◇中世紀之大學後來皆發展成當地學術研究之重鎮。

2.大學組織：大學基本上是教師與學生為本身利益而結合的團體，師傅有師傅的社團，而學生則有同鄉會。大學的成立是奠立在人的基礎上，後逐漸取代中世紀修道院之角色，成為追求真理的中心。

課程

以神學、醫學、法律為時尚，博雅科目是基本科目，亦重視邏輯學、修辭學、哲學及倫理學等科。

學位制度

其出現在十三世紀終了以後，經過一連串的考試，寫論文而取得學士（bachelor）學位。

權利

大學的設立必須經過教皇或國王的許可，可獲得一些特權、免役、免稅、審判獨立、授與學位、罷教自由、罷課自由、遷校自由、飲酒自由。

教法

以書本為主，必須修拉丁文（徐宗林）。

文藝復興時代

文藝復興（the Renaissance）宣告中古世紀的結束，約介於十四世紀初至十六世紀中葉，文藝復興（Renaissance）源於法文有再生（rebirth）之意。其發展的背景有：

1.義大利經濟與人文的發達。

2.地理的新發現。

3.地方語言的興起。

4.女性地位的提高。

5.印刷術的發明。

文藝復興的內涵

1.狹義是指古學研究的再度受到重視。

2.廣義是指西方崇高精神的再生。

3.除再生之意外，尚有繼續（continuity）的意思，是繼續古希臘、羅馬的人文精神而非以事神為主的精神。

4.目的在平衡人的精神與神的勢力。

5.義大利境內的文藝復興注重文學與藝術，而日爾曼則偏向於宗教，間接影響後來的宗教改革。

6.文藝復興的另一內涵是指世俗主義（secularism），重視實用（徐宗林）。

人文主義

人文思想早在希臘就已開始，人文主義（humanism）一詞來自拉丁文humanista，最初表示人文學科的教導、教師或學習者，對羅馬教

育家西塞祿而言，則是指博雅教育，至十九世紀德國教育家尼色墨爾（F. J. Niethammer）首先使用Humanismus後，人文與教育才結合，其思想的中心概念有：

1. 以人為中心。
2. 強調人的自由與自主。
3. 重視現世生活。
4. 意識到人的自然性。
5. 對古希臘、拉丁文學的興趣。
6. 重視人性尊嚴。

伊拉斯莫斯（Desiderius Erasmus, 1466～1536）

1. 被稱讚為「學者中的學者」或「文藝復興時期的伏爾泰」。
2. 著有《愚者的禮讚》（*The Praise of Folly*），批評社會的虛偽、不道德、迷信。
3. 注重博雅教育，認為教育的目的在培養具有知識、能夠思考有情感的人；而教育的目的在實現全人類的幸福。
4. 認為教育必須顧及兒童的三個層次：

　　◇本性（nature）：兒童的天賦。
　　◇訓練（training）。
　　◇實習（practice）：從實習訓練中強化本性、能力。

5. 主張兒童教育應儘早實施。
6. 認為教育應培養個體成為基督教紳士（徐宗林）。

文藝復興時代教育的反省

1. 雖重視人文教育，但在實施上缺乏具體做法。
2. 希臘、拉丁語的學習，流於形式，只注重語文形式而忽略了語文內容。

3.在拉丁語教學上囿於西塞祿主義（Ciceronianism）。

4.道德教育不振，人文教育效果有限。

5.人文教育的實施只限於少數貴族（徐宗林）。

宗教改革

中世紀時教會開始腐化，人為追求理性、平等而引發了宗教改革（reformation），其原因有：

1.教皇權威的下降：十四世紀時開始有神學家質疑教會的不當，有名者，例如英國牛津大學教授威克里福反對羅馬天主教教皇係上帝的代表。

2.教會的腐化。

3.教士與社會脫節。

4.羅馬教會橫征暴斂。

5.贖罪券為導火線。

路德（Martin Luther, 1483～1546）

1.引發宗教改革者原為一神學理論家。

2.主張信徒有闡釋聖經的權利與資格，不需透過中間媒介（教會）。

3.接受教育是解釋聖經的基本條件，為達此目的，他以德文（本國語）翻譯聖經，促進用母語來教導聖經。

4.提升教師地位。

5.認為應實施德語教育。

6.建議廣設圖書館。

7.教育的目的在促進宗教的發展。

8.教育內容傾向人文教育與宗教結合。

喀爾文（John Calvin, 1509～1564）

1.在瑞士日內瓦設立日內瓦學苑（the Geneva Academy），宣揚喀爾文教義。

2.主張禁慾主義，絕對遵守教規。

3.主張政、教合一，教會亦是一國之行政事務機構。

4.學校的目的之一在培養信徒，除教導基本科目外，亦兼有宗教陶冶的功能。

5.重視道德規範之教導與服從權威。

宗教改革對教育的影響

1.推動教育普及，爲便利信徒與神直接溝通，主張普及教育（一般民眾也可受教）。

2.國語（母語）教學受重視。

3.政府取代教育而有對教育之控制權，教育由私人轉移至政府。

4.重視師資的培育（徐宗林）。

唯實主義（realism）

十七世紀唯實論，其興起受文藝復興之後人文思想的沒落及自然科學的發展所影響，如唯物思想、自然律的發現、重視理性、反省、懷疑等態度都對唯實論有巨大的影響。

唯實的派別

1.人文唯實論（humanistic realism），具有傳統人文主義色彩，同時在課程中也納入自然科學。

2.社會唯實論（social realism），除獲得知識外，更注重學生要參與社會，瞭解社會與改進社會。

3.感覺唯實論（sense realism），由心理的角度切入，認爲知識是透過感官知覺而形成的。

唯實論的特色（邱兆偉）

1.世界存在著許多真實事務。

2.而外在客體的存在不因我們的知覺、感覺而改變。

3.使用理性可以對此外在客體進行瞭解。

4.對外在事務的知識、瞭解其規範、定律及關係，是對人類行為最可靠的指引。

唯實論的教育目的（邱兆偉）

1.通才與專才教育並重。

2.教育的目的應是有用的、活用的與能應用的。

3.在獲得利用知識的技巧。

4.增強學生之心智功能。

5.以生命之一切表現作題材。

6.引導學生自我發展。

課程

重視實用教材、自然科學、基本學科、實際經驗、道德教育。

唯實教育思想家

1.培根（Francis Bacon, 1561～1626）：

◇英國貴族，著新工具（Novum Organon），反對演譯法，鼓吹
　實驗。

◇打破思想上的偶像：

◆種族偶像（idola tribus），其源自人的主觀與錯覺。

◆洞穴偶像（idola specus）：指個人易犯的缺失就像是封閉
　的心靈。

◆市場偶像（idola fori）：誤把符號當真實的事物。

◆戲院偶像（idola theatri）：不可盲信權威。

◇提出歸納法，蒐集資料來驗證。

◇心智陶冶應與道德陶冶一樣看待。

◇強調科學知識及藝能學科。

◇實驗所得知識勝過書本知識。

◇學習過程需先有實際經驗後再教以規則。

2.芮特克（Wolfqang Ratke, 1571～1635）：

◇學校所欲傳授的知識都應編成教科書，以有系統的教學。

◇設預備學校做好教學準備。

◇主張語文統一、宗教統一、政府統一。

◇語文教學應符經驗原則，先學本國再學外國。

◇學習應先明瞭理解，再記憶。

◇學習效果以愉快優於痛苦。

◇活動安排順應兒童心靈。

◇嚴禁體罰，這些建議顯示教育心理化的傾向（徐宗林）。

3.康米紐斯（John Amos Comenius, 1592～1670）：

◇編寫世界圖解，其最大特色是書中有圖畫，符合唯實論的教育理念。

◇倡導感官教學。

◇教育史上第一位「明確」指出系統的學校制度，主張教科書應審慎編印。

◇主張終身教育。

◇主張全民教育（泛智教育），認為殘障者亦有受教的可能性。

◇教學方法：大班教學、班長制、相互競爭、做中學、覆述教材、重視遊戲。

◇具體學校制度：母親學校、國語學校、拉丁學校、大學。

◇教育目的在培養一位虔誠的新教徒同時具有智性、德性及聖性。

◇開展論：認為教育即人的開展，猶如核仁的發展般。

◇遵守自然律：各項教育活動必須遵守自然原則。

11 西洋教育史（下）

啓蒙時代（十八世紀）

　　啓蒙時代（The Enlightment）是西方思想世界爭相競鳴的時代，掘起了許多的思想家，拜宗教改革之賜，奠立了國民教育的基礎（德國斐特烈二世於1763年公布普魯士學校法典（school code，規定5～14歲兒童必須接受強迫教育），英、法等國也競相推動公共教育，而美國許多著名學院──耶魯學院（1701）、普林斯頓學院（1746）、哥倫比亞學院（1754）也都是在此時期設立的。

洛克（John Locke, 1632～1704）

　　1.經驗哲學泰斗，出版《人類悟性論》（*An Essay Concerning Human Understanding*），引發歐陸的理性哲學與英國經驗論的顯著對立，他的名言是心靈白板（tabula rasa）說。

　　2.認爲觀念並非先天所有，而是經由後天認知活動而形成的。

　　3.承認有形而上的心靈實體，且此心能必須加以鍛鍊以增強其能力。

　　4.反對體罰，注重兒童的興趣。

　　5.注意到手工、園藝、簿記、速記的重要性，認爲教育內容需與現實融合，爲往後英國教育學者實用科目納入課程立下基礎。

　　6.認爲教育的目的在培養紳士，而紳士需同時具有廣博的知識與實用技能。

　　7.主張教育內容涵蓋：閱讀、法語、地理、倫理學、英國語文、舞蹈、擊劍、騎術等。

　　8.強調知識的追求是經由感官、理性，且不應以偏概全。

　　9.注意身體的鍛鍊與品德陶冶。

盧梭（Jean Jacques Rousseau, 1712～1778）

　　1.以民主政治思想、天賦人權論、人類自由平等說及自然發展的

教育論，引發十八世紀風起雲湧的爭論，被譽爲近代西方教育史的哥白尼。

2.自然主義的代表（參考哲學部分）。

3.認爲教育來自三方面：自然、人及事物、個人的感官能力。

4.人性本善，故教育不是陶鑄而是自然的發展、生長。

5.充分利用學習者的好奇、求知慾作爲教學的助力。

6.學習的內容不在多，而在精，應有正確、清晰的概念。

7.道德教學經驗化，即以學習者所能經驗的事實爲基礎，歸納出道德原則（徐宗林）。

康德（Immanuel Kant, 1724～1804）

1.注名德哲，出版《純粹理性批判》（*Critique of Pure Reason*）、《未來形上學緒言》（*Prolegomena to Any Future Metaphysics*）、《實踐理性批判》（*Critique of Practical Reason*）、《判斷力批判》（*Critique of Judgement*）、及《論教育》（*On Education*）。

2.試圖調和大陸理性論與海洋經驗論，其名言：「沒有內容的思想是空的，沒有理性的思想是盲的」。

3.認爲教育的內涵有：

◇陶冶（diciplined）：馴服人的野性。

◇培育（cultured）：包含指導與教學。

◇薰陶（civilized）：學習社會技巧。

◇道德（moralized）。

4.應培養學生良好的判斷力與推理能力。

5.提出「實用教育」（practical education）一詞，認爲教育應含蓋技能、實際智慧及德行發展。

6.認爲道德原則是個人行爲的準則，而道德與善行都來自善意。

7.道德教育的核心是品德的建立，而由良心所形成的義務感，是人類最高的品德（徐宗林）。

民族國家的興起與教育

民族意識的覺醒受到許因素的影響：早期歐洲對回教的十字軍東征、宗教改革、民族文學作品、美國獨立戰爭，最後廿世紀的兩次世界大戰更促進了民族的覺醒。民族國家的興起促進了教育的公共化（國家化）、教育的普及，也間接促進了基督教的宣揚、民主政治、經濟發展及國家理念的發展。

裴斯塔洛齊（Jonann Heinrich Pestalozzi, 1746～1827）

1.深受盧梭的影響，因倡導愛的教育及自然主義而流傳千古。教育愛特重對價值層次低的學生的關懷：貧苦兒童、品學兼劣者及身心殘廢者。

2.倡導直觀教學：包含知識的直觀（教學法上的普遍心理法則）與品德上的直觀，即身教。

3.首先推動貧民（平民）教育，主張有教無類。

4.賦予教育活動心理的基礎。

5.人具有發展的潛能，也有墮落的因子。

6.人具有社會性。

7.教育為個體本性之自然發展。

8.對教學活動的看法：

◇教學為一種藝術。

◇學習活動與工作活動應結合，且教學活動應運用兒童的經驗。

◇教學應由已知到未知。

◇教學應注重個別差異。

◇反對體罰。

9.結合智育與德育，而德育的實施注重示範及以身作則。

10.教材包含地理、自然與科學（徐宗林）。

斐希特（Fichte）

1.在普法戰爭失敗後發表演講「告德意志國民書」，主張以教育來復興日耳曼的文化與民族精神。

2.相信日耳曼的傳統與歷史是光輝的、優良的。

3.民族文化的復興必須經由教育的培養，具有品德、善良、意志與擇善固執的個人，且能明辨是非，能獨立思考。

4.提倡公民教育，認為教育必須普及全國民眾。

5.教育的實施是兩性平等的（徐宗林）。

工業革命與教育

工業革命（industrial revolution）泛指十八世紀發生在英國之一種生產方式的變遷：由手工、農業轉變至機器的大量生產。而第一次工業革命起於1760年至1860年，特徵是媒與蒸汽機的使用。第二次工業革命介於1860～1914，特徵是電與內燃機的使用。由於物質文明的飛速進展，帶動社會、文化、經濟、政治、科技及教育的快速變遷。

工業革命引發了實用教育的思想，屬生活預備說，教育要為未來的職業預作準備，其中的重要事件有：

1.手工訓練（manual training）運動，即勞作、勞動、園藝、金工、木工等課程，強調知、行合一，瑞典是較早實施手工訓練的國家。

2.工業教育（industrial education）：例如德國以繼續學校（continuation school）的方式推動工業教育，以斯特拉斯堡的工業繼續學校為例，其科目有：建築科（水泥工、鐵工、銅工）、商業科、行業科（廚師、理髮師、印刷等）。

3.功利主義（utilitarianism）的發展：最早是英哲赫欽遜（Hutcheson）提出：「最大多數人的最大幸福」，後有邊沁、詹姆斯、彌勒等。

4.社會主義思想（馬克思主義）：唯物論、階級鬥爭、疏離等。

5.科學教育思想：以英國史賓塞爲最早強調者。

赫爾巴特（Johann Friedrich Herbart, 1776～1841）

1.首先在大學教授「教育」學，此後教育正式成爲大學的一門學問，因此被譽爲教育學之父。其思想深受倫理學與心理學之影響。

2.其教育學的中心是道德教育，強調善意的規範，包含內在自由、完美、仁慈、正義或律法及嫉惡如仇的態度。

3.教學內容：自然科學、數學、歷史、古典語文、地理、德文作文。

4.首先將教育科學化，提出四段教學法（林玉體）。

5.其認爲自己對教育有兩大貢獻：

◇使教育目的明確、清楚。
◇使教育歷程系統、固定而明顯。

福祿貝爾（Friedrich Froebel, 1782～1852）

1.首先創設幼稚園，被譽爲幼稚園教育之父，其思想傾向絕對論、理想論與神秘論色彩。

2.在教育上主張開展說（the unfolding theory），認爲受教者具有可開展的潛能，是朝向一個終結、完美的理想發展下去。

3.認爲教育的目的是個人藉由自我活動以達自我實現。教育的意義是以活動來培養個人的良好習慣、實用能力及健全品性，而兒童是自我活動的主體，遊戲是自我表達的工具。

4.恩物（gifts）是福祿貝爾的教具，可訓練兒童認識符號或象徵意義。

5.重視人群教育、戶外教學。

歐文（Robert Owen, 1771～1858）

1.具功利主義思想爲一企業家兼慈善家。

2.認爲教育必須具建設性，不能成爲反教育。

3.從感覺經驗來的知識較書本知識有用。

4.教育貴在個人主動學習。

5.設立私人學校、托兒所，爲其工廠員工之福利。

斯賓塞（Herbert Spencer, 1820～1903）

1.倡生活預備說，重視知識的實用性。

2.將完美生活活動分爲五類，依重要性區分如下：

◇對自我生存有利的直接活動。

◇對自我生存有利的間接活動。

◇對於生育與教育子女有利的活動。

◇參加社會互動的各種活動。

◇休閒活動。

3.著教育論：

◇智育方面：重視自我觀察、自我訓練、自我進化。

◇德育上：強調兒童的自主、自由權，認爲道德教育始於家庭；主張快樂主義與自然懲罰。道德包含認知、情感與實踐。

◇體育上：體育的目的在增進自我生存（徐宗林）。

當代教育思想家

蒙特梭利（Maria Montessori, 1870～1952）

1.原為女醫生，後專研幼稚園教育。

2.認為應尊重兒童的獨立性，而且個人自由應先於社會紀律。

3.設計教具來促進學習。

斯普朗格（Eduard Spranger, 1882～1963）

1.文化主義代表人物，致力於德國新人文主義的發揚。

2.將人分為六類：

◇理論型：追逐知識。

◇經濟型：追求利益。

◇審美型：藝術創造、欣賞。

◇社會型：樂於為人群服務。

◇政治型：領導人。

◇宗教型：具奉獻精神。

3.教育是一種文化活動，經由文化陶冶而喚醒自我意識。

4.教育的功能：視文化為：「文化財」，則教育具有：文化繁殖、創造、與文化陶冶之功。

5.教育活動植基在愛的基礎上。

6.人是文化的創造者（徐宗林）。

未來主義（futurism）與教育

　　未來學之理論基礎有：人口學、生態學、教育、國際關係、都市化、自動化、系統思考、時間概念、科幻等，以後工業社會為切入之視角。

　　未來學的理論重點強調：

　　1.行動與學習的連貫，例如讓學生實習而從做中學。

　　2.理論與實際的配合：教育內容須兼顧理論與實際。

　　3.社會組織重新負起教育功能，例如企業、商店、公司、工廠等應具有教育之功能。

　　4.培養應變能力。

　　5.替代性的學校（alternative schools），社會組織可參與人才培育。

　　6.電腦教學。

　　7.提供參與決定的機會。

　　8.培養未來意識的個人。

　　9.未來導向之課程強調：適應社會、瞭解自己、瞭解變化的性質、瞭解個人影響變遷之方法、避免我族中心等（徐宗林）。

一、何謂「教育即生活」？何謂「教育是生活的準備」試述你對兩者的看法。【屏師83】

答：（一）教育是生活的準備

源於史賓塞的生活預備說，認為教育應為未來的生活預做準備，包括職業技能的培養、公民訓練、健康與休閒能力的養成等。

缺點為：

1.以國家、社會之需求為中心，忽視了兒童的興趣與需要。

2.課程設計以未來目標為傾向，但是未來是不可預知的，今年所設訂的未來目標，到時可能不實用。

3.容易成為意識形態灌輸的工具。

（二）教育即生活

源於杜威，認為未來是不可知的（變動觀點），因此教育是無目的的，教育本身即是目的，意旨環境不斷的變遷，人應時刻的學習以適應環境的變遷，重視教育與生活結合與兒童的需求與興趣，是兒童中心思想。

（三）折中

教育應同時兼顧兒童目前的需求與未來的目標，一方面教學與學習應與生活結合，同時也應考慮到未來生活的需求。

二、杜威（Dewey）說：「教育乃是生長，也是經驗的改造重組的歷程」根據這句話的意義，國小教師在教育工作與態度上應如何因應環境的變遷，以迎接二十一世紀的來臨。【屏師85】

答：杜威的教育思想及對二十世紀的啟示有：

（一）做中學（learning by doing）：未來教育應更加注重知行合一，且在評量上應配合與實際生活中的運用相結合，例如可使用實作評量、卷宗評量。

（二）教育即生活：兒童所學的內容應與其實際生活貼近，以促進學習動機，此外，亦含有活到老學到老之終身教育的意義。

（三）兒童中心思想：一切以兒童的需要、興趣及認知發展為基礎。

（四）變動觀點：不為教育設定任何目的，不斷的學習成長，適應社會的變遷即是其目的。

（五）重視問題解決能力的培養，學習如何學；注重原理、原則的學習。

（六）重視學習的歷程。

三、許多教育活動均具有其哲學基礎，請自初等教育的目標、課程、教學方法與訓育等層面，分別各舉一例，說明其所植基之哲學理論為何？

答：杜威說：「哲學是教育的普通原理，教育是哲學的實驗室，因此，教育與哲學的關係極為密切」。

（一）就教育目標而言教育目的需要哲學指引：

1.自然主義：

代表：盧騷、蒙特梭利、裴斯塔洛齊等。

目的：其教育的目標為協助兒童發揮自然良善的本性。

2.唯物主義：

代表：馬克思等。

目的：注重國家、社會及勞動階級共有的價值，教育的目的是訓練兒童參與社會勞動生產。

3.個人本位主義：

　　　代表：洛克、斯賓塞。

　　　目的：以兒童之需要與興趣爲中心，開展兒童的潛
　　　　　　能。

4.社會本位主義：

　　　代表：涂爾幹。

　　　目的：教育的目的在幫助兒童社會化。

5.進步主義：

　　　代表：杜威。

　　　目的：教育即生活，教育是經驗的改造。

6.理想主義：

　　　代表：蘇格拉底、柏拉圖、亞里斯多德以及近代的謝
　　　　　　林、柏克萊等。

　　　目的：訓練理性思考、追求永恆的眞理。

7.人文主義：

　　　代表：韋多利諾、菲希特、謝林。

　　　目的：促進圓滿的生活。

8.唯實主義（或實在主義）：

　　　代表：洛克、盧梭、斯賓塞。

　　　目的：教育的目的在培養適應生活的能力，最實用的
　　　　　　知識即最有價值的知識。

9.文化主義：

　　　代表：斯普朗格。

　　　目的：傳遞與創造歷史文化、陶冶人格。

10.分析學派：

　　　代表：皮德斯。

　　　目的：心靈啓發的歷程。

（二）課程／教學：

　　1.理想主義：課程需能啓迪心智、變化氣質、重視知識與道德教育，強調文雅教育優於技藝教育，偏向於形式訓練，重視教材的訓練心智價值，重視人文學科、理論學科及傳統學科，使用啓發式教學。

　　2.經驗主義：重視直觀教學及感官訓練，並製作許多的教材以訓練感覺動作。

　　3.實驗主義：課程內容重視社會學科及活動課程，教學法上偏重做中學，以學生爲中心之教學法及問題解決教學法：

　　（1）發現問題。

　　（2）分析問題。

　　（3）提出問題解決方法。

　　（4）選擇最佳解決方去。

　　（5）驗證得失。

　　4.實在主義：重視自然學科、基本學科及傳統學科，教學方法上鼓勵科學思考教學法，重視有組織且系統化之教學法、視聽教具之使用，且偏向於以教師爲中心之教學方式。

　　5.存在主義：重視人文學科，有助於實踐生命意義的教材，教學法上以學生爲中心之教學法，鼓勵學生參與、發表。

（三）訓育方面：

　　1.康德主張實踐理性與道德的自律。

　　2.杜威主張以科學方法作爲道德判斷的依據，其認爲道德行爲應包含內在動機與外在動機，調和了道德哲學中主內與主外派的對立。

　　3.理想主義的道德教育在培養學生崇高、永恆的理想道德

人格，強調學生應自動遵守規律及意志的訓練。

　　4.實在主義則注重他律與道德習慣的養成。

四、在西洋道德教育理論中，有一派注重道德習慣的形成，另一派則注重道德判斷力的培養，試就自己的看法，說明兩者的異同及優缺點。【屏師87】

答：注重道德習慣養成的有行爲學派與功利主義，偏重結果而輕忽動機，注重外在的行爲規範與訓練，其優點是重視行動，缺點是對道德是非缺乏判斷力，可能淪爲意識形態所宰制。

　　另外，道德判斷力的培養則注重道德認知能力的訓練，代表有柯柏格及康德，康德認爲行善與否的標準在於行事背後的動機，其缺點是只問動機不問結果，有時可能動機純良卻產生不好的結果，而且具有道德的判斷力，並不代表自然就會知行合一。

　　折中：道德教育應同時注重道德判斷力的培養與知行合一。

五、「德育」爲五育之首，請以「生態模式」的教學設計，說明教室體系中德育的理論應用與生活實踐。【屏師88】

答：（一）生態模式教學設計的特色：

　　　　1.重視人與人、人與環境、人與社會的互動，其視角不僅限於學校。

　　　　2.重視相互依存的關係，人不是環境的主宰，應尊重自然、社會、培養吾與汝的關係。

　　　　3.重視在生活中實踐，知識必須是實用而且是活用的。

　　（二）生態模式在德育上的應用：

　　　　1.道德認知能力的培養，可使用道德兩難教學法及道德加一原則。

　　　　2.道德判斷力的培養，使用價值澄清教學法及存在主義哲學。

　　　　3.道德實踐力的培養：使用批判思考教學，杜威的做中學。

4.在評量上應強調多元評量，以促進道德的實踐力。

5.培養良好的道德習慣，可使用行為學派的增強方式，總之：生態模式強調人與其環境的互動與尊重，教師在從事道德教學時，應特別強調學生對社會的參與感與行動。

六、教育理論「形式訓練說」與「教育萬能論」是否能折衷協調？試申己見。【嘉師86】

答：（一）形式訓練說發源於心靈實體論，認為精神與物質是二分的，其後有官能心理學（faculty psychology）加以論述，認為心靈是一個實體，而且有許多不同的作用（學習、記憶、認知、思考等），這些能力是可以經過訓練而予以增強的，故教育的目的，即在從事心靈能力的訓練。

　　1.形式訓練說的教育目的：認為訓練吸收知識的官能要比知識的灌輸更為重要，官能一經訓練就可以加強任何知識的吸收。而人類的知識極為廣泛，無法將所有的知識教給學生，因此較有效率的方式就是訓練其官能，在執行上主張教育的「形式目的」（formal aim）而非實質目的（content aim）。

　　2.課程上：注重教材的訓練性而非實用性，凡能訓練官能的學科皆是有用的教材。

　　3.教育價值上：重視理論性及文化陶冶的通才教育，較不重視應用性的職業教育。有可能造成通才教育與專業教育的分化與對立，並且過度強調理智勝於勞力的價值觀。

　　4.教學方法：著重在記憶、背誦、抽象思考等有助於官能訓練的方法，而忽視了實際的觀察或實驗等方法。

（二）教育萬能說：

　　教育萬能說屬於行為學派的觀點，認為人心如白板，完全

受到後天環境的影響，因此可以利用外控的方式：例如環境與後效強化來塑造個體，其主張有：

1. 重視神經系統：認為心靈只是一些生理上神經系統的作用，教育的目的在支配與控制此神經系統，使產生刺激與反應間的聯結，並經由練習來強化此聯結，使形成良好的習慣。

2. 重視學習者的生理條件：行為主義或唯物心理學皆以生理學為基礎，認為健全的精神寓於健全的身體，特別重視體育，增加兒童的營養，矯正學生身、心的缺陷。

3. 重視教育的效能：設定教育目標時，皆以行為目標行之，因此可以具體的指引教學並且評量學習的效果，以提升教學的效率。

（三）兩者的折衷：形式訓練說的缺點是過度強調心智訓練的價值，以及教材的形式化，造成所學的知識與日常生活脫節，並且缺乏學習的動機。而教育萬能說的缺點是忽視人主體理性的訓練與尊重，養成學生被動的態度與缺乏批判思考的精神，因此教師在教學時應：

1. 兼顧理智的訓練與知識的實用性（知、行合一）。

2. 重視境教（教育萬能說）的影響。

七、教育目標是教育活動的核心，教育目標的訂定通常立基於我們對什麼是「理想的人」和「理想的社會」的認定。試根據你對「理想的人」和「理想的社會」的看法，為國民教育訂立一個教育目標。【市北師86】

答：此題的寫法必須以目前的教育思潮為背景（人文、人本主義及後現代主義），在目前教育改革立法的架構上（例如九年一貫國民教育），加上未來教育的發展方向。

（一）國民教育法中對理想的人與社會的看法：依「國民教育法」第一條的規定：「國民教育依中華民國憲法第一百五十八

條之規定，以養成德、智、體、群、美五育均衡發展之健全國民教育為宗旨」。而國民小學教育的總目標為：「國民小學教育，以生活教育及品德教育為中心，培養德、智、體、群、美五育均衡發展之活潑兒童與健全國民為目的」。（此即為理想的人）。

為實現小學階段的教育目標，教師應輔導兒童達成下述七項目標：（理想的人、社會）

1.培養勤勞務實、負責守法的品德及愛家、愛鄉、愛國、愛世界的情操。

2.增進自我瞭解，認識環境及適應社會變遷的基本知能，

3.養成良好生活習慣，鍛鍊強健體魄，善用休閒時間促進身心健康。

4.養成互助合作精神，增進群己和諧關係，發揮服務社會熱忱。

5.培養審美與創作能力，陶冶生活情趣。

6.啓迪主動學習、思考、創造及解決問題能力。

7.養成價值判斷能力，發展樂觀進取的精神（賴進標，民89）。

（二）依教育基本法的規定，教育的目的（教育基本法第二條）
在「培養人民健全人格、民主素養、法治觀念、人文涵養、強健體魄及思考、判斷與創造能力，並促進其對基本人權之尊重，生態環境之保護及對不同國家、族群、性別、宗教、文化之瞭解與關懷，使其成為具有國家意識與國際視野之現代化國民」。為實現前項教育目的，國家、教育機構、教師、父母應負協助之責任。

教育基本法第三條：教育之實施，應本有教無類、因材施教之原則，以人文精神及科學方法，尊重人性價值，致力開發個人潛能，培養群性，協助個人追求自我實現。

（三）從九年一貫課程看理想的人與社會：

　　1.基本理念：

　　　（1）人本情懷。

　　　（2）統整能力。

　　　（3）民主素養。

　　　（4）鄉土與國際意識。

　　　（5）終身學習。

　　2.課程目的：

　　　（1）人與自己：增進自我瞭解，潛能開展，培養欣賞、表現及審美、創作能力；提昇生涯規劃與終身學習能力。

　　　（2）人與社會環境：培養表達、溝通和分享的知能；發展尊重他人、關懷社會、團隊合作精神；促進文化學習與國際瞭解；增進規劃、組織與實踐的知能。

　　　（3）人與自然環境：運用科技與資訊的能力；激發探索與研究的精神；培養獨立思考與問題解決能力。

（四）從上述法規中可知未來理想的人與社會應具有下列特質：

　　1.具人文素養與人本關懷。

　　2.重視人與環境的互動及生態保育。

　　3.學習管道通暢，以利終身學習。

　　4.具民主素養、統整能力、批判思考及創造力。

　　5.善用科技及資訊的能力。

　　6.追求自我實現。

　　7.身、心健康，五育均衡發展。

　　以上為筆者為國民教育所設定之目標。（考生可依自己的觀點再加入一些後現代主義思潮或其他（未來學）等。

八、說明「經驗主義」（empiricism）和「試驗主義」（experimentalism）的不同所在。【師大87】

答：

	經 驗 主 義	試 驗 主 義
代表人物	洛克、休模、赫爾巴特	杜威
知識的起源	1.感覺：透過各種感官知覺而取得知識的素材。 2.反省：經由知覺、記憶、推理、思維等作用，組合成有意義的內容或觀念，將人視爲經驗的產物。	知識是起源於解決日常生活問題的一種改造，是人與環境互動的結果。知識主、客觀皆有，是進步的、適應的、主動攝取的，而且最實用的知識是最有價值的知識，將人視爲行動者。
教材	教材上注重提供實際的生活經驗，重視職業及實用科目；教育即生活，所學必須有用，重視學習的經驗。	教材上注重活動經驗的提供。
教法	認爲經驗才是知識的可靠來源，而理性只不過是經驗的產物，因此教法上特重感覺訓練與直觀教學，讓學生接觸實物，以獲得臨場感。	特重問題解決能力的培養，培養理性處理問題與思考的態度，其教學法注重做實做——做中學與學習如何學（How to learn）的策略。
道德哲學	使用外控的方式培養良好的道德習慣。	杜威調和功利主義與康德學說，認爲道德教育應兼重動機與結果，故在訓育上兼重品德與行爲的陶冶，重視實踐道德，且靠智力不斷修正，以提高道德水準。
教育目的	1.教育的目的在實質的訓練。 2.重視理性與文化陶冶的通才教育。 3.教育方法上重視記憶、背誦、抽象思考認爲，意識是適應環境的工具，類似唯物主義。	因爲環境不停的變動，故教育內容與目的都是可變的（教育無目的說）。
心靈論	心靈狀態論：教育的目的是實質的而非形式的，在教學上講求課程的組織與提示順序，依此決定了心靈的組織與程序。	心靈論的看法，但另一方面又承認思想有其特殊性，並非全然機械式反應，又接近唯實論的觀點。

九、比較傳統教育哲學家（如柏拉圖）與自由進步主義教育哲學家
（如盧梭或杜威）兩種教育觀在教育對象、教師角色、課程、教法
與評鑑上之不同。【師大87】

答：

	傳　　統	進　　步
教育對象	以教師、社會、國家的需求爲中心。	以兒童爲主體。
教師角色	指導者（director）：注重控制、安善的設計、規劃執行與評估，容易造成教師主動而兒童背動。	協助者（faciliator）：資料提供者、共同參與者，鼓勵兒童主動學習、參與整個教學的歷程。
課程、教法	1.強調形式訓練，認爲理性能力的培養較零碎知識的吸收優先，注重啓發理性及文雅教育。 2.認爲職業科目較不具「價值」。 3.教材與課程上重視傳統學科、人文學科與理論科目。 4.認爲知識的來源是先天理性，忽略了後天之經驗，因此較不注重直觀教學。 5.認爲眞理是絕對的、永恆的、客觀的。 6.教法上偏重傳統的講述法與啓發式教學法。	1.以兒童爲本位，認爲兒童的重要性要優於教材、教師或學校。 2.重視兒童身體的活動，促進健康教育的教學。 3.重視兒童的個別差異，因材施教。 4.重視學習者的動機與學習經驗。 5.重視教學的歷程，學習如何學更甚於零碎知識的學習。 6.認爲眞理是相對的而非絕對的。 7.重視職業科目、活動課程。
評量	偏重傳統紙筆的評量方式。	多元評量。

十、就批判理論之教育觀點，反省台灣教育之缺失，並提出補救之
道。【師大87】

答：（一）批判思考（理論）的定義：

溫明麗：「批判思考是一位具自主性自律者，其心靈所從
事的辯證性活動，此辯證活動包括質疑、反省、解放與重

建的心靈運作，此心靈活動的主要目的，旨在使人類的生活更具合理性」。（頁94）

黑爾（R. M. Hare）指出，批判思考具有六種共通性：

1.批判思考在解決衝突時，是必要的。

2.批判思考常在有限的情境下作決擇。

3.批判思考不因所欲處理事件的特殊性而異。

4.透過批判性思考所建立的普遍性原則，亦適用於處理特殊事件上。

5.批判性思考具有知識上的自我支持作用。

6.批判性思考的目的，在選擇最好的首要原則。（溫明麗，民86）

（二）批判思考的程序：

1.質疑：對權威、結論、方法等之探究與詰問。

2.反省：使用理性思維，做深層意識分析與意識形態批判。

3.解放：捨棄不合理的信念，改採開放的各種規準

4.重建：價值觀的重新定位，不斷求進步。

（三）教師培育制度的缺失與改善

教師的培育與專業成長分為幾個階段：進入師資培育機構的選擇階段，在師資培育機構學習的職前教育階段，介於師資培育機構與實習學校或專業發展學校的導入階段，及成為正式教師的在職進修階段，以下筆者針對師資培育中的教育學程階段的做法從事批判性思考。

十一、請分別說明杜威的教育理論中，「教育無目的」與「教育的生長說」的意義，及兩者的關係。【竹師87】

答：（一）意義請詳見內文。

（二）關係：教育即生長表示環境不斷的變動，而人為了適應環境，也要不斷的學習，是一種活到老、學到老的觀點。教

育無目的有兩層意義：

1.世界是變動的，未來不可預知，因此無法爲未來設立目的。

2.學習本身即是目的，此兩概念的關係是一體兩面的。

十二、邁向廿一世紀，未來人才需要具備哪些新的能力？同時，當前的國內教育又應進行哪些變革，才能協助我們的下一代學得這些新能力：【中師87】

答：此題考教改方向，及九年一貫國教。

（一）未來需具備哪些新的能力，作答時請參考：（1）史哲學部分之未來主義（2）九年一貫國教之十項國民教育基本能力（參考附錄）。

1.人與自己：強調個體身心發展：

（1）瞭解自我與發展潛能。

（2）欣賞表現與創新。

（3）生涯規劃與終身學習。

2.人與社會環境：強調社會與文化的結合……等等。

（二）教育的變革：

1.以基本能力取代學科知識。

2.國際化，實施英語教學。

3.資訊化，實施電腦教育。

4.重視學習領域的統整。

5.注重學校本位課程設計。

6.使用多元評量……等等，考生可視時間多寡再補充自己的看法。

十三、何謂心靈狀態說？此理論對於教育之影響如何？試申論之。【彰師86】

答：詳見內文。

十四、請就二十世紀歐洲的兩種重要思潮——存在主義及批判理論，
　　　討論其主要教育立場。【高師87】

答：詳見內文。

十五、教育的目的究竟何在？為求知、謀生、成德、自我實現等等？
　　　試據教育哲學中的主要學派評析之。【高師88】

答：此題考生應從不同學派的教育哲學立場著手，例如：理性主義：
　　求知、成德；生活預備說、實用主義：謀生；人文主義、存在主
　　義、人本主義：自我實現。

十六、名詞解釋：後現代主義（postmodernism）。【高師88】

答：詳見內文。

十七、試評述斯賓塞（Herbert Spencer, 1820~1903）之教育思想。
　　　【中山87】

答：詳見內文。

12 教育和社會學理論之沿革

此章以歷史觀點探討教育社會學理論之發展，共分三方面探討：

1.研究法部分，分為三個時期：規範性、驗證性（量）、解釋性（質）。

2.研究視角（perspectives）分為兩種：鉅觀（發展較早）與微觀（1970以後）。

3.教育政策分為兩種模式：文化霸權主義（較早）與後福特主義（1980以後）。

教育社會學的內涵

定義

陳奎憙：「教育社會學是探討教育與社會之間相互關係的科學；它是運用社會學的觀點與概念分析教育制度，以充實社會學與教育學理論，並藉以改善教育，促成社會進步。」（p. 2）。

性質

1.介於教育學與社會學的邊際性學科。

2.以社會學觀點分析教育制度以解決教育問題（陳奎憙）。

教育社會學理論的發展

教育社會學理論的發展分三個時期（1）規範性教育社會學（educational sociology）時期：1950年代以前；（2）驗證性教育社會學（sociology of education）時期：1950～現在；（3）解釋性（interpretive）的教育社會學／或新教育社會學（new sociology of education）。

規範性教育社會學時期

1.代表人物：華德（Ward）、杜威、涂爾幹、韋伯、及英國的孟漢（Mannheim）。

2.內涵：

◇重視社會行動（social action），以爲教育是促進社會進步的途徑之一。

◇應用取向（applicative orientation）。

◇偏重哲學性（philosophic orientation），較少實證。

驗證性教育社會學時期

1.代表人物：布魯克福（Brookover）、葛樂士（Gross）、柯溫（Gorwin）、畢德威（Bidwell）等。

2.內涵：

◇方法上重實證（empirical）。

◇研究主題上偏向鉅觀：社會結構、社會階層、社會流動與教育之關係研究、學校科層組織之研究及教育機會均等之研究。

解釋性的教育社會學／或新教育社會學時期

1.代表人物：胡塞爾（Husserl）、蕭茲（Schutz）、米德（Mead）等。

2.內涵：

◇基本上是屬於質性及微觀的研究。

◇其理論基礎包含現象學、象徵互動論、俗民誌及教育知識社會等等（陳奎憙）。

和諧理論

和諧理論（consensus theorists）又稱爲結構功能論（structural-functionism），爲鉅觀理論之一種，由社會、文化、制度的角度來觀察社會。

特徵

1.結構與功能：認爲社會是由許多的部門（parts）所構成的各種社會結構（social structure），而這些結構彼此扮演了適當的角色及角色規範，以維持社會的均衡發展，並促進社會進步。

2.整合（integration）：各部門間是互補的良性互動。

3.穩定（stability）：認爲社會變遷是事實，但主張和諧、漸進式的改革方式（體制內改革）。

4.共識（consensus）：認爲各群體都有共同的價值觀及信念以促進社會的和諧。

代表人物

1.涂爾幹（Durkheim）：強調教育的目的是在集體意識的基礎上，完成個人的「個性化」或「社會化」。

2.帕森士（Parsons）：美國社會學者，其研究興趣在社會體系（social system）與個人的互動關係。帕森士認爲所有社會體系均有四種作用：

◇模式的維持（pattern-maintenance）。

◇體系的統整（integration）。

◇目標的達成（goal-attainment）。

◇適應的作用（adaptation）：其認爲學校具有選擇的功能與社會化功能。

3.其他學者：墨頓（Merton）、斯賓塞、布朗（Brown）等。

衝突學派

衝突學派（conflict theorists）認為衝突、對立是普遍的現象，而衝突正是社會進步的原動力。

特色

1.對立與衝突：各團體因立場不同，衝突是必然的。

2.變遷（change）：衝突、權力鬥爭引發社會的混亂、騷動、甚至革命等。

3.強制（coercion）：優勢團體必然使用強制手段，迫使其他團體接受其價值觀及行為規範。

代表人物

馬克斯（Karl Marx）

衝突論源於馬克斯的學說，其以經濟來解釋社會衝突、變動的原因，稱為單因說，其理論的要點有階級意識、物化、異化等。

包爾斯（Boweles）與金帝斯（Gintis）

提出社會再製（social reproduction）的理論。認為美國的學校是為資本家服務的，上層階級的精英透過各種手段「複製」其子女，使再成為上層階級，且其子女不斷複製下去，而下層階級之民眾只能複製下層階級的子女，此地的複製包括意識形態、社經地位、習性的複製等。

包爾斯與金帝斯認為此複製的機制是「符應原則」（correspondence principle），即統治階層選擇對其有利的文化、思想、價值觀及行為模式，而後利用教育的方式灌輸這類思想以「潛移默化」一般民眾，使其接受此類價值觀。

布迪爾（Bourdien）

提出「文化再製」（cultural reproduction）的觀點，統治階層利用文化再製來實施意識形態控制，例如，日本再製「進出」中國的歷史、中共「再製」八年抗戰的歷史，許多國家為了提昇民族意識，都會有意無意藉傳說或似是而非的方式再製民族優越的傳統。

【舉例】哥倫布發現新大陸是一個很好的文化再製的例子，如此合法化了白種人對美洲的統治地位，但許多印第安人不同意，他們認為，依考證，真正發現美洲的是印第安人而非白種人，而且有許多的考古證據予以支持，您會如何對學生描述這段歷史呢？

艾波（Apple）

艾波修正傳統衝突論之再製理論，提出抗拒（resistance）理論的觀點，認為教育具有相對自主性或創造性行動，並非完全被動的接受一預先設計好的指令。

威里斯（Willis）

威里斯對英國中學勞工階級的小孩從事抗拒的研究，並提出文化創生（cultural production）的觀點，承認次文化的存在，而且次文化不一定與主流文化的價值觀協調一致，例如時下青少年的次文化：飆車、藥物濫用等。

華勒（Waller）

華勒認為學校是暫時處於平衡的專制組織，而教師是權威的代表，高高在上，並灌輸學生順從權威的觀念。因此，學校是一種「支配──從屬」（institutional dominance and subordination）的關係（陳奎熹）。

解釋論學派

解釋論學派（interpretive theorists）屬於微視社會學，興起於1970年以後，以質性研究為主要的研究取向。

特色
1.強調日常活動。
2.強調人之主動性與創造性。
3.重視人與環境的互動以及意義的脈絡關係。
4.強調人的主觀性與互為主體性（inter-subjectivity）。

理論基礎
現象學（phenomenology）、象徵互動論（symbolic interactionism）、俗民方法學（ethnomethodology）、知識社會學（sociology of knowledge）、批判理論（critical theory）。

對師生互動關係解釋的歷程
1.教師經由對其本身的自我觀念與對學生的認識來決定教室的組織規則與教學內容。
2.學生亦由其本身的概念與對教師的認識來解釋這些組織規則與教學內容。
3.學生依詮釋的結果產生反應。
4.教師解釋學生反應。
5.教師進一步瞭解學生或修正教室組織規則與教學內容（陳奎憙）。

教育的功能

功能論觀點

1.傳遞文化，促進社會統合。

2.分配職位，促進社會流動。

3.創造新知，協助社會變遷。

衝突論觀點

1.維護社會現狀，即階級複製（class reproduction）。

2.對抗支配團體。

Meyer的觀點

其將教育分為：

1.精英教育（elite education），以培養高級知識分子，為權力之核心。

2.大眾教育（mass education）（陳奎熹）。

教育政策（社會學觀點）

教育政策之特性

1.歷史性：受傳統文化及歷史事件等影響。

2.變遷性：適應社會發展、引導社會改革。

3.結構性：教育系統與政策的發展受許多內、外在因素的影響；另外，教育政策需考量：教育目標、教育資源的分配、教育服務的工具、服務的對象與教育投資的尺度。

4.正當性：符合民主程序。

5.目的性。

教育政策模式

文化霸權主義

英國學者Coulby的說法，民族國家的教育政策有三點特徵：

1.區隔（segregation）：拉大了族群間的差異，甚至給學生貼上標籤。

2.分等（stratification）：即教育與社會的階層化（stratification）。

3.歸化（naturalization）及全面同化。

後福特主義

早期的西方管理理論重視理性與效率，其中，最有名的主義之一為泰勒主義（Taylorism），即利用大眾生產，提供大眾市場所需，其缺點是單一、物化而沒有彈性。

1980年後興起後福特主義（post-fordism），其最大特色是注重個人、彈性，與自動化（automation）以及高信賴（high trust）與團體生產（group production）。

後福特主義的精神正符合目前教改的趨勢，講求權力下放、自主、因地制宜、參與領導等。

社會學研究之路徑

涂爾幹（結構功能論）　　　　索緒爾（結構主義）　　　　馬克思（馬克思主義）
（1858～1917）　　　　　　　（1857～1913）　　　　　　（1818～1883）

　　　　　　　　　　　　　　韋伯（科層論）　　　　　　米德（符號互動論）
　　　　　　　　　　　　　　（1864～1920）　　　　　　（1863～1931）

13 鉅觀理論

馬克思

理論要點

1.辯證法：較關心衝突與矛盾對立的問題。

2.人類潛能之基礎為權力需求，而權力可定義為人類的才能、能力與能量。

3.客體化：肯定唯物取向，但其原始之意指人類所製造的物品（金錢、食物、衣飾）。

4.非預期結果：資本主義發展會產生一些副作用，不是原來所預料的。

5.異化（alienation），關係的疏遠、冷漠：

◇工人與生產活動異化。
◇工人與活動的客體異化。
◇同僚工作者間異化。
◇人類潛能的異化（異化含有疏離、冷漠、缺乏彈性的意思）。

6.解放：從資本主義社會的奴役中，獲得人性的釋放。

7.商品崇拜與物化（reification）：人類相信社會結構是超越他們控制、不能更改的，認為經濟是一種自我實現的預言。

8.反對私有財產，反對分工。

9.階級意識與虛假意識（false consciousness）。

10.普羅階級（勞工）應由「階級在我」（class in itself）轉變為「階級為我」（class for itself）。

11.其思想稱為單因說——經濟決定論，而目前已修正為多因說（新馬克思主義），認為除經濟因素外，政治、軍事、科技等許多因素對社會的變遷都有所貢獻。

涂爾幹

和諧主義的重要代表人物、常考，應多注意。其理論要點有：

社會分工

其將分工形式分為：

1.機械連帶（mechanical bonds）。早期社會，較少分化，體制疆硬。

2.有機連帶（organic solidarity）。現今社會分工細膩，彼此相互依賴程度加深。

3.涂爾幹認為，我們正面臨「道德連帶」（moral bonds）的危機，亦即道德連帶的一種病態的鬆懈（馬康莊、陳信木，民84）。

脫序（anomic）

與主流價值觀脫離，又釋成迷亂，是一種共同道德觀衰弱的問題，當個體未對道德有充分的認知，並且瞭解什麼是對的，什麼是錯的，即為脫序。脫序源於有機連帶所產生的過度分化而導致個人道德之鬆懈。

集體意識（collective conscience）

社會成員共同信仰的價值觀。陳奎熹（民84）：「同一社會的大多數成員共同持有信仰與情操的全部，形成一種有獨立生命的固定體制。」（p. 23）。

自殺論

涂爾幹以實證的方式來研究自殺，將自殺分為四類：

1.自利形自殺（egoistic suicide）——只為自己著想：起因為自利（egoism）的個人主義，在社會解組中常見。

2.利他形自殺（alturistic）：涂爾幹認為是社會整合過於強烈時容易發生，例如日本的二次大戰末期的神風特攻隊，此類形自殺的目是為了別人或國家好。

3.脫序形自殺（anomic suicide）：常見於社會的規範（regulation）瓦解時，社會秩序紛亂而沒有一定的準則。例如價值觀衝突（主流文化 vs. 次文化）所導致的自殺、或經濟大蕭條等因素。

4.宿命形自殺（fatalistic suicide）：被一些教條壓制者，例如古代的奴隸波伯（pope）依整合與規範的高低，指出四種形態的自殺（馬康莊、陳信木，民84）：

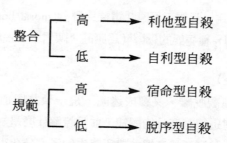

5.社會事實（social facts）：所謂事實即具體的東西而可以被驗證者，涂爾幹認為某些社會現象，例如，活動、感覺等會表現於外在的某些事實（具體實物），如此則較能以觀察或實驗去研究人的心理現象。

韋伯（Marx Weber）

1.理性行動區分，有兩類：

◇工具理性行動（instrumentally rational action）：只關心目標的達成，不重視人的態度。

◇價值理性行動（value-rational action），價值理性行動關心人的需求。

2.理想形（idea type）的研究：有個別理念型（例如：現代資本主義）、一般理念型（例如：競爭與衝突）、複雜的觀念體系之本質（例如：喀爾文教派）及發展理念型（例如：魅力形領袖之演進）。

3.權威形式：分為傳統權威、法執權、個人魅力型等三種。

4.基督教新教倫理與資本主義精神之研究（The Protestant Ethic and Spirit of the Capitalism）。

5.科層組織（bureaucray）與效率（efficiency）之研究：官樣圖章（red tape）、鐵牢（iron cage）等概念（馬康莊、陳信木）。

帕森思（T. Parsons）

行動主義

個人之行動取決於三個因素：

1.需求—— 傾向（needs-disposition）。

2.動機取向（motivational orientation）。

3.價值取向。

變項模式

行動者在任一情境中必須對五個二分選擇做一個決定：

1.情感 vs. 情感中立：個人對對象情感投入的程度。

2.特定 vs. 擴散：個人與社會的聯結是全部的還是部分的。例如，學生只聽從教師在課業上的建議，還是所有各方面的建議？

3.普遍主義 vs. 特殊主義：是指如何將社會現象分類的問題，是以普遍標準還是考量個別的差異。

4.獲致 vs. 成就：例如個人的地位是他後天努力得到的（成就）或是繼承的（獲致）。

5.自我 vs. 集體：個人利益或群體利益何者爲先？（馬康莊、陳信木）

AGIL模式

體系具有四種功能（馬康莊、陳信木）：適應（adaptation）、目標達成（goal attainment）、整合（integration）與潛在功能（latency）。

墨頓（Robert K. Merton）

功能主義者，其主張：

1.社會功能的一致性（functional）：所有標準化的社會與文化之信仰和措施，皆對社會整體與個體具有功能。

2.功能普存性（universal）：所有功能皆是正向的。

3.不可欠缺性（indispensability）：所有功能不但是正向的，而且也是不可欠缺的，都是整體運作的一部分。

4.正功能與反功能：墨頓著名論文《貧窮的正功能》（*The Positive Functions of Poverty*），強調貧窮人士所扮演的積極角色（正功能）：例如，從事一般人不願做的工作，或提供慈善事業及社會福利的市場。但貧窮亦有反功能，例如，可能造成犯罪。

5.中程理論（middle range theory）：墨頓認爲社會學的理論發展歷史尚短，不適合做綜合性廣泛的大形論述，然而，也不應自我設限在小形的論述上，因此建議應是介於大形與小形間的論述。

史賓塞（Herbert Spencer）

1.強調「最適者生存」：即自然淘汰。

2.「有機比擬論」：以有機體來比喻社會。

◇社會與有機體皆有生長的過程。

◇隨著體積的增長而日趨複雜。

◇隨結構之複雜化,功能也日趨分化。

◇組成此整體的各部分,因功能特殊化而獨立。

◇全體的生命長於部分生命。

3.以進化的觀點去描述社會發展。

功能論與衝突論的整合(研究所考題)

兩者共同之處

1.兩者皆是整體論的(holistic),相信各部門間是相互關聯的。

2.兩者皆相信社會變遷與向上演化。

3.功能論與衝突論是事務的一體兩面,相互辯正、消長而引發社會的變遷。

整合──強調衝突的正功能

衝突固然可能引起社會的混亂,但適度的衝突,也可能激發正功能:產生團體凝聚作用、促進溝通、正視問題、解決問題、改變結構與權力上的不平等、促進族群的認同。

新馬克思主義(neo-Marxian)

新馬克思主義是對馬克思主義經濟決定論的修正,也有一些不同的觀點,形成不同的門派,其中有:法蘭克福學派(Frankfurt school)或批判論、結構馬克思主義(structural Marxism)及其他等。

批判理論

批判理論（critical theory）源於德國的一群新馬克思主者於1923年於德國法蘭克福成立，其內涵爲：

1.對馬克思理論的批判：反對單因說（經濟決定論）。

2.對實證主義的批判：反對實證主義將秩序物化。

3.對社會學的批判：認爲社會學並未幫助那些受壓迫者。

4.對現代社會的批判：認爲現代社會傾向於工具理性，產生了單向度的社會（one-dimensional society）。

5.對文化的批判：認爲大眾文化只關心虛假問題且對大眾產生麻醉作用。

6.對宰制的批判：認爲壓迫源之一就是文化，並提「合法性危機」（legitimation crisis）的概念。

7.回歸人的主體性。

8.對解放的興趣（請參考哲學部分）。

結構馬克思主義

偏重社會客觀結構——經濟政治和意識形態的分析，較不注重人的因素。認爲行動者是受限於這些結構的。故其專注於結構間或體系內之對立與衝突，他們認爲必須超越馬克思的經濟理性，而達到各種整體社會的理性，將馬克思的分析，延展至社會生活不同結構間之對立矛盾與應對法則之研究。

歷史取向的馬克思主義

1.華勒斯坦（Wallerstein）在《現代世界體系》（*The Modern World-System*）中，將國家的地位分爲三類：

◇核心（core）國家：支配整個世界體系，剝削其他國家。

◇邊陲（periphery）國家：提供原料及廉價勞工，深受先進國家之害。

◇半邊陲（semiperiphery）國家：介於核心與邊陲國家之間，華勒斯坦認為，經濟剝削可以增加剩餘流程，從邊陲至核心、從多數至少數。

　2.地理擴張：例如歐洲的殖民運動所引發的奴隸交易、貿易戰爭。

　3.全球分工：華勒斯坦認為，資本主義的連帶是一種不均衡的發展，且傾向於單一文化。

　4.國家之發展實際上是由世界資本主義體系的全面結構與市場所支配（Ritzer, 1992）。

14 微觀理論

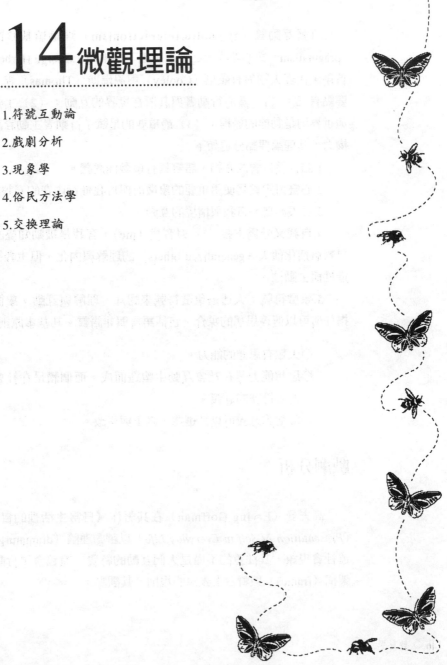

符號互動論

符號互動論（symbolic interactionism）理論植基於實用主義（pragmatism）與心理學上之行為主義，為米德（George Herbert Mead）首創，代表人物尚有顧里（Cooley）與湯瑪斯（Thomas）等，其理論要點有三：（1）關心行動者與其所在世界的互動；（2）主張行動者與世界均是動態的過程；（3）最重要的是賦予行動者主動詮譯社會的權力，其理論要點分述如下：

1.語言為社會的產物，語言具有象徵性意義。

2.心靈可定義為使用重要的象徵而與自我進行內在的交談對話。

3.意義源自於自我與情境的互動。

4.自我又分為主我（I）與客我（me），客我是被動知覺的部分，是對概括化他人（generalized others）的理解與內化，但主我卻具有創造性與主動性。

5.象徵符號：人透過象徵符號來認知、理解與互動。象徵符號泛指任何可以傳達思想的媒介，包括語言與非語言。其基本原則：

◇人類有思想的能力。

◇思想能力是在社會互動中塑造而成，而個體是在社會互動中習得符號的意義。

◇象徵的意義可以被選擇、修正與更改。

戲劇分析

高夫曼（Erving Goffman）在其著作《日常生活裡的自我呈現》（*Presentation of Self in Everyday Life*）以戲劇理論（dramaturgy）來描述社會現象，其注重的不僅是人們互動的特質，還包含了行動背後的架構（frames）與舞台上表演的規則。其觀點：

戲劇分析（dramaturgy）

分析架構分為佈景（setting）、個人門面（persona front）、台上（front stage）與台下（back stage）及舞台外（otuside）等。台上或前台為公眾角色的扮演（public roles）及客我（me），注重規範；而台下則扮演主我（I）。而佈景則是一種互動的情境。

印象整飾（impression management）

演出者為維持特定形象所做的努力。例如在應徵工作時先將自己修飾一番，並且在說話上顯得比平常更有自信。

污名

污名（stigma）分為兩類：（1）「不信任的」（discredited）污名，證據是明顯的，例如一位殘障者；（2）「不名譽的」（discreditable）污名，其差異性不為大眾所知，例如個人過去的不良記錄。而基本的問題是在處理，當污名被觀眾知悉時，所產生的緊張狀態。高夫曼認為，我們無論何時何地，都被烙印污名（不管願不願意），貶低別人，似乎是人的天性。

現象學

現象學（Phenomenology）源起胡塞爾（Edmund Huserl），強調意義的主觀性，其理論要點：

對「自然態度」（natural attitude）的質疑

一般人以為這世界的秩序是自然形成的，但現象學卻認為是人為排定的。每個人的成長經驗不同，因此對現象的認知也互異。

俗民方法學

俗民方法學（Ethnomethodology）為葛芬柯（Harold Garfinkel）
在1940年創立，其理論有五個基本命題：

1. 實在界包含反身性的活動。
2. 實在界被組織成為知識的凝聚體。
3. 實在界是永無休止之互動的產物。
4. 實在界是脆弱易碎的。
5. 實在界是具有滲透性的。

葛芬柯最有名的研究方法為「破壞性實驗」（breaching experi-
ments），將日常生活的常規故意破壞，藉以觀察慣例對日常生活的影
響及其形成的過程。

交換理論

交換理論（exchange theory，馬康莊，陳信木；民84）以行為主
義為基礎，發源於1950～1960年代，其中以何門斯（Homans）最具代
表性。其對交換論的學說命題如下：

成功命題（the success proposition）

若某人從事某一特殊行動所獲致的報酬越多，則愈可能從事該行
動。

刺激命題（the stimulus proposition）

若過去某一刺激發生時，正是該行動者獲致報酬時，則若目前的
刺激越與過去相似，越可能引發行動。

價值命題（the value proposition）

　　若行動結果越有價值，則越可繼續該行動。

剝奪滿足消減命題（the deprivation-satiation proposition）

　　若最近某人越常獲得某類報酬，則該類報酬的價值將遞減。

攻擊──讚許命題（the aggression-approval proposition）

　　若某人行動無法獲致預期結果，則可能引起其憤努與攻擊行為。

相反的，若行動獲得期望報酬，他將表現讚許的行為。

15 教育分析——鉅觀取向

1. 文化與教育

2. 政治與教育

3. 經濟與教育

4. 社會變遷與教育

5. 偏差行為與教育

文化與教育（陳奎熹）

文化的定義

龍冠海：「文化是人類生活方法的總體，包括人所創造的一切物質和非物質的東西。從個別社會的立場來講，一個社會的文化是該社會所建立的，由一代傳到下一代的生活方法的總體」。

文化的特質

1.文化是複雜的整體。

2.包含物質與非物質兩方面。

3.具有習得性與傳遞性。

4.具有累積性、選擇性與創造性。

5.可用來做為區分不同社會的特徵。

文化對教育的影響

1.文化規範決定教育目的。

2.文化提供教育的素材。

3.文化具有非正式教育的功能。

教育對文化的貢獻

1.教育具有選擇與傳遞文化的功能。

2.教育具有創造與更新文化的功能。

政治與教育（羊憶蓉）

教育的政治功能

1.政治社會化：將政治意識形態透過教育來執行，例如三民主義教育、政治教育或公民教育等。

2.培養政治菁英：教育可促進社會流動、培養領導人才。

衝突理論觀點之合法化理論（legitimacy theory）

統治階層透過教育的手段，鞏固其既得利益，合法化其統治地位，並使下層民眾接受此等虛假意識，安於其位。

目前觀點

1.教育是國家體系的一部分。

2.教育是人權。

3.教育可促進民主。

經濟與教育

教育投資論

教育投資論最早在亞當史密斯（Adam Smith）的《國富論》中提起，認為教育是人力資本的投資，間接促進國家的富強，而投資的準則可依據國民生產毛額、成本效益或就業市場需求而定。

教育消費論

教育消費論認為，教育的投資是兼具生產性與消費性，例如，大學的興建也會促進當地的繁榮與生活品質的提高，而當社會富裕之後，人民有多餘的時間與經濟，可以選擇教育作為一種消費。

應提供消費者更多選擇的機會與權利

例如，課程的多樣化（在職進修課程、實用課程）、遠距教學、成人教育、補習教育等，以滿足民眾的不同需求。

在質與量發展上應取得均衡（蓋浙生）

教育不但要在量上的擴張，更應強調教學的品質，例如小班小校教學。

教育投資的貢獻

1.教導學生對生活做準備。

2.傳授文化。

3.培養精英。

4.改進就業人口素質。

5.促進所得的重新分配（蓋浙生）。

社會變遷與教育

社會變遷不斷的發生，且在時間、空間上都不是孤立的，由於現代科技與資訊傳播快速，因此變遷所產生之影響也非常的廣泛。

社會變遷的原因

1.唯物觀點：馬克思等認為物質因素（經濟）是社會變遷的主因，烏格朋（Ogburn）的文化失調說（cultural lag）也強調生產技術改變對文化所產生之衝擊。

2.意識形態觀點：認為是觀念、價值等意識形態造成了社會的變遷，例如，韋伯的新教倫理與資本主義精神的研究，其認為新教倫理中允許商人在能回饋社會的前提下努力賺錢，因而刺激了商業活動的發達。

3.傳播（diffusion）觀點：不同社會間不斷的接觸，互動所產生的變遷，例如十字軍東征、鄭和下西洋等。

變遷模式

1.演化模式：目前較傾向於多線演化模式，認為演化不一定發生，且不會是單線的，也不全然是進步的（有可能退步）。

2.循環式：認為社會的演化就像有機體一般會經過誕生、成長、成熟、衰退與死亡的歷程。

3.辯證式：馬克思之主張，利益團體間的衝突導致演化，亦即衝突正式社會進步的原動力。

4.非均衡系統模式（秦夢群，民86）：認為社會變遷並非是線性的、機械式的、或理性的過程，而是一種隨機的波動。Prigogine與Nicolis認為，在「耗散結構」之中，組織的變遷模式是：穩定崩潰重組的更新，是一種蛻變（質變）的過程，組織並沒有成長或衰退，只不過其體質改變了。

在社會變遷與教育的關係中，最常考的問題是教改（見附錄）

教改需改革的具體項目：

1.入學制度的改革。

2.高等教育的需要與數量。

3.高等教育的類形與功能。

4.國民教育中的相對弱勢學生。

5.民間參與興辦國民教育。

6.中小學師資素質之發展。

7.教育資源的檢討與改進。

8.建立終身教育體制。

9.高級中等教育之分流與分化。

10.課程與教材改革。

11.中小學學生行為輔導。

12.大學之運作。

13.專科學校之定位與發展。

14.教師專業素質之提升。

依「中華民國教育報告書：邁向21世紀的教育遠景」，我國教育遠景為：

1.升學競爭趨緩，彈性學制次第建立。

2.城鄉差距縮短，教育機會更均等。

3.課程教材全面更新，教學科技普遍運用。

4.師資培育多元化，教學實習完全落實。

5.大學自主充分實現，公私院校各具特色。

6.終身教育體制完成，學習社會應運而生。

7.全民體育積極展開，國民體能顯著增進。

8.國際合作益臻密切，兩岸交流穩步擴展。

9.教師權益更多保障，教育資源多面開發。

10.人文精神宏揚校園，師生倫理有效重整。

偏差行為與教育

目前社會上常有青少年偏差行為，例如：藥物濫用、飆車、校園暴力等，故偏差行為的成因與輔導之道，也是熱門考題。心理學與社會學較常討論偏差行為，故考生在答題時應融合心理學、輔導學與社會學的理論。

偏差行為的分類

1.偏差行動：犯罪、性偏差、自殺。

2.偏差習性：吸毒、賭博、酗酒。

3.偏差心理：精神疾病。

4.偏差文化：幫派文化。

偏差行為之反功能

1.破壞其他人守法動機。

2.劣幣逐良幣──破壞社會彼此間的信任。

3.妨礙社會體系間彼此的依賴，造成基本價值觀的瓦解。

偏差行為的正功能

1.澄清或界定社會規範。

2.促進團體的團結。

3.促進社會體系的變遷。

4.使守法更為可貴。

5.具有示警效果（詹火生等）。

偏差行為理論（解釋架構）

1.差別結合論（differential association）：蘇勒蘭（Edwin H. Sutherland）首創，認為犯罪行為多半習自與自己關係密切的原級團體（primary groups），尤其是同輩團體，影片《教父》即是一個例子。

2.脫序理論：墨頓（Merton）引用涂爾幹的學說，提出脫序（anomie）為偏差行為產生的原因，指現代社會中傳統規範消失，而新的規範尚待建立，社會行為沒有一定的準則，容易造成人們無所適從。

3.犯罪次文化：克勞德（Cloward）與歐印（Ohlin）對幫派的研究認為，犯罪次文化，例如幫派（gans）是造成偏差行為的原因，例如貧民區某些犯罪組織。

4.標籤理論（labelling theory）：標籤並非指某人或某犯罪團體的特徵，而是偏差者與非偏差者的互動歷程。

　　◇初級偏差（primary deviation）：初次犯錯，尚有自新機會。
　　◇若人們對初級偏差者懷有介心，處處提防或給予差別待遇，
　　　在失望之餘，某些缺乏意志力者可能演變為次級偏差，導致
　　　更多的犯罪。

5.理性的選擇：認為某些偏差行為是透過理性的選擇的，此時犯罪者在犯罪前會評估風險，並且仔細的籌劃。例如：白領階級的犯罪。

6.心理學上的看法：

　◇班都拉：攻擊來自模仿。
　◇達勒與密勒：挫折──攻擊假設說：挫折引發攻擊。
　◇佛洛依德：人有攻擊的本能。

考試時的問題型式常見的有：「偏差行為產生的原因與預防（輔導）之道？」，有時以「青少年吸煙」、「飆車」、「自殺」等字眼取代「偏差行為」，例如：「何謂高峰經驗？如何預防青少年不好的高峰經驗（例如飆車）？」，回答時，考生可以選擇一、二種偏差行為理論來解釋，並且引用輔導理論作為輔導方法，例如：對吸煙的形成可以引用「差別結合論」──習自兄長或同儕，而輔導之道可以引用行為學派的嫌惡制約刺激或反制約刺激。

16 教育機會均等

教育機會均等是教育社會學的中心議題，也是這門科目最熱門的題目。目前影響台灣教育機會均等的因素，大致可分為四類：性別、族群、區域（城 vs. 鄉）與社會階層化，由於台灣社會階層化並不明顯，故其影響不大，此四因素中最大的影響因素為城、鄉發展不均衡所產生的教育不均等（考古題）。

社會階層化與教育

社會階層體系

社會階層（social stratification）可定義為不同人們組群之間的結構性不平等，又可分為四種體系：

1.奴隸（slavery）。

2.種姓（caste），只存在於印度，相信輪迴，將人民的階層分為四種，最高是婆羅門（Brahmins）、最低是「賤民」（untouchables）

3.身分（estates），屬歐洲封建主義的一部分，分為貴族、僧侶與平民。

4.階級（class），與前三種性質不同：

◇多數是後天得來的（achieved），
◇常以經濟差異為劃分基礎。

5.階級又可區分為三種：

◇上層階級：富有者、雇主。
◇中產階級：白領階級。
◇勞工階級：藍領工人。

階級理論

馬克思

馬克思以生產工具（means of production）爲劃分依據，握有生產工具者是資本家（capitalist），受顧於資本家者爲勞工階級或稱爲普羅階級（proletariat），馬克思認爲，資本家會儘量剝削勞工階級以擴充剩餘價值（surplus value），因此即使生產工具進步，但生活水準不見得提升。資本家與勞工階級處於不斷的衝突狀態，最後勞工階級會推翻資本家。

韋伯

韋伯認爲，除經濟因素外，其他具有市場性（marketable）的因素，例如，學歷、文憑、技術亦會影響個人的地位。

賴特

賴特（Erik Olin Wright）認爲，資本家可以控制下列三個所有面向，而勞工階級則無法控制：
1.對投資或貨幣資本的控制。
2.對生產資源的控制。
3.對勞動力之控制。

帕金

帕金（Frank Parkin）提出雙重壁壘（dual closure）的概念，認爲財產是一種社會壁壘（social closure），爲少數人所把持，且利用排外與奪取的方式來擴展財富。

階級意識研究方法

1.聲望法（the reputational method），採訪問方式，向受試者詢問某人歸類在哪一階層。

2.主觀法（the subjective method），詢問人們自己是屬何階級。

3.階級結構的意象（images of the class structure），檢視人們如何思考社會不平等的性質。

4.區分三種社會勞工階級意象的區分：

◇普羅的傳統主義（proletarian traditionalism）：例如採礦鎮勞工。

◇順從的傳統主義（deferential traditionalism）：例如鄉下工人、農人。

◇個人化的勞工（privatized workers）：較個人主義、自己養自己。

5.社經地位指數（social-economic status, SES）：由職業類別、教育程度、與收入計算而得。

交叉階級（cross-class）

（丈夫〔性別〕比妻子擁有較高的職業類別）例如：性別×階級。

白領、藍領的普羅化

白領、藍領的普羅化稱為布爾喬亞化命題（embourgeoisement thesis），亦即兩者的壁壘漸模糊，而兩者皆更加中產階級化（中產階級人數增加，成為社會隱定的力量）。

社會流動

社會流動（social mobility）分為：

1.垂直流動（vertical mobility），又分為向上流動（upwardly mobile）與向下流動（downwardly mobile）。

2.水平流動（lateral mobility），在屬於同一社經地位的職業中變動。

3.代內流動（intragenerational mobility）以及代間流動（inter-generational mobility）。

一般而言，流動是長期的過程，有時其效果可能經歷數代才能展現。

中介變項模式

　　許多研究發現，社會階層化與學業成就呈顯著正相關（社經地位越高，成就越高）；進一步分析指出，是父母對子女的教育態度、關懷與教養方式、語言形式、消費能力、家庭結構等因素（即中介變項），綜合影響了其子女的學業成就，可以下圖表示：

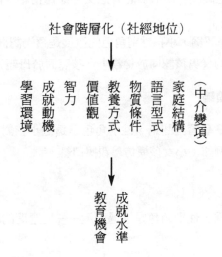

社會階層化（社經地位）

（中介變項）
家庭結構
語言型式
物質條件
教養方式
價值觀
智力
成就動機
學習環境

教育機會　成就水準

社經地位與成就之關係

　　1.通常社經地位越高，受教機會越多、受教年數越長。

　　2.家庭對子女學業的影響力兩倍於社區與學校因素的總和。

性別與教育

性別與教育亦是常考的議題，出題趨勢有性別角色發展理論、兩性關係教育（兩性平等教育）、性別與教育機會均等的問題等。

性別角色發展理論

佛洛依德觀點

1.佛洛依德觀點其中心概念有戀父、戀母情結、陰莖嫉妒（penis envy）等。

2.佛洛依德認為，小孩性別角色的發展是透過認同（identification）作用逐漸完成的（男孩認同於父親，女孩認同於母親）。

班都拉社會學習論

班都拉社會學習論認為，性別角色是透過小孩對父母的觀察與模仿而習得的，例如：小女孩模仿母親擦口紅。

行為論

行為論認為，性別角色是透過刺激——反應間的聯結與後效強化等方式而習得。

基模論

基模論認為，男孩、女孩會逐漸建構其本身的性別角色基模，並影響其行為表現。

社會文化觀點

吉林根（Carol Gilligan）認為，男人、女人是依社會文化之期許來定義自己，吉林根認為，女人是以照顧別人的能力與人際關係來判斷自己的成就。

性別刻板印象與中性教育

性別刻板印象的形成，從嬰兒一出生就開始，透過成人與幼兒的接觸、書籍、故事、媒體及同儕等因素的影響而發展，其缺點是僵化與差別待遇，造成兩性間的隔閡與缺乏同理心，因此，從小就應講就中性育兒，在學校也應鼓勵男、女間健康的互動，男生可以選修家事課，而女生可選修家電修理，以培養尊重與同理心，性別平等教育尚需從制度、文化面剖析性別問題。

教育歷程中之性別偏見

1.高年級多男老師，低年級多女老師。

2.校長多男性，教師多女性。

3.體育、童軍科多男老師，音樂、美勞多女老師。

4.上課中男生犯錯，老師會生氣責備；女生犯錯，老師頂多責罵，較少處罰；鼓勵男生勇於創新，鼓勵女生順從。

5.教室環境安排，以遊戲區為例，男孩多屬建築區，女孩多屬烹飪區。

6.教科書裏常有性別刻板印象與男性專屬語言。

7.教師給男生的作業通常困難度稍高。

如何促進性別平等教育（莊明貞）

1.教師方面：

◇避免性別角色刻板化之工作分派。

◇教師本身作為性別平等的楷模。

◇課程包含種族與性別迷思的討論議題。

◇在班級經營上避免性別隔離。

◇讓學生試探各種不同職業。

◇全面檢視教科書是否有性別偏見。

◇學校之空間、體育用品及設備確保性別平等。

◇促進男、女學生之合作互動。

2.行政人員方面：

　　◇支持實施兩性平等教育。

　　◇共同經營沒有性別偏見之學校文化。

　　◇選用教科書時，考慮性別平等問題。

台灣是否有性別教育機會不均等的問題

　　這個問題的答案是肯定的。性別教育機會不均等不是在量方面（男性與女性的受教人數），而是顯現在質方面（男生讀醫科、律師、電子、電機，女生讀文科、護理、教育）與歷程方面（如上述）。

族群與教育

弱勢族群或弱勢團體

　　弱勢族群（ethnic minorities）或弱勢團體（minority groups）不一定指少數團體，而是指在政權、軍事或經濟上的相對弱勢而言，具有三種特色：

　　1.該團體成員受到其他人的差別待遇（discrimination）而處於不利的情勢。

　　2.該團體成員負有群體連帶感或歸屬感，而差別待遇的經驗卻增加了內部的相互支持與忠誠。

　　3.在生理上與社會上除孤立於較大的社群之外，較容易集中居住於特定地區。

種族主義

　　種族主義（racism）係指將人格或行為的遺傳特徵錯誤的歸因於具有某些身體特徵的人，而種族中心論（ethnocentrism）指以自己的文化、立場來判斷他人的文化。

文化差異性 v.s 文化普同性

文化差異性是對相同事物的不同看法與做法，而文化普同性（cultural universals）是指各文化中皆有的元素，例如宗教、婚姻等。

刻板印象

刻板印象（stereotypical thinking）是一中性名詞，表對事物的特定或固定的看法，缺點是以偏概全，例如：金髮美女、外國的月亮比較圓等。刻板印象在心理上有替罪責難（scapegoating）的功能與投射機轉（projection）的作用。

比對某一族群產生刻板印象的原因有（Collnick & Chinn）：

1. 對某一族群之歷史、文化或價值觀不瞭解。
2. 以偏概全。
3. 以自己的價值標準做為判斷之依據。
4. 將自己負面的特質投射在別的族群上。

偏見與歧視

偏見（prejudice）比刻板印象的涵意更負面，而歧視（discrimination）則是指具體的行動，可分為：個別化歧視（individual discrimination）與制度化歧視（institutional discrimination）兩種。個別化歧視純屬個人的行為，而制度化歧視則透過立法的手段來進行，其影響層面是廣泛的，例如：以前南非的種族隔離政策、澳洲的白澳政策。

主流團體對待少數團體的態度

墨頓分為四類：

1. 全天候的自由主義者（all-weather liberals）：對少數民族完全沒有偏見或差別待遇。
2. 視情況而定的自由主義者（fair-weather liberals）：有時有偏見，若偏見或歧視可能對自己不利，則不予以歧視。

3.怯懦的頑固者（timid bigots）：對少數族群持偏見看法，但因囿於法律或經濟因素而對少數團體公平對待（心不甘、情不願）。

4.積極的頑固者（the active bigot）：以行動表示對少數族群的歧視。

教育中的族群偏見與歧視

1.教科書的偏見：例如哥倫布發現新大陸、唐山過台灣，事實上依考證的結果，真正發現新大陸的是美洲的原住民（印地安人）。

2.教室中的活動、遊戲、學生的安置、師生或同儕互動等，對少數民族有偏見與歧視。

少數民族的學業成就

少數民族的學業成就多數較主流團體差，表現在較低的就學率與學業成就、及較高的輟學率等，但也有例外，例如在美國的少數族裔東方人，其學業成就優於白種人。

對於少數族群學業成就較差的解釋，有三種理論：

1.文化斷層論（cultural discontinuity theory）：認為是語言、文化或溝通形態的差異造成少數民族學業成就變差。

2.結構不平等理論（structural inequalities theory）：認為，是社經地位與社會的不公造成少數民族的低教育水準。

3.文化模式論（cultural model theory）：認為少數民族有其獨特的價值觀，與主流團體對照可形成兩種參考架構：（1）消極的二元參考架構（negative dual reference frame），與（2）積極的二元參考架構（negative dual reference frame）。所謂消極的參考架構是指與處境不利的團體比照（例如：原住民與原住民相比）來決定自己的地位、思考與行為模式。

族群關係的發展模式

1.同化（assimilation）：喪失少數民族特質。

2.熔爐（melting pot）：融合各民族文化進而發展出新文化。

3.文化多元論（cultural pluralism），平等尊重各文化，各文化具同等重要的地位，並不喪失各文化的內涵。

種族問題的處理方式

1.美國「及早開始計畫」（head start program）：爲詹森總統「掃除貧窮」（War on Poverty）政策的一部分。始於1965年，爲低階兒童提供全國性學前教育，從健康、營養與福利各方面去幫助社會不利兒童，希望在正式上學之前能與其他兒童一樣取得立足點的平等。

2.美國早期「分離但平等」（Seperate but Equal）法案：美國於1890至1912年間在南方各州通過歧視黑人法案（Jim Crow Laws），白人上白人學校，黑人上黑人學校，但其經費均等。此法案在1954年被美國最高法院宣布違憲，後有著名的民權運動，於1964年通過民權法案（Civil Rights Act）才正式規定對種族的平等待遇。

3.多元文化教育（multicultural education）：在教育上促進種族平等的較佳方式是多文化教育，其要點有：

◇開設種族研究課程（ethnic studies）。例如：「黑人研究」（Blak studies）。

◇發展多元族群式的課程（multiehnic studies）。

◇推動多元文化教育，其內涵爲：

◆提升少數民族之自我概念。

◆多元評量。

◆教材上增加少數民族的歷史、文化經濟、政治等方面知識。

◆培養學生開放的心靈、尊重的態度。

◆使用角色扮演、促進瞭解與同理心。

◆使用合作學習促進族群融合。

◆教師以身作則。

區域與教育

　　台灣由於城鄉發展不均衡,使區域成為影響教育機會不均等的最大因素。目前政府的補救措施是:「教育優先區計畫」(educational priority area),此計畫的理念是源於1967年的「普勞頓報告」(Plowden Report),由中央直接補助一些經費困難的學校,包括協助校舍的建築、設備、調整師生比、給予教師額外津貼,以提高該區的教育水準,此種作為又稱之為「積極性的差別待遇」(positive discrimination),目前台灣實施的結果,成效有限,積極性差別待遇又稱為補償教育。

教育機會均等

均等的內涵

　　1.本體論或存在論的均等(ontological equality)認為人生而平等,不證自明。

　　2.機會的均等(eguality of opportunity),與民主社會所強調的功績主義(meritocracy)有關,是屬於立足點的平等。

　　3.情境或條件的均等(equality of condition),從文化資本切入,強調生活條件或情境的均等。

　　4.結果的均等(equality of result)或產出的均等(equality of outcome),應透過立法或政治改革,使原先不利者,能取得相等的結果(楊瑩)。

　　此外,亦可從「普遍存在的」vs.「某社會特有的」來分類,或從「事實」與「價值」兩方面來分。不過應注意的是:均等或不均等不是絕對的,而是相對的,視其比較之對象與標準而定,例如在教學上是否應對學生一視同仁或適性教育〔均等中有差異(equal but different)〕就有不同的作法。

均等的規準

依科爾曼（Colerman Report）報告，均等應考慮五種形式：

1.量的均等：以社區投入學校資源多寡來衡量：包括學生單位成本、學校設備、圖書設備、教師素質。

2.量的均等：以學生結構族群分布的比例是否恰當來衡量。

3.質的均等：注重學校各種無形特徵，例如，教師工作士氣、學生動機等。

4.評量學校對具有相同背景學生的影響力。

5.評量學校對不同能力（個別差異）學生之影響力。

如何促進教育機會均等

研究所喜歡考此題，請多留意，答題時儘量考慮周詳，從制度面、文化面、教育行政、政策乃至課程與教學等層面加以統合下筆。

1.綜合高中（單軌制）。

2.多元入學。

3.終身教育。

4.補償教育。

5.教育優先區計畫。

6.即早開始計畫。

7.注重特殊教育、回歸主流（均等中有差異）。

8.社區大學。

9.隔空教育。

以上這些措施可以促進下列對象之學習：協助失學民眾、偏遠地區民眾、文化不利兒童、婦女及一般民眾獲得更多的教育機會。

17 教育分析──微觀取向

1.班級社會體系分析

2.教師角色、文化與地位

3.試題分析

班級社會體系分析

華勒觀點

　　華勒（Waller）以質性方式研究師生互動歷程，而所作的結論偏向衝突取向，認為師生關係為制度化的支配與從屬（institutionalized dominance and subordination）的關係，教師採命令、處罰、管束、生氣與懇求等方式來影響學生，學生儆於教師權威而表現順從行為，但某些學生卻有反抗傾向，發展出「反智主義」（anti-intellectualism）的傾向。

班級社會體系分析

　　蓋哲與謝倫（Getzels & Thelen）視班級為一社會體系，教師與學生之行為同時受制度面與個人人格面的影響：

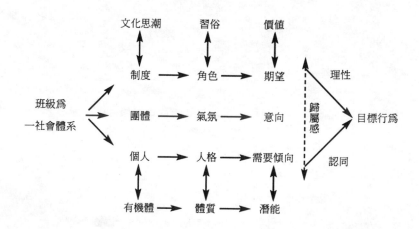

資料來源：陳奎憙（民84）。《教育社會學》。台北：三民。

1.此理論說明社會、文化、學校、班級、人格、需求間互動關係。

2.教師影響應考慮理性、認同與歸屬感間之關係。

教師角色、文化與地位

教師角色

依帕森士的模式變項，分為五個向度：

1.感情性對感情中性（affectivity vs. affective neutrality）：對學生情感涉入的程度，例如教師是偏向於醫師對病人的客觀態度或對學生一些方面也加以關心。

2.廣布性對專門性（diffuseness vs. specificity）：對學生的關心是全面性亦或只關心與其課業有關的事項？

3.普遍性對獨特性（universalism vs. particularism）：教師評量時是一視同仁，或考量學生之背景與個別差異？

4.成就對歸因（achievement vs. ascription）：教師對學生的態度是以其實際表現為主，或考慮學生之本質（年齡、能力、性別、社經）？

5.自我導向對集體向（self-orientation vs. collectivityorientation）：教師的行動是以自己的利益或全體的利益為出發點？（陳奎熹）

教師文化（郭丁熒、陳奎熹）

教師文化具有下列的特質：

1.保守主義（conservatism）：對社會變動較不敏感。

2.個人主義（individualism）：防衛心強、小心、謹慎、躊躇不安。

3.即時主義（presentism）：較缺乏遠見。

4.教師自主性（the autonomy of the teacher）：指在教室內教師之教學有絕對自主，不希望行政上過度的干涉。

5.忠於同事（loyalty to the staff group）的規範：彼此維護利益，不希望有特殊分子。

6.平凡的規範（a mediocrity norm）：表現中庸，與同事一致。

試題分析

一、何謂積極性的差別待遇（positive discrimination）？試加以說明，
　　並申述其與教育均等的關係。【市北師86】

答：所謂積極性的差別待遇是對諸如文化、區域、種族、社經或性別
　　等所造成的教育不均等的現象，給予適度的補償性措失，希望能
　　促進教育均等。

　　（一）教育機會均等的內涵與促進均等之措施：

1.量的均等	3.促進教育機會均等之方法
（1）資源分配之公平	（1）義務教育（量）
（2）入學率的均等，反映各族群	（2）特殊教育（量／質）
之比重	（3）隔空教育（量／質）
（3）入學機會均等	（4）回流教育（量／質）
2.質的均等	（5）教育優先區（量／質）
（1）因材施教	（6）即早開始計畫（量／質）
（2）潛能發揮	（7）綜合高中（量／質）
（3）多元評量	（8）社區大學（量／質）
（4）教材／教法的多元化	（9）多元入學（量／質）

二、在教育論述中，有人主張要針對處於「文化不利」（culture de-
　　prived）的學童，施與「補償教育」（compensatory education）或
　　給予補償性質的優惠待遇（compensatory discrimination），但是，
　　有人認為這種措施會造成「標籤」（labeling）現象，而且有些優
　　惠待遇（例如降低入學時錄取標準）可能會降低素質。試以有關
　　學理評述此二觀點。【花師86】

答：有關貼標籤或降低素質的情形是難免的，而且發生的機率甚多。
書本上常見鼓勵使用中性名詞，例如以原住民取代山胞的方式來
避免偏見，聰明的讀者您認為這樣有用嗎？真正能避免被歧視的
方法來自被壓迫者本身之自我覺醒── 自己的實力表現，而提供
文化不利學生較多的入學機會是要彌補其起始點的不足，但以後
就要靠自己的努力與覺醒，用成績、表現等證明自己與別人是一
樣的，教師更應嚴格把關，對不同文化學生一律平等要求，以免
其輕鬆畢業後，回去誤人子弟。筆者要聲明的是，事實上實證資
料指出個人間的差異要大於種族間的差異。教師不但要平等的看
待各類學生，學生也要平等的看待自己，不可因為自己的特殊，
而期望有「特殊」的待遇。

三、現代化是開發中國家的指標，試問現代化過程中，教育具有何種
任務？【南師81】

答：（一）此題可以將政治、文化、經濟及社會變遷與教育的關係寫
入，例如政治對教育的關係有：政治社會化（公民教育、
民主教育）與培養精英政治等。

（二）再補充教育發展趨勢：

1.重視終身教育，重建教育體系。

2.加強基本知識教育，提高教育品質。

3.重視道德教育，培養現代化國民。

4.重視個性化、多樣化，並幫助建立學生自信心。

5.加強大學與社會之互動，強調社會責任。

6.推動教育國際化，適應世界多元發展（楊國賜）。

四、最近國內教育改革的風潮中，對教師專業性及教師在學生輔導與
管教上的角色定位，都提出了許多的討論與質疑，對加深教育人
員的自我省思，應有積極的功能。如果您認為教師能夠或應該被
視為一種專業，則教師專業成立的基礎是什麼？如果您認為教師
不能或不應被視為專業，您持的理由是什麼？【東師85】

答：（一）專業的規準：

    1.有長期的專業養成教育。

    2.強調不斷的在職進修。

    3.有專業刊物。

    4.有專業團體的組織。

    5.訂有專業倫理規範。

    6.獨特的、確定的重要的社會服務。

（二）教師是否是專業，首先必須將教師清楚的定義：大學、大專或中小學；許多大學教授是專業的無庸置疑。但中、小學教師不同的課本則有專業與半專業之爭，筆者傾向於認為目前是半專業，但將來有逐漸走向專業的看法，理由：

    1.教師專業的養成有長期數年的，也有由教育學程、教育學分班的。

    2.雖有不少教育刊物發行，但會去看的不太確定其比例高不高。

    3.雖然目前已有教師會的組織，但其功能有限。往往無法為教師們力爭權益。

    4.教師進修管道很窄，例如碩士班就不好考，減少教師進修的動機。

五、教育機會均等為世界各國力求實現之目標；試述其涵義及促進其實現之途徑。【竹師84】

答：（一）本題回答請參考市【北師86】的解答。

（二）補充──均等的涵義：

    1.指接受共同課程機會的均等。

    2.以教育的效果來衡量（結果的均等）。

    3.均等中有差異，例如，多元評量、特殊教育、潛能的開展、適性教育。

    4.資源的均等（設備、單位成本、師生比的均等）。

六、試從專業工作的特徵，分析如何提高教師的專業地位？【國北師82】

答：（一）專業的特徵參考東師85年考題。

（二）如何促進教師專業

1.強化師資培育：教師養成包含知識、技能與態度，尤應重視情意的陶冶。

2.推行證照制度，強調教師資格與再職進修的規定及鼓勵。

3.廣開在職進修管道。

4.發展學習型學校。

5.推展教師級職制，對教學品質優良者予以獎勵。

6.鼓勵教師研究。

七、試由社會變遷的觀點討論今日教師可能面臨的心理壓力，並分析今日教師維持心理健康的可行之道？【屏師84】

答：（一）教師的壓力源：

1.教師傳統的權威角色受到挑戰：例如不得體罰學生。

2.知識變動快速，教師必須不斷進修：常有新課程、新教法的推展，例如國小的英語教學、建構教學等。

3.社會結構改變（經濟所得提升，孩子生得少，家長知識程度提高）對孩子及學校的期望也高。

4.資訊的流通，刺激孩子的早熟。

5.家庭的瓦解（小家庭、單親家庭、隔代教養、雙薪家庭）對孩子的看管不周。

（二）教師因應之道：

1.不斷進修，充實專業知識與生活技能。

2.調整教師角色的認知與期待。

3.做好生涯規劃。

4.重視體育休閒活動。

5.培養良好人際關係。

八、就「教育」與「性別」的議題而論，兩性平等的眞正義涵爲何？
　　學校教育應循何種途徑以臻其善境？請詳加申論之。【屏師88】

答：（一）兩性平等教育的內涵：

　　　　　1.教育機會均等：指兩性入學的機會均等。

　　　　　2.歷程的均等：歷程是指教與學的過程；包括教師對男、
　　　　　　女學生有相同期望、一致的標準、享受相同的資源、儘
　　　　　　量避免性別刻板印象等。

　　　　　3.均等中有差異：儘量適性教學、因材施教、激發男生與
　　　　　　女生的潛能。

　　　　　4.積極性差別待遇：對於兩性中有不平等的一方給予補償
　　　　　　教育。例如針對失學者與失業者的補習教育，爲社區媽
　　　　　　媽開的某些課程，或隔空教育。

　　　（二）實施途徑（詳內文）。

九、亞里斯多德（Aristotle）「宜高邁倫理學」（Nicomachean）中論分
　　配的正義原則爲：「均等地對待均等能力者，不均等地對待不均
　　等能力者」（Equals should be treated equally and unequals
　　unequally）。依據此一原則，請闡釋「教育機會均等」的意義與類
　　別爲何？並評析目前政府在與「教育機會均等」有關政策上的成
　　就或不及之處。【屏師88】

答：（一）均等的對待均等能力者，是指具有一般、普通能力的學
　　　　　生，不論其性別、種族、社經地位或區域之不同，皆應接
　　　　　受相同的待遇，享有相同的經費、設備、師生比及資源
　　　　　等。

　　　（二）政府措施：

　　　　　1.義務教育。

　　　　　2.多元入學。

　　　　　3.綜合高中。

（三）不均等的對待不均等者有兩層意義：

    1.消極上是指差別待遇：對資質優秀者給予更多的機會與照顧。

    2.積極上指積極性差別待遇，例如補償教育等。

    3.亦可指適性教育，以發展個別學生之潛能。

    4.措施：

      （1）教育優先區計畫。

      （2）提昇原住民教育計畫。

      （3）終身教育。

      （4）補習教育。

      （5）空中大學。

      （6）多元入學。

      （7）實施教育代金制。

      （8）注重特殊教育。

（四）不及之處：

    1.幼兒教育多為私立學校，品質良莠不齊。

    2.教育優先區效果不彰，區域因素仍為影響教育機會不均等的主要因素。

    3.成人的回流教育機會不多，將成人排除於教育機會均等的體制外。

十、教學的概念與活動，可從不同角度加以分析、探討，試就社會學觀點，論述教學歷程及其內涵。【市北師84】

答：（一）教學的意義：

    1.教學是施教者與受教者雙方的互動。

    2.教學包含了教與學的歷程。正如Scheffer所言，沒有學習就沒有教學。

    3.教學是一種目標導向的活動，其目的在實現教育理想。

    4.教學是有系統的、有次序的且合理的。

（二）社會學觀點的教學——Waller認為學校具有下列特色，故可以一個社會單位來分析：

1.有明確的服務對象。

2.有清楚的結構，而此結構源於學校的社會互動形式特徵，並受其他互動歷程之影響。

3.有社會關係緊密的聯結。

4.充滿著「我們」的感覺（we-feeling）。

5.有屬於自己的文化。

Waller在其所著之《教學社會學》（*The Sociology of Teaching*）裏認為，教學受三種社會關係所影響：

1.社區與學校的關係：包括社區對學校的一般關係，社區對個別或全體學生的關係（例如家長的關係）、社區對教師的關係：例如，社區中特殊的個人（例如教評會委員、家長會代表）對學校的關係、特殊的個人（例如贊助者、長老）對學校的關係。

2.不受教師所影響的學生與學生的關係：學生間的關係、學生對學生團體的關係、學生團體對學生團體的關係。

3.教師與學生的關係（包含受教師所影響的學生與學生的關係）：例如教師對學生團體的關係、教師對教師團體的關係、教師對行政官員的關係。

林清江認為，教學社會學應探討的內容有：

1.學校社會功能的分析。

2.學校中師生關係的分析。

3.學校文化、組織與教學間關係的分析。

4.社區環境與學校教學關係的分析。

5.教師角色與教學團體的特徵分析。

6.教學社會學與教學心理學協調途徑之研究。

所以教學社會學的研究可以規納為五大範圍：教師、學生、社區、學校、教室，可圖示如下（郭丁熒，民87）：

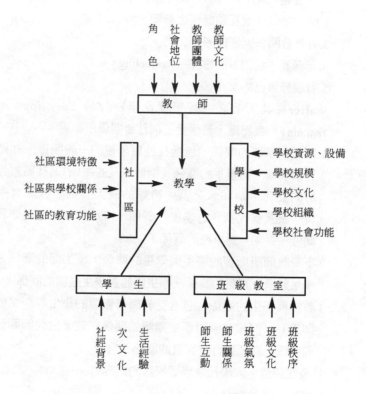

十一、社會階層化與入學機會及教育成就的關係爲何？【師大87】

答：（一）研究顯示社會階層化與學業成就呈現顯著的正相關，但此
　　　處必須聲明的是，依統計學的概念——有相關不一定有因
　　　果關係，也就是說，社會階層化未必就是造成學業成就原
　　　因或原因之一，研究顯示社會階層化是透過一些中介變項
　　　而影響到學生的學業成就的，例如父母的管教態度、經濟
　　　能力或對子女教育的期望，如下圖所示：

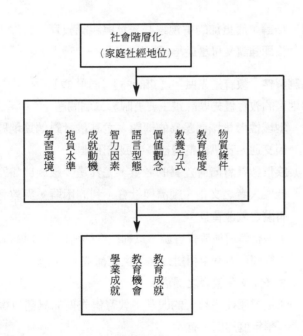

　　資料來源：陳奎憙（民84）。《教育社會學》。頁104。

（二）社會階層化與入學機會：調查結果同樣顯示，社會階層化會影響到入學的機會，一般說來，社經地位越高，其子女受教的機會也越高。

（三）曼徹斯特調查（Manchester survey）：早期在英國所做的調查，推翻一般人認爲學校教育會顯著影響學生課業的迷思，其研究結果顯示，影響學業成就的因素中家庭教育的因素要兩倍於社區與學校的總和，此說明眞正影響學生學業成就的主因是來自家庭，尤其是父母對兒女的關懷與期望。

（四）結論：應更加的重視家庭教育與親職教育，自然主義者盧梭即強調父母是最早最好的老師之一。

十二、名詞解釋：教育優先區。【東師85】【竹師87】

答：台灣地區的教育優先區計畫主要著眼於二個問題：

（一）地域性考量城鄉差異的問題，尤其是針對偏遠地區之學校因交通、資訊與整體社區發展的困難。

（二）族群與社會階層差異的考量，尤其是少數族群如原住民與低收入者之文化、經濟與社會不利的困難，與教育優先區有關之教改背景：

　1.調整與增加教育資源，以利教育機會均等理想的實現。

　2.對國民教育中相對弱勢學生之補救。

　3.多元文化教育之提倡。

　4.重視原住民教育的改革：教育優先區的具體目標，以86學年度爲例，有：

　　（1）規劃教育資源分配的優先策略，有效發揮各項資源之實質效益。

　　（2）改善文化不利地區之教育條件，解決城鄉失衡之國教特殊問題。

　　（3）提升處境不利學生之教育成就，確保弱勢族群學生之受教權益。

（4）提供相對弱勢地區多元化資源，實現機會均等與社會正義理想。

（5）促進地區國民教育之均衡發展，提升教育文化水準與人力素質（沈姍姍）。

十三、什麼是「教育機會均等」？當前台灣社會有哪些教育機會不均等？為什麼會有這些不均等？關於原住民教育機會之不足，您認為要如何改革？【東師85】

答：（一）教育機會均等之定義詳見內文。

（二）不均等的類型與原因詳見內文。

（三）原住民教育問題（高德義）：

　　1.師資質量不足：研究顯示原住民國中、小代課教師佔1/3。

　　2.缺乏「民族教育」的觀念。

　　3.漢化課程與教材，只反應特定文化內涵，不夠生活化，且不利於原住民語言文化的發展，而與學校教育脫離的族群文化，無法與社區文化共同建立一個有機的生命體。

　　4.學校教育與原住民需求脫節，不能適應原住民的建設需要。

　　5.教育的體制僵化。

　　6.教育資源分配不均。

　　7.教育結構失衡。政策偏重鼓勵原住民學生就讀技職學校，忽略普通高中以上人才的培育，而且也忽略了原住民的基礎教育、職業教育和成人教育。

　　8.母語及文化教育流於形式：沒有適合的教材，師資又缺乏。

　　9.親職教育不落實：青壯人口外流，隔代教養普遍，幼兒乏人照顧。

　　10.都市原住民失學率偏高，缺乏自信心與自尊心。

（四）如何改革：

　　1.教育政策應植基於三個理念上：

　　　　（1）族群正義原則。

　　　　（2）多元文化原則。

　　　　（3）民族發展原則。

　　2.協助學生藉由其他文化觀點來省視自己，以深入瞭解自我，並培養對其他文化之欣賞與尊重態度。

　　3.提供學生具備適應本族文化與主流文化所需的技能、態度與知識。

　　4.減低少數民族學生在學校或社會中所經歷的痛苦與歧視，以提供少數民族學生平等學習機會。

（五）具體改革策略：

　　1.目標明確化。

　　2.政策民主化。

　　3.體制法制化。

　　4.政策體系化：建立原住民教育體系，包括經費、人力保障體系、管理、執行及民族教材等。

　　5.課程多元化。

　　6.發展重點化。

　　7.師資專業化。

　　8.行政專業化。

　　9.政策科學化。

　　10.內涵國際化。

　　11.學校社區化。

　　12.普通與技職教育均衡化。

　　13.落實母語教學。

　　14.寬列教育經費。

　　15.推動終身學習。

　　16.加強親職教育（高德義）。

十四、名詞解釋：社會階層化。【竹師87】

答：詳見內文。

十五、名詞解釋：偏差行為。【竹師87】

答：詳見內文。

十六、名詞解釋：我族中心主義（ethnocentrism）。【彰師86】

答：詳見內文。

十七、名詞解釋：刻板印象（sterotype）。【高師88】

答：詳見內文。

十八、何謂鉅觀社會學（macro-sociology）？何謂微觀社會學
　　　（micro-sociology）？兩者的關係如何？試舉學者的理論說明
　　　之。【高師88】

答：（一）鉅觀社會學與微觀社會學的內涵請參考內文。

　　（二）兩者的關係是互補的，可以互補雙方研究上的不足。

18 課程

課程的意義

課程（curriculum）源於拉丁文，字根為currere，意為跑道（race course），引申為學習的進程（course of study），其定義分為四大類（方德隆，民89）：

課程即學科（教材）

為最通俗的定義，其內容由專家制訂，包含教材綱要、教科書、教師手冊、學生手冊及習作等。

課程即目標

重視效率，以科學方法分析及組織學習材料，例如目標模式。

課程即計畫

指教學計畫，包含學習目標、範圍、活動、順序、教學方法、評量等。

課程即經驗

學生在學校學到的一切經驗，包含正式與非正式課程。

課程發展的理論基礎

哲學與課程發展

杜威說，「哲學是教育的一般原理，而教育是哲學的實驗室」，課程是教育的內容及教材，即是教什麼與用什麼教的問題，所以教學與哲學關係密切；簡言之，課程設計的效標之一即哲學，以下以哲學觀點，探討課程四大要素：目標、內容、方法、評價（黃炳煌，民75）。

哲學與目標

教育目標是普遍性、絕對性 vs. 相對性。

永恆主義、理想主義認為是絕對的，而存在主義、進步主義與後現代主義認為是相對的。絕對是指有一個永遠，固定是真理，而相對是指「真理」，無時無刻，不因外在的時空變動而變動。

教育目標敘寫方式

一般性 vs. 具體性（行為目標）

贊成具體性的有巴比特（Bobbitt）的精粹主義（永恆主義）、泰勒（R. W. Tyler）、行為學派等，認為其優點為具體、明確、較落實、適合具體評量與提升效率，但反對者亦不少：

1.杜威認為，教育即歷程，而行為目標只重結果忽略了歷程。

2.皮德斯（Peters）認為，行為目標太瑣碎，無法處理意外事件等。

3.一些重要的較抽象的教育目標不容易具體化，而被忽略。

教育內容

偏重個人興趣或偏重社會利益：

1.社會中心論（例如國家主義、共產主義）：教育的目的在培養兒童適應將來的社會，代表之一為斯賓塞的生活預備說，是由成人的觀點來選擇教材。

2.兒童中心思想：代表人物有盧梭的自然主義、洛克的經驗主義、人本學派及杜威的進步主義，課程設計需配合兒童的興趣、能力；課程的目的在擴展兒童的經驗與潛能的開展。

3.社會互動論：同時注重個別化與社會化，代表人物有涂爾幹、米德的社會互動論等，其觀點有三：

◇不能把兒童的需要完全歸因於其發展的興趣或內在的需求。

◇應重視學習者內在需要與興趣。

◇課程的選擇應同時考量兒童目前的需求與將來社會的需要。

社會互動論採折衷的觀點，研究所有時會考：教材的選擇有偏向社會者與偏向兒童者，試問其優點與限制？又是否可以調和？

哲學與課程內容（黃炳煌，民75）

課程內容的選擇──選擇的規準為適切性

1.永恆主義認為，課程的內容應是永恆、絕對客觀的眞理，例如百本名著（one hundred great books）。

2.理想主義重視眞理的追求，所以科目應以磨練心智、訓練理性的學科為主，例如文學與哲學。

3.實在主義認為，教育的目的在瞭解宇宙的秩序，較重視物理的探討，例如數學科學。

4.進步主義認為，知識是暫時的，有用的知識即為有價值的知識，課程設計偏重於社會問題的探討與問題解決能力的培養。

課程內容的組織

1.課程的組織應先教集體意識後再分化，但不可造成階級化與固定化。

2.應符合統整原則，即知識內在邏輯的統一性。

教學方法

1.永恆主義認為，課程是固定的，應採科目本位；教學方法偏重傳統的講述法。

2.進步主義認為，眞理是相對的，教育的目的在培養健全人格發展，課程應具有彈性，並配合兒童的生活經驗，教學法偏重問題解決教學法、設計教學法與實驗法等，重視教導學生如何思考。

有關評量

　　1.實證主義、行為學派、和實在主義，主張量化的評量方式。

　　2.試驗主義、存在主義、完形學派、建構主義，主張另類評量。

歐用生（民88）比較各學派對課程的觀點如下：

學派 議題	精粹主義	理想主義	實用主義	實在主義
學習者	人性本惡說：兒童是背動、不喜歡學習	人性本善說：兒童是發展中的有機體、有自我需求	人性演進說：兒童力求適應環境	人性抱負說：兒童天性好奇、喜歡學習
教　材	眞理符合論：課程中以教材最重要	眞理直感說：兒童的需求是課程發展的基礎	眞理實用說：教材以解決問題為主	眞理貫通說：眞理普遍存在，所有知識都有其價值
學　習 過　程	官能心理學或聯結論、強調練習	發展心理學，學習等同發展	場地說： 注重問題解決	場地說： 重視各知識領域間關係之瞭解
教　學 作　用	學校與社會之保管論： 1.教師是學科專家 2.分科課程	學校與社會之創造論： 1.教師是輔導者 2.兒童中心課程	學校與社會互動論： 1.教師是學習經驗的組織者 2.經驗中心課程	學校與社會之統整論： 1.教師與學習者互動 2.分科課程

心理學與課程發展

　　心理學探究學習者的動機、認知層次、學習型式等對課程發展有重大的貢獻。以下利用比較著名認知心理學家蓋聶與布魯納對課程的看法，來展示心理學對課程的影響（歐用生，民88）（研究所考題）。

教學目標與形態

蓋聶

　　蓋聶主張「解釋式教學」（expository teaching），認為教學的目標在使學生獲得在特定情境下的特定任務能力。其強調教學的內容，認為知識是由內容的原則構成的，而不是由啟發的原則所組成，是故，教材應強調有結構、有組織知識的傳遞。

　　教學前應先利用「工作分析」將教學目標分成學習階層，後依次而教，這些學習次序都是事先安排好的，故又稱為指導學習（guided learning），其程序如下圖：

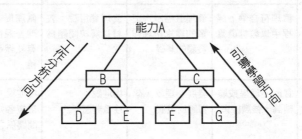

布魯納

　　布魯納認為學習預備度應同時包含學習者與教材，其認為「任何一門學科都可利用某種心智上真實的方式，有效地教給任何發展階段的任何兒童」（研究所考題），依此而提出螺旋式課程（spiral curriculum）的概念，為一種加速預備的思想，教材改編為合乎兒童認知結構的形式，可即早教導兒童。

　　布魯納強調教學的過程，認為求知是一種過程而非結果，而教學是一種連續不斷的不平衡的敞車旅行，以達理想的認知狀態，為無指導發現式教學。

課程順序

1.蓋聶：由下而上，其順序為：訊號學習、刺激反應學習、反應連鎖、語文聯想、多重區辨學習、概念學習、原理原則學習和問題解決等，每一下階層都是其上階層的先備條件。

2.布魯納：由上而下，先學複雜的原理原則，簡單部分自然會學會。

學習遷移

1.蓋聶：較保守，認為學習遷移只有在發展順序內的特定元素相同時才發生。

2.布魯納：較樂觀認為，學習遷移的原因在獲得知識的過程，學生在學習中學會了概念、原理、原則而形成結構，其後結構更普遍化，而使教材與教材間或教材與其他事務產生聯繫。

歐用生（民88）比較各心理學派對課程的看法如下：

	行　為　主　義
代表人物	E. L. Thorndike I. P. Pavlov J. B. Watson B. F. Skinner A. Bandura
學習理論要義	1.學習乃刺激與反應之間新關係建立的歷程。 2.刺激反應關係之建立乃經由制約歷程而習得。 3.制約作用的效果在於增強、練習、時近三大因素。 4.強調外誘動機與外控動機。 5.制約學習中類化、辨別、消弱等現象的解釋。 6.由控制情境下的制約作用擴而解釋社會行為（modeling）。
在課程及教學上的應用	1.行為目標的分析、訂定與教學過程的設計。 2.編序教學與電腦輔助教學。 3.個別化教學。 4.正負增強原理的運用與獎懲原則。 5.社會學習理論在道德教育上的應用。 6.從行為治療法到行為改變技術的應用。 7.中介歷程與生理回饋原理的應用。 8.科學觀察、測量、實驗等觀念與方法在教學研究上的應用。 9.在教學活動中，教師控制情境，學生被動學習。

行 為 主 義
K. Koffka
W. Kohler
M. Wertheimer
J. Piaget
J. Bruner
R. Suchman
D. Ausubel

1.採用完形心理學的觀念,從整體的洞察認識中獲得學習。

2.「頓悟」或「領悟」是重要關鍵,領悟的產生又與情境性質和個體經驗兩個因素有關。

3.認知行為是逐漸發展而成的個體認知發展的層次與其先天遺傳與後天環境兩因素有關。

4.以認知結構改變的觀念來解釋個體學習與心智成長的歷程。

5.「求知」本身即內在驅力,勿須外力控制。

6.認知的涵義極廣,從概念的形成到創造發明。

1.重視理解與啓發式教學法。

2.由認知發展理論影響到教材教法與發展程度配合的構想。

3.概念、原則、思考、創造等心理歷程在教學上的應用。

4.重理解不重強記。

5.重視興趣培養,重視內在動機。

6.重視學生主動、自發、探究、學習以假設驗證的歷程求知。

7.重視學生經驗,認知結構的升高與擴大均與經驗有關。

8.重視教材教法的組織性、連貫性與意義度。

9.教學活動中,學生主動探究求知,教師從旁輔導。

人 本 心 理 學

A. Maslow
C. Rogers
R. May
A. Combs
V. Frankll

1.人生而具有善根,生而具有自我實現的潛力。

2.重視全人發展。從最簡單的求生欲望的滿足到最高層的自我實現是每個個體都追尋的生命歷程。

3.人非動物,心理學的目的是要瞭解人,所以必須研究人,因而排斥化約主義與機械觀。

4.重視個人的主觀經驗,強調要經由學習改變人,必須先使他在自我觀念上自覺改變的需要。

5.重視個人感情、慾念、願望、恐懼等內在歷程,故而特別強調內在動機。

6.重視人群關係對個人心理成長的重要性。

1.順性發展,適性而教的觀念又重新獲得肯定。

2.重視全人教育,強調人格均衡發展。

3.強調教學活動中學生的自願、自由、自動性。

4.重視情意教育。

5.強調愛的教育,在教育輔導上採用了同理心、真誠一致,無條件積極關注等觀念。

6.重視群己關係對個體發展的重要性。

7.尊重學生人格,學生自覺被愛而有價值感時自然會自勵自學。

8.重視教室中的和諧氣氛。

9.強調學生自由學習與自由選擇,學生為教學活動的中心。

資料來源:歐用生(民87)。《課程發展的基本原理》。頁136~139。

社會學與課程發展（歐用生，民87）

結構功能主義（structure-functionism）

1. 代表人物：帕森思、涂爾幹、德律賓等。
2. 內涵：強調和諧一致、共識、社會規範與價值的傳遞，使用實證研究方式，其對課程發展的研究在：

◇強調學校並非孤立，是受整體外在社會環境的影響。
◇指出潛在課程的意義與影響力。
◇闡明學校的意義，歷史特性及社會控制，認為學校的目的在於將學生社會化、追求社會的穩定與價值。

3. 缺點：

◇過分強調客觀知識，忽視了意識形態的概念。
◇偏重目標的設計，忽略了潛在課程與社會控制的關係。
◇過於強調既定知識與方法的教導，忽略不同性別、族群、階級、利益團體間的衝突，與文化再製的問題。

新相對主義或新教育社會學（new sociology of education）

1. 代表人物：楊格（Young）、伯恩斯坦（Bernstein）等。
2. 理論基礎：質性研究、現象學、符號互動論、俗民方法學等。
3. 內涵：反對決定主義、主張建構主義、強調人與人、人與社會間的互動與溝通、與結構功能論的鉅觀研究取向相反，是屬於微觀的研究取向，其特色為：

◇強調教育的歷程，而意義是在交互作用中呈現的，因此意義並非是絕對的，而是相對的。
◇交互作用觀點：重視教室中師生的交互作用即參與者所建構的事實。

4.缺點：

◇忽略了歷史、社會與心理的脈絡及共同規範。

◇忽視社會結構的影響。

◇過度重視行為者的主觀意圖與價值，以及知識的社會建構的重要性。

新馬克斯主義或再概念化理論（reconceptualist theory）或人文主義的課程研究或課程的第三勢力（歐用生，民88）

1.代表人物：艾波（Apple）、吉諾斯（Giroux）等。

2.意義：

◇基本假定→社會再製：個人在學校中不僅習得知識，同時也被社會化而接受某種意識形態，而此意識形態是為統治階層所服務。而再製的過程，大多是隱含的，結果社會控制發展成一種潛在課程。

◇同時重視質性與量化研究、微觀與鉅觀並重，一方面使用俗民方法學與民族誌研究教室中的歷程，另一方面也考慮歷史背景、經濟與社會文化的影響。

◇抗拒理論（theory of resistence）：代表人物為威里斯（Willis）與安陽（Anyon），其假定：勞動階級的兒童並非完全是資本主義再製下的產物，完全屈服於教師或當局的權威下，有時會向學校挑戰、對立，以發展其特有的自我認同。

3.第三勢力課程研究的啟示（歐用生，民88）：

◇課程設計應考慮人的自主性與尊重等人文因素。

◇教學與課程不可一昧強調統一、完美的觀點，應多提供對立觀點以培養批判思考能力。

◇教師應時刻反省自己的意識形態。

◇教學應趨向人性化，考慮到教室結構與權力分配等問題。

歷史與課程發展目的

由歷史的脈絡來瞭解課程內容，並分析課程所傳遞的意識形態與所扮演的角色。例如隨著社會的進步，課程也由原先的強調社會控制與集體意識，而逐步傾向多元思想。

課程分類

艾斯納（Eisner）認為，學校教導三種課程：顯著課程、潛在課程與空白課程。古德拉（Goodlad）將課程分為五類：意識形態的課程、正式課程、知覺課程、運作課程和經驗課程等，以下簡述（歐用生，民88）：

顯著課程（formal or manifest curriculum）

又稱為形式課程，為學校中實際進行的課程，是教師公開承認與教學的部分，目的在傳遞社會接受的信念或價值。是由八個因素所組成：

1. 學校教育目標。
2. 教師的價值、態度與期望。
3. 教學策略、方法。
4. 教材內容。
5. 學校環境。
6. 學校行政與生活管理。
7. 校規。
8. 權威結構。

理想課程（ideal curriculum）

為顯著課程的理論基礎，受歷史、文化、政治等因素的影響，例如國小是否要教宗教教育的問題。

潛在課程（latent curriculum or implicit curriculum）

學生的非正式學習，是學生與顯著課程、理想課程、教師、教室等交互作用的副產物，其內容包含有態度、感覺、價值觀等。潛在課程的重要性不亞於顯著課程，與教師的身教與境教相關密切。

隱藏課程（hidden curriculum）或空白課程（null curriculum）

將不能公開教學生的某些內容加以淡化、修改扭曲或隱藏，包含不平等的性別種族意識形態、歷史事實的扭曲（例如日本的進出中國）等等。

正式課程

教育機關正式規定與實施的課程。

知覺課程

教師對課程的瞭解與看法所認定的課程。

運作課程

教師實際教學時的課程。

經驗課程

個別學生在教學歷程中的經驗。

依教材組織的課程分類

教材的組織由傳統到活動本位分為（孫邦正，民82）：

分科課程（separate-subject curriculum）

1.意義：以科目為單位，例如：國語、社會、自然。
2.優點：依各科知識系統組織、較專精。

3.缺點：

◇課程內容與生活經驗脫節、較無趣。
◇知識較片斷、專門、缺乏統整（孫邦正，民82）。

相關課程（correlated curriculum）

1.意義：以科目為單位，但加強各科目間的聯繫。例如將社會、歷史、地理與公民間之教材加以密切的配合，教學方式可採聯絡教學。

2.優點：較能獲得完整的學習經驗。

合科課程（fused curriculum）

1.意義：結合相關科目重新組成一新科目，以使更接近實際生活，例如社會科：包含公民、歷史、地理；唱遊則包含音樂與體育。

2.優點：學習經驗與日常生活結合、較有趣。

廣域課程（broad-field curriculum）

1.意義：將課程分為幾個大類來進行教學，而不分科目，例如，美國某些學校將課程分為：社會（social studies）、自然（science studies）、語文（language arts）、普通技藝（general arts）與健康教育（health and physical education）等。

2.優點：恢復人類文化之本來面目，以便瞭解人類的生活。

核心課程（core curriculum）

1.意義：以某一科目為中心，其他學科的教材，力求與此中心學科配合。通常以社會、自然或語文、或勞作為中心學科。例如前省立成功中學的試驗生活中心教育是以社會為中心的課程；社會科介紹學校的歷史、人事、地理環境；自然科觀察學校的動、植物；英語科教導教室中常見事物的英語名稱等。另外核心課程中較著名為社會中心課程是以與兒童興趣為中心的活動課程相對。

2.優點：學生獲得完整之生活經驗。

3.限制：若各科與中心科目相配合，即不易保持其本身的完整性。

活動課程（activity curriculum）

1.意義：以兒童的生活當做課程的內容，注重兒童的興趣、需要及能力，由兒童之生活經驗中解決問題。

2.優點：兒童學的是活的經驗，興趣濃厚。

3.缺點：

◇兒童無法獲得有系統的知識。

◇各種基本生活技能（寫字、計算）無法獲得系統性的練習。

◇不適用於中等以上的學校。

同位課程（co-ordinated curriculum）

把全日授課時間分為二部分：一部分採相關課程，另一部分採活動課程。

現代課程的特色（孫邦正，民82）

1.課程內容生活化。

2.課程組織完整化，傾向於大單元設計，放棄百科全書式教材組織方式。

3.學習方式活動化。

課程編製方法（孫邦正，民82）

學科中心法（1920～1930）

由專家先決定各科的教材大綱，後逐漸增加教材，其教材組織方式分為：

1.圓周組織法：將教材分為幾個單元，內容相同，但範圍逐步擴大。

2.直進組織法：按教材本身系統分為若干段，循序漸進而不重複。

活動分析法

活動分析法（activity analysis procedure）為巴比特首創，依科學方法分析人類活動，並依此做為課程編製的依據，其將人類活動分為：語言、健康、公民、一般社會活動……等等共十項。其優點是以科學方法來編製課程，且使課程切合生活需要，其限制是：

1.現實活動未必符合理想。

2.流於成人本位教育。

3.分析成許多零碎目標，過於瑣碎。

社會機能法

社會機能法（the social function procedure）為凱思威（Caswell）和康貝爾（Campbel）首創，以社會生活為中心之核心課程，其餘各科均配合之，目的在促進學生參與社會活動及培養問題解決能力。其優點：

1.結合課程內容與生活。

2.以科學方法來分析社會機能，使課程的編製有客觀的參考。

3.從學生整體人格發展著眼，無活動分析法支離破碎之弊。其缺點為：太偏重成人生活。

青少年需求中心法（1940年前後）

青少年需求中心法（the adolescent needs procedure）為新教育學會（progressive education association）首創，以青少年需求為中心，並配合社會的需要，其課程內容為分為：

1.個人生活。

2.個人與社會的直接關係。

3.社會的公民關係。

4.經濟關係。其優點為以青少年為中心，較能引發興趣，缺點是太偏重個人。

生活動境中心法

生活動境中心法（life-situation centered procedure）折衷成人本位與兒童本位課程，為史屈瑞梅（Stratemeyer）與愛爾貝（Alberty）首創，注重個體與環境的交互作用。其將課程分為三大類、十個部分，這三大類為：

1.促進個人能力之發展。

2.增進個人參與社會生活的能力。

3.增進個人對於環境各種要素之處理能力。

課程選擇的原則（歐用生，民88）

塔巴（Taba）的六項效標

1.內容的有效性與重要性：例如代表知識的最基本部分，反映探究的精神與方法。

2.與社會現實的一致性：例如與生存的世界一致的知識與觀點，但也強調價值角色與衝突的重要性。

3.廣度與深度的平衡：廣度指研究範圍，深度指深入探討某觀點的程度。

4.適用廣泛的學習目標，教材的選擇強調多種學習目標，提供許多學習機會。

5.考慮學習的可能性和適應性：配合學習者的能力。

6.適應兒童需要與興趣。

蔡司（Zais）提出四個效標

1.重要性：學問的基礎。

2.效用性：最能考慮社會需要。

3.興趣。

4.人類發展：強調社會發展與社會價值。

課程組織

垂直組織（vertical organization）（歐用生，民88）

泰勒（Tyler）認為，垂直組織是指教材縱的排列問題，是程序的問題，傳統上認為應先教兒童最熟悉的事物從而逐漸向外擴展，例如同心圓式課程，由內而外，逐漸擴展範圍。

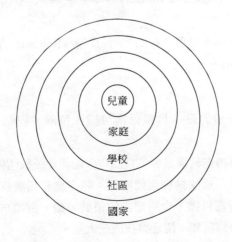

其限制爲：

1.缺乏基本結構。

2.流於底層知識的收集。

3.忽略高層能力的培養、問題解決能力等。

4.偏重於自我中心、種族中心。

水平組織

水平組織是指課目間的橫的聯繫與統整，概念、通則、技能與價值都可以做爲聯繫的元素。

此外還有布魯納的螺旋狀課程（spiral curriculum）

布魯納認爲教學應以科學的概念和通則爲主，後逐漸加寬加深，一再接觸相同的觀念與提升其層次。即先以一個概念爲中心，逐漸融合其他概念成爲一個有機的連接。

課程發展模式（歐用生、黃炳煌）

目標模式（objective model）或工學模式（technological model）

1.代表人物：泰勒（Tyler）、伯比特（Bobbitt）、塔巴（Taba）、布魯姆（Bloom）。

2.特色：

◇原子論觀點：具體行爲目標、精確、控制、量化、重視效率。

◇行爲導向教學目標：具體化、細步化、較明確、易於評量。

◇重視目標的結構與程序性：將目標分爲課程目標、學科目標與行爲目標，也將知識的領域分類，例如布魯姆將知識的性質分爲認知、情意與技能三大類。

◇教學目標是價值中立的。

3.課程設計的程序：

◇決定教學目的。
◇設計教學與學習歷程。
◇評鑑。
◇改進與檢討。

4.優點：

◇較有效率。
◇易於評量，可提供立即回饋。
◇具體、明確。

5.限制：

◇偏向工具性、消極與背動，流於訓練而非教育。
◇課程流於狹隘、制約。
◇容易使知識流於瑣碎、片面。
◇工學模式事先決定結果，否認受教者之思考能力與權利。
◇過分強調量的評鑑方式。
◇行為目標的執行與教室的日常生活脫節。

過程模式

1.代表人物：杜威、阿特金等。
2.特色：

◇過程模式是一種開放系統。
◇強調教育的程歷，即重視教育的方式而非教育的內容，強調如何學習而非學些什麼。
◇認為教育是經驗的重組，課程與教學要提供兒童真實的生活經驗，讓兒童有試驗與發展解決問題能力的機會。

◇運用發現與探究學習，其教學法包含發現式學習（discovery learning）、探究教學法（inquiry method）、活動教學法（activity method）等，教師要能引發兒童的認知衝突，引導學生自我探索。

◇強調開放教育。

◇重視教學過程的偶發事件。

2.優點：

◇高層能力的培養：批判思考、問題解決、綜合能力。

◇學生主動，較有趣。

3.限制：

◇不易實施。

◇道德的相對主義（沒有絕對的是非善惡標準），導致道德的淪喪。

◇較散漫。

過程模式與目標模式的比較（歐用生，民88）

項目　　模式	目　標　模　式	過　程　模　式
評　　　　量	效標參照或常模參照	不受目標限制
研究方法	實驗法或量化研究	個案研究或質性研究
目　　　　標	特定行為目標	一般目標
教　　　　材	事先用科學化分析安排	在教學活動中發現教材之價值
教　　　　學	預先計畫完成教學目標	重視歷程與偶發事件

我國課程設計模式

1.板橋模式之程序：

◇成立組織。

◇蒐集資料。

◇研擬課程綱要。

◇訂定教材細目。

◇編寫實驗教材。

◇設計製作教具。

◇試教修訂。

◇實驗課程定稿。

◇選定實驗學校。

◇辦理教師會研習。

◇進行教學實驗。

◇實驗輔導。

◇實驗教材。

◇舉行總研討會。

2.南海模式之程序：

◇確立教學目標。

◇研擬教材大綱。

◇發展教科書編輯計畫與教學單元。

◇編印實際教材。

◇教材試用。

◇教學評鑑。

◇教師在職進修。

◇研究人文、社會學科及其他學科之配合問題。

一、課程定義有幾個大類型，其中之「課程是學科與教材」與「課程是經驗」的主張，你比較同意那一類？請參考其重要主張（或特徵）說明你做此選擇的理由。【屏師，民82】

答：（一）課程的分類：

1.艾斯納（Eisner）分課程為：

（1）顯著課程（formal curriculum）：又稱為形式課程，明訂於規章，呈現於教材之中也是教師公開承認的課程。

（2）理想課程（idea curriculum）：屬於課程的理論基礎，包含有歷史、文化、政治、經濟等，是課程最終想達到的目標。

（3）潛在課程（latent curriculum）：與態度情意的學習有關，是一種無意中的學習或潛移默化，為三種學習中最重要者。古德拉又將課程分為五類：意識形態課程、正式課程、知覺課程、運作課程與經驗課程等。

（二）教材本位 vs. 兒童本位

1.課程若以學科或教材為中心，較注重教材本身的邏輯系統、結構與組織，重視課程內容的選擇，較傾向於分科課程，是教師本位、社會本位的課程

2.課程是經驗：重視學習與環境的交互作用，傾向於兒童中心思想，注重學習應配合兒童經驗與興趣，屬於活動課程。

（三）經驗與學科的關係不是二分的，而是一個連續體與互補的關係，也就是學習應同時重視教材本身的結構及與實際生

活經驗的結合，杜威即認為教育的目的之一即在培養學生在日常生活中解決問題的能力，課程不但要植基於兒童本身的興趣與能力，同時也要考慮到目前及將來發的可能性（實用性），課程與教材需要兒童在日常生活中的經驗加以充實。

二、以超宏觀（mega perspectives）的角度，由外而內（outside-in）分析的手法，歸納並扼要說明影響國民中小學課程與教學發展的因素。【屏師，民88】

答：（一）由教育社會學層面觀之：

1.政治的影響：

（1）政治民主化，例如民主教育。

（2）政治社會化：例如政治意識形態的教化、本土意識、台灣的定位問題。

（3）培養政治菁英，具國際視野之人才。

2.經濟的影響：

（1）培養經濟人才、提升國家競爭力。

（2）偏重於資訊人才的培育。

（二）由文化層面的角度來看：

傳遞固有文化、創造新文化。例如儒家思想的宏揚。

（三）由教育行政來看：

1.制定九年一貫國民教育的課程。

2.規定實施母語教學、鄉土教學、資訊教育、英語教學。

3.教科書由國定本改為審定本，教材與課程越趨多元化。

4.鼓勵教法上多元化，及使用多元評量以促進學習。

（四）哲學層面來看：

傾向於人本主義與後現代主義的思潮，強調多元文化教育、開放教育、建構教學等。

三、教育部預計九十學年度起實施小班教學精神計畫，試述降低班級
　　學生人數具有何等意義可言？並述其課程、教學與評量的配套措
　　施。【屏師，民88】
答：（一）降低班級人數的目的：
　　　　　1.因材施教。
　　　　　2.提供個別化教學。
　　　　　3.提供多元文化教育。
　　　　　4.提昇教學品質。
　　　　　5.增進師生互動。
　　　　　6.減少教師負擔、促進教學與輔導。
　　　（二）課程的配套措施：
　　　　　1.學校本位課程設計：學校可邀請行政人員、教師、家
　　　　　　長、專家共同發展具學校特色的課程，以便因時、因地
　　　　　　制宜。
　　　　　2.使用統整課程與開放式學習。
　　　（三）教學的配套措施：
　　　　　1.使用協同教學，由數位教師共同上課。
　　　　　2.使用開放教育。
　　　　　3.鼓勵合作學習。
　　　（四）評量的配套措施：鼓勵多元評量的實施，例如動態評量、
　　　　　卷宗評量、真實評量與實作評量等。

四、先分別指出「課程標準」、「教科書」、「教師教學指引」之功
　　能。並請論述三者之間的關聯。【竹師87】
答：課程標準是教育行政機關依據各級學校教育目標所訂的各學科的
　　有關規定，作為教材選擇與教學實施的參考。其目的在統一教育
　　內容與實施的步驟，以提高教育的水準。
　　　一般採地方分權的國家，例如美國、英國，其課程標準全由地方
　　政府製定，而且僅具參考性，不具有法律的效率。中央集權的國

家，例如法國，其課程標準由中央教育機關公布實施，對學校有強制作用。地方政府以訓令、通令、規則等方式，將中央所規定的教育目標、方法、科目種類、時數、預期目標、學校的師資設備等均加以詳細的規範。

我國的課程標準是由教育部公布實施，具有相當的強制性。我國於民國十八年教育部首先公布「小學課程暫行標準」，此後政府於民國二十一年、二十五年、三十一年、三十七年、四十一年、五十一年、五十七年、六十四年、八十二年等，先後修訂國小課程標準。

（一）國小新課程標準

教育部於八十二年公布新課程標準，且於八十五學年度開始實施（新課程標準的內容請參考附錄），其主要的內容如下：

1.目標：新課程規定：「國民小學教育，以生活教育及品德教育爲中心，培養德、智、體、群、美五育均衡發展之活潑兒童與健全國民爲目的」。國小課程標準強調七項目標：

（1）培養勤勞務實、負責守法的品德及愛家、愛鄉、愛世界的情操。

（2）增進瞭解自我，認識環境及適應社會變遷的基本知能。

（3）養成良好生活習慣、鍛鍊強健體魄、善用休閒時間、促進身心健康。

（4）養成互助合作精神、增進群己和諧關係，發揮服務社會熱忱。

（5）培養審美與創作能力，陶冶生活情趣。

（6）啓迪主動學習、思考、創造及解決問題的能力。

（7）養成價值判斷的能力，發展樂觀進取的精神。

（二）教科書

　　教材（subject material）是一項產品，是教師用以協助學生學習的各種材料，包含有教科書、學習手冊、操作單、幻燈片、錄音帶或錄影帶等，其中，教科書即是以文字或圖表所編成的教材，作為導引學生學習及教學之內容，其包含有學科單元、學習目標、練習題或作業、實驗和研究問題、評量工具等（王家通，民85）。

（三）教學指引

　　最接近實際教學，詳細而系統化的解釋教師可以遵循的教學步驟與方法，是依據教材而編寫的。

　　由上可知，課程標準最先訂定，具有法律的效應，其次是課程、再來是教科書、最後是教學指引，亦可說教學指引與教學是課程標準的實踐。

五、由八十二年公布的國小課程標準的內涵，說明現代國小教學的趨勢。【竹師87】

（一）國小新課程標準的內涵請參考【竹師87】的解答。

（二）現代國小教學的新趨勢：

　　1.著重生活教育與品德教育，而以培養具世界觀的國民為目的。

　　2.國小三至六年級，每週增加一節的鄉土教學以培養其愛鄉、愛民、立足台灣放眼天下的國民。

　　3.將「生活與倫理」及「健康教育」，統整為「道德與健康」，並且由一年級即開始教學。

　　4.設專科教導輔導活動，以加強生活與學習輔導。（王家通，民85）

六、名詞解釋：潛在課程（hidden curriculum）。【成大88】

　　潛在課程是一種未預期的學習結果，其範圍包含（歐用生，民

88）：（1）師生間的交互作用、教室結構、教育制度型式與學校教育的脈絡（context）；（2）價值觀的學習、社會化、階級化歷程；（3）從教學歷程中各種無意識的副產物，以下從批判論、結構功能論與現象詮釋學的立場敘述：

答：（一）批判論的看法：依利希（I. Illion）及雷默爾（E. Reimer）對潛在課程的看法爲：

1.學校教學（schooling）是社會整體活動的一部分，而學校結構亦是社會文化權力結構的反映，而且單獨的學習活動是無法促進社會變遷，或使社會更平等、更自由，它反而是「意識形態」的產物。

2.使學校成爲人性束縛及不利學習的結果，主因是「潛在課程」成爲社會控制的工具，無法發揮教育的功效（陳伯璋，民74）。

批判論者依利希認爲：「潛在課程」就是經由儀式化的學校組織（或結構）包括學年（學齡）、文憑、評鑑、師生關係、時間表、分班等所獲得的知能和相應的工作結論、規範和態度。所謂「儀式化」意指學校結構本身所具有的權力支配關係，經由合法化的過程由全體師生及社會人士所共同認定的運作規範和活動，依利希認爲在學校這種科層結構之下，教育變成「訓練」、知識變成「貨品」（commodity），教師成爲「監護人」、學生成爲「消費者」。簡言之，這種學習內容是脫離「生活」實際需要的訓練，是沒有主體自由的「灌輸」、是「成套」（package）訊息的強迫學習（陳伯璋，民74，頁79）。

（二）結構功能論的看法：

1.學校教育是依民主社會的理想及高度分工社會的需要，經由有意的安排，使學習者獲致與其自身能力與努力相對應的知能與道德的規範。

2.凡能促使上述目標實現或產生非預期的學習結果，都可稱爲潛在課程。

3.潛在課程是正式課程實施的「反功能」或隱藏功能，如果將其轉化爲可理解的實體（realities），並確切的把握和重新編排成正式課程的一部分，則將可提升教學的效率。

（三）現象──詮釋學的觀點：

1.學生是能思、能感與能行的「社會存在」（social being）。

2.學生本身的自我意識（self-consciousness）是意義的根源，也是建構知識的必要條件。

3.學習是意義與符號在社會交互作用（social interaction）中的重構的動態過程。

4.學校的課程是透過良好的人際互動，來引導學生從自我意識的覺醒、反省和批判，進而參與意義創造的歷程，而此經驗的學習不是事先被預定的。

葛芬柯（H. Garfinkel）認爲，符號與意義是社會建構的，而社會化應該是符號或意義系統的交換（exchange）、磋商（negoti-ation）、重建（reconstruetion）而達到共識的動態過程。現象──詮譯學者對潛在課程的研究頗重視「情」、「意」經驗的學習與過程的強調，大都強調個體意識與心靈作用先於社會性（陳伯璋，民74）。

七、國小新課程標準業已修訂公布，並將自八十五學年度開始實施，新課程標準的內涵爲何？請加以評析，並論述如何實施才能落實新課程標準的精神？【花師84】

答：（一）新課程標準的內涵

以國民小學課程標準總綱爲例，其目標爲「國民小學教育，以生活教育及品德教育爲中心，培養德、智、體、

群、美五育均衡發展之活潑兒童與健全國民為目的。」為
實現本階段教育的目的，須輔導兒童達成下列目標：

1. 培養勤勞務實、負責守法的品德及愛家、愛鄉、愛國、
   愛世界的情操。
2. 增進瞭解自我、認識環境及適應社會變遷的基本知能。
3. 養成良好生活習慣、鍛鍊強健體魄、善用休閒時間、促
   進身心健康。
4. 養成互助合作精神、增進群己和階關係、發揮服務社會
   熱忱。
5. 培養審美與創作能力、陶冶生活情趣。
6. 啟迪主動學習、思考、創造及解決問題能力。
7. 養成價值判斷的能力、發展樂觀進取精神。

（二）如何落實

1. 尊重兒童之個性發展，培養其五育均衡發展。
2. 教學應兼重認知、情意、技能與個性及群性同時發展。
3. 充分瞭解兒童之能力、健康、情緒、生活習慣、家庭狀
   況與學業程度，切實實施個別輔導與團體輔導。
4. 激發兒童的思考、創造力及問題解決能力。
5. 注重知、行合一。
6. 教學評量應同時注重德、智、體、群、美，並且涵蓋認
   知情意與技能（國小課程標準：教育部）。

八、「課程統整」係教育部於民國八十七年公布的國民教育階段九年
一貫課程的特色之一。試分析「課程統整」產生之背景及其理論
基礎。【國北師88】

九、名詞解釋：課程統整原則。【市北師86】

十、我國教育改革的重點之一是要將中、小學課程加以統整與簡化。
對於課程的統整可以做的努力有哪些？試申論之。【竹師86】

答：針對第八、九、十題。

（一）課程統整的歷史背景

在課程現代化及科學化的主流中，課程的分化是趨勢，但太過堅持分科課程本身邏輯系統的完整性，但可能會與真正的生活經驗脫節，致使學習者喪失了學習的動機。

啓蒙運動對社會化的方式，提出了三個理性的探究：

1.社會的分化如何產生？

2.分化後部分如何產生作用？

3.部分與整體的關係如何，即分化、自主與統整的關係如何？

4.二十世紀學者們開始反省過度分化課程所產生的負面效果，首先點燃戰火的是Dewey的進步主義，其課程設計注重問題解決、教育即生活、做中學等，使大眾瞭解到所謂的統整是學習與生活的統整，而統整的核心是學習者本身。

5.1970年代後，現象學派的課程統整是以個人生活經驗為核心的自我統整，注重個人的教育經驗，以及個人如何在班級生活世界中，經由自己、他人與教材之間的互動關係，深切的自我反省並產生意義。

6.社會批判課程是以鉅觀的社會架構來探究課程的內容與形式，探討社會結構、權力與意識形態間的關係，試圖經由意識形態的批判，喚醒人們的自覺，並從事社會改革，是以社會問題為核心的統整。

7.後現代主義的興起，社會呈現一股反動、多元的現象，Lash（1990）提出「解──分化」（di-differentiation）的概念以對抗分化的概念。Baudrillard則強調由分化的「外爆」（explosion）狀態轉為各種內在界線崩潰的「內爆」（implosion）狀態；而Rorty主張，一種綜合性、無

主導性的後哲學文化，使哲學、文學、歷史、美學與政治學等各領域能相互滲透。課程學者Giroux則主張，「邊界教育論」（border pedagogy），此種論點涵蓋三種「跨越邊界」（crossing border）的策略，其中的一種是對抗文本（counter-text）的跨越文化策略，去除占據傳統課程的高級文化的文本權威，在跨學科、跨文化的學習領域重新劃定知識的邊界；第二種策略是差異政略（the politics of difference），打破中心和邊陲二元對立的政治封閉，使得差異和多元的他者能獲得政治動力（周珮儀，民89）。

（二）課程統整的意義

Beane認為，課程統整是在統整「過去與現在」、「學校與社會」及「學科與學科」，而成為一個整體的課程。廣義而言，課程統整包含四方面（徐靜嫻，民89）：

1. 經驗的統整：是指學習經驗應涉及經驗的反省與重新建構，而非只是經驗的靜態累積。

2. 社會的統整：指學校提供共同的經驗給不同背景的學生，促進共同的價值，以達到學生與社會的統整。

3. 知識的統整：知識應從各分立的學科中解放出來，以更為學生接近、更有意的方式呈現出來。

4. 課程統整應具有四個特徵：

（1）課程的組織應環繞於現實世界中對個人及社會有意義的議題。

（2）設計與組織相關的學習經驗，以使學習經驗能在組織中心脈絡下統整相關的知識。

（3）知識被發展與應用，目的在處理與討論正在研究的組織中心。

（4）統整的重點應置於與知識應用有關的內容與活動，

以增加學習者將課程經驗統整入自己的意義基模與親身經驗解決問題的歷程。

（三）課程統整的型式

1.Glatthorn 與Foshay（1991）：實驗課程、科際課程、學科課程。

2.Prakes（1991）：網狀式、貫串式、統合式、分科式、關聯式、窠巢式、次序式、共有式、沈浸式、網路式統整（徐靜嫻，民89）。

3.Tyler：水平統整、垂直統整。

（四）課程統整之優點

1.增進學生的學習動機與教師的成就感，因爲學生對相關的、有意義的學習內容較感興趣。

2.以問題爲核心，較能涵蓋新興的問題（多元文化、電子時代、虛擬社會、本土化與國際化等），此類問題常爲傳統課程所忽略。

3.當知識和技能以系統化形式來增強時，可以提昇學習效能。

4.統整是更有效率的，因爲細心統整的課程可以去蕪存菁、節省時間。

5.課程統整使知識進入生活之中，不再是抽象或破碎的而是整體的。

6.統整課程是以情境學習爲主，在學習中自然的發展出適當的分類、學到的概念化的，非孤立的語詞，隨著學習深度的擴展會促進基模的擴展。

7.培養學生自我導向學習能力及問題解決能力。

8.促進人際互動（周珮儀，民89）。

（五）課程統整的步驟

1.預擬主題及教學目標。

2.彙整課程標準各科教材綱要。

3.分析各科教材，瞭解各科單元內容及其相關性。

4.確定課程架構，訂定主題名稱。

5.選定核心科目，統整各科教學目標，確定課程目標。

6.統整現有教材及活動，蒐集補充資料及相關資源。

7.預估教學時數，編排彈性課表。

8.設計教學活動，決定評量方式。

9.設計學習單、致家長信函及其他之準備工作。

10.進行教學活動。

11.評量。

12.檢討／修正（高新建，民89）。

十一、在多元文化社會中，課程面臨文化選擇的新課題。試從課程目標的擬定與課程設計取向，分析我國現階段多元文化課程改革的可行途徑。【國北師88】

十二、試析論多元文化教育之理論基礎，並說明其在台灣實施之必要性與急切性。【政大87】

十三、二十世紀的教育哲學思想走向多元發展的趨勢，請就此而摘述其情況，並評估其對教育實務的影響。【高師88】

十四、名詞解釋：多元文化教育（multicultural educations）。【東師88】

答：第九、十、十一、十二一併作答。

（一）多元文化教育的理論基礎

1.Doll的後現代課程假設：Doll認為，現代主義是簡單、隱定、普遍、永恆與和諧的，相對的後現代的觀點是複雜、多元、渾沌、有限、暫時的，Doll由三個層面來描述後現代課程的特色：

（1）封閉系統 vs. 開放系統：現代主義的課程是一種封閉系統的設計，目標都是事先設定的，控制嚴格，所處理變數少、效率高。而後現代主義課程是一種開放系統設計，不斷的從外在環境中吸取能力做為回饋之用，以做為內部的轉型與更新，此種系統需要適度的變動、混亂、失序、錯誤來觸動系統的重組。

（2）簡單結構 vs. 複雜結構：現代課程是一種簡單結構，在此結構中，因果之間具有一致的比較關係，小的波動導致小的效應，可以用線性來描述，此簡單的結構主張分離、化約和區隔的方法論；而後現代課程屬複雜的結構，因素間有複雜的交互作用，注重互動、整體性。

（3）累積變革轉型變革：現代主義認為，學習結果的改變是累積的（cumulative），主張化約主義（reductionism），學習結果是可量化、線性的單元，例如編序教學。而後現代主義則認為，改變是轉型的而非累積的，其對改變的假設有：

a.內在：轉型是一種內在的重組，重視學生內在的組織與建構。

b.自發：轉型是一種自然的結果，是讓學生在「平衡──不平衡──平衡」的循環狀態下逐漸從事的內在重組。

c.不確定：後現代課程是不確定的，目標只是課程實施的指引，且以一種聯結的形式從課程與教學中不斷的浮現、探究與創造的規範取代了發展的方式與過程。

2.Giroux的批判後現代課程論，特色：

（1）政治導向：學校教育的目的之一在培養學生批判的知識、習慣、能力與技巧，以便挑戰與轉變現行社會與政治形式。

（2）倫理導向：倫理不僅是個人選擇與相對主義，更要拒絕不必要的剝削與虐待，反抗不平等與擴展基本人權。

（3）差異導向：關注差異（difference）的議題，認為差異使學生瞭解認同與主體性是如何以多重與爭議的方式來建構的，也強調探究族群間差異的發展。

（4）文化政治學與對抗記憶：對知識生產進行鬥爭，使公民能取得對生活運作形式的管理權，並且以日常生活與特殊事件為起點，企圖喚醒那些已經被安置在專斷和整體化敘事中沈默的聲音。

（5）理性概念的重整：認為理性並不單純，而是蘊含於權力、政治和知識的交會點，理性是有限的，課程可以視為一種文化的劇本（script），以引導學生建立某種特殊故事和生活方式的理性形式。

（6）批判性的和可能性的語言：認為教學中的語言不應成為一種主宰性敘事（master narrative），而應具備批判性與可能性，因此，課程知識不應被當作一種神聖的文本，而是師生共同參與的一種不斷進行的約定（engagement），並使用不同政治立場的術語重新解讀和重組課程知識。

（7）教師即轉型的知識分子：視教師為具有特殊政治和社會位置的轉型知識分子（transformative intellectuals），強調教師以文化工作者與公共知識分子的角色，針對自身鄉土、國家與世界的社會與政治議題，從事批判與行動。

（8）聲音的政治學（politics of voice）：學生的聲音通
常是經由多重的、複雜的、矛盾的、不斷變動的論
述所組成，經由此多重的意義，學生設定自己成爲
歷史與社會的主體（周佩儀，民86）。

3.文化多元主義與相對主義：反對「我族中心主義」
（ethnocentrism）、「文化霸權」（cultural hegemony）、
「一元化」、「泛政治化」、「泛道德化」及「性別歧
視」。

4.教育機會均等與社會正義的追求。

5.文化拒斥論（cultural resistance theory）：認爲學校本身
亦是社會與文化的競技場，充滿了矛盾與衝突，學校是
一個開放體系，因此，各種規範、公約背後的價值觀或
文化都有必要調整，也就是學校中的宰制文化不必然產
生「宰制──順從」的關係，也可能是一種對立、拒斥
或排斥的關係（陳伯璋，民86）。

（三）多元文化課程發展原則（陳伯璋，民86）

1.反映多元文化觀點：包括婦女、低社經地位者、文化刺
激不足者、殘障者、低成就者、學習障礙者、老人與各
種弱勢族群，強調「對稱相互性」的文化價值觀。

2.以全體學生爲對象。

3.融入學校整體課程，包含正式與潛在課程。

4.兼顧認知、情意與技能。

5.協同合作發展：教師、行政人員、專家、社區家長共同
參與。

（四）多元文化課程的發展取向（陳伯璋，民86）

1.消除取向：消除傳統課程中不當內容，例如：性別偏
見、種族歧視、刻板印象、語文偏見或對特定族群的忽
略與歪曲。

2.活動取向：例如在節慶時安排某些活動讓學生瞭解節慶
　的由來。

3.附加取向：在現有科目架構上增設額外的科目或單元，
　例如鄉土教學、母語教學、台灣史等。

4.融合取向：打破主流文化和弱勢文化，將所有族群文化
　的內容融入相關科目之中。

5.統整取向：打破所有科目的結構，以社會問題為核心，
　例如二二八事件的研究。

6.整體改革取向：認為學校是一個整體的系統，要實施多
　元文化教育需將整個學校環境、系統、師資、課程、教
　學、行政、校園環境等加以改變。

（五）實施的必要性與急切性

1.立法的通過與規定：例如九年一貫國教。

2.促進教育機會均等。

3.尊重少數族群與弱勢族群的發展。

4.國際現勢趨向多元。

十五、名詞解釋：國民教育九年一貫課程。【彰師88】

答：詳見附錄。

十六、名詞解釋：「空無課程」（null curriculum）。【成大88】

答：美國課程專家艾斯納（E. W. Eisner）1979年在其出版的《教育想
　像：學校課程的設計與評鑑》（*The Educational Imagination: On
　the Design and Evaluation of School Programs*）一書中，首先提出
　空無課程（或懸缺課程）的概念，意指學校理應教導而未教的東
　西，例如學校裏未提供學生學習的選擇機會、看法、技能等。其
　認為固然學校所重視的課程是重要的，但學校所忽視的課程亦不
　應忽略、懸缺（空無）課程的探討可分為三方面：

1.學校教育所忽略的心智能力。

2.學校課程所遺漏的科目或教材。

3.學校教育所忽視的情意陶冶（黃光雄，民88）。

十七、名詞解釋：九年一貫制課程。【高師88】

答：詳見內文。

十八、名詞解釋：課程統整（curriculum integration）。【花師88】

答：詳見內文。

十九、我國即將於民國九十八年首度實施九年一貫課程，其二大特色是：課程統整與學習領域，請問何謂課程統整？多元文化教育應如何統整於七大學習領域中？【花師88】

答：詳見內文。

19 教學理論（一）

教學的定義

　　教學是指擁有特定知識、技能或態度的人，經由互動的歷程，將這些內容傳授給缺乏的人。

　　黃政傑（民89）認為，教學含有下述的意義：

1.教學是教的活動加上學的活動。

2.教學是師生間的互動。

3.教學是學生、教師與教學資源間的互動。

4.是達成有價值的學習目標的活動。

　　皮德森（Peterson）指出，教學活動的三大規準：（1）合認知性（cognitiveness）；（2）合價值性（worthwileness）；（3）合自願性（voluntariness），新近有學者認為應再加上合效率性（efficienciness）與合精緻性（exquisite）（林進材，民89）。

5.需要妥善計畫相關要素與策略的活動。

　　另有學者將教學定義為：

1.教學即成功（teaching as success）。

2.教學是有意義的活動（teaching as intentional activity）。

3.教學是規範性的行為（teaching as normative behavior）。

教學的迷思

　　所謂「迷思」（Myth）是指似是而非的觀念，有時容易造成誤導。「迷思」概念是研究所的熱門考題，常考的題型為「何謂迷思，迷思產生的原因？預防之道？」。

應區分教學與訓練、制約、灌輸、宣傳與恐嚇間之不同

　　教師若採民主方法即為教學，採獨裁方法即為灌輸；教學內容若經過實證則為教學；若未經證實，則為灌輸；在意圖上，若教師將自

己的感受（未經實證）有意無意的傳給學生，即為灌輸。而制約與教學的主要差別在於制約較少有主動、智慧的反映。（林進材，民88）

教師常有的迷思有（黃政傑，民89）：

1.把教學當教書。

2.僅限於知識的傳授。

3.把教學視為只是過程或結果。

4.教學孤立，且侷限於教室。

5.教學未考慮個別差異。

6.偏向於大班教學，較少個別化教學。

7.忽視教學的妥善計畫。

8.把教學成敗的責任全部推給老師。

有效的教學

影響到教學效能的因素很多，包括：

1.教師的個人特質：例如性別、年資、人格特質、成長的經驗等。

2.教師的學識與能力：例如教學方法、學科知識等。

3.環境因素：例如學習者的特性、班級大小、教學資源、教學目標、教育思潮等。

有效的教學，首需統合考慮上述因素，因時、因地、因人而制宜，研究所常考「何謂有效教學？如何促進有效教學？」林進材（民88）與其他的學者認為，有效的教學應掌握下列要素：

1.清楚界定教學目標。

2.熟悉教學內容與策略。

3.良好的溝通能力：互為主體性的溝通觀點。

4.善用教材、充實教學。

5.瞭解學習者的特質，因材施教。

6.教導認知反省策略。

7.高、低層次的教學目標並重。

8.多元評量，適時回饋。

9.反省教學活動。

10.增加師生互動。

11.適度調和分散練習與集中練習。

12.適當變換各科或各單元之教材、教法。

13.使用多碼並行原則來促進學習。

14.建立班級常規。

15.減少干擾行為。

16.隨時監控學生的活動。

17.增加學習的趣味，以促進學習動機。

18.有效運用時間。

19.善用信號。

20.促進有效的學習環境。

21.促進概念的聯結。

22.善於發問。

23.注意課程的銜接與聯絡教學。

24.注意教學的表達方式，要配合學習者的認知架構。

25.激發學習動機。

26.多讚美、少批評。

27.掌握學生的心理及認知模式，例如場獨立 vs. 場依賴，內控 vs. 外控。

28.善用各種暗示。

學習的意義

張春興認為，學習是因某些經驗引發個體的行為或潛能，產生長久而固定的改變，各派對學習的看法不一：

1.行為學派：認為學習是刺激與反應間的聯結。

2.人本學派：認為學習是在適當的環境中，各人潛能的激發。

3.認知學派：認為學習是基模（認知架構）的改變歷程。

4.互動學派：認為學習是人與環境交互作用的結果。

各學派由於對學習的看法不同，衍生出各自的學習理論與教學方法。

教學設計

教學設計是指教學計畫執行前的系統規劃，其目的在促進有效教學。

教學設計內涵

依黃政傑（民88）引用李文瑞的定義，教學設計是「為提昇教學功能和學習效果，有系統把應用各種學習及教學理論，並考慮教學及學習的成分要素，所做的全盤考量規劃」。黃政傑認為教學設計有四項基本假設：

1.教學設計的目的在協助學生的學習。

2.教學設計可分為立即性及長期性兩類。

3.系統化的教學設計對學習有極大的影響。

4.教學設計需符合人類學習的特性。

教學設計模式

影響教學系計的理論有：系統理論、傳播理論及學習理論等。教學設計的模式有：

1.ASSURE模式（線性模式）：

A: Analyze learners：分析學習者。

S: State objective：陳述學習目標。

S: Select media and materials：選擇媒體與教材。

U: Utilize media and materials：使用媒體與教材。

R: Require learner participation：要求學習者的參與。

E: Evaluation：評量、修正。

2.R2D2，循環反省設計：R2D2（Recurisive Reflextive Design & Development Model），建構觀教學模式：

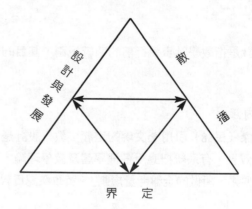

界　定

◇界定：包含起始點、學習者、工作及觀念分析。

◇設計與發展：焦點包含有媒體、環境選擇、產品發展及形成性評量。

◇傳播：包含有包裝、散布及採用（黃政傑，民89）。

20 教學理論（二）

1.教學之心理學基礎

2.教學之哲學基礎

3.教學之社會學基礎

教學之心理學基礎

行為學派（behaviorism）

1.代表人物：巴夫洛夫、華森、史金納、布隆姆等。

2.對學習的看法（環境決定論）：

◇學習是刺激與反應間之聯結（聯結論）。

◇學習是背動的、受外在環境所影響。

◇學習是一種嘗試錯誤與後效強化的聯結，桑代克（Thorndike）提出學習三大定律：練習律、準備律、效果律。

◇教師操控：利用正增強、負增強、處罰等來促進學習。

3.教學理論：

◇類化與區辨。

◇消弱與自然恢復。

◇增強原理：增強的方式、增強時制、增強物的靈活運用。

◇行為塑造。

◇串連（chaining）。

4.教學方法：編序教學法、精熟學習、電腦輔助教學等。

人本學派、人本心理學（humanistic psychology）

1.代表人物：馬斯洛、羅吉斯。

2.對學習的看法：

◇人有自我實現的潛能（人性本善的假說）。

◇真誠一致：教師與學生都要忠於自我，尊重別人。

◇（無條件）積極關注。

◇學習是主動的，強調學習者的參與、做中學、獨立性、創造性、自我批評與對經驗的開放。

◇存在主義的教育哲學觀（見存在主義部分）。

◇全人教育、重視情感（緒）教育、人味兒的教育。

◇重視班級氣氛、人際互動、經驗分享、信任學生、讓學習者擁有最大自由等。

◇以當事人為中心（兒童中心思想）。

◇強調自我評鑑、同儕教學、社區資源的運用等。

◇教學方法與代表：合作學習、森林小學、夏山學校等。

◇教材必須有意義且符合學生目的。

◇重視生活能力及適應環境能力。

認知學派（cognitive theory）

1.代表人物：皮亞傑、維果茨斯基、布魯納、蓋聶等。

2.對學習的看法：

◇學習是主動建構的歷程。

◇重視認知發展階段對學習的影響，布魯納將認知發展分為動作表徵期（1～2歲）、形象表徵期（2～6歲）、符號表徵期（6歲以後），教師教學必須符合學生的認知發展。

◇學習是基模改變的歷程：同化與調適。

◇教師應瞭解每位學生的近側發展區，並激發其潛能。

◇強調教學與學習的順序，例如蓋聶的學習階層，學習起於訊號學習，終於問題解決能力的培養。

◇動機原則。

◇強調學習的正遷移（新經驗建立在舊經驗的基礎之上）。

◇重視學生認知的改變歷程。

3.代表教學法：開放教室、合作學習、協同教學。

社會學習論（social learning theory）

1.代表人物：班都拉。

2.對學習的看法：

◇觀察學習（注意、保留、動機、動作再生歷程），身教重於言
教。

◇替代學習。

◇學習是認知、環境與行為間交互作用的產物。

◇自我效能論：強調自律、自我觀察、自我評價及自我強化。

◇模仿：分為直接模仿、綜合模仿、抽象模仿與象徵模仿。

3.教學法：示範、直觀教學、楷模學習、觀察法。

訊息處理論

訊息處理論（information processing theory）在研究訊息處理（感
官、短期記憶、長期記憶）、思考與問題解索之間的關係。

1.代表人物：派渥（雙代碼假設）等。

2.對學習的看法：

◇促進記憶的方法：包含注意、多碼並行原則、初始效應、近
時效應、閃光燈效應、及意元集組。

◇避免遺忘的研究：包含記憶的檢索、動機與情緒的影響。

◇思考與問題解決的研究：包含有心向、定程式思考、捷思、
功能固著等，教師在發掘學生的思考模式，並激發學生的創
造力思考或邏輯思考。

◇如何促進學習的注意力：研究所有時會改如何提昇一般兒
童、過動兒或自閉症者之注意力，可以從訊息處理論的觀點
介入。

教學的哲學與社會學基礎

A.各哲學學派對教育的看法，請參考哲學部分。

以下補充教學之哲學與社會學基礎：

邏輯實證論（logical - positivist）

1.代表人物：經驗主義者休模（Hume）、孔德、賽蒙等。

2.內涵：

◇採用實證、自然科學方法，重視感官經驗的衡量與客觀性。

◇歸納主義。

◇假設的演繹與驗證。

◇價值中立。

◇操控、預測、因果推論。

◇強調效能或效率（工具理性）。

◇實用取向。

◇工作分析。

3.教學法：同行為學派、蓋聶的教學事件、能力本位教學等，重視事前嚴謹的分析、計畫與教師的控制。

建構主義（constructionism）

1.代表人物：皮亞傑、維果茨斯基。

2.內涵：

◇反對傳統教學的還原主義、決定論及複製性。

◇強調學習者之主動建構。

◇強調同儕間的學習及互動。

◇學習的責任由教師轉移至學習者本身。

◇鷹架理論，教師應協助學生加速學習。

◇強調學習歷程，問題解決能力的培養，思考方法的訓練與認知架構的改變。

批判論（critical theory）

1.代表人物：馬克斯、哈伯瑪斯。

2.內涵：

◇強調人的主體性、整體性與實踐性。

◇解放：意識形態的批判與解放，而教育的目的在反省、批判與解放等能力的培養。

◇批判的對象爲意識形態的獨斷與宰制。

◇重視獨立思考的培養。

3.教學法：批判思考教學。

班級社會學

1.代表人物：蓋哲、古巴。

2.內涵：

◇班級是一個社會體系，受外在社會環境及個人需求的影響。

◇注意潛在課程的影響力。

◇注重班級次文化及班級常規。

21 各種教學法

傳統教學法

赫爾巴特階段教學法

赫爾巴特將教學分爲：

1.明瞭。

2.聯合。

3.系統，指系統化。

4.方法，將系統化所習得的知識與經驗，透過實踐，而與日常生活結合。

講述法（didaetic instruction）

1.特色：教師主導、注入式、較方便、經濟但也較呆板。

2.優點：

◇簡單、方便。

◇省時。

◇適合做課程的講解、說明。

◇適用於大班教學。

3.限制：

◇學生較少參與、被動。

◇缺乏動機

◇單調。

觀察法（observation）

1.特色：源於洛克的經驗主義及裴斯塔洛齊的直觀教學，注重透過感官來充實學習的經驗，有利於將抽象的概念轉化爲具體觀念，便利學生的理解。

2.優點：

◇充實感官經驗，將抽象知識與實物結合。
◇具有臨場感。
◇較有趣。

3.限制：

◇準備費時費事。
◇不易控制常規。
◇不是所有科目都合適。

問題解決教學法

1.內涵：其目的在培養問題解決能力，依問題的型式，有不同的問題處理方式。例如演繹法為線性思考模式，適合做決策之用，杜威提出五個問題解決步驟：

◇定義問題。
◇提出假設。
◇收集資料。
◇分析資料。
◇驗證假設。

另外，為了解決問題，必須發展高層次的綜合能力，在教學時，問題應儘可能的生活化。

2.優點：

◇學生主動參與。
◇有助於高層綜合、能力的培養。
◇較有趣。

3.缺點：

◇忽略底層知識的學習。

◇學習者解決問題的能力有個別差異。

◇準備較花時間。

討論法

1.內涵：討論法強調教學過程中師生的互動、溝通、與思考等，適合針對爭議問題的探討與培養民主的精神。許多情意領域的教學方式，例如價值澄清教學法、批判思考教學法、合作學習等都使用討論法，討論的方式有全體討論、小組討論、陪審式討論及座談會等四種。

2.優點：

◇促進思考能力。

◇促進人際互動。

◇發展語文表達能力。

◇培養民主議事能力。

3.限制：

◇不易維持秩序。

◇個別差異（有些學生勇於發表，有些學生則羞怯內向）。

◇需有充分的背景知識與準備，其討論才具有意義。

自學輔導法（supervised study）

1.內涵：教師依學生的能力，指定學習作業與學習方法、學生自學，有必要時教師加以輔導。

2.優點：

◇適應個別差異。

◇補救教學。

◇培養獨立精神。

◇促進師生互動，但並非每人都有動機與充分的時間學習。

3.限制：

◇僅適合部分學科：文史、社會、自然。

◇不適用於能力較差者。

◇時間上的限制。

編序教學法（programmed instruction）

1.內涵：依行為學派的理論發展而成，將教材分成許多細目，依據邏輯順序，由簡而繁組織起來，其實施有三步驟：教材提示、學生作答、及立即核對成果。教材的提示可以分為卡片式、書本式或教學機等。

2.優點：

◇主動學習。

◇立即回饋。

◇精熟學習，學生可依自己能力調整學習的時間。

◇教材化繁為簡，組織嚴謹。

3.缺點：

◇不易編製。

◇僅適合某具有邏輯關係的知識的科目（例如數學）。

◇缺乏互動。

◇缺乏情意陶冶。

精熟學習（mastery learning）

1.內涵：精熟學習的概念首先由卡洛（Carol）所提出，後由布魯

姆（Bloom）藉用發展而成，認為學習是時間的涵數，若能提供充裕的學習時間，則多數學習者都能精熟教學目標。教學與評量的目的在促進每位學生都精熟學習目標，評量的目的不在區分，而是促進學習。精熟學習的教學歷程有：

◇設定學習目標，以操作性定義表示。
◇教學、形成性評量與補救教學，這是一個循環的步驟，直到完成教學目標。
◇總結性評量。

2.優點：

◇適性教學。
◇教學目標精確，具體能夠衡量效率。
◇利用多次形成性測驗提供即時回饋。
◇教學的目的在促進精熟而非比較，學生較少挫折感。

3.限制：

◇在大班教學裏不可能給每一個體都有充裕的時間學習。
◇行為目標簡化了教學的內涵，可能忽略一些抽象、重要但不容易具體化的目標。

創造思考的教學

腦力激盪法

1.內涵：目的在培養創造力，及問題解決能力，其方法很多，以腦力激盪法為例，其程序包含有：

◇定義問題。

◇成立腦力激盪小組，以10～12人為佳。

◇遵守規則：絕不批評、自由奔放、搭便車、重量不重質。

◇實施腦力激盪。

◇評估各類構想等。

2.優點：

◇培養創造力及問題解決能力。

◇培養民主精神。

3.限制：

◇不易評量。

◇常規控制較難。

啟發式教學

1.內涵：目的在培養高層思考能力及頓悟，最早有蘇格拉底的產婆術，而正式將啟發式教學系統化的是賀爾巴特及其弟子戚勒的五段教學法：預備（preparation）、提示（presentation）、比較（comparison and abstraction）或聯合、總結（generalization）與應用（application）。現代的啟發教學法之一則包含探究教學法，其程序是由教師主動引導學生探討問題並解決問題，教師提供問題，激發學生興趣、指導探究方法，例如觀察、資料收集、實驗等，最終獲致問題的解決。探究學習的歷程包含：引發動機、歸納通則、驗證及應用與價值澄清及行動等。

2.優點：

◇培養高層思考能力（分析、綜合、評鑑）。

◇養成問題解決能力。

3.限制：

◇學習者必須具備相當的背景知識及能力，才容易被啓發。

◇學習者需有強烈動機才會主動探究。

◇學習者必須有適當的動機與思考能力。

批判思考教學

批判思考（critical thinking）又稱獨立思考，是一種運用客觀推理的程序去反省、批判的能力，其構成要素爲知識、運作和態度，爲目前台灣教育所需加強者，其理論基礎有批判論、理性主義、完形心理學及基爾福的智力結構論等。

1.教學內涵：

◇判斷陳述是否矛盾，進行歸納分析活動。

◇判斷結論是否恰當。

◇判斷陳述是否具體、可靠。

◇判斷權威人士的論述是否可靠。

2.優點：

◇思考能力的培養。

◇學習與生活合一。

3.限制：

◇不是每個學習者都有此動機與能力。

◇教師需有相當的素質及投入。

設計教學法

設計教學法（project learning）是在生活中發現問題，針對問題設計一個工作計畫去解決問題，或改善生活品質。可以培養綜合能力、創造力及問題解決能力。

1.內涵：

　　◇若以人數分類有個別設計與團體設計。

　　◇依科目分為單科設計、合科設計及大單元設計。

　　◇依學習性質分為建造設計、思考設計、欣賞設計及練習設計
　　　等。

2.優點：

　　◇高層能力的培養。

　　◇主動學習。

　　◇知、行合一。

　　◇運用廣泛，可以配合其他教學法一起實施。

3.限制：

　　◇受限於師資、設備、學生能力、動機等。

　　◇過於強調問題中心，打破各科本身的知識系統。

社會化教學法

合作學習

　　合作學習（cooperative learning）以合作的方式來促進學習，是一種有組織、有系統的教學方式，以組為單位，重視經驗分享與人際互動。

1.教學理念：

　　◇異質分組：每組4～6人，以四人為例，其中兩位男生、兩位
　　　女生；一位高能力者，兩位中能力者與一位低能力者。

　　◇正向相依：以組的成績為個人成績，組內成員互助以促進組
　　　成績。

◇助長式的互動：組內互助，組間可良性競爭或合作。

◇進步成績：自己與自己比。

◇重視人際互動的歷程。

◇同時注重個人成績、組成績及個人的進步成績。

2.教學模式：

◇學生小組成就區分法——STAD（Student Teams Achievement Divisions Method），其程序為：全班講課→小組討論→小組報告→個別測驗→小組表揚。

◇小組競賽法——TGT（Team-Games-Tournament-Method）類似STAD，惟其測驗以競賽方式進行。

◇小組協力個別化法——TAI（Team-Assisted Instruction）結合了個別化教學與合作學習，適用於數學教學。首先異質分組，先給予學生練習，後組內交換批閱，由小老師指導、測驗與計分，教師每週計算各組成績，並予以表揚。

◇拼圖法（Jigsaw Method），其程序為：異質分組→形成專家小組與討論→專家小組回原組內教導其他成員→測驗。

3.優點：

◇促進人際互動。

◇平等對待每位學生：有時能力差者反而對組的進步成績有較大的貢獻。

◇養成合作的精神。

◇活潑有趣。

4.限制：

◇班規不易控制。

◇不是每位學生都是合作的。

◇較適合小學生。

協同教學 （Team teaching）

1.內涵：以兩個或兩個以上的老師，組成教學團（teaching team）來共同教學，學生可從不同的老師中學到更多的知識，例如體育科循環教學即是。

2.優點：

◇分工合作、相輔相成。
◇教學相長。
◇教師更專精於其所教的部分。

3.缺點：

◇協調合作較困難。
◇傳統傾向於個人取向教學，教師在教學歷程傾向於孤立、自主。

情意領域的教學法

價值澄清教學法

價值澄清教學法（value clarification）目的在批判，形成價值體系與行動，適用於社會科的練習，具有存在主義的淵源，其目的在培養有批判思考的人，能自由、審慎的作抉擇，且為自己的抉擇後果負責，且相信沒有絕對正確的價值，價值是相對的。

1.實施程序：三階段、七步驟：

◇選擇：自由選擇、由各種可能中選擇、考量各選擇之後果。
◇珍視：重視自己的抉擇，公開自己的抉擇。
◇行動：依自己的選擇行動至目標達成。

2.實施的技巧：有書寫法（例如等級排列法，依事件重要性排列）、價值單、澄清式訪問、討論、角色扮演等。

3.優點：

◇培養批判思考及行動精神。
◇養成作決定之選擇與評估能力。
◇養成負責的態度。
◇尊重學習者主動自主權。

4.限制：

◇需有相當的知識背景做為判斷的依據。
◇價值的多元化有時會產生價值衝突，學生所作的抉擇可能與主流價值不一致，此時教師的立場難以取捨。

角色扮演

角色扮演（role playing）原使用在心理輔導方面，在探討人的內在動機、模仿或發展同理心等，其實施的程序為：簡述問題階段、互動階段與討論階段，常使用在社會科及輔導

1.角色扮演的技巧：

◇手玩偶。
◇問題故事，例如童話故事。
◇簡易唱遊。
◇魔術商店。
◇角色互換。
◇獨白。
◇空椅法。

2.優點：

◇培養同理心

◇增進人際互動能力。

◇情感的渲洩。

3.限制：

◇準備執行較費時、費事。

◇不易評鑑。

◇較不適用於害羞的學生。

道德兩難教學法

依郭爾堡道德發展理論設計，其將道德發展分為道德成規前期、道德循規期及道德自律期。以道德兩難故事為主，其教學原理是道德加一原則。

1.實施程序：

◇引起動機。

◇呈現兩難故事。

◇分組討論。

◇全班討論。

◇評論。

2.優點：

◇發展道德認知。

◇培養民主精神。

3.限制：

◇認知發展不等於行動，未必知、行合一。

◇價值多元化、道德的評量難有絕對的標準。
◇社會文化的影響：例如女性傾向於道德認知的第三階段，而
男性則傾向於第四階段。

欣賞教學法

欣賞教學法適用於音樂、美術、藝能科，但國語、自然、社會等
亦適用，可促進美育與情意的陶冶。

1.程序：

◇設定教學目標。
◇選擇欣賞主題。
◇選擇欣賞方式：例如簡介性欣賞、結構性欣賞、比較性欣
賞。
◇欣賞對象的選擇與製作：幻燈片、圖書、電影、光碟……等
等。
◇評鑑。

2.優點：

◇情意或鑑賞力的培養。
◇培養美感的情操。
◇在生活中實踐美育。

3.限制：

◇教師必須妥善準備及有相當的背景知識。
◇傳統教育偏重智育，輕忽美育。

22 研究所常考之各種教學類型總整理

1.多元文化教育

2.開放教育

3.電腦輔助教學

4.鄉土教學

5.批判性思考教學

6.兩性教育

7.教學之歷屆試題分析

多元文化教育

背景（黃炳煌，民85）

1.教育的普及與提升。
2.政治自由化。
3.民間日趨富有。

多元文化的涵義

依哥爾尼克（Gollnick, 1980）的看法，多元文化論主張分殊性（diversity），尊重個別差異，而且有權在不需放棄其獨特的自我認同之下，積極參與社會的各種生活。簡言之，強調分殊性、差異與平等（黃炳煌，民85）。

多元文化教育的目標

1.肯定文化多樣性之優點與價值。
2.促進人權、以及不同族群相互尊重。
3.促進對不同生活方式的瞭解與選擇之自由。
4.增進社會正義與機會均等。
5.促進權力分配之均等（黃炳煌，民85）。
6.提昇弱勢團體的自我概念及學業成就。

實施原則

1.多樣性原則：瞭解不同文化的各層面。
2.尊重原則：包括促進瞭解、肯定、包容與欣賞，以及對自我文化的肯定。
3.平等原則：不同文化均有同等的表現機會，與同等的權力。
4.自由選擇原則。

5.統整原則：統整教育與個人經驗，不同背景的學生相互學習。

6.補救原則：對弱勢團體給予積極性差別待遇。

7.整體性原則：應貫穿整個學校課程，同時包含顯著與潛在課程（黃炳煌，民85）。

以學校課程地位而言，分三大類

1.主流課程為主、多元文化課程為輔。

2.主流課程與多元文化課程並重。

3.以多元文課程為中心。

多元文化課程設計模式（方德隆，民89）

1.貢獻模式：以主流文化為主軸，穿插特定族群中有貢獻之英雄人物、假日慶典及片斷的文化器物進入課程之中。

2.添加模式：以一本書、一個單元或一門課的方式，添加某些族群文化的內容或觀點，但課程的結構未變。

3.轉化模式：改變既有的課程結構，從不同族群的觀點來重新探討某些風俗或社會事件。

4.社會行動模式：其目的在促進社會改革，培養批判思考能力，增列對族群議題的探討與反省，教導學生積極參與社會改革。

開放教育

歷史背景

所謂開放教育源於兒童中心思想，一切的教學活動都必須配合個別的學生需求，此種觀點，最早開始於康米紐斯（J. A. Comenius），其後有盧梭（J. J. Rousseau）、斐斯塔洛齊（J. H. Pestalozzi）、福祿貝爾（F. W. A.: Froebel）、蒙特梭利（M. Montessorie）及近代的杜威

（John Dewey）與皮亞傑（J. Piaget）包含了經驗主義、進步主義與建構主義的思想。

開放教育的假定

美國學者巴斯認為，開放教育有下列的基本假定：

1.兒童天性好奇、喜歡探索、不受成人干涉。

2.在良好的環境中，提供各種材料讓兒童主動探索、有助於學習。

3.遊戲也是兒童學習的方式之一。

4.兒童在選擇與研讀教材時，若能獲得大人的協助，則效果更佳。

5.兒童具有個別差異、有不同的能力、學習方式及心智發展階段。

6.兒童的心智發展是由具體到抽象、是質變而非量變。

7.知識是兒童經驗的統整結果、知識無法壁壘分明的分割。

8.所有兒童所需具備的基本知識內容是無法確定的（方德隆，民89）。

開放教育的內涵

1.開放的教學方法：傾向進步主義的教學方式，著重在開放、彈性、啟發或非正式教學。

2.開放的課程：重視兒童的活動經驗、兒童本位、興趣、與自然及生活環境結合，激發探究能力。

3.開放的學校組織：重視常態分班、分組學習、教師之間的互動、師生間互動及經驗的分享等。

4.開放的教學評量：例如依自己的速度學習、自評及多元評量。

5.開放的教學風格。

教學風格融合了：

　　1.自由主義或進步主義。

　　2.集體主義：基於馬克斯的理念，透過師生互動、發展互為主體性（方德隆，民89）。

　　3.開放的空間：兼顧兒童中心的活動及教師指導活動，提供各種感官遊戲等。

開放教育的限制

　　1.觀念不被接受，家長及教師將社會需求置於學生需求之前。

　　2.教師專業能力不足，無法實施。

　　3.個別適性教學或分組學習固然有許多優點，但實踐上困難（費時、費事）。

　　4.缺乏系統化的教學理論作為依據。

　　5.目標不明確，無所適從（方德隆，民89）。

電腦輔助教學（Computer-assisted instruction, CAI）

　　電腦在教育上的應用可分為兩部分：學習如何使用電腦及程式設計；與利用電腦來輔助教學與學習。

電腦常識

　　電腦常識（computer literacy）是指使用與認識電腦的知識，包括相關電腦常用語、文書輸入、電腦操作及電腦應用軟體的學習與使用。

電腦輔助教學的模式

1.個別教學（tutorial）：

其程序為：

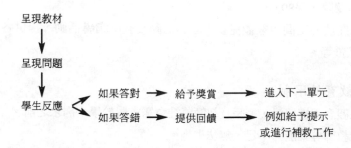

2.訓練和練習（drill and practice）：最廣泛應用的CAI模式，用來強化教師的教學，電腦提供學生練習的機會，並且立即給予回饋。

3.電腦模擬（simulation）：例如虛擬實境提供學生類似真實情境與各種不同變因，是既有效又安全的學習與練習模式。

4.電腦遊戲：在遊戲中學習，並且練習問題解決技巧。

CAI的優點

1.可以直接與學生互動。

2.提供個別化教學。

3.立即回饋、評量。

4.提供模擬情境，較有效率與安全。

5.電腦尚可被使用來做教學管理。

CAI的限制

1.缺乏師生互動、團體討論等過程。

2.入門較花時間、維護費用，更新費用亦較高。

3.較無法處理高層次思考問題，較缺乏彈性。

4.要設計好的電腦教學程式不易。

鄉土教學

內涵

　　鄉為行政區域劃分的單位或區域之通稱，而土是指「地」的意思《說文》：「土地之吐生萬物也」。鄉土具有兩個含意：

　　1.人們出生或成長的地方。

　　2.長期居住之地，因而具有深厚的情感。

　　此外，還有共同生活之舞台的意義，依夏黎明的解釋，鄉土含有三個層面：

　　1.鄉土的結構：類似地理學的區域研究。

　　2.鄉土的經驗：即鄉土的生活經驗。

　　3.鄉土的存在：即鄉土的存在對個人的意義。

背景

　　1.鄉土教育：

　　◇國民小學3～6年級「鄉土教學活動」每週一節。

　　◇國中一年級，「鄉土藝術活動」每週一節。

　　◇國中「認識台灣」之歷史、地理及社會三篇，每週三節。

　　2.口號：

　　◇立足台灣、胸懷大陸、放眼天下。

　　◇培養「鄉土情、中國心、世界觀」之情懷，為同心圓式課
　　　程。

目的

　　1.認識瞭解鄉土，進而愛鄉、護土。

　　2.養成探究鄉土的能力。

鄉土教學教材內容大綱

1.國小「鄉土教學活動」內容大綱分為：鄉土語言、鄉土歷史、鄉土地理、鄉土自然及鄉土藝術五大類，內容繁多，例如：母語練習、家鄉的民間信仰、原住民歌舞或家鄉的人口組成等。

2.國中「鄉土藝術活動」內容大綱分為：鄉土藝術活動、簡介、鄉土造形藝術，鄉土表演藝術及鄉土藝術展演四大類，內容包含有民間藝術、禮俗、民族生活儀式、信仰與祭典等。

3.國中「認識台灣」的教材綱要內容包含：有人民和語言、節日慶典和風俗習慣及宗教信仰。

鄉土教學的限制（張建成，民89）

1.鄉土範圍的定位，落入地域主義的傾向：台灣與中國意識形態衝突的問題，九年一貫課程將閩南語、客家語與原住民母語列為必選課程之一，排斥了外省母語。

2.忽略了族群遷徙的事實，台灣族群來自大陸。

3.鄉土教育的目標，局限在民族情感的培養，且流於知識的灌輸，僅將台灣鄉土情置於最高地位（忽略了大陸、世界）。

4.單獨設科附加課程，效用不大。

5.教材編輯不夠嚴謹，鄉土教育不易落實。

6.母語教學流於形式，學非所用。

批判性思考教學

定義

溫明麗（民86）：「批判性思考是一位具自主性自律者，其心靈所從事的辯證性活動。此辯證活動包括質疑、反省、解放與重建的心靈運作，此心靈活動的主要目的，旨在使人類的生活更具合理性」（頁94）。

批判性思考的四項辯證活動

1.質疑：對結論、現象、定義、推論、權威、方法、原理、過程、偏見或自我價值的追尋、探究與詰問。要求語義、結論或過程的精確、周延、一致或可靠性等。

2.反省：利用理性思維（歸納、演繹、比較、推論）去分析內容、推論因果或詮釋關係等。

3.解放：放棄自身不合理的價值觀，用開放的態度，使問題解決方案具有變通性與創造性。

4.重建是指認知基模的重組與改造及價值觀的重建（溫明麗，民86）。

目的

成為自主自律、意識自由之個體，認為自由分三層次：

所擁有之自由	自我之角色	自律模式	自主成分
處境之自由	自我理解	情境式自律	缺乏自主性
理性之自由	自我反省	理性式自律	半自主性
意識之自由	自我實現	浪漫式自律	全自主性

教學原則

1.因材施教。

2.民主氣氛。

3.問問題與省思。

4.提供反思的機會。

5.開放的心靈，給予學生自由的想像空間。

6.討論法。

7.充足背景知識。（溫明麗，民86）。

兩性教育

　　兩性教育目的在推動兩性關係之平等，其目標為兩性教育（劉秀娟）：

兩性教育之目標

　　1.個體的改變，包括：

　　　◇意識自覺：可透過自我反省，或對社會的觀察。
　　　◇教育：個體可以經由教育而改變。
　　　◇訓練與改變：在生活中實踐兩性平等，培養諸如生活技能、
　　　　判斷力、同理心等。

　　2.社會的改變：

　　　◇意識形態的解放：特別是性別偏見或僵化的角色扮演。
　　　◇社會化：改革男、女不當的社會化歷程，例如父母、教師對
　　　　性別的差別待遇。
　　　◇關係的改變：例如男、女兩性的勞力分配。

　　3.制度的改變：例如法律上對女性財產權、子女監護權等之男、
女平等保障。

　　4.工作與家庭的重新定位：女性在職場、家庭與育兒的多重負
擔，應予以妥善的平等對待。

兩性教育之內涵（劉秀娟）

　　兩性教育之內涵包括：

　　1.人類發展：對反映性別文化之社會、歷史及立法之瞭解，包含
生理與心理發展層面。

　　2.關係：協助個體瞭解關係的本質、親密關係、依附關係、親子
關係、夫妻關係、友誼等皆應探究。

3.培養同理心。

4.健康。

5.文化：由社會、生態觀點來瞭解性別文化、關係、健康、尊重文化、促進溝通與人類發展。

兩性關係教育之架構（劉秀娟）

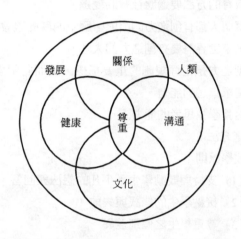

　　兩性關係教育的中心是尊重，並培養關係、溝通、文化、健康之理解與能力，最後促進兩性之發展。

一、目前社會變遷快速，大家都很重視在小學實施「創造性教學」。請你說明你對「創造性教學」的重要性之看法。其次，你打算怎樣去實施它呢？【屏師82】

答：（一）創造性教學的重要性：

1.教育的方法要適應社會的變遷。

2.每個人都有創造力的潛能，應予開展的機會。

3.未來世界需要有創造力的人才。

4.創造力是生涯規劃的重要指標，是面對困境解決問題，追求卓越的能力。

5.培養學生思考的能力。

（二）實施方法：

1.教學原則：

（1）支持與鼓勵學生不平凡的想法與回答。

（2）接納學生的錯誤與失敗。

（3）尊重學生之個別差異。

（4）允許學生有足夠的時間思考。

（5）促進師生間與同學間之相互尊重與接納。

（6）察覺創造力的多層面。

（7）鼓勵課外學習活動。

（8）傾聽且與學生打成一片。

（9）鼓勵學生參與。

（10）提出一些開放性且沒有答案之問題。

（11）允許學生從事獨立學習。

（12）改進作業的評量方式。

（13）老師、父母、社區合作，家長與教師更應充實自我。

（14）注意創造的倫理。

（三）創造性探究教學模式（creative inquiry instruction）程序：

　　1.把握問題。

　　2.推論。

　　3.設計驗證。

　　4.解釋。

　　5.發展推廣（陳龍安）。

二、何謂概念？何謂概念分析？概念為什麼要分析？試分別舉例說明之。【屏師82】

答：（一）概念代表事物的抽象屬性。例如椅子代表具有共同某些特徵的集合體，概念可做為知識溝通的媒介與理論發展的基礎。

　　（二）概念為什麼要分析：

　　　1.概念的精確定義：避免定義不清而引發不必要的誤會，例如體罰是否包含罰寫作業或隔離，為觀念分析學派的訴求。

　　　2.概念的迷思分析：避免迷思、迷信等為批判思考教學、後設認知的目的。

　　　3.概念的意識形態宰制分析：包含衝突論、批判論等，其目的在避免因政治、經濟、性別或社經等所創造的不平等意識形態。

　　　4.概念的組成分析：概念是如何形成的？如何遷移的？為認知學派研究重點，目的在促進教與學。

三、試分析教學的基本歷程。【屏師82】

答：以笛克與凱雷二人所設計之教學系統模式（systems approach model for design instruction）最完整，共有九個步驟：

　　　1.確定教學目標。

2.進行教學分析。

3.檢查起點行為。

4.訂定作業目標。

5.擬定測試題目。

6.提出教學策略。

7.選定教學內容。

8.做形成性評量。

9.做總結性評量。

考生亦可以格拉塞（R. Glasser）之一般教學模式（general model of instruction, GMI）來回答：

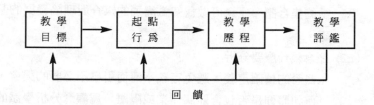

回　饋

四、試說明學習理論與教學法之關係。【屏師82】

答：（一）行為學派

重視外控、刺激與反應間之聯結，正增強、負增強與處罰、後效強化及刺激替代、類化、區辨等。

教學法：

1.編序教學。

2.精熟學習。

3.個別化教學。

（二）人本學派

重視兒童的學習興趣、社會互動與潛能之開展。

代表教學法：合作學習，開放教育。

認知學派：重視認知架構、學習、記憶、遺忘遷移之關係。

代表：建構教學、發現學習。

（三）社會學習論

重視觀察、模仿。教學法：直觀教學、角色扮演、身教。

學習理論與教學法息息相關，對學習的不同看法，引發不同的教學方式。

五、影響教學效果的因素很多，可資運用的教學方法也很多，而引發學生的學習動機是教學活動中一個很重要的過程，試述可資運用於教學活動的動機理論？並敘述如何落實於您的教學活動之中？請舉例說明。【屏師83】

答：教學應先引起學習動機，再好的教學若學生沒有動機去學，其成效有限，動機理論是常考的重要的概念，請多注意，而其中以馬斯洛的需要層次論最有名，整理如下：

（一）行為學派

1.使用後效強化的方式來增強學習動機。

2.具體增強技巧有：正增強、負增強、處罰、代弊制、行為改變技術等。

（二）社會學習論

1.使用觀察、模仿及自我強化的方式來提高學習動機。

2.具體方法：提供模範、身教、境教、角色扮演等方式來促進學習動機。

（三）認知論

1.引發認知失衡來創造學習的動機。

2.具體作法：發現式學習（發現、探索的趣味）、前導主體、問題解決教學（設計教學法）。

（四）Adler個人心理學：克服本身的自卑感與追求卓越為學習的動力。

（五）馬斯洛需求層次論：

　　1.瞭解個別學生的需求層次。

　　2.給予該層次的鼓勵。

　　3.引導其最終至自我實現。

　　考生亦可使用其他的動機理論，例如 Hezberg 的雙因素論等。但應注意以下原則：

　　1.配合學生需求。

　　2.瞭解動機的複雜性。

　　3.不可提供過多與過少（喪失動機）的獎勵。

　　4.設訂具體的目標與獎懲規定。

　　5.適時提供回饋。

　　6.由外控轉為內控，培養內在動機。

六、（一）**何謂行為目標？如何書寫行為目標？舉例說明之。**

　　（二）**行為目標在教育上有何利弊？【屏師83】**

答：（一）何謂行為目標

　　　在教學或評鑑時，以具體可衡量的方式敘述行為的後果來訂定目標以便衡量效率是為行為目標。行為目標包含有三要素：行為動詞、情境或條件、及表現的水準或標準。例如：學生到學期末時會做四則運算至90％的正確率。

　　（二）優點

　　　1.具體明確，教學有具體的方向，可以依據具體目標決定教學策略方法、教材選擇與時間的運用等。

　　　2.可以具體的評估實行的成效。

　　（三）缺點

　　　1.可能因過度重視瑣碎的目標而忽略其他重要學習（例如情意）。

　　　2.偶發事件無法事先具體預設。

　　　3.許多重要的目標不容易具體化，例如學生的態度。

4.隱含外控的意味，忽視人性的尊嚴。

（四）行為目標之指導原則

1.適合性：適合所教過之範圍。

2.代表性：以邏輯順序代表所教範圍。

3.可行性：學生的能力範圍之內。

4.一致性：與教育目標相符。

5.符合學習原則（朱敬先）。

七、試簡述羅吉斯（C. Rogers）的學生中心教學模式（student-centered learning），並加以敘述。【屏師83】

答：Rogers的學生中心教學模式是屬於人本主義的思想，相信人性本善，且有自我實現的本能，只要提供適當的環境，個體會自我探索，學習臻於完美。首先教師應與學生建立良好的互動關係，即巴博爾（存在主義）所謂的吾與汝的關係，教師對學生應具備三種態度：

1.同理心。

2.無條件積極關注。

3.真誠一致。

其次，應促進溝通：

1.使用討論、對話的方式促進溝通。

2.問題應與生活貼近。

3.使用參與領導，教師與學生共同合作（學習、生活、規範）。

4.建立互信的學習氣氛。

5.尊重人性自主。

八、鄉土教育與地球教育是否衝突？應如何調和？試就自己的看法說明之。【屏師84】

答：（一）鄉土教育的目的在使學生由理解其周遭之生活環境開始，進而培養愛鄉、愛土的情操與認同感。

（二）地球村教育

受科技及資訊發達的影響，國與國間的距離越來越近，彼此互賴的程度越深，希望藉由地球村教育培養互相尊重及生命共同體的道德意識，以減少國際爭端。

（三）兩者共同點

皆源於後現代主義的思想，尊重多元，互為主體性，反中心（權威）思想，學習彼此和諧共處。

（四）可能衝突處

1.鄉土意識若過分強調本土化則可能引發本位主義。

2.鄉土教育可能受政治因素的影響，而過於狹隘。

（五）調和

1.兩者皆需以尊重、關懷為中心。

2.兩者應相輔相成，以熱愛鄉土的情操擴展至世界，推己及人。

3.例如，中國應發展以世界為框架之民族主義，而非只以中國為框架之民族主義。

九、身為國民小學教師，好的教學（good teaching）應包含哪些要素？【屏師85】

答：好的（有效）的教學應有許多因素的配合，故此題應將哲學、心理學、社會學、評量與行政等概念包含進去。

（一）在教師特質上

1.具專業素養與終身學習的精神。

2.具愛心、耐心及使命感。

3.具親和力、創意與人際互動能力。

（二）在心理學的運用上

1.注重同時學習原則。

2.提供前導主體。

3.配合學生的認知發展。

4.善用增強原則。

5.具同理心與真誠一致。

6.注重學習動機。

（三）在哲學方面

1.重視做中學（Dewey）。

2.避免幸福教育（存在主義）。

3.尊重學生的選擇（存在主義）。

4.重視批判思考的培養。

（四）在行政上

1.同時重視效能與效率。

2.重視溝通、協調。

3.重視蝴蝶效應（小事件可能引發巨大的反應）。

（五）在班級經營上

1.瞭解學生，因材施教。

2.建立班規與班級自治。

（六）在評量上：注重多元評量。

※考生可以依情況加入重點，總之，原則上是各方面都應考慮。

十、蘇格拉底以反語法教育學生，俗稱「產婆術」。我國古代《禮記·學記篇》謂：「善待問者，如撞鐘，叩之以小者則小鳴，叩之以大者則大鳴，待其從容，然後盡其聲」。故有「撞鐘術」之名。請從各角度詳細比較，此二術之優劣。【屏師86】

答：產婆術是一種啟發式教學，教師因材施教，引導學生，助其潛能開展，是一種由內而外的主動引導過程。撞鐘術則是學生問，老師引導學生思考，教師比較背動。

十一、試從多元的角度評析我國國小實施外語教學之可行性及其發展性。【屏師87】

答：（一）目前我國實施外語教學的助力：
　　　　1.生活水準的提高。
　　　　2.資訊的進步。
　　　　3.交通工具發達，國與國間的接觸或旅遊頻繁。
　　　　4.終身學習的概念促使國人需學習外語做為吸取知識的工
　　　　　具。
　　　　5.國際貿易或其他活動的需要。
　　　（二）阻力：
　　　　1.缺乏外語「講」的情境。
　　　　2.師資不足。
　　　（三）改善之道：
　　　　1.外語教學師資的培育。
　　　　2.使用CAI或其他媒體輔助。
　　　　3.邀請外國客座外語教學專家。
　　　　4.鼓勵使用多元評量，尤其是真實評量。

**十二、假如你是本省某縣教育局長，你是否準備推動母語教學，並請
　　　說明理由。【屏師88】**

答：我贊成推動母語教學，因為：
　　（一）講母語是基本的權利，應予以維護。
　　（二）由後現代教育思潮的角度來看，語言是平等的，對不同語
　　　　　言的使用應予以尊重與欣賞。
　　（三）講母語是促進多元文化教育及鄉土教學的一環，可培養學
　　　　　生愛鄉、愛土的情操。
　　（四）講母語具有親切感，可以促進親子間的溝通與族群間的認
　　　　　同感。
　　　　　黃純敏（民89）認為，語言（母語）教育具有兩項優點：
　　　　　1.可保存傳統地方文化並達成中國的統一團結。
　　　　　2.可兼顧國語在政治面的重要性，以及母語在社會經濟、

文藝、宗教層面的人權需求。黃純敏進一步歸納學者對母語教育的看法如下：

（1）在第一語言／家庭語言／初始語言所習得的知識、技能、態度及認知發展等，將會轉移到第二語言或新語言的學習。

（2）在語言弱勢族群學生與學校的語言世界間建立相互溝通的橋樑，可以增加學生在認知語言以及文化上產生正面的學習結果，否則當教室的溝通系統與學生的溝通系統發生衝突時，學生容易產生疏離感、不滿足感以及學業失敗，因而產生退縮的行爲。

（3）不同語言的學習所代表的不僅是發音、文法、字彙等語言學上的困難，更是不同概念、邏輯思考與文化上的問題。

（4）第一語言的學習達到某一起碼程度時，方有利於第二語言的學習，也就是第一語言的基礎越堅固，越有助於第二語言的學習。

（5）雙語教育的哲學基礎不只是某些實際效益的追求，更是對語言文化這種人文價值的肯定與關懷。

十三、名詞解釋：編序式教學與啓發式教學（programed instruction vs. discovery method of teaching）。【屛師84】

答：（一）啓發式教學：

1.重視學生思考與問題解決能力的培養，最早起源於希臘三哲之一的蘇格拉底（Socrates, 469～399 B. C.）。蘇氏提出反詰法，使用一系列的問題來引導學生的思考，澄清困惑，並檢視自己觀念上的盲點。此種方法有如助產士接引嬰兒出生，別人無法代替產婦生產（學生必須主動學習），故又稱爲產婆術。

2.啓發式教學在東方以我國孔子最早使用，孔子說：「學

而不思則罔，思而不學則殆。」即在說明知識與思考是同等重要的。孔子也曾說：「不憤不啓、不悱不發，舉一隅不以三隅反，則不復也。」即主張教師不可一昧的做知識的灌輸，而應協助學生舉一反三，觸類旁通。

3.近代首先將啓發式教學系統化者爲賀爾巴特（J. F. Herbart, 1776～1841）的階段教學法，其不主張注入式的教學或零碎知識的記憶，他以類化學說爲根據提出了四段式教學法：明瞭、聯合、系統、方法。之後，其弟子戚勒（T. Ziller, 1817～1883）及瑞恩（W. Rein, 1847～1929）繼續改進而成爲著名的五段教學法：

（1）預備（preparation）：目的在引發學生的學習動機，做爲心理上的學習準備。

（2）提示（presentation）：教師以系統化的方式來提示學習的材料，可以使用口頭、文字敘述或實用展示的方式。

（3）比較（comparison and abstraction），又稱爲聯合，即將新經驗與舊經驗加以聯合，以比較其新舊關聯性的方式，來使觀念逐漸抽象化、系統化，其方法包括圖示法、板書、討論、問題講解等方式。

（4）總括（generalization），即歸納，意指將比較的結果做有系統的安排、整理使成爲概念和原則的知識。

（5）應用（application）：將所學之概念與知識實際運用在生活中，一方面熟練所學，另一方面驗證知識。

五段教學法的缺點是偏向於教師中心，比較注意到教師如何教，而忽略了學生的如何自動學習，在實際教學時，教師應佈置學習環境，增加學生活動的機會，以及與實際生活接觸的機會，並且靈活變通教學的步驟，以發揮啓發式教學的最大功效（黃光雄，民80）。

4.現代的啓發式教學種類甚多，有問題教學法、發現教學法及創造思考教學法等，以發現教學法為例，其步驟如下：

（1）發現問題：首先使用故事、幻燈圖片或影片討論的方式來激發學生的學習興趣，並且指導學生發現問題，以形成有價值的問題。

（2）歸納通則：此程序的目的在指導學生搜集資料並予以分析與解釋，以便培養學生的求知與思考能力。所搜集的資料可以涵蓋圖書、雜誌、圖片、幻燈片等，而且搜集後學生必須加以詳細的閱讀、觀察、研究、思考，此時教師可以利用發問技巧協助學生澄清觀點，並且幫助學生形成各種假設、歸納並且提出問題解決策略。

（3）驗證與應用教師以發問或討論的方式來引導學生形成假設、驗證假設之後形成一個通則，並鼓勵學生將此通則在真實生活中驗證。

（4）價值的澄清與建立：目的在引導學生澄清價值，並建立正確的價值體系，可使用討論法。

（二）啓發式教學法的策略：

1.教師需有較佳的發問技巧，Kerry（1982）認為發問的目的有：

（1）鼓勵學生做「在題」（on task）的建設性談話。

（2）對學生的感覺與思考表現興趣。

（3）激發學生的好奇心。

（4）鼓勵學生思考與使用問題解決技巧。

（5）鼓勵學生在課業上做有聲的思考（自我中心語言）與探索。

（6）協助學生將知識外在化、語言化。

（7）幫助學生從同儕中學習，並且尊重與評鑑其他學生在學習上的貢獻。

（8）瞭解學生學習的廣度、深度和缺陷。

（9）加深學生的思考層次，促其概念化（黃光雄，民80）。

（三）現代啓發式教學法的特色：

1.強調啓發學生思考與問題解決能力的養成。

2.以學生爲學習的主體。

3.重視學生的主動學習，教導學生如何學。

4.同時注重教學過程與學習的結果，有時甚至強調教學過程重於學習結果在教學過程中，知識是由主動參與中獲得的，而經驗則成爲重要的教學方法。

5.重視和諧的師生關係，採用民主的領導方式：教師的角色是教材的提供者、活動的引導者、輔導者，也是將教育理念付諸行動的行動者。

6.強調開放的，非正式的學習環境。

7.注重多元評量。

8.提供自由民主的教學氣氛。

9.安排適當的學習環境：

（1）提供經驗使學生對探討的問題、觀念和情境感到有趣，可使用媒體、角色扮演與示範等方式。

（2）提供學生操作情境與設備，例如遊戲、媒體、討論。

（3）提供豐富的資源讓學生質疑，除書面資料外，尚可提供遊戲、演講、參觀、旅行。

（4）提供資料與設備協助學生實驗或創作。

（5）善於選擇問題，並發揮發問技巧，以激發學生的思考與創造力。

（6）提供時間讓學生操作、討論、試驗、失敗與成功。

（7）尊重學生的經驗與假設。

（8）鼓勵學生全體參與，且適應個別學生之差異。

（9）與家長密切配合，充分運用社區資源（黃光雄，民 80）。

（四）編序教學（programmed instruction, PI）

以史金納的操作制約條件的學習理論為根據，將教材改編後加以編序，學生可自行練習，其內涵有：

1.先確定學生的起點行為（entry behavior）及終點行為（terminal behavior）：起點行為指學習者的先備知識或技能，終點行為是指經練習後，學生預定的學習結果，其敘述必須使用行為目標（behavioral objective）的方法。

2.將教材劃分成許多細小單元，並按各單元的邏輯順序排列，由易到難，形成許多小階梯。

3.編序中每一小步驟代表一個概念或問題，每一問題都有預定正確的答案，第一題的學習是第二題的基礎，第二題的學習是第三題的基礎，以此類推，此種設計是根據史金納的連續漸進法原理。

4.編序教材常配合教學機使用（目前改用電腦），可採用測驗或其他形式，回答的方式可以是填充、選擇或是非題，學生回答後立即呈現正確的答案，有立即回饋的增強作用。此一設計符合史金納所提後效強化的理論。

5.編序教學原則上是個別化教學，優點是每個學生可以依自己的步調進行學習，較少壓力。

6.其構想是鼓勵學生在自動學習的原則下學到知識或技能。

研究結果顯示，對中、小學學生而言，編序教學未明顯優

於傳統教學。且編序教學的效果因人而異，對能力高的學生較有利，近年來電腦輔助教學（computer-assisted instruction, CAI）的運用，使編序教學發揮最大的功效。

十四、試分析方案教學（project method）的意涵及其在國小教學上的應用。　【國北師88】

答：方案教學（project method/work）的目的在給予學生已具有的技巧與技能一個運用的機會，希望學生能知、行合一，傳統的結構性教學（systematic instruction）與方案教學的比較如下（林育瑋、王怡云、鄭立俐，民86）。

結構性教學	方案教學
獲得基本技能	技能的運用
指導性的活動	自主性的活動
教師直接指導孩子學習	教師引導學生學習
孩子聽從指示	學生自由選擇
外在學習動機很重要	注重內在動機
教師指出學生的不足	教師建立／重建學生的能力

（一）方案教學的四個目標：

1.知識（knowledge）：知識的獲得不限定由設計好的課程或教科書取得，亦可經由故事、歌曲、詩篇或其他藝術作品的方式呈現，知識包括下列部分：

（1）訊息（information）：事實、觀點、故事、藝術性作品等。

（2）概念（concepts）：基模、歸因或分類等。

（3）關係（relations）：原因與結果、目標與過程的關聯、部分對全部。

（4）意義（meaning）：個人的知識經驗以及個人的瞭
　　解。

2.技能（skills）包含：

（1）基本的學科能力。

（2）科學性與科技性的技能：資料處理、電腦或儀器的
　　使用、觀察。

（3）社會性技能：合作、討論、辯論。

（4）人際關係技能：施與受、感謝、有主見。

3.意向或氣質（dispositions）：

（1）思考的習慣：好奇、理解、預測、解釋。

（2）工作的方式：追求挑戰、堅持、深思熟慮、開放。

（3）嗜好：與他人合作或獨自一人，長期或短期的嗜
　　好。

（4）增強及削弱：促進有用的氣質，阻止不好氣質。

4.情感（feelings）：設定對成就的實際期望。

（1）處理成功或失敗的經驗，從錯誤的判斷中學到教
　　訓。

（2）克服挫敗或沮喪的情緒，對成功心存感激。

（二）方案教學的歷程：

1.方案教學之實施偏重於互動：小組活動、團體討論。學
　生可以自由選擇工作夥伴，促進內在動機與責任感。

2.將學習者的教室當作一個社區，可以學習社會價值。

3.佈置教室成為一個學習的環境。

4.妥善使用各種資源：至少有五種——人、地方、真實的
　物品、事件和過程、主要資料與二手資料。

5.方案是對一個主題（topic）或論題（theme）做深入的探
　究。

6.畫一個主題網：例如：

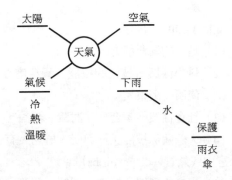

7.方案發展階段：

(1) 階段一：目的在關心學生已具備何種知識與技能：可使用主題網方式。

(2) 階段二：目的在收集資料，可使用實地研究、討論、記錄或戶外活動、旅行、實地參觀研究的後續活動，及對大家的訪談等。

(3) 階段三：高潮的活動：經驗分享，以便將新知識個人化與內在化。

(三) 方案教學在國小的應用：方案教學幾可和各科結合，依對象亦可分為個別設計活動或團體設計活動，亦可分為欣賞設計活動、表演設計活動或創造設計活動等，教師可依情境需要而設計方案，以便促進學生之高層思考與行動能力。

十五、請分析人本主義心理學者所提出之開放教育（open education），其在教學設計上有何特徵？　　　【南師84】

答：一般認為現在的開放教育起源於英國，是學生中心的教學法，旨在配合學生的個別需求能力及表現而施教，但其根源可上溯至十

六世紀時的康米紐斯（Johann Amos Comenius, 1592～1670），其最早主張教學應配合兒童的不同生長速率，之後有盧梭（Jean Jacques Rousseau, 1712～1778）、斐斯塔洛齊（Johann Heinrich Pestalozzi, 1746～1827）、福祿貝爾（Friedrich Wilbelm August Froebel, 1782～1852）、愛倫凱（Ellen Key, 1849～1926）、蒙特梭利（Maria Montessorie, 1870～1952）、杜威（John Dewey, 1859～1952）、皮亞傑（Jean Piaget, 1890～）等人確立了開放教育的理論基礎。

（一）開放教育的基本假定

美國學者巴斯（Barth）認為開放教育的特色有：

1.兒童天性好奇，他們探索的行為不能受成年人的干涉。

2.在良好的環境中進行主動的探索活動，提供廣泛的教材，將有助於兒童的學習。

3.遊戲與工作是不可分的，遊戲在兒童的早年時是重要的學習方式。

4.兒童在選擇教材或依教材選擇所要探討的問題方面，如能獲得充分的諮詢，將會表現更好。

5.所有的兒童都依其各自的方式、速率及時間經歷相同的心智發展階段。

6.兒童的心智發展是透過一系列具體的經驗到抽象思考的過程。

7.知識是兒童個人經驗統整的結果，因此知識不可以區分為壁壘分明的分離學科。

8.吾人不能確定所有的兒童都須具備的知識內容。

（二）開放教育的方法：

1.開放的教學方法：較傾向於進步主義的非正式教學形態，講究開放、彈性啓發。

2. 開放的課程：為兒童本位課程，重視兒童的興趣，並激發其對周遭生活環境探究的能力。

3.開放的學校組織強調發現式學習，學習如何學，而分組
活動是爲主要的學習方式，強調教師與教師之間、師生
之間的人際互動與經驗分享，分組學習爲主要的學習方
式。

4.開放的教學評量：重視質性評量與多元評量。

5.開放的教學風格；具有兩項特色：集體主義（collectivist）
與自由主義（libertarian）。

6.開放的教學空間設計，教師應把握下列空間設計原則：

（1）兼顧兒童中心活動以及教師指導活動。

（2）透過實際的經驗或遊戲，增強正式化的課業。

（3）提供利用各種感官的遊戲，作爲輔助教學之用。

（4）充分供給兒童所需的基本資源、教具及設備。

（5）創造有助於自發性學習的教學環境（方德隆，民
88）。

十六、在建構論（constructivism）的觀點下，教師對知識、學習、教
學等會有什麼信念？會採用哪些重要的教學策略？【花師85】

答：建構主義認爲知識是主動建構的歷程，故在教學上反對教師中心
式的教學，強調啓發、引導的重要性。

（一）代表人物

Popper、Lakatos、Kuhn、Toulmin、Glasersfeld、Kant、
Piaget、Dewey、Vico等，多爲女性主義、實用主義、科學
哲學及心理學的學者。

（二）主張

1.人們知識的形成是主動建構而非被動接受的過程。

2.人們的知識並非說明世界的眞理而是個人經驗的合理
化。

3.人們的知識是有其發展性、演化性而非一成不變。

（三）派別

　　1.急進取向的建構主義（radical constructivism）：代表人
　　物為Von Glasersfeld，主張建構主義是一種知識的理論
　　（theory of knowledge）甚至是認知的理論（theory of
　　knowing），以皮亞傑的理論來解釋知識與外在世界的關
　　係，強調人經由主體的經驗來建構外在世界的知識，而
　　這些知識是當前比較具存活能力（viability）而非真理
　　（truth），只是個體對其經驗的理解與意義化而已。

　　2.社會建構主義（social constructivism）：代表人物為
　　Taylor與Campbell-Williams，依知識社會學的觀點，認
　　為人的知識建構是互為主觀的，且與他人進行社會互動
　　與經由協商而達成共識，他們認為社會互動及文化情境
　　如價值觀，意識形態對人們知識的建構具有決定性的影
　　響。此種看法正如Piaget與Vigosky的爭論。（楊龍立，
　　民86）

（四）教學策略

　　注重思考、批判、社會互動、反省、自我探索，例如：

　　1.發現學習。

　　2.批判思考教學。

　　3.創造思考教學。

　　4.價值澄清教學法。

　　5.合作學習。

　　6.討論、發表。

十七、試說明教學模式（teaching model）之產生、意義與功能，並請
　　　詳述一般教學模式（the general model of instruction）之內容。
　　　【彰師86】

答：（一）教學模式在探討理論與實際應用之關聯，所謂教學模式即
　　　　　在教學情境中，用以形成課程、設計教材、引導教學的一

種系統計畫，其目的（功能）在診斷（diagnostic）、處方（prescriptive）與示範（normative）（朱敬先，民84）。

（二）葛拉賽（R. Glaser）的一般教學模式（general model of instruction）：

（三）考生為求高分也可畫一個較完整、詳細的教學模式。

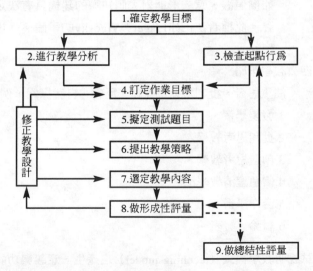

資料來源：張春興（民88）。《教育心理學》。台北：東華。

（四）考生除了畫教學模式外，尚需解釋每一步驟。

十八、任選下列一種教學法──協同教學法（team teaching）或個別化
　　　教學法（individualistic teaching）──說明其理論基礎，應用情
　　　境與實施策略。【成大88】

答：考生可選用編序教學法來回答，其理論建基於行為學派，使用在
　　個別化的學習情境，執行時應注意按部就班、後效強化與立即增
　　強，亦可選用其他教學法請參考內文。

十九、名詞解釋：精熟學習（mastery learning）。【成大88】

答：詳見內文。

二十、教學的一般模式包括了五大要素：（1）明確的目標；（2）學
　　　習者的診斷；（3）教學策略的選擇；（4）教師與學習者的互
　　　動；（5）教學效能的評鑑。試闡述該模式的內涵，並試繪圖說
　　　明之。【東師86】

答：詳見內文。

二十一、培養國小學童問題解決（Problem Solving）的能力，在國小
　　　　自然科教學的活動中屢見不鮮，試舉一個國小課程中有關的
　　　　單元活動，您以什麼簡單扼要的步驟來幫助您的學生以增加
　　　　這種經驗？【花師87】

答：此題可使用杜威問題解決五個步驟：

　　（一）定義問題。

　　（二）形成假設。

　　（三）蒐集資料。

　　（四）分析資料。

　　（五）拒絕或接受假設。

　　考生可選一單元活動，後將此步驟套入。

23 教育行政之理論模式

教育行政之內涵

依秦夢群（民86）將教育行政定義爲「教育行政乃是一利用有限資源，在教育參與者的互動下經由計畫、協調、執行、評鑑等步驟，以管理教育事業，並達成有效解決教育問題爲目標的連續過程」。教育行政研究的領域包含：

1.組織與教學（educational organization and instruction）。

2.員工人事（staff personnel）。

3.學生事務（student personnel）。

4.財政與總務（financial and physical resources）。

5.學校與社區關係（school-community relationships）。

教育行政理論模式（秦夢群，民86）

理性系統模式

所謂理性是指爲達目標所採取之合理的行動與歷程，其強調組織的正式化、規則化與由上而下的控制方式，追求最有效率的方式來達成組織的目標，又稱爲古典行政理論，此學派的代表之一有泰勒（Taylor）的科學管理理論：講求科學化、系統化，其在科學管理一書中提出達到效率的六大原則：

1.時間設定原則。

2.按件計酬原則。

3.計畫與生產分離原則。

4.科學方法工作原則。

5.經理人員控制原則。

6.功能管理原則。

其優點為有效率；缺點為：

1.為封閉系統理論，並未考量外在變因對組織的影響。

2.忽視了人性尊嚴。

費堯（Fayol）的行政理論

費堯認為管理有五要素：計畫（planning）、組織（organizing）、命令（commanding）、協調（coordinating）與控制（controlling），合稱POCCC，其指出管理的十四點原則為：

1.專業分工（division of work）。

2.權威與責任（authority and responsibility）。

3.團體紀律（group discipline）。

4.命令單一化（unity of command）。

5.方向單一化（unity of direction）。

6.個人利益置於團體利益之下（subordination of individual）。

7.員工報酬合理性（remuneration interests to general interests）。

8.權力集中（centralization of personnel）。

9.階梯層級（scalar chain）。

10.職位適當（order）。

11.公平原則（equity）。

12.工作安定原則（stability of tenure of personnel）。

13.主動自發（initiative）。

14.團隊士氣（esprit de corps）。

葛立克（Gulick）之行政理論：POSDCoRB

計畫（planning）、組織（organizing）、人事管理（staffing）、指導（directing）、協調（coordinating）、報告（reporting）、預算（budgeting）。

韋伯（Max Weber）的科層論

近代許多組織理論多受韋伯的影響，韋伯認為科層結構（hierarchical structure）型的組織，若妥善管理，是最具效率的一種組織。

1.科層組織特色：其認為科層組織的特色為：

◇職位分類分層（hierarchy of offices）。
◇權力階層的存在（specialized tasks）。
◇法定責任訂定（rules and regulations）。
◇記錄檔案的建立（files and records）。
◇理性關係的建立（impersonality）。
◇薪水制度（salary system）。

2.權力的類型：韋伯將權力分為三種：

◇精神感召權威（charismatic authority），其權力來自群眾魅力，例如國父與印度甘地。
◇傳統權威（traditional authority），其權威來自世襲或血統，例如英國的君主制度。
◇法定權威（legal authority），權威建立在法定基礎上，一切依法行事。韋伯認為科層體制的權威，應以法定權威為主。

3.科層組織的限制：

◇員工長久從事同一職位與工作，容易產生倦怠感。
◇命令的下達與溝通層層節制，易造成溝通的扭曲、阻塞與延遲。
◇若一切依法行事，有時會造成僵化與圖章文化。
◇理性關係的建立會造成工具理性（冷漠）。
◇僵化的薪水制度會造成年資比成就成為更重要的加薪考量。

海格（Hager）的不證自明理論

1.組織運作方式。

◇複雜化（complexity），即一個組織專門化的程度。

◇集中化（centralization），指權力的分配。

◇正式化（formalization），是指組織標準化的程度，對一切的細節與程序是否明文規定。

◇階層化（stratification）：上級與下級間的級層數，是扁平狀或金字塔型。

2.組織結果：

◇適應性（adaptiveness），組織適應變遷的能力。

◇生產力（production），即效能（effectiveness）。

◇效率（efficiency），以最少成本得到最大報酬。

◇工作滿意度（job satisfaction），即士氣。

3.七項推論：

◇集中化愈高、生產力愈高。

◇正式化愈高、效率愈高。

◇集中化愈高、正式化愈高。

◇階層化愈高、工作滿意度愈低。

◇階層化愈高、生產力愈高。

◇階層化愈高、適應性愈低。

◇複雜化愈高、集中化愈低。

4.理論限制：

◇無實證基礎。

◇海格原只是相關的研究，相關是無法做因果推論。

◇推論與觀察結果不一致，例如日本式管理，其特色有：

◆見底管理（bottom-up policy）。

◆重視員工福利。

◆重視團隊精神等，某些日本公司階層化雖高，但不見得員
工的滿意度低。

學校組織的特性

1.韋伯科層體制：我國教育行政制度傾向中央集權，故行政體制
類似科層體制的特徵。

2.Lipsy的基層官僚理論：Lipsy定義基層官僚為為大眾執行第一線
服務者，責任為分配資源或伸張公權力，警察及公立中小學都有這樣
的性質，以學校為例其特色為：

◇無法選擇服務對象。

◇工作負荷量大。

◇對服務對象（學生）的生活影響甚大。

◇顧客試圖透過立法或經由民間團體的壓力去影響學校，例如
教科書的採購。

3.Weick等的鬆散結合（loosely coupling）理論：

◇Olsen、Cohen、March的無政府理論，主張學校表面上雖呈現
科層體制，實質上卻呈無政府狀態，因此學校不適用於古典
理論是一種鬆散的結合，他們指出：

◆學校有許多目標是不明確的，例如價值觀。

◆達成學校目標之方法與科技不確定，首先是對教育的本質
有不同看法，跟著有許多不同的手段，例如森林小學、普
通小學。

◆參與的流通性大，老師、校長與學生的流動性大。

◇Cohen的「垃圾桶決定」理論：因學校目標模糊、團體鬆散，
若有問題則從過去的決策中找尋可能的解決方式，其運作方

式就像抽獎，往往以積極參與者的意見為意見，此理論的特色為：

◆有許多的問題。

◆有眾多解決方案。

◆流動之參與者。

4.結合理論Thompson認為，團體中成員結合的方式有三種：

◇互惠式結合（reciprocal coupling），由員工來回輪流以完成工作，例如醫院。

◇循序式結合（sequential coupling），例如工廠的生產線工作。

◇聯營式結合（pooled coupling），成員共同使用團體資源，但彼此在工作時卻是互相獨立的，例如學校中之校長與老師的關係。

5.鬆散結合理論（loosely coupled systems）：指出學校中的老師彼此相關，但在教學的歷程中卻有相當的自主權與獨立性。

6.Meyer與Rowan的雙重系統論：

◇教學系統與學生組織是鬆散的。

◇行政管理系統卻高度結構化。

7.官僚系統與專家系統的對立：起因於教師的專業自主權與校長、行政人員的行政權的衝突。

自然系統模式（秦夢群，民86）

自然系統模式將組織視為開放的有機體，與環境互動，同時重視正式組織與非正式組織的影響力。

人際關係學派

人際關係學派源於Mayo等人的霍桑研究（Hawthorne study），指出霍桑效應（Hawthorne effect）是女工生產量增加的原因，霍桑效應的原因是：

1.上級尊重與關懷下級。

2.下級自尊心提升、自我覺醒。

3.產生良性互動，下級努力工作。

古典的行政理論重視效率，把人視同生產工具的一部分，用科學及外控的方式來管理分析，造成了物化與異化。但人際關係學派雖然也重視效率，卻也重視理解人性、配合與激勵人性，希望在員工滿足的前提下，完成組織的目標。

Barnard的合作系統論

融合理性系統與自然系統，主張團體期望與個人的需求間取得平衡。巴納德主張：

1.成員必須有共同的目標。

2.必須協調溝通團體中的正視與非正視組織，使團體發揮最大功能，其首先提出非正式組織的重要性。

3.員工除了需要金錢與物質之外，尚有心理滿足與自尊等之需求。

4.首先區分效能（effectiveness）與效率（efficiency），效能是指組織目標的達成，效率是指個人與組織目標同時達成。

帕森思（Parsons）的社會系統模式

是組織中功能論（functionalism）的代表之一，強調組織的結構與功能，他認為任何組織都應具有四項功能：

1.適應：Adaptation。

2.目標達成：Goal attainment。

3.整合：Integration。

4.潛在：Latency，此四項功能合稱AGIL模式。帕森思又將組織分為三部分：

◇技術系統（technical system），居最下層，為生產的主要部分。

◇經理系統（managerial system）：居中層。

◇機構系統（institutional system），最上層，每層有不同的目標與任務，其管理型態亦不同。

Leavitt的社會科技系統論（sociotechnical system theory）

將組織分為四個次級系統，彼此間產生交互作用，互相影響。

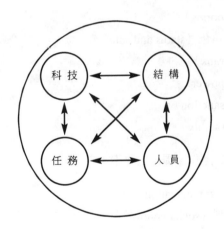

例如學校為了要提升行政效率（任務），增加了許多電腦設備（科技）與人員的訓練（人員），並調整組織結構（增設電算中心）。

社會系統論（social system）

1.社會系統的要素：

◇有一群人，各自扮演其角色。

◇彼此交互作用。

◇有團體及個人目標。

◇一段時間。

◇產生某些行為，而其重點在交互作用（互動）上。

2.Loomis認為社會系統的要素有：

◇目標（objective）。

◇信仰（belief）。

◇感覺（sentiment）。

◇規範（norms）。

◇身分與角色（status and role）。

◇等級（rank）。

◇權力（power）。

◇制裁（sanction）。

◇設備（facility）。

3.社會系統的運作，提出五要素：

◇溝通（communication）。

◇社會控制（social control）。

◇彊界之維持（boundary maintenance）。

◇系統間之串聯（systemic linkage）。

◇制度化（institutionalization）。

Getzel與Guba的模式

1.將學校社會系統分為兩個層面：（1）規範層面（nomathetic dimension），包含機構（institution）、角色（role）以及期望（expectation）三部分；與（2）個人層面（idiographic dimension）包含個人（individual）、人格（personality）與需求傾向（need-disposition），而個人的行為即為此兩層面交互作用的結果：

B：f（R × P）。（行為是角色與人格的函數）

B：行為。

R：個人在機構中所扮演的角色。

P：個人的人格特質。

2.角色與人格的關係：軍人偏重於角色的實踐，而藝術家偏重不同個性的發表。教師則兼具人格與角色，一方面要服從某些的規範，另一方面，教學是一種藝術。

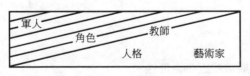（教師角色與人格各占一半）

3.Bakke的角色與人格整合觀點：

　　◇角色人格化（personalization of the role）。以個人人格為主，
　　　以公眾角色來適應自己的人格。
　　◇人格社會化（socialization of the personality）。以自己來適應
　　　社會角色。

4.社會系統論的應用（常考）

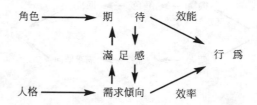

　　◇完成組織目標，或成功的扮演自己的角色→效能。
　　◇自己的需求得到滿足→效率。
　　◇組織目標與個人目標接近，則產生滿足感。

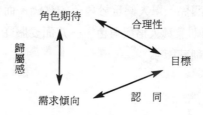

　　◇組織目標與角色期待接近→合理性。
　　◇組織目標與個人需求接近→對組織產生認同。
　　◇組織的角色期待與個人需求接近→對組織產生歸屬感。

開放系統模式

開放系統的特徵為：

1.它是動態的，且不斷的循環，其歷程如下：

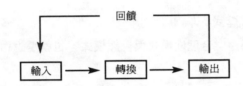

2.它是與環境交互作用的。

3.包含許多的次級系統。

一般系統理論（general system theory）

Bertalanffy指出：

1.所有有機體均由細胞中的分子（molecules）所組成，且彼此間互相依賴。

2.邊界觀點（boundary），其間系統與環境有所區隔。

3.回饋（feedback）的功能。

4.每一系統均有其上層系統（supersystem），以及次級系統（subsystem），系統間彼此交互作用。

5.系統又分為封閉系統與開放系統兩種，封閉系統論者對組織的看法持「熵效應」（entropy）的觀點，組織的發展歷經成長、成熟、衰退與死亡，當能源耗盡時，也是組織衰亡的時候。開放系統論者以為組織會不斷的從環境學習，使自己進化，組織不會滅亡，只是不停的改變而已，此種進化的觀點稱為「負熵效應」（negated entropy）。

Thompson的層次模式

Thompson將組織由低而高分為：

1.技術層次（technical level），適用於封閉系統。

2.經理層次（managerial level）。

3.機構層次（institutional level），適用於開放系統。

Etzioni的結構模式

Etzioni認為應融合理性模式與自然模式，也就是說這兩種模式應是互補的。

學校實施開放系統理論的限制

學校較偏向於靜態的組織，對環境變遷的敏感性與適應性不若一般私人企業快速，其原因：

1.多數公立學校不需激烈的競爭，即可取得財源。

2.學校辦學品質的好壞不影響其經費的取得，甚至，學生成就水準不佳的學校反而取得更多的補助（例如教育優先區計畫）。

開放系統在學校的運作模式

1.輸入：環境的變因有社區結構、立法、文化因素、科技及家長等。

2.轉換：學校透過酬賞、教學、行政及評量等方式來運作以達教育目的。

3.輸出：學生的學習。

4.回饋：來自學生、教師、家長及社會等。

非均衡系統模式

內涵

與理性主義相反，起源1970年代的新典範，基本理念是非線性（nonlinearity）、不確定性（uncertainty）、隨機性（randomness）。主張宇宙現象是無次序的、不可預知、無法控制的。

渾沌理論（熱門考題）

1.代表人物：Hayles, Prigogine與Stengers, Gleick, Kiel等。

2.特色：

◇非線性（nonlinearity）：

◆耗散結構：是一開放系統，不斷從環境互動、吸取能量，而改變本身形態。

◆耗散結構本身由不同次級系統所組成，但系統間不是呈現直線迴歸的關係，其本身的結構不隱定，受內、外因素的衝擊，而不斷的產生隨機波動與騷亂。

◆在波動中逐漸累積能量，累積越來越多而達於臨界點或分歧點。

◆此時原結構崩潰，但組織沒有滅亡，卻改革、蛻化而成新系統，此為質變。

◆其過程：隱定→崩潰→重組／更新的循環。

◆對起始狀態的敏感：蝴蝶效應（butterfly effect）可以巴西之蝴蝶展翅，德州就可能颳颶風來比喻蝴蝶效應，意即星星之火足以燎原，行政者不可以忽略小事，以免造成不可收拾的後果。

◇奇特吸引子：是指其能量很大，但其性質又極端的不隱定或難以捉摸，一個學校或組織可能存在不只一個的奇特吸引子，使系統益形複雜。

◇回饋的機能：

◆其過程是不可逆性的（irreversibility）。

◆因此，每次結構的變化都是新的改變。

3.渾沌理論對教育的啓示：

◇彰顯細微與隨機事件的重要性。

◇對現象的預測持保留態度。

◇對現象的類化亦持保留態度。

◇認爲對非線性之系統僅能有限的控制。

◇提供對社會科學模式再思考的機會。

24 動機理論

動機理論相當多，本章討論教育行政上常考的。

需求層次論（秦夢群，民86）

馬斯洛將人的動機分成五個層次，由低而高分別為：

1.生理需求：食物、水、空氣等。

2.安全需求：工作保障等。

3.社會需求：人際互動等。

4.尊重需求：包含自尊，與別人對自己的尊重。

5.自我實現的需求。

馬斯洛認為這些需要的追求是有次序性的，且呈遞減比率，先完成底層需求，再逐步追求較高層次的需求，且人有自我實現的本能。馬斯洛需求層次論的缺點是：

1.缺乏實證基礎。

2.不同的人所注重的需求層次可能不同，不一定都是呈現金字塔型的。

3.一個人可能同時有此五種需求，只是每層的需要程度不同而已。

ERG理論（秦夢群，民86）

Aldefer主張人類需求分為三種：

1.生存需求（existence needs）：包含生理與安全需求。

2.關連需求（relatedness needs），即對正面社會關係的需求。

3.成長需求（growth needs），即自尊與成長。

此三字合稱ERG需求，與馬斯洛不同的是，Porter認為此三需求並非互斥，是可以同時進行的。

雙因素論

Herzberg（賀滋伯格）將人類的動機因素分為兩組：

1.激勵因素（motivating factors）：較趨內向，與自己本身有關，包含：

◇成就（achievement）。
◇認同感（recognition）。
◇工作本身的挑戰性（challenge of the work itself）。
◇晉升（advancement promotion）。
◇個人與專業的成長（personal or professional growth）認為，
　有這些因素，則個人會感到滿足，無則感到無滿足。

2.保健困素（hygiene factor）：較趨外向的多來自外界，包含：

◇公司政策與行政體系（company policy and administration）。
◇上級視導是否公正（supervision）。
◇工作環境（work condition）。
◇與上級的關係（relationship with supervisors）。
◇與同事的關係（relationship with peers）。
◇與部屬的關係（relationship with subordinates）。
◇個人生活（personal life）。
◇工作地位（status）。
◇工作穩定度（security）。

保健因素使人感到不滿足或無不滿足，但此兩因素是互相獨立的，消除使個人不滿足的保健因素，不表示就可以激勵個人。

3.應用：Hezberg建議：

　　◇豐富工作本身。
　　◇鼓勵自動、自治精神。
　　◇行政者應多引導激勵因素的改進。

4.缺點：

　　◇研究缺乏效度。
　　◇自我歸因的誤差：好的時候歸咎於自己，不好的時候歸咎於他人。
　　◇不同職業可能對激勵或保健因素有不同的看法。

平等論

　　認為個人的動機是個人與其類似地位的同事間互相比較的結果，有兩方面的比較：

1.輸入：例如工作努力、教育程度、年資、表現等。
2.輸出：例如報酬、聲望等。個人企圖在輸入與輸出間取得平衡。

Vroom的期望理論

　　其理論建立在三個因素的互動上：吸引力、期待與實用性，其動機模式如下：

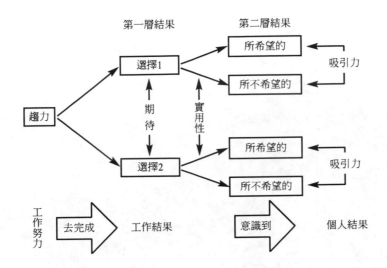

第一層結果　　　　　　第二層結果

資料來源：秦夢群（民86）。《教育行政──理論部分》。台北：五南。

名詞解釋

1.結果：指行為後果

2.吸引力：若所希望的結果多，所不希望的結果少則具有強烈吸引力。

3.實用性：若第一層結果產生後引發第二層結果產生的機率高，則其實用性大，例如若個人努力工作（第一層結果），則薪水會增加（第二層結果）。

4.期待：指個人完成第一層結果的機率。

期望理論的缺點是假設個人有權去選擇目標，但這種假設有時是不存在的，有許多時候我們必須依令行事，而無太多的選擇。

25 領導理論

領導的字義

中文「領」字有項、衣之護頸處、統或本領的意思。而「導」有通、訓、教之義，合在一起領導即率先示範、引導以達到目標。

英文領導（leadership）源於lead（go）之意，引申為走在前面，引導至某一點（吳清山，民87）。

學者定義

吳清山（民87）：「領導乃是團體中的分子即領導者，在一定的情境下，試圖影響其他人的行為，以達成特定目標的歷程」。

領導的權力基礎

依富蘭琪和芮文（J. R. P. French & B. Raven）將權力基礎分為五種：

1. 法職權（legitimate power）：依法取得之權力。
2. 酬賞權（reward power）：包含物質或社會性報酬。
3. 強制權（coerice power）：例如處罰、停職等。
4. 專家權（expert power）：來自專業知識。
5. 參照權（reference power）：由於個人的人格魅力或氣質，使追隨者產生認同，例如我國的國父與甘地（吳清山，民87）。

領導的功能

1. 促進團體目標的達成。
2. 維持團體組織完整。
3. 激勵士氣（吳清山，民87）。

領導理論之發展

特質論時期

特質論（trait theory, 1900～1945）研究的重點在找出成功領導者的特質。史多迪爾將成功領導者的因素歸納為六類：

1.能力（智力、機智、判斷力等）。

2.成就（學術、知識、運動、成就）。

3.責任心（自信、積極、可靠等）。

4.參與（社交性、幽默感、活動力等）。

5.地位（社經地位、聲望）。

6.情境（心理層次、技巧、部屬的需求與興趣等）（吳清山，民87）。

美國學者Offermen提出八項因素：

1.感受性。

2.獻身精神。

3.專制。

4.魅力。

5.吸引力。

6.男性氣質。

7.智力。

8.力量。

特質論的限制：

1.數量眾多，因情境不同便有不同的研究歸納出不同的特質，難以適從。

2.以偏概全，造成一個成功領導者的因素錯綜複雜，即使個人具備了許多優秀的特質，卻未必會成功。

行為論時期

行為論（Behavior theory, 1945～1960）早期以實證研究的方式，探討領導者的三種行為：民主式、權威式與放任式對團體行為的影響，此種研究又稱為單層面領導理論，李克特（R, Likert）將領導分為四種類型：

1.懲罰權威式（exploitive-authoritative）。

2.家長權威式（benevolent- authoritative）。

3.商討民主式（consultative-democratic）。

4.參與民主式（participative-democratic）。

雙層面領導理論——俄亥俄研究（Ohio study）

1.LBDQ問卷：在俄亥俄州立大學使用領導行為描述量表（Leader Behavior Description Questionnaire）將領導行為經因素分析後歸納成兩個主要分素：

◇倡導（initiating structure），指領導者主要關心在於組織目標的達成。

◇關懷（consideration），指領導者關心員工的感受。

2.四個象限：領導的型態可依此兩因素，分成四個象限：

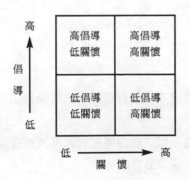

3.Halpin發現高倡導、高關懷的領導方式最有效。

4.Kunz and Hay的研究發現，若教師採高關懷、高倡導的領導方式，其可接受區最大（zone of acceptance），即部屬願意接受之任務的種類、範圍與程度最多最廣（秦夢群，民86）。

權變論或情境領導理論（situational leadership theory, 1960～現在）

1.基本假設：

◇領導者本身的人格與動機決定領導風格。
◇團體的績效為領導風格與情境交互作用的產物。
◇領導者應配合情境的需要而選擇適當的領導方式。

2.費德勒（Fredler）的權變領導理論（theory of contingency）：

◇領導方式：費德勒發展出「最不受歡迎同事量表」（the least prefered co-worker scale, LPC）來衡量領導者是任務取向或關係取向的領導者。
◇情境有利度：由三個因素所決定：
◆領導者與部屬的關係（leader-member relations）。
◆工作結構（task structure）。
◆職權大小（power of the leader's position）。
◇領導情境有利度分為八等級，由最好至最壞：

	1	2	3	4	5	6	7	8
與部屬關係	好	好	好	好	差	差	差	差
工 作 結 構	高	高	低	低	高	高	低	低
職　　　權	強	弱	強	弱	強	弱	強	弱

◇領導的原則是配合情境改變領導方式或提高情境有利度：

◆在非常有利或非常不利的情境下，應使用工作導向的領導方式。

◆在中等有利的情境下，使用人際關係導向的領導方式。

◆領導者應善用其在關係、結構和職權上的優勢來提高情境之有利度。

3.豪斯（House）的「途徑——目標理論」（path-goal theory）基本假設：

◇人為理性的目標導向者。

◇領導者須能影響部屬對工作目標、個人目標及達成目標途徑的知覺。

◇領導者越能澄清達成目標的途徑，並激發部屬經由這些方法而達成目標，則領導越具效能。其理論概念如下（吳清山，民87）：

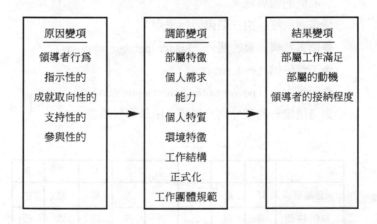

◇此圖中情境因素是由兩部分組成：部屬特徵與環境特徵，被視為調節變項（或中介變項）。

◇領導者可依部屬的特徵（動機、能力、經驗等）與環境因素來改善達成目標的途徑。

4.雷定（Reddin）三層面領導理論：

◇三層面：雷定在原來的關係導向與工作導向兩層面上，再加上效能（effectiveness）層面，而成為三層面領導理論，其架構如下：

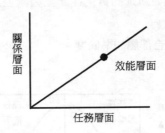

◇領導方式，分為四種：

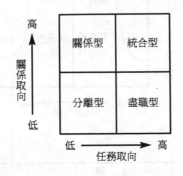

◇有效 vs. 無效的領導：四種領導類型皆可以有效或較無效的方式達成目標，例如統合者以有效的方式達成目標，就成為執行者。相反的，以無效的方式達成目標，就成為妥協者。

5.Hersey與Blanchard的情境領導理論（situational leadership）：

◇準備度（成熟度）：Hersey與Blanchard認為領導者的領導型態應依部屬的成熟度而變通，而部屬的成熟度是由下列三個因素所構成的：

◆能力。

◆經驗。

◆動機。例如新進的員工在此三因素上或有所不足，故其準備度較低。

◇領導型態配合部屬的準備度。

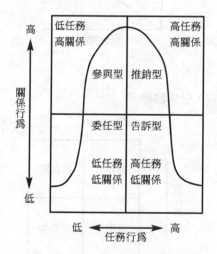

高	適	中	低
R4	R3	R2	R1
有能力 且 有信心	有能力 但 無意願或 無自信	無能力 但 有意願	無能力 無意願 或 無自信

部屬成熟度

◆低準備度（成熟度）（R1）配合領導型態1——告訴型（telling）：是以領導者為主的指示性行為，較關心目標的達成，而不考慮員工的感受。

◆中準備度（成熟度）（R2）配合領導型態2——推銷型（selling）：與部屬發展良好的關係，同時也給予適度的指導，並給予部屬討論與澄清的機會。

◆中準備度（成熟度）（R3）配合領導型態3——參與型（participating）：溝通與支持行為較多，而指示性行為較少。

◆高準備度（成熟度）（R4）配合領導型態4——委任型（delegating）：領導者授權給部屬做決定，而自己適度的觀察、督導。

◇領導者的任務之一即促進部屬的成熟度。

◇限制：江山易改、本性難移，領導者不容易隨意改變自己的領導風格。

領導型態

Davis與Newstrom

Davis與Newstrom將領導型態分為：

1.獨裁式（autocratic）。

2.放任式（free-rein）。

3.參與式（participative）。

教改的政策之一即權力下放，部分學校事務（例如校長遴選、教科書選購等）皆由與學校相關的人員（行政人員、教師、家長、社區代表等）共同參與決定，此突顯了參與決定理論的重要性，考生應多注意。參與具有下列三點含義：

1.參與包含工作投入及精神、人格的溶入組織中。

2.參與給予部屬關心機構目標的機會，促進其做出創造性的貢獻。

3.參與是一種社會歷程，由此而產生共識與共同體的感覺（蔡培村，民85），其功用：

◇符合民主精神。

◇提升學校行政決策品質。

◇減少政策執行阻力。

◇減輕主管的負擔。

◇爲目標管理的理論基礎之一（蔡培材，民85）。

Getzels與Guba

1.規範式領導（normative leadership），偏重團體目標的達成，要求個人社會化（socialization of personality）。

2.個人式領導（personal leadership），注重部屬的需求，要求角色人格化（personalization of role）。

3.變通式領導（transactional leadership），因時、因地制宜，有時偏重規範有時偏重個人（秦夢群，民86）。

Blake與Mouton的領導方格論（grid concepts of leadership）

Blake與Mouton發現，團隊型的領導（9,9，高關懷，對產出高關切）最有效。

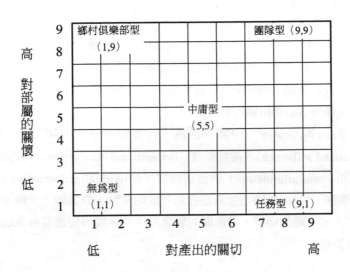

X、Y、Z理論

1.X理論（1900～1930）：為傳統理性管理時期的產物，認為人性本惡，主張使用外控與外在誘因，講求效率。

2.Y理論（1930～1960）：屬人際關係管理時期，其代表人物有Mayo、Barnard、Herzberg等，主張人文主義的精神，尊重人性，使用內控與內在誘因。

3.Z理論（1960～現在）：

◇代表人物麥哥里（Megley）、蓋哲（Getzels）、席斯克（Sisk），其中麥哥里首創Z理論。

◇內涵：

◆應同時兼顧制度與人。

◆激勵與懲罰應因人、因時、因地而異，針對不同的對象與情境採用不同的手段。

◆同時注意生理與心理需求。

◆「靜態」（組織）與「心態」（個人）與動態組織兼顧。組織為一有機體（林新發，民88）。

轉型領導（transactional leadership）

以部屬需求為中心並鼓勵其自我實現，其內涵：

1. 遠見或願景，領導者應能創造組織的願景。
2. 鼓勵部屬不斷的學習、自我提升、創造思考。
3. 領導者引導組織的革興。

Bass與Avolio（1990）認為，轉型領導包含四項因素：魅力（idealized influence）、激發動機（inspirational motivation）、知識啓發（intellectual stimulation）與個別關懷（individualized consideration）（秦夢群，民86）。轉型領導為近來考試的重點，詳述如下：轉型領導本於人本主義的精神，以部屬的需求為中心，進而促進其自我超越與自我實現。

內涵

Bass與Avolio：

1. 遠見：領導者應有遠見。
2. 願景：領導者提供組織成功發展方向，促進員工自我實現。
3. 激勵員工思考、分析、發揮創造力。
4. 引導組織革興，跳脫以往窠臼。
5. 鼓勵部屬成長，其認為可以用四個起頭的英文字母說明：

◇魅力（idealized influence）。

◇激發動機（inspirational motivation）。

◇知識啓發（intellectual stimulation）。

◇個別關懷（individualized consideration）。

林合懋歸納轉型領導有七個要素：親近融合、遠景與吸引力、承諾與正義、激勵共同願景、尊重信任、智識啓發與個別關懷（秦夢群，民86）。

限制

多數人只關心眼前生活瑣事，願景太遙遠、抽象，不一定能激勵士氣。

參與領導

教改的重要政策之一即教育權的下放，部分校務將由當地學校及相關人員共同參與決策，以符合民主精神，提高決策品質並且因地制宜，此一政策突顯了參與式領導理論的重要性，考生應多注意。

定義

蔡培村：「組織在做行政決策前，能依照成員個人的因素、事務的性質及當時的客觀情境，讓成員參與適當的決定歷程，以期能達成組織預定的目標，並滿足成員個人的心理需求」。此定義有三種涵義：

1.參與通常是指參與決定而言。

2.參與是有條件限制的，參與的準則為：

　　◇與議題關聯的程度。

　　◇專門知識。

3.參與的目的在達成組織目標與滿足個人需求。（蔡培村，民85）。

參與的功能

1.對學校而言：

　　◇促進民主。

　　◇提升決策品質。

　　◇減少執行時的阻力。

　　◇減輕主管負擔。

2.對教師而言：

◇促進自我成長與自我實現。

◇提高教師工作滿意度（蔡培村，民85）。

參與的方式

1.Swanson：

◇民主集權方式：領導者提出問題、部屬討論、領導者做決定。

◇議會法規式：遵循少數服從多數原則，依投票方式決定。

◇參與者決定方式：決策權來自全體參與者，每人有同等權力，必須獲得全體參與者同意才可形成決策。

2.Heller與Yukl的有效參與方式，分為下列層次：

◇自行決定，不需向部屬解釋。

◇自行決定後，向部屬解釋。

◇諮詢決定，由部屬提出意見，再由主管決定。

◇主管與部屬共同決定。

◇授權主管限定範圍後，由部屬共同決定（蔡培村，民85）。

學校中參與原則

1.建立正確的權威觀念，對教師參與採積極支持態度。

2.與教師權益相關事務，儘量委由教師參與決定。

3.邀請有能力老師參與方案設計。

4.提供有效溝通管道。

5.考量教師參與意願與態度。

6.參與需在合法的範圍內。

7.考慮是否符合學校傳統與慣例。

8.考量時間的限制（蔡培村，民85）。

9.加強宣導，擴大參與。

10.建立資訊管理系統，以利資訊流通。

11.建立學校教學與評鑑制度（林新發，民88）。

領導理論的整合（秦夢群，民86）

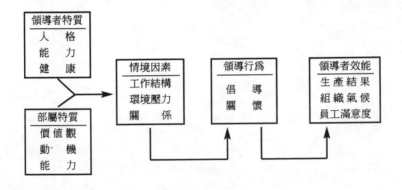

此模式適合用來回答教育行政的熱門考題：「何謂有效領導？」有效的領導者應全盤考量上述因素，加以統合以解決問題。

26 溝通理論

溝通的定義

　　林新發（民88）：「教育行政溝通是教育行政組織人員或團體相互間交換訊息、表達情感的歷程，藉以表現出所期望的行為、建立共識、協調行動、維持組織運作、集思廣益或滿足成員需求，進而達成預定的教育目標」，依Scott與Mitchell的論點，溝通有四種功能：情感的、激勵的、訊息的與控制的。

溝通的型態

　　1.Poole的研究，其依解決問題所需的訊息分為兩個向數：

　　◇獲得性（availability），指獲得訊息的容易度。
　　◇一致性（uniformity），是指資訊的多樣程度，分為四種溝通模式：

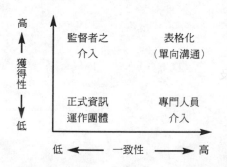

　　2.水平溝通vs.垂直溝通：垂直溝通分為上對下，以及下對上兩種，上對下之溝通其目的為傳送工作指令、工作原因、工作程序、回饋與目標宣導。而下對上之溝通主要在報告與回饋。
　　水平溝通多為非正式形式或部門與部門、同事與同事之間，其力量不可忽視。

溝通的方式

溝通的方式可分語言及非語言溝通兩類，根據調查結果，語言溝通只占7%，可見非語言溝通的重要性。非語言溝通包含：環境配置、身體語言及聲音等。林新發（民88）將溝通分為：

1.文字溝通：公文、簽呈、信函、通告等，適用於受訊者分散、人數較多、或需要保留書面記錄時等。

2.面對面溝通：會議請示、研商協調等，適用於複雜問題、主管與承辦人看法差異甚大，受訊人獲得訊息時可能情緒激動等。

3.電話溝通：適用於距離遠，見面時不便開口，或緊急通知等。

溝通原則（林新發，民88；秦夢群，民86）

1.平時建立良好溝通基礎。

2.運用傾聽技巧。

3.訴諸以利、曉之以理。

4.善用溝通媒介。

5.選用適當溝通方式，配合身體語言。

6.管道要普及與通暢。

7.維護對方尊嚴。

8.佈置環境，適度控制時間。

9.基於理性與共識。

10.運用協調、打破僵局。

11.具同理心。

12.統整資訊的流向。

13.注重回饋。

14.避免論斷。

27 決策理論

決策的意義

決策（decision-making）的定義有：
1.決策是問題的解決。
2.是一種判斷。
3.一種選擇的歷程（蔡培村，民85）。
賽蒙（Simon）認為，決策的過程包含了三階段的活動：
1.情報收集活動。
2.設計活動。
3.選擇活動。

有限理性與無限理性

Simon以為決策的歷程因素複雜，往往時間有限，且資訊不一定都能收集齊全、樣樣兼顧，因此領導者的決策是有限理性的，其決策不是最佳的方案，而是儘量滿足各利益團體的最可行方案。

決策的模式

1.理性決策模式其依據為理性，例如賽蒙的理性決策模式、目標管理模式，常需收集許多資料作為研判的參考。

2.漸進決策模式（incremental decision-making model）較保守，認為政策的修訂是連續的、漸近的，故常以現行政策為基礎，集中注意於增刪或修訂。

3.綜視決策模式（mixed scanning model）：決策者先用鉅觀的角度審視問題，再以微觀的角度切入、深入探究問題。

4.機關決策模式：強調政府機構的權力與制定政策之強大影響力。

5.團體決策模式：例如參與式領導。

6.菁英決策模式。

7.競爭決策模式：競爭者可能來自不同的團體，或各自有著不同的觀點。

8.系統決策模式，即投入與輸出模式（蔡培村，民85）。

Estler的決策模式（秦夢群，民86）

1.理性決策模式。

2.參與決策模式。

3.政治式決策：利益團體介入，既競爭又合作，試圖找出可行性方案。

4.無政府式決策：突發事故、目標模糊，沒有決策依循的規準，故只憑直覺行事。

學校決策管理原則（蔡培村，民85；謝文全，民84）

1.建立透明化的決策流程，以廣徵公信力。

2.成立決策諮詢小組，以發揮團體決策功能。

3.以「輿論調查」為決策之重要參考。

4.廣邀各類人才參與，以發揮科技整合功能。

5.資訊之收集宜務實。

6.瞭解內外在環境。

7.重視向上與向下之執行歷程。

8.把握決定的時機。

9.決定方法要科學。

10.追求決定的適宜性而非完美。

11.減少不確定性和冒險性。

28 組織變遷

衝突理論

衝突可能產生負面效果，降低組織的效能，但適度的衝突卻是必要的，它可以刺激組織的更新，並且轉移相關人員的焦點，促其正視問題與思考，並解決問題。

衝突的原因（喬玉全、陳鋅、錢華，民80）

1.人際交往問題。

2.組織結構。

3.人的因素。

4.有限的資源。

秦夢群認為有：

1.學校官僚與專業團體的對立。

2.角色扮演的衝突：可分為角色內衝突、角色間衝突及角色與人格衝突、團體內的衝突、不同團體間衝突等。

衝突處理方式

若依合作／不合作 vs. 果決／不果決兩個向度，可分為五種處理衝突的模式（秦夢群）：

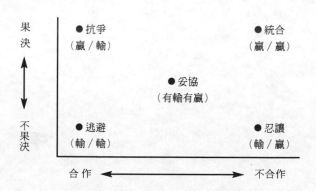

教育人員亦可採四種行政措施來解決衝突：

1.爭取資源。

2.申訴。

3.公正第三者進行協調。

4.組織之重建（秦夢群，民86）。

解決衝突的策略（喬玉全、陳鋅、錢華，民80）

1.避免衝突：

◇忽視、拖延。

◇隔離衝突。

◇抑制情感。

◇尋找志趣相投的人。

◇緩衝。

2.設立更高級日標（衝突雙方共同奮鬥之日標）。

3.妥協。

4.利用第三者調停。

5.改變組織結構。

6.上級命令。

7.將衝突者組成一個工作團隊，一起工作。

8.給予成員衝突管理的訓練。

組織變遷

組織革新的策略（Clark, Cuba, 1967；引自秦夢群，民86）

1.價值策略：被興革者認同於領導者之價值觀，因而改變。

2.理性策略：以實證資料證明改革是對的。

3.教育策略：透過教育來促進改革。

4.心理策略：激發其好奇心、不服輸心理及自我實現，使其因而改革。

5.經濟策略：例如利用經費補助促其改革。

6.權威策略：利用立法、命令的強迫改革方式。

改革的動力可以來自外在（環境、立法），也可以來自內在（心理因素）或內、外在皆有。

組織變遷階段

組織變遷經歷衰退期、改革期、成長期及成熟期四階段，如下圖：

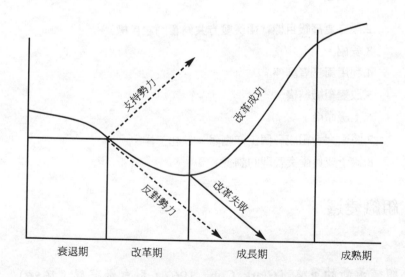

新政策的引進與實施是為改革期，必定引發保守勢力（既得利益者）與改革勢力的角力，初始由於大眾對新方案不熟悉，其效能一定下降（改期延後），領導者容易在此時遭受批評，因此，領導者需要：

◇堅持改革初期，效率無法立即提升，因為人員還不熟悉而且會遭受舊勢力反撲，故必須堅持。

◇自信。

◇排除／化解反對勢力。

◇增加贊成勢力。

◇若領導者能度過危險的改革期，並繼續增加助力，就可能改革成功，使組織的效率增加（由成長期至穩定期）。

◇相反的，若反對勢力大於支持勢力，而領導者又無法有效領導，可能造成改革失敗，使其組織的效率比以前打折。

改革模式

1.R-D-D-A模式即研究（research）、發展（development）、傳播（diffusion）與採用（adoption）。

2.撥款補助模式：例如教育優先區計畫。

3.組織發展模式（organization development），規範教育策略，例如各種教育人員的進修計畫。

Lewin的變遷模式（秦夢群）

1.力場分析是指用理性的方式分析助力與阻力，並努力增加助力。

2.變遷三階段：解凍→改變→再凍結。

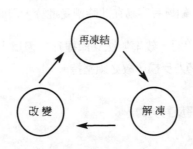

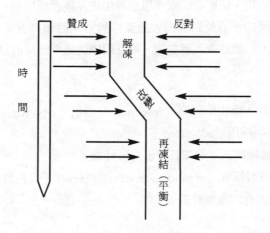

　　3.力場分析：當反對的勢力大於贊成的勢力時，組織開始改變，但改變成功後（達到目標），領導者必須使反對勢力與贊成勢力相等，以取得組織的平衡（再凍結），所以組織是一個不斷的解凍→改變→再凍結以適應環境的歷程。

29 組織理論

組織的定義

謝文全（民84）：「教育組織是教育人員為達成發展與改進教育事業的共同目的，結合而成的有機體，藉著「教育人員」及「教育結構」的適當配置，以及對教育環境的調適，來完成其任務」（頁114）。

行政組織的類型

依受惠者分，布勞（Peter, M. Blau）與史考特（W.Richard Scott）的論點是：

1.互惠組織（mutual-benefit association），包括工會、政黨、俱樂部等，此組織的主要問題，為透過民主程序對漠不關心的成員施予內部的控制。

2.商業組織（business concerns），包括工廠、商店等，主要目的在賺取利潤。

3.公益組織（common well），包括軍隊、警察等，目的在求整個社會團體的利益。

4.服務組織（service organization），包括學校、醫院等，其目的在維持其顧客（主要受益者）（吳清山，民87）。

行政組織的原則（吳清山，民87）

1.統整原則。

2.協調原則。

3.層級原則。

4.功能原則。

5.幕僚原則。

6.權責相稱原則。

7.控制幅度原則。

8.績效原則。

組織理論

不證自明理論（axiomatic theory）

海格（Hage）所提，以四個變項代表手段（結構性變因），四個變項也代表目的（功能性變因），可以形成七個假設：

1. 集中化愈高、生產力愈高。
2. 正式化愈高、效率愈高。
3. 集中化愈高、正式化愈高。
4. 階層化愈高、滿足感愈低。
5. 階層化愈高、生產力愈高。
6. 階層化愈高、集中化愈低。
7. 複雜化愈高、集中化愈低。

海格認為，此人個變項交互作用可形成兩個極端的組織型態：（1）機械組織（mechanistic organization）：較疆化，成員滿足感低；（2）有機組織（organic organization）：成員滿足感高、生產力也高，故學校應有較多的有機組織成份，較少之機械織成份。海格建議應取得平衡性之「整合組織」，其複雜化、適應性、與工作滿意度高，集中化、正式化、生產力及效率中、而階層化低（謝文全，民84）。

順從理論（compliance theory）

由艾齊厄尼（Etizoni）所提，以兩個向度來劃分：

1. 權力類型：分為規範型、利酬型及強制型。
2. 參與類型：分為疏離型、計利型與道德型。

	疏離型	計利型	道德型
規範型	規範——疏離型	規範——計利型	規範型
利酬型	利酬——疏離型	功利型	利酬——道德型
強制型	強制型	強制——計利型	強制——道德型

權力類型

參與類型

疏離型 　　計利型　　 道德型

消　極　　　　　　　積　極
（敵意）　　　　　　（投入）

　　依此兩個向度、六個變因，可形成九種順從型態的組織（謝文全，民84）。

　　艾齊厄尼認為，強制型組織（監獄、軍隊）傾向於秩序目的；功利型組織（工廠、商店）傾向於經濟目的；規範型組織（學校、教會）傾向於文化目的。

組織氣氛

定義

　　謝文全（民84）：「組織氣氛是組織內部環境相當持久的特質或獨特風格。這種特質或風格是由組織成員交互反應所構成的，它不但能為組織成員所體會，並且能影響組織成員的行為，同時亦以組織特性的價值加以描述」（p. 125）。

組織氣候描述問卷（Organizational Climate Description Questionnaire, OCDQ）

Halpin與Croft發展而成以四個教師行為因素及四個校長行為因素來描述組織氣氛：

1.教師行為因素：

◇疏離程度（disengagement）

◇騷擾（hiderance）：教師感到校長常給予教學以外的雜事（開會、例行公事）。

◇士氣（esprit）。

◇親密感（intimacy），教師間的人際關係與信任。

2.校長行為因素：

◇刻板（aloofness）。

◇生產掛帥（production），只強調效率，忽略教師滿足感。

◇以身作則（thrust）。

◇關懷（consideration）。（秦夢群，民86）

組織文化

定義

謝文全（民84）：「組織文化是組織成員所共享的一套基本假設前提和價值，以及由這套價值衍生而來的行為規範和行為期望。組織的價值不但可能被組織成員視為是當然的，而且具有指導成員行為的作用。藉著故事、傳說、儀式、典禮等象徵性手段，組織將其價值傳輸給成員」（p. 133）。

組織文化層次

1.組織的基本假設與前提：包括組織與環境的關係、眞理的本質、人性的本質、人類活動的本質、人類關係的本質。

2.組織的價值、規範與角色期望。

3.組織的人工器物和創造物：包括各企業的標誌、歌曲或建築物等（謝文全、秦夢群）。

組織文化之功能與限制

1.功能：

◇使成員瞭解組織的歷史、傳統與經營目標策略。

◇促進認同感與對組織的奉獻。

◇規範成員。

◇提升組織效能。

◇產生社區意識（共同體的感覺）。

◇劃定組織界線，區分內團體與外團體。

2.限制：

◇次級文化可能與組織文化衝突。

◇既有的組織文化可能不適應環境的變遷（謝文全，民84）。

組織文化改變原則

◇改變組織過去所強調之事務。

◇改變組織的危機處理方式。

◇改變組織聘用與晉升人員的標準。

◇改變獎懲標準。

◇改變典禮儀式。

◇領導者之示範（謝文全，民84）。

30 教育評鑑

評鑑的意義

評鑑（evaluation）之字典定義為：「就價值、品質、意義、數量、程度或條件進行考察或判斷」。不同的學者對評鑑之看法各有差異。

1.泰勒（Tyler）與塔巴（Taba）：評鑑是實際表現與理想相比較的歷程。

2.克隆巴賀（Cronbach）、史塔佛賓（Stuffebeam）、貝比（Beeby）：評鑑是有系統地蒐集和分析資料，透過價值判斷而進行決策的歷程。

3.吳清山：「學校評鑑乃是透過有系統的方法來蒐集、分析和解釋學校各種資料進行價值判斷，並做為將來改進教育缺失、謀求教育健全發展的歷程」（頁476）。

評鑑的目的（吳清山）

1.診斷學校教育缺失。
2.改進學校教育缺失。
3.維持學校教育水準。
4.提高學校績效。

方案評鑑

定義

胡悅倫（民84）認為，方案評鑑（program evaluation）係「利用研究方法及研究工具以決定一個方案實施的必要性，或瞭解方案實施的成效」（p. 108）。

其功能有：

1.資格認可的評估與實踐。

2.說明經費使用狀況。

3.收集相關資料並反映事實。

4.做爲選擇方案的依據。

5.改進方案。

6.瞭解方案所附帶產生之問題（胡悅倫，民84）。

評鑑的原則

1.客觀性：可設計一些評鑑表，以瞭解實際表現與理想的差距。

2.合作性：評鑑者與被評鑑者相互合作，完成評鑑。

3.完整性：評鑑應全面的、多元資料收集。

4.描述性：將具體事實明確說明，不應只有籠統的評量（例如：優、尚可、劣）。

5.繼續性：不斷的評鑑、改進、輔導、追蹤與再評鑑（吳清山，民87）。

學校評鑑的方法

1.自我評鑑：由校內人士（校長、主任、教師）自組評鑑小組執行學校之評鑑。

2.交互觀摩評鑑：學校邀請他校觀摩評鑑，可以交互檢討與學習。

3.評鑑小組評鑑：由校外專家組成，具有專業素養，採觀察法、訪問法、座談會、問卷調查等方式進行。

評鑑的模式（黃光雄，民78）

泰勒（Tyler）目標導向評鑑

1.程序：

◇擬定一般及具體目標。

◇分類具體目標。

◇以行為語氣描述目標。

◇解釋達成目標的情境。

◇向相關人員解釋評鑑目的與方法。

◇選用／發展評量工具。

◇收集資料。

◇比較結果與目標間之達成情形。

2.優點：具體明確較能衡量效能。

3.缺點：

◇偏重結果、忽略過程。

◇行為定義造成目標狹隘，忽略情意、態度等目標。

史塔佛賓（Stufflebeam）的CIPP模式

史塔佛賓認為評鑑不在證明而在改進，他所提出之CIPP模式同時注重起始點、過程與結果的評鑑，所謂CIPP模式，即將評鑑分為四階段：

1.背景評鑑（context evaluation）：目的在瞭解組織的背景，確認服務的對象、需求及診斷問題等。

2.輸入評鑑（input evaluation）：確認系統的能力、數種可行方案、預算及進度。

3.過程評鑑（process evaluation）：確認程序設計及實施的缺點，記錄各種活動。

4.結果評鑑（product evaluation）：將結果、目標、背景與過程等相互比較、分析並做解釋、修正某些活動。

◇優點：同時注重背景、過程與結果，較圓融。
◇限制：費時、費事。

史鐵克（Stake）當事人中心評鑑模式

史鐵克的理論將評鑑分成兩個向度：

1.以時間區分：資料的收集包含有：

◇先在因素（antecedents），即背景資料。
◇過程因素（transactions），即執行過程的相關因素。
◇結果因素（outcomes），例如，能力、成就、態度。

2.比較方式──分為：

◇意圖：心理所欲達成的（理想上的）。
◇觀察：實際的表現。
◇標準：比較標準，將所觀察的結果與某種規準比較，以決定其成效。
◇判斷。

3.其架構為（黃光雄，民78）：以實施母語教學為例。

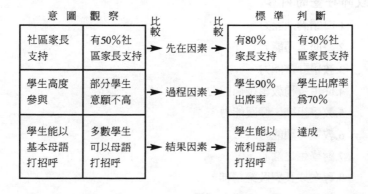

意　圖	觀　察	比較		標　準	判　斷
社區家長支持	有50%社區家長支持	→先在因素→		有80%家長支持	有50%社區家長支持
學生高度參與	部分學生意願不高	→過程因素→		學生90%出席率	學生出席率為70%
學生能以基本母語打招呼	多數學生可以母語打招呼	→結果因素→		學生能以流利母語打招呼	達成

教師評鑑（高強華，民84）

教師評鑑之目的

1.提供學校行政人員與教師適當的制度、規準、方法與歷程，以促進協調合作、提昇教學品質。

2.提供制度化歷程、經驗或措施，以協助新進或教學有問題之教師。

3.提供教師職務調整、解雇之合理標準或程序。

4.提供教師加薪、分級、深造或進修機會之判斷標準。

評量目的

1.職前教育評量。

2.教師選擇評量。

3.證書與執照評量。

4.初任教師評量。

5.教師聘任與永續任制之評量。

6.教師生涯升遷與教學優良獎金頒發評量。

7.學校改進或提昇之評量。

教師評量的內容

1.口頭溝通能力。

2.書面溝通能力。

3.教學計畫能力。

4.使用多種教學技術能力。

5.教學組織、發展能力。

6.教室管理能力。

7.對學生之關心。

8.專業成長與敬業精神。

9.與學校人員、家長之關係。

31 教育行政組織

行政組織的原則（吳清山，民87）

統整原則

行政組織係一個完整有機體，為了發揮事權集中、指揮統一的功能，必須對各個單位加以統整，以減少衝突與磨擦現象。

協調原則

每個組織中，都有不同的人員職責與單位，為使各單位與人員能夠分工合作，則有賴協調。因此，組織的結構應有利於成員的協調與溝通為成員能達到目標而努力。

層級原則

構成組織的單位或細胞是「職位」與「成員」，將「職位」與「成員」適切配合成若干的工作單位。集合這些工作單位，就形成了有所不同的層級，層級的成員即確定其地位、角色、職務與責任，則將有助於指揮與領導。

功能原則

行政組織的各個單位，必須有明確的功能，例如教務處、訓導處、總務處、輔導室，都賦予一定的功能，才不致於產生有事沒人辦、大家辦一事的現象。

幕僚原則

幕僚的工作主要在提供資料（如行政機關的參事、顧問等單位）和（協助監督單位）。而幕僚人員有建議權，而無決定權。

權責相稱原則

在行政組織中，成員所享有的權利與責任應該相稱，凡是課以成員執行的責任就必須賦予工作的權利。

控制幅度原則

主管控制成員幅度不宜太大，才能對所屬部門給予充分的注意，控制幅度宜以五、六人為限。

績效原則

行政組織的部門設置、編制及人員，應以適應工作事實需要，力求經濟合理，避免無謂浪費，人力亦要做合理有效的配置，俾發揮「人盡其才」功效。

國民小學行政組織（王家通，民85）

依國民教育法第十條之規定：「國民小學視規模大小，設教務處、訓導處、總務處或教導處，各置主任一人及職員若干人。主任由校長就適任教師中聘兼之，職員由校長遴用，均應報請直轄市或縣（市）主管教育機關核備。國民小學應設輔導室或輔導人員，由校長遴選具專業知能之教師聘兼之，並置輔導人員若干人，處理學生輔導事宜」。此外，依據教育部民國七十一年七月七日頒布之國民教法施行細則第十二條之規定，將國民小學行政組織，依學校的性質和規模的大小區分為四種類型：

1.十二班以下之學校設教導、總務二處及輔導室或輔導人員。而教導處再分設教務、訓導二組：

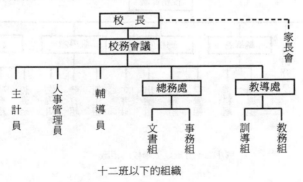

十二班以下的組織

2.十三班至二十四班之學校設有教務、訓導、總務三處，以及輔導室或輔導人員。教務處再分設教學、註冊二組；訓導處設有訓育、體育、衛生三組；總務處分設文書、事務二組：

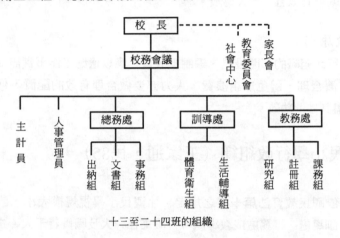

十三至二十四班的組織

3.二十五班以上之學校設教務、訓導、總務三處以及輔導室。教務處再分設教學、註冊、設備三組；訓導處再分設訓育、生活教育、體育與衛生四組；總務處再分設文書、事務、出納三，組輔導室得設輔導組與資料組，如下圖所示：

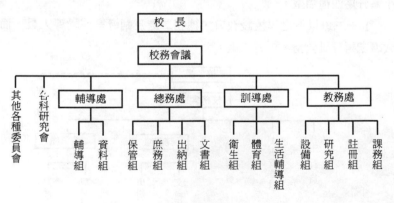

國小二十五班以上學校的組織

4.師院學院附設實驗小學之設置有：研究處、研究處以下分設研究實驗組、教具資料組、出版組以及教育輔導組：

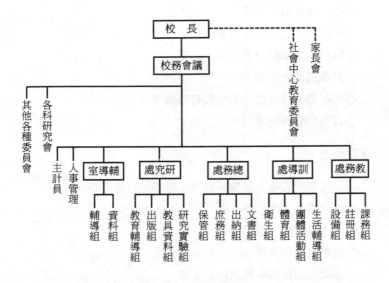

國民小學行政組織系統圖

國小各處室的職責（王家通，民85）

教務處

主持全校之教務事宜，包含下列各組：

1.課務組：

◇學級編制。
◇與總務處共同支配教室。
◇配課及編排日課表。
◇處理教師請假、代課、補課，以及調課、停課等事宜。

◇作業抽查事項之辦理。

◇擬訂及核對各科教學進度。

◇招生及成績考查事宜之辦理。

◇各級學生之成績報告事宜。

◇舉辦各項學藝競賽及成績展覽。

◇教學環境之佈置。

◇與輔導室共同實施學生教育輔導事宜。

◇其他相關課務事項。

2.註冊組：

◇辦理學生入學、退學、轉學、休學或升學等事宜。

◇辦理學生入學註冊。

◇考查學生出、缺席。

◇調查整理與保管學生之學籍。

◇辦理各項相關學籍之統計工作。

◇畢業生狀況調查。

◇其他相關事宜。

3.設備組：

◇統籌各項設備與充實圖書。

◇計劃經費與設備的運用。

◇辦理各種設備與圖書之購置、登記、分類、編目、整理、保管。

◇圖書館（室）的設置與管理事項。

◇辦理各項設備與圖書的供應。

◇其他相關設備事項（如果未設立設備組，則業務併入課組辦理）。

訓導處

主持全校訓導事宜，包含下列各組：

1.生活輔導組：

◇主持始業訓練、常規訓練、團體訓練、以及個別指導。

◇指導學生自治活動。

◇舉辦幹部訓練。

◇舉辦導護事項並且審核導護日誌。

◇辦理生活輔導考查及獎懲。

◇辦理家庭聯絡事宜。

◇實施事項與輔導室配合處理生活輔導事宜。

◇其他相關生活輔導事宜。

2.團體活動組：

◇針對兒童團體活動之設計與規劃。

◇兒童團體活動之宣導與考查。

◇舉辦小型綜合活動及遊藝活動事宜。

◇設計與推動各項社區活動事宜。

◇其他相關兒童團體活動事宜之處理。

（未設立團體活動組，則其業務併入生活輔導組）

3.體育組：

◇體育設備之規劃。

◇全校運動器材之保管。

◇舉辦校內外各種體育活動及比賽。

◇主持各項運動。

◇主持學生體能測驗及成績統計事項。

◇其他相關之體育活動事項。

4.衛生組：

　　◇與總務處共同處理全校環境清潔衛生事宜。
　　◇學生體格檢查。
　　◇指導學生各種衛生團體活動。
　　◇舉辦學生疾病治療。
　　◇辦理學生預防接種事宜。
　　◇規劃與購置相關藥品及其他衛生設備。
　　◇設置並佈置、管理保建室。
　　◇填報各項衛生報表。
　　◇其他相關學校衛生之事項。

總務處

辦理全校一切庶務事宜，分設下列各組：

1.文書組：

　　◇辦理收發文件。
　　◇選擬與繕寫文稿。
　　◇管理公報與檔案。
　　◇記錄會議議案。
　　◇其他相關文書事宜。

2.出納組：

　　◇保管現金及有價證券。
　　◇出納款項與登記。
　　◇發放員工薪津及造具清冊。
　　◇造具現金結存表。
　　◇其他相關出納事宜。

3.庶務組：

◇採購物品。

◇對環境整潔之維護與美化。

◇校工之訓練與考核。

◇校舍、校具之建築修繕與工程監督。

◇佈置及收拾各種會場。

◇處理校內外各項雜務。

◇員工實物配給之發放及其他相關員工福利事項。

◇檢查水電、門禁及保管鎖鑰。

◇其他相關庶務事項。

4.保管組：

◇對校舍、校地之管理。

◇校具之驗收、登記、分類、編號、分配、出納、保管事宜。

輔導室（輔導人員）

1.資料之蒐集與分析。

2.實施學生智力、性向與人格等測驗。

3.調查學生學習的興趣、成就與志願。

4.實施諮商與輔導。

5.指導學生升學與就業。

6.其他相關學生輔導事宜。

人事管理員

1.教職員出缺席登記及統計事項。

2.辦理人事異動登記及呈報。

3.辦理教職員請假及退休事宜。

4.辦理教職員考績事宜。

5.請領教職員婚、喪、醫藥、子女教育補助費及退休金、撫卹金、保險費等事項。

6.其他相關之人事事項。

主計員

1.編造經費與預、決算及會計報告。

2.登記及保管各項收支賬目及票據等。

3.辦理各項統計。

4.本經費狀況的報告。

5.其他相關主計事項。

一、行政管理，除了依據法令規章外，更要有具體管理措施，以激勵
　　士氣、提高工作效率。目標管理（management by objectives，簡
　　稱 MBO）是以目標理論為基礎的行政管理系統。試述其要點，
　　及其在學校行政上的應用。【屏師82】

答：目標管理的概念是由彼德杜拉克首倡，其涵意是「組織的上下級
　　成員為達成組織目標與個人需求，共同訂定目標，並依計畫、執
　　行、評核等步驟，藉自我控制與定期、不定期的評核，以提高組
　　織績效，並追求卓越的一種組織成員共同參與決定動態歷程」。
　　（蔡培村，p. 175）

　　（一）目標管理的特性有：

　　　　　1.目標管理是一種制度。

　　　　　2.是目標或成果導向的管理。

　　　　　3.藉組織成員參與之方式以確定目標的管理。

　　　　　4.自我指導與自我控制導向。

　　　　　5.是人與事、個人與團體相結合之一種整合管理。

　　　　　6.運用行為科學以激勵員工潛能之管理。

　　　　　7.具有行政三聯制之特性。

　　（二）步驟：

　　　　　1.設定目標。

　　　　　2.擬定達成目標之可行方案。

　　　　　3.目標執行。

　　　　　4.評鑑考核。

　　（三）應用：

　　　　　可使用在學校預算的收支與執行、各種行政措施、甚至班
　　　　　級經營等，目的在追求效率（蔡培村）。

二、「有怎樣的校長，就有怎樣的學校」，此句話道出了一位領導者對組織的重要性。現在假定你是一所二十四班規模的國民小學校長，請你申述如何才能有效的提升學校的領導效能？請就相關領導理論加以說明之。【屏師84】

答：此題僅就領導層面問問題，故考生亦應從領導層面答題，且應由各領導學派之理論（由古典→混沌）的觀點答之：

（一）由單層面領導理論之觀點來看，領導者應使用Z理論來提升效能：

　　1.兼顧組織目標與個人目標的達成。

　　2.重視正式組織與非正式組織之影響。

　　3.重視組織文化。

（二）從雙層面領導理論觀點來看：使用高關懷、高倡導的領導方式。

（三）從三層面領導理論觀點來看：領導者不但關心組織目標與個人目標的達成，同時要以最有效率的方式來達成。

（四）從權變領導理論觀點來看：

　　1.領導者的領導方式要配合部屬成熟度。

　　2.領導者的最終目標是引導部屬成熟，以便授權。

（五）從轉型領導的觀點來看：領導者應有遠見、提供成員願景、創造學習的氣氛及學習型組織、尊重、信任與關懷員工。

　　＊考生也可再加上混沌理論，賽蒙行政決定論等之觀點。

三、何謂「教育鬆綁」？我國現行國民教育體制中哪些地方應該鬆？哪些地方應該綁？試說明之。【屏師85】

教育鬆與綁

（一）教育鬆綁的意義：所謂鬆綁（deregulation），是解除過度或不必要的管制，以促進彈性及自主，並使管制的範圍適度，因時因地制宜，以促進教育的進步。（謝文全，民87）

（二）教育鬆綁的背景（謝文全，民87）：

    1.人性成長的需求。

    2.教育普及。

    3.民主法治的落實。

    4.社會變遷加速。

    5.政黨政治的確立：例如教育權的下放。

（三）目的：

    1.促進競爭以求進步。

    2.增加參與機會以求集思廣益。

    3.適應各地及學生的個別需求。

    4.提昇教育的品質（謝文全，民85）。

（四）內容：

    1.依教育本身的因素分為：教學鬆綁、課程鬆綁及行政鬆綁。

    2.教改會提出四大鬆綁：

      （1）教育資源鬆綁：例如教育財源、私人興學、學費政策等。

      （2）教育結構鬆綁：例如高、中職比例、學制。

      （3）教育內容鬆綁：例如文憑、學籍、教材、課程等。

      （4）教育行政鬆綁：例如師資培育等（謝文全，民85）。

（五）教育鬆綁的具體建議：

    1.調整中央教育行政體系：例如重新訂定中央與地方之權限。

    2.重整中小學教育行政及教學：

      （1）保障授教權。

      （2）給予私立學校更大的自主空間。

      （3）學校組織的彈性化。

（4）促進多元參與，明訂教師、家長及社區參與學校行政的管道。

3.維持教師專業自主權：

（1）師資檢定及發證採地方分權。

（2）由學校之教師評審委員會負責教師的聘任、解聘等事宜。

（3）教師進修為教師的權利與義務。

4.中小學教育之鬆綁：

（1）推動學校本位管理。

（2）設置學校諮議委員會，組成分子包括：督學、教師、家長、校長、社區人士等，作為學校諮詢，申訴考核與校長遴選的功能。

（3）學校有最低的自主空間，以發展具學校特色之課程。

（4）建立彈性薪給制度，獎勵優秀教師。

5.高等教育的鬆綁：

（1）擴充高等教育。

（2）高等教育市場化，擴大民間參與。

6.鼓勵民間興學：

（1）政府公辦民營（BOT）。

（2）私人得興辦各類學校。

7.社會觀念的鬆綁：

（1）消除文憑主義。

（2）強化專業證照之公信力。

（六）該鬆的部分：

總而言之，教育鬆綁可分為三大項：

1.教育行政權下放。

2.教育市場化。

3.學校本位管理。

（七）鬆綁的具體做法：

　　1.有關教育權下放：

　　　（1）中央對教育制度的規定只是原則性的，地方應具有執行權，以便因地制宜。

　　　（2）地方主管除對教育制度外，應具有決定權。

　　　（3）擴充地方之教育行政組織。

　　2.評量多元化。

　　3.有關教育市場化：

　　　（1）將部分教育機構民營化或公辦民營，例如BOT（build-operate-transfer），即民間與政府簽約，在政府的土地上投資興建教育設施，完工後，政府特許其經營一段時間，期滿後交還政府。

　　　（2）放寬對公私立教育的管制，由市場機能來決定學校的發展。

　　　（3）教育人員的待遇，由其績效決定。

　　　（4）教材之管制。

　　4.有關學校本位管理（school-based management）：由學校本身來作校內的決定，以促進參與、歸屬感、績效與責任感，其內容有：

　　　（1）學校本位課程：例如教科書採審定制、鄉土教學等。

　　　（2）學校本位人事：例如校長遴選委員會。

　　　（3）學校本位教學：例如儘量排除教師行政雜務。

　　　（4）學校本位預算：維持學校對經費預算的自主性等。

　　　（5）社區教育。

　　　（6）回流教育（謝文全，民85）。

（八）該綁的部分：

　　1.教育法規的制定與整體規劃。

　　　　2.教育權的劃分。

　　　　3.全民教育機會均等。

　（九）結論：

　　　　鬆與綁不完全對立，鬆中有綁、綁中有鬆，應適度的平
　　　　衡。

四、教師法第十一條規定，高級中等以下學校之聘任（初聘、續聘及
　　長期聘任）須經教師評審委員會審查通過後由校長聘任之。請依
　　據上述教師聘任之規定，扼要申論下列問題：1.教師評審委員會
　　的組織功能與角色，以及適當的教師聘任程序與做法是什麼？2.
　　教師評審委員會與校長之間應如何合法與合理的互動？【屏師87】

答：（一）教師評審委員會之功能：

　　　　1.審查教師聘任事宜：初聘、續聘及長期聘任。

　　　　2.訂定教師長期聘任的任期。

　　　　3.審查教師解聘、停聘及不續聘事宜。

　　　　4.審查教師資遣事宜。

　　　　5.評議教師違反教師法所規定之義務及聘約事宜。

　（二）角色：

　　　　1.支持角色：例如聘請所需教師，提高教學品質。

　　　　2.評鑑角色：評審教師之適任與否。

　　　　3.中介角色：審查合格教師供行政決策參考。

　（三）聘任程序：

　　　　1.由教評會辦理或另組甄選委員會、或委託教育局、或聯
　　　　　合數校共同辦理教師甄選。

　　　　2.以公開、公平、公正之原則，經教評會審查通過後，由
　　　　　校長聘任之。

　（四）校長需與教評會互動：

　　　　1.校長與成員應瞭解學校之辦學方向。

　　　　2.互相尊重。

3.以學生之需求為先。

4.公正、公平、公開，立場超然。

五、試述教師權威的類型及正用。【屏師87】

答：（一）教師權威的類型：

1.法理權：教師相關法令賦予教師的權利與義務。

2.專家權：來自教師的專業素養。

3.人格或精神感召權威：來自教師的人格特質與態度，是
一種身教。

（二）教師權威的正用：

1.以學生的利益為出發點：幫助學生學習、激發學生潛
能。

2.保護學生之生存：包括引導學生、解決問題、保護特殊
學生、尊重次文化等。

3.促進教師本身的專業成長。

4.注重身教、言、行合一。

**六、請簡述學習型組織（learning organization）的要義，並申述校長
如何有效領導學校，以型塑學校成為學習型組織。【屏師88】**

答：（一）學習型組織的內涵：學習型組織的精神是組織持續擴大其
創造未來的能力，其源起要歸功於三種勢力：

1.來自管理顧問對如何鼓勵、組織學習的關注。

2.經濟與科技改變而產生之壓力有關。

3.來自工業化後之實務運作結果，依彼得聖吉（P. Senge,
1990）的定義「學習型組織即是組織成員不斷的發展其
能力，以實現其真正的願望，同時在組織中培育出創新
及具影響力的思考模式，以凝聚熱望並繼續不斷的在團
體中學習。（林新發）（p. 403）

（二）學習型組織的五項修練：

1.自我超越（personal mastery），是一種終身學習。

2.改善心智模式（improving mental models）：矯正傳統層層節制的管理方式。

3.建立共同願景（building shared vision），以形成共識、承諾與奉獻。

4.團隊學習（team learning），工作團隊是組織學習的基本運作單位。

5.系統思考（systems thinking）：導向一個較長遠的視角。

（三）學習型學校之特徵：

1.重視學生自我導向學習能力之培養。

2.學校領導者也是學習的領導者。

3.具有很強的校園學習文化。

4.學校為一個學習系統的組織（林新發）。

（四）具體做法

1.訂定永續學習辦法。

2.鼓勵教師成立讀書會及在職進修。

3.使用參與領導。

4.創造學校發展的願景。

5.鼓勵使用協同教學。

6.重視研究、溝通與創新。

7.增進圖書設備，鼓勵師生閱讀習慣。

七、學校是一個組織鬆散的結構，基本上包含科層化和專業化兩種相互衝突的體系，請說明這兩種體系會產生衝突的原因，及其解決之策略過程與方案。【屏師88】

答：（一）行政權與專業權衝突的原因：

1.教師專業自主的需求，教師希望在教學的歷程中，在一定的前提下（例如遵守進度）有一定的自主權。

2.科層化之行政權處理的是行政制度問題，依法行事較為僵化，而教師之專業權針對的是學生，具有很大的個別差異、需要彈性，無法始終僅守法規，若對老師控制過嚴，將扼殺教師的創造力。

（二）衝突解決策略：

1.增進行政人員與教師之溝通。

2.使用參與領導，促進成員間的瞭解與共識。

3.創立共同願景，鼓勵彼此學習、犧牲、互助。

4.有適當的協商機制與衝突解決模式。

八、比較分析任何二個領導學說的異同及其優劣點。【北市師83】

答：（一）雷定三層面領導理論：

以雙層面領導理論為架構，再加上一個效率（efficiency）層面，但效率層面是一個連續體而非二分之一概念。其理論的特點是不同的領導類型，可能是有效率的、或是沒有效率的，因此沒有最佳的領導方式，領導方式之有效與否端視情境而定。。

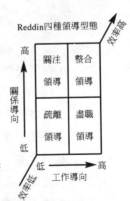

1.關注的領導（低工作、高關係）：

（1）效率高者為發展者。

（2）效率低者為傳教士。

2.整合的領導（高工作、高關係）：

（1）效率高者為執行者。

（2）效率低者為安協者

3.盡職的領導（高工作、低關係）：

（1）效率高者為開明專制者

（2）效率低者為獨裁者

4.疏離的領導（低工作、低關係）：

（1）效率高者為官僚。

（2）效率低者為遺棄者。

領導應依情境需求而選擇領導方式（關注、整合、疏離、盡職），再發揮效率。

（二）情境領導理論：

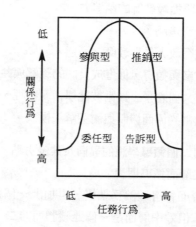

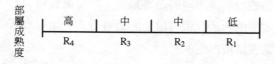

1.在原雙向導向的領導理論上，再加上部屬成熟度的向度（同樣有三個向度）。

2.領導型態應依部屬的成熟度而定。

3.最終引導部屬完全成熟，並使用委任型（授權）領導。

（三）相同之處：

1.兩者皆在雙層面領導理論的架構上再加上一個向度。

2.情境不同，需要不同的領導型態。

（四）相異處：

1.一個加上效率向度，一個是加上部屬成熟度。

2.一個以效率為考量重點，一個希望引導部屬至完全成熟（最終目標）兩者的注重焦點不一樣。

九、國民有受國民教育的權利與義務，其理由何在？請說明權利與義
務之間的關係。【北市師84】

答：國民教育的權利與義務主要是指義務教育而言，來自兩個源流：
國民教育源流與保障受教權的源流。

（一）國民教育之源流：

國民教育的產生主要是由於近代民族國家的出現，宗教改
革及工業革命之影響。義務教育最早出現於17、18世紀，
以德國爲代表，當時普魯士菲特烈大帝曾公布多項教育法
令，建立了國民義務教育。法國在1833年通過初等教育
法，俗稱基佐（Guizot）法，而自1882年實施強迫入學；
而我國有關國民義務教育的規定，最早開始於民國三十五
年所公布之中華民國憲法，第二十一條：人民有受國民教
育之權利與義務。第一六０條：六歲至十二歲之學齡兒
童，一律受基本教育，免納學費。

（二）受教權之保障：

聯合國於1948年通過世界人權宣言（Universal Declaration
of Human Rights）中有關教育條文：世界人權宣言第二十
六條：

1.凡人均有受教育的權利。

2.教育應以人格的全面發展及加強對於人權與基本自由的
導重爲目的。

3.父母對於提供子女的教育種類，擁有優先選擇的權利。

（三）義務教育之特性：

1.義務教育階段的國民，每一個人均需就業。

2.以培養健全國民爲目的。

3.父母、政府及社會均有義務保障義務教育階段的國民接
受教育的權利。

4.應免費。

（四）法律條文：

　　1.民國68年國民教育法第二條：「凡六歲至十五歲之國民，應受國民教育。已逾齡未受國民教育之國民，應受國民補習教育」。

　　2.民國71年公布「強迫入學條例」。

　　3.民國68年國民教育法第五條：「國民小學及國民中學生免納學費。貧苦者，由政府供給書籍，並免繳其他法令規定之費用」。

（五）民國88年基本教育法：

　　1.第一條規定為保障人民學習及受教權，確立教育基本方針，健全教育體制，而特制定本法。

　　2.第二條規定人民為教育權之主體。

　　3.第三條規定教育之實施，應本有教無類，因材施教之原則，以人文精神及科學方法來協助個人追求自我實現，以下條文明定人民之權利與義務。

十、「師資培育法」修正通過公布後，師資培育正式邁向多元化，請就您所知，在多元化過程中，如何來提升師資素質？【北市師84】

答：（一）師資培育法的特色：

　　1.提升小學師資學歷至大學程度。

　　2.中、小學教師合流。

　　3.師資培育多元化。

　　4.師資培育由公費為主，轉為以自費為主。

　　5.教師必須參加初檢、實習、複檢才能取得教師資格。

　　6.促進小學教師在職進修。

（二）提高教師素質之具體做法：

　　1.師培法第二十五條：「師範校院及設有教育院、系、所大學校院得設立各科教育研究所，著重各科教育學術之研究，並提供教師在職進修」。

2.第二十六條：「師範校院及沒有教育院、系、所或教育
學程之大學校院得設專責單位，辦理教師在職進修」。

3.此外，教師法對教師全時進修、研究。部分辦公時間進
修、研究或休假、研究等皆有明文規定：教師可以請公
假、申請補助，若進修，研究成果經採行後對教學或服
務之學校有貢獻者，應給予獎勵或表揚。

十一、依據教師法第十六條，暨十七條規定，學校教師享有哪些權
利，負有哪些義務？學校行政單位及人員應如何保障教師的權
利以及確保教師盡其義務？【市北師86】

答：（一）第十六條教師聘任後之權利如下：

1.對學校教學及行政事項提供興革意見。

2.享有待遇、福利、退休、撫卹、資遣、保險等權益及保
障。

3.參加在職進修、研究及學術交流活動。

4.參加教師組織，並參與其他依法令規定所舉辦之活動。

5.對主管教育行政機關或學校有關其個人措施，認為違法
或不當致損害其權益者，得依法提出申訴。

6.教師之教學及對學生之輔導依法令及學校章則享有專業
自主。

7.除法令另有規定外，教師得拒絕參與教育行政機關或學
校所指派與教學無關之工作或活動。

8.其他依本法或其他法律應享之權利。

（二）第十七條教師之義務如下：

1.遵守聘約規定，維護校譽。

2.積極維護學生受教之權益。

3.依有關法令及學校安排之課程，實施教學活動。

4.輔導或管教學生，導引其適性發展，並培養其健全人
格。

5.從事與教學有關之研究、進修。

6.嚴守職分、本於良知、發揚師道及專業精神。

7.依有關法令參與學校藝術、行政工作及社會教育活動。

8.非依法律規定不得洩漏學生個人或其家庭資料。

（三）如何確保教師權利與義務：

1.建立制度化的教師評鑑制度，並且給予表現優良者予以
獎勵，不良者予以適度的懲戒。

2.教評會適度為教師的權利與義務把關。

3.建立學習型學校鼓勵教師專業成長。

4.教師職前訓練加強法令之宣導。

**十二、面臨二十一世紀的到來，當前我國中小學教育改革有哪些重要
議題？請提出教育改革的具體可行途徑。【花師85】**

答：行政院於民87年通過教育改革行動方案，所提的教改與中、小學
有關項目有：

1.健全國民教育。

2.普及幼兒教育。

3.健全師資培育制度及教師進修制度。

4.促進技職教育多元化與精緻化。

5.推動網路教育。

6.推展家庭教育。

7.加強身心障礙學生教育。

8.強化原住民學生教育。

9.暢通升學管道。

10.建立學生輔導新體制。

11.充實教育經費，加強教育研究。

（一）教改五大改革方向：

1.人本化：全人教育。

2.民主化：教育的自主。

3.多元化：尊重少數。

4.科技化：培養問題解決能力。

5.國際化：熱愛本土、尊重他人者。

（二）四種教改理念：

1.教育鬆綁。

2.學習權的保障。

3.父母教育權之維護。

4.教師專業自主權的維護。

（三）具體可行途徑

1.多元評量。

2.教學多元化：批判思考教學、合作學習、創造思考教學。

3.教科書改為審定制。

4.法令保障教師在職進修。

5.多元文化教育：母語教學、鄉土教學、兩性平等教育。

6.資訊教育。

7.英語教育。

8.小班小校。

十三、行政決定人員所面臨的問題情境有哪些？理性的決定者應採何種標準針對情境作決定？【南師81】

答：*此題考賽蒙的行政決定理論。

（一）教育行政的合理性，理性可分為：

1.客觀上的合理性（objectively rational）：判斷的規則準則來自外在的條件。

2.主觀上的合理性（subjectively rational）：受決策者本身實際知識的限制。

（二）依作決定的思考歷程分：

1.意識上的合理性（consciously rational）：是指理性的思考過程相對於非理性。

2.慎思上的合理性（deliberately rational）：經由組織或個
　人深思熟慮後而達成，較為慎重。

（三）依作決定之目標導向分為：

　　1.組織上的合理性（organizationally rational）：決定的完
　　　成是由組織目標所引導的。

　　2.個人上的合理性（personal rational）：決定的完成是由
　　　個人目標所引導。所謂的合理性是相對的、依情境與個
　　　人的需求背景而定，因此沒有一致的標準可言。

（四）教育行政理性上的限制賽蒙認為理性是有限的，主因：

　　1.通常知識（事實）是零碎不全的。

　　2.由於結果是未來的，因此利用想像來彌補經驗之不足，
　　　然而價值的被期待常是不完全的。

　　3.合理性需要所有可能的變通方案，然而實際狀況僅有少
　　　數變通方案。

（五）賽蒙提出有限理性（bounded rationality）作為決定人員決
　　　定的標準：

　　1.合理性受到沈澱成本（sunk costs）的限制，是時間因素
　　　的限制。

　　2.合理性受到「知識零碎不全」（imcompletence of
　　　knowledge）的限制。

　　3.合理性受到預期困難的限制（difficulties of
　　　anticipation）。

　　4.合理性受到個人能力（personal ability）與行為可能性
　　　（behavior possibility）的限制。

（六）如何提高決策的合理性：

　　1.瞭解並運用影響決定的情境因素。

　　2.依循適當有效之決定歷程：賽蒙提出情報活動→設計活
　　　動→選擇活動。

　　3.慎選作決定人員（吳清基）。

（七）如何提升決策品質（吳清基）：

1.建立一透明化之決策流程，以廣徵公信力。

2.成立學校諮詢小組，發揮團體決策功能。

3.實施輿論調查，以奠定學校政策的民意基礎。

4.廣約各類人才參與決策，以發揮科際整合的效能。

5.所蒐集的資料同時注重理論與實務。

6.瞭解內、外在環境。

7.重視向上與向下執行歷程。

十四、學校行政經營與管理法的科學化是必然的趨勢，請問：

1.何謂目標管理？其基本理念爲何？

2.目標管理的實施程序爲何？

3.目標管理的成功條件是什麼？【南師82】

答：1.與2.參考屏師82年的解答。

3.目標管理成功條件：

（1）目標設定原則：目標必須是具體可行，將普通目標劃分成一
些有時間關聯性的目標。

a.期望原則：目標項目的選擇是否符合期望。

b.具體原則。

c.重點原則。

d.合理原則。

e.激勵原則。

f.參與原則。

g.連鎖原則。

h.一致原則。

i.行動原則。

j.彈性原則。

（2）執行與考核。

a.適當授權。

b.督導與控制。

c.交換意見。

d.支援與協調。

e.激勵士氣。

f.評鑑與獎勵（蔡培村）。

4.目標管理實施循環圖（蔡培村）。

十五、何謂「目標管理」？如何將它應用在國民中、小學學校行政管
　　　理上。【嘉師86】

答：請參考屏師及南師之解答。

十六、要有效的管理一所學校必須認識學校行政組織的特性，請問：

　　1.學校行政組織的基本特性為何？

　　2.學校校長要推動學校行政的革新，要如何配合學校行政組織特
　　　性來推動？

　　3.您能舉一個實例來說明如何進行學校行政的革新嗎？【南師82】

答：（一）學校組織的特性：

在此必須要提醒考生的是：學校不一定全是科層體制，不同的學者之看法有：

1.科層體制：依法行事、專業分工、用人唯才、建立檔案等。

2.Lipsy的基層官僚理論：學校的主要任務是為第一線民眾服務。

3.Weick的鬆散結合論：認為學校表面上是科層體制，本質上卻呈現無政府狀態。

4.Thompson的鬆散結合理論：認為學校是聯營模式，考生不應武斷的認為學校的行政組識就是嚴謹的科層體制。

（二）學校行政革新在行政上的配合：

1.使用參與領導（詳內文）。

2.使用轉型領導（詳內文）。

3.創造學校成為一種學習型組織。

4.重視溝通、協調。

5.激勵士氣。

6.重視效率（Reddin三層面領導）。

（三）實例：

可以行政電腦化為背景，運用興革理論（詳內文）來回答。

十七、請說明賀滋柏（F. Hezberg）的激勵保健理論（motivator-hygine theory），並加以評述。【南師83】

答：詳見內文之動機理論。

十八、請說明費德勒（F. E. Fiedler）的權變理論（contingency theory），並加以評述。【南師83】

答：詳見內文。

十九、學校的科層體制與教師的專業自主間易生衝突，如何減輕或避
免衝突？試述之。

答：（一）衝突產生的原因：

　　1.科層體制對象是體制，工具是法律，目的是依法行事以
　　　求秩序，但較為僵化，其特色是公正無私、層級節制、
　　　建立書面檔案、保障任期等。

　　2.教師的對象是學生，有很大的個別差異，工作的情境是
　　　教室，相當的封閉、自主。為了適應學生的個別差異與
　　　促進潛能的發揮有時無法完全照章行事。

（二）減輕或避免衝突的方法：

　　1.使用參與領導，教師及行政人員共同決定，形成共識以
　　　減少衝突。

　　2.促進溝通。

　　3.建立衝突解決與協商機制。

　　4.減低層級（扁平式組織）。

　　5.使用雙重系統論，在教學事項上尊重教師專業自主，在
　　　行政決策上尊重行政人員。

二十、試述賽蒙（Simon, H. A.）的決策理論，並說明如何應用在學校
行政上。【南師85】

答：（一）賽蒙行政決定論的內涵請參考南師81年的解答。

（二）在教育行政上的運用：

　　1.強調作決定是教育行政運作的中心功能。

　　2.確定作決定對教育行政組織結構的重要影響，教育組織
　　　結構可分為：①行政級：目的在組織目標的選擇與決
　　　定。②視導級：將目標及政策具體化。③運作級：實施
　　　決定。

　　3.主張教育行政上的有限理性教育決定的架構。

　　4.主張教育行政運作上決定與執行應並重。

5.重視教育行政動態歷程和行政行為的研究。

6.重視影響教育行政決定之個人心理因素與環境因素。

7.強調溝通之重要性。

8.重視決定技術之革新。

9.強調教育行政應兼顧組織效能與效率（吳清基）。

二十一、教育行政推行變革時常遭到部分教育人士或社會人士的抗拒，請說明遭到抗拒的原因？並說明如何消除與減少抗拒的方法？【嘉師85】

答：（一）抗拒的原因：

1.與既得利益者之利益衝突。

2.心態保守、不願改革。

3.對改革的結果不確定。

4.能力有限無法配合。

5.威脅到某些人的利益或權利。

（二）消除或減少抗拒的方法：

1.價值策略：使其認同興革者之價值觀。

2.理性策略：出示證據，加以說服。

3.教育策略：再教育被興革者。

4.心理策略：利用民眾的好奇心、求勝心、一窩蜂心理。

5.經濟策略：加薪、補助。

6.政治策略：透過立法。

7.權威策略：行政命令。

（三）吳清山提出：

1.全面品質管理策略（total quality management）：事先預防、永續改進、顧客至上、品質第一，全面參與。

2.省思性行政管理（reflective-practice perspective）：領導者經過知、行、思考的循環過程，累積各種新知識、新方法來處理各種變革。

3.建立學校爲學習型組織：

　　（1）成員共同建立學校未來發展目標（願景）。

　　（2）鼓勵成員採用新方法解決問題。

　　（3）建立互信開放之溝通管道。

　　（4）增加成員參與機會和充分授權。

二十二、試論行政管理理論的要點及其在國民小學行政及領導上的應用。【國北師83】

答：行政管理理論很多，考上可以擇一、二種來回答，筆者以Z理論作示範：

　　（一）代表人物：

　　　　由麥哥里（J. E. Megley）首創，代表人物尚包含有：蓋哲（Getzel）與席斯克（Sisk）等人，爲現代較著名的管理理論之一：

　　　1.內涵：

　　　　（1）強調制度與人應兼顧。

　　　　（2）主張激勵與處罰手段的使用應因人、因時、因地而異。

　　　　（3）同時重視生理與心理需求。

　　　　（4）靜態、動態與心態組織宜並重。

　　　　（5）視組織爲有機體、爲社會之次級系統，使用系統分析法。

　　　　（6）強調組織的多變性。

　　　2.蓋哲觀點：認爲組織是制度與個人兩層面所構成，領導者應同時注重效能與效率。

　　　3.席斯克觀點：認爲組織的型態與管理方式應考量的因素有組織的大小、互動程度、成員人格、目標一致性、資訊的來源及組織的狀態。

4.Z理論在教育行政上的應用：

　　（1）採系統分析方法：流程圖、模式、電腦、計畫評核
　　　　　術、目標管理等。

　　（2）採中庸之道。

　　（3）採權變式領導。

　　（4）講求殊途同歸性：解決問題的途徑有很多，應因地
　　　　　制宜（林新發，民88）。

二十三、試論學校本位管理（school-based management）以及「反省
　　　　式」（reflective）行政管理的內涵與其在我國學校行政革新上
　　　　的意義及啓示。【中師84】

答：（一）背景：

　　　1.開放社會之影響。例如：

　　　　（1）多元價值觀：重視人的尊嚴與價值、教學與學習多
　　　　　　　元化。

　　　　（2）促進教育機會均等、激發個人潛能。

　　　2.教育改革的促成：行政院教育改革審議委員會於民國85
　　　　年6月提出之「第三期諮議報告書」及85年12月提出之
　　　　「教育改革總諮議報告書」中，所揭示的教改重點之一即
　　　　爲「建立推動以學校爲中心的管理方式。

　　　3.先進國家的教育趨勢：目前正推行學校本位管理的國家
　　　　有：美國、英國、澳洲、加拿大、紐西蘭與法國等。

　　　4.權力下放及分權化的影響。

（二）內涵：

　　　所謂學校本位管理（school-based management, SBM）是指
　　　教育行政機關將與學校相關事務授權由學校層級自主與作
　　　決定，而其決定的過程必須由學校相關人員共同參與，並
　　　且共同擔負績效責任。此一概念，含有三個要點：

　　　1.授權學校自主，以便因地制宜。

2.由學校相關人員共同參與決定，以便集思廣義，相關人員包括有教育行政機關人員、校長、學校行政人員、教師、家長、學生及社區人員。

3.由學校擔負績效責任：權力下放的範圍包含有經費、人事、課程、教學和一般行政運作等，但學校必須負起成敗責任。

（三）學校本位管理的做法：

1.教育行政機關應先評估學校的能力，再選擇若干學校試辦，視執行成效，再予考慮是否推廣。

2.吸取國外經驗，但需考量本國歷史背景與傳統。

3.可授權學校自主決定的事務應包含：學校經費、課程、教學及人事。

4.參與學校決定的人員應包含：教育行政機關人員、校長、學校行政主管人員、教師、學生、家長、社區成員等代表。

5.重新定位教育行政機關、校長、教師及家長的角色。

6.成立「學校本位管理委員會」來討論學校的事務，其成員如上。

7.學校本位管理委員會的任務為：

（1）評估學生的需求。

（2）評估社區的需求。

（3）擬定學校的運作更具彈性。

（4）監督學校實施計畫，其功能為：

（a）使學校的運作更具彈性。

（b）符合學校的個別需求。

（c）提昇教職員的專業水準。

（d）促進相關人員的參與和投入。

（e）增加學校績效責任。

（f）提升教育品質。

8.可能困難：

　（1）相關法令限制使學校不能自主。

　（2）教育行政機關未能充份授權。

　（3）學校相關人員缺乏做決定的知識與能力。

　（4）校長或單位主管不願與成員分享權力。

　（5）需要費時、費事去溝通。

　（6）民代的介入。

　（7）既得利益者的抗拒。

　（8）增加教師負擔。

　（9）相關人員缺乏自主意識。

　（10）配合措施：

　　　（a）學校獲得明確的授權與責任。

　　　（b）對參與決定的人員實施訓練。

　　　（c）減少有關行政機關的權限與編制。

　　　（d）著手修改法令。

　　　（e）提供必要支援與服務。

　　　（f）成立學校本位管理委員會，研擬實施計畫。

二十四、教育革新運動在我國正如火如荼進行，請試就官方或民間之
　　　　教育革新主張中，選擇一項，詳述其內容，並以研讀過的教
　　　　育理論或已有的實證研究評述其利弊，最後提出改進或解決
　　　　之具體建議。【花師85】

答：（一）關於小班小校：

　　　1.利：可以提升教學品質、減輕教師負擔。

　　　2.弊：

　　　（1）經費上之限制。

　　　（2）物理上之限制，有些大城市即使有錢，也不一定能
　　　　　　取得土地。

3.實證結果證明（科爾曼報告），學校教育對學生成績高低之影響有限，真正影響學生成就的因素主要來自家庭（父母對子女的期望、動機、價值觀、智力等因素）。

4.具體做法：重視家庭教育、親職教育，家長是最早也是最好的教師，家長應擔負起部分教育的責任，不是把孩子丟給學校，學校就要負起所有責任（包括找回中輟生）。

（二）關於幼兒教育：

教改應先從幼兒教育開始，目前絕大部分是由民間來負責，品質參差不齊。目前政府一項暫時的因應措施是發放幼兒教育卷，其缺點是將造成政府的龐大負擔，且幼教品質仍然沒有提升。改進之道有：

1.採公辦民營方式。

2.增設中、小學公立幼稚園。

3.整合幼稚園與托兒所。

4.增設公立幼稚園。

5.加強幼稚園的評鑑與管理。

二十五、試擬一國民小學教育改革方案。【東師84】

答：（一）融入教改理念與答題中：

例如多元評量、學習型學校、鄉土教育等。

（二）依教育計畫體例來寫，計畫的要項（程序）有：

1.確定目標及範圍。

2.搜集資料。

3.分析與解釋資料。

4.編擬計畫草案，有七大項目：

（1）計畫目標。

（2）計畫緣起。

（3）執行策略。

（4）實施日期。

（5）所需資源。

（6）評估指標。

（7）附則。

（8）修正草案。

（9）決定計畫（吳清山）。

二十六、試說明我國於民國87年政府所提出的教育改革行動方案。
【東華88】

答：（一）教育改革係以舒解升學壓力及教育自由化為主，其內涵
有：

1.普及幼兒教育。

2.提升國民教育。

3.彈性高中教育。

4.建立技職教育體系。

5.輔導大學自主。

6.規劃終身學習社會。

7.發展多元的師資培育制度。

8.全民體育和運動競技並重。

9.加強輔導工作。

10.促進國際及兩岸文教交流。

11.健全支援系統（人事、財務、資訊、視導、研發及社會
資源）。

（二）教改原則：

1.強調前瞻發展。

2.促進機會均等。

3.重視人文精神。

4.提昇專業素養。

5.追求民主開放。

6.邁向自由多元。

7.推動自主自律。

8.採行分權分責。

9.鼓勵全民參與。

10.力求精益求精。

二十七、試簡要說明任何一種領導權變學說，然後申述其在國小學校行政領導實務上的應用。

答：權變領導理論主要有費德勒的權變論、House的途徑目標模式及Hersey與Blanchard的情境領導理論，請參考內文，以下補充：

（一）權變領導理論之特色：

1.否定兩極（X理論、Y理論），認為組織是開放的、適應的、有機的。

2.彈性運用：原則是有情境限制的。

3.效果與效率並重。

4.殊途同歸性：否定有唯一最佳方法，可以運用各種方法來達成目的。

5.管理的層次性：分為技術層級與策略層級，有不同的目標、需要與管理型態。

6.強調環境、工作和員工三者之密切合作。

（二）在教育上之運用：

1.因人而異。

2.因時而異。

3.因地而異。

4.因組織特性而異。

5.因組織層級而異。

6.因組織型態而異（蔡培村）。

二十八、行政理論的發展共包括三個時期：傳統理論、行爲科學與系統理論，請就其中一個時期之理論的特性、盛行年代，以及該時期中的一個代表學派之主要內容與代表人物，加以說明，然後申述該時期理論對教育或學校行政、實務工作之啓示。【東華86】

答：詳見內文。

二十九、何謂學校本位的管理？以學校爲本位的管理應該有哪些的原則，試申述之。【師大88】

答：詳見【中師84】之解答。

三十、試以學制分流的觀點，分析目前我國實施之「多元入學方案」的利弊得失，與未來改進之道。【政大88】

答：高中的多元入學政策於90年度開始，以減輕國中畢業生的升學壓力，方法上是以基本學力測驗分發入學、推薦甄選入學、申請入學、自願就學輔導方案入學、資優生保送入學及直升入學等方式進行。

（一）多元入學的特色：

　　1.紓解國民中學學生壓力，多元化評量學生的學習成就，使學生適性發展，以培養五育並重的國民。

　　2.輔導高級中學進行入學制度之改革，以建立符合時代及學校需求的多元化入學方式。

　　3.鼓勵高級中學發揮特色，吸引國民中學畢業生升學當地高級中學，以發展高水準的高級中學。

　　4.結合社區資源及特色，提升多元入學測驗品質、試題品質，以發展學生及家長社區意識。

（二）高中多元入學的原則：

　　1.考招分離：由學術機構提供國民中學基本能力測驗，供高級中學多元化入學招考學生之用。

2.尊重地區差異原則：各聯招區可以依不同的實際需求，運用不同的入學方式，必要時更可以採計學生的在校成績。

3.全面暢通升學管道：高職及五專全面進行入學方式的改革。

4.加強溝通協調原則：讓社會各界瞭解高級中學入學方案的精神及執行方式，以減少執行壓力。

（三）高中多元入學的限制與改進：

1.應對所有的入學方案、執行方案評估以瞭解其成效。

2.應充份與社會各界溝通。

3.多元入學是否真能減輕壓力應再予以評估。

（四）大學的多元入學方案：

1.多元入學的管道：

（1）推薦甄選：每年大學推薦甄選均有五、六萬名，只錄取二至三成。

（2）大學先修班：從87年起大學提供一些名額給重考生修習大學學分，若將來考生考上大學後，可以抵銷其學分。其缺點是學生一心二用，同時要準備升學與大學課程，壓力無法減輕。

（3）聯考。

（4）考招分離：即以學科能力測驗取代聯招，並以兩階段考試，取代一試定江山：第一次為共同科目考試（國文、英文、數學及自然科目考試）；另為共同科目，試後各校再依其條件甄選學生，大學多元入學新方案將在民國91年起實施，其作業流程如下：

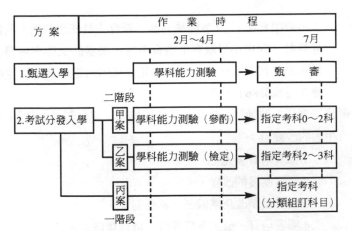

方案	作業　時　程	
	2月～4月	7月
1.甄選入學	學科能力測驗 →	甄　　審
2.考試分發入學	二階段 甲案 學科能力測驗（參酌）	指定考科0～2科
	乙案 學科能力測驗（檢定）	指定考科2～3科
	丙案	指定考科 （分類組訂科目）
	一階段	

資料來源：張芳全（民88）。《教育政策理念》。台北：商鼎。頁167。

（五）大學多元入學「考試分發」甲、乙、丙三案的實施方式：

考試 及 分發 方案		二　階　段　考　試		一階段考試
		甲　案	乙　案	丙　案
考試科目與採計分方式	基礎 考科	各科必考 成績作為檢定及 同分參酌之依據	各科必考 成績作為檢試之 依據	無基礎考科
	指定 考科	校系指定考科 0至2科為原則， 不超過3科，每科 可加重計分。	校系指定考科 1至3科為原則， 每 科 可 加 重 計 分。	分四類組訂定考 科每科可加重計 分。
分 發	方式	依考生志願序， 以校系所採計考 科之成績計算加 權總分後，按其 高低序錄取，額 滿為止。	同左	同左

資料來源：張芳全（民88）。《教育政策理念》。台北：商鼎。頁167~168。

　　在大學多元入學方案中推薦甄選的公平性一直受到質疑，而兩
階段聯招似乎又沒有減輕升學的壓力。

三十一、「師資培育法」、「教師法」及「教育人員任用條例」的制訂
　　　　或修訂，對中小學教育生態會造成什麼樣的衝擊與影響？如
　　　　果您是一個學校的校長，您會如何來因應這些教育生態的改
　　　　變？【高師86】

答：師資培育法、教師法及教育人員任用條例，請參照【附錄】。對教
　　育生態的改變有：

　　　　1.師資培育多元化。

　　　　2.實習制度的改變。

　　　　3.由分發制改為儲備制（聘任制）。

　　　　4.師資培育，公、自費並行，以自費為主。

　　　　5.透過初檢、教育實習、複檢取得合格教師資格。

　　　　6.教師進修管道。

　　　　7.教師分級與證照制度。

　　　　8.不適任教師之處置。

　　　　9.教師組織（教師會）。

　　　這些都是重要的時事考題，考生請多加注意，限於篇幅所
　　限無法一一詳細解釋，筆者僅選定常考的議題：

（一）派任制與聘任制之比較：

　　　派任制在台灣實施了近五十年，而民國八十四年教師法通
　　過及八十五年教育部公布「教師法施行細則」，確定爾後的
　　教師由學校的教師評審委員會來聘任。

　　　1.派任制的優點：

　　　（1）適合當時的國防需求，在動員戡亂時期，派任制的
　　　　　國小男性教師有「準國防兵」的角色，得以辦理緩
　　　　　召，一旦發生戰爭負有照顧學生之職。

　　　（2）工作有保障：是教師的一大福音。

　　　（3）強制服務：教師被視為準公務員，應遵守公務人員
　　　　　服務法，完成被分派的責任。

（4）避免極權：校長沒有人事任用權，可避免專權過於集中而影響校務。

（5）同質共識：同事間同質性高，容易溝通與達成共識。

2. 派任制的缺點：

（1）校務計畫無法確定：因師資來源無法充份掌握，而長期校務發展往往因人事調動而受到影響。

（2）保障過度：形成教師保守的文化。

（3）無條件的接受派任：學校對師資沒有選擇權。

（4）因人設事：人員固定加上來源有限，只好因人設事，或濫竽充數，很難提昇教育品質。

（5）不適任教師無法立即處理：解聘一位教師需要2～3年。

3. 聘任制的優點：

（1）校務計畫得以確定，有助學校發展其特色，與規劃長期計畫。

（2）師資來源多元化，同事間異質性高有互補作用，可以推動協同教學。

（3）因事選人：學校可依職缺聘請不同專長的人才，以彌補校內人才的不足，促使教學多樣化。

（4）聘任制沒有絕對的保障，教師為爭取續聘，而有危機意識。

4. 聘任制的可能缺點：

（1）校長控制教評會進而更加獨裁。

（2）教師會擴張權利與行政對立。

（3）引發學校的派系鬥爭。

（4）偏遠學校聘無人。

（5）可能任用私人。

（二）教師職級制度：

　　1.定義：蔡培村（民85）認為，教師職級制度「源自於教師生涯進階（teacher career lader）的理念，主要在規劃一系列的教師職務進階，使教師能夠依據本身的興趣性向能力與表現，發展教師個人的潛能，促進教師專業知能的提升」。（p. 241）

　　依美國師範教師協會（the Association of Teacher Educators）認為，教師職級制度的特色為：

　　（1）教師職級制度有助於「教」與「學」的改進。

　　（2）有助於學校的改進與提升教師士氣。

　　（3）檢核教師能力，提升教師的工作效率。

　　（4）職級制度可以啟發教師的潛能。

　　（5）提供生涯發展的機會。

　　（6）提供教師專業發展的時間與程序表。

　　（7）強化了學校組織的結構性。

　　（8）做為教師區分責任與薪水的標準。

（三）職級的劃分：

　　1.初任教師階段：為通過教師甄選並升為正式合格教師階段，主要工作為執行教學活動、決定班級事務、進行學校輔導工作，但仍需接受校長、主任或資深教師的指導。

　　2.中堅教師階段：當初任教師服務滿六年以上時，可以申請為中堅教師的審查，中堅教師的主要工作除教學外，尚有行政兼職、指導學校輔導工作、協助推展學校公共關係，中堅教師可受聘於各處室單位任行政工作而同時發展學校行政生涯。

　　3.專家教師階段：當中堅教師滿五年以上時，可以申請升等為專家教師，專家教師之工作除了教學外，尚有課程

規劃、教材設計、教學觀摩與教學研究等之工作，專家
教師亦可參加主任之甄試。

4.資深教師階段：當專家教師服務滿五年可申請資深教師
的資格審查，其任務除教學外，尚有指導實習教師、擔
任教學、行政、輔導的諮詢與顧問，亦可參加校長甄
試。

5.中、小學教師的教師職級制可歸類如下（蔡培村，民
85）：

階段	實習教師	初任教師	中堅教師	專家教師	資深教師
建議年資	1～2年	（初階）2～6年	（中階）7～12年	（高階）13～18年	諮詢19年以上
職務	教學實習	教學輔導	教學輔導教材研發示範教學	教育研究教學觀摩教材設計專家輔導	指導實習教師教學與輔導諮詢學校與社區關係建立

（四）蔡培村建議教師職級制的推展應：

1.宣導教師進階觀念，建立共識：

（1）建立中小學教師的專業形象與地位。

（2）促進教師進修與成長。

（3）教師職級制度是一個客觀公平的晉升制度。

（4）提供教師教學專業導向的晉升管道。

（5）可以激發教師良性競爭。

2.建構專業研修體系，提升中小學教師專業知能。

3.修法以利職級制度的推行。

4.執行時應：

　　（1）協調各相關機構。

　　（2）彈性調整職級制度。

　　（3）成立客觀公正的評鑑小組，針對執行效果予以評
　　　　估。

（五）實施的限制（林山大，民85）

　　1.目前尚無法源依據。

　　2.需龐大的經費。

　　3.有許多老師反對。

　　4.應妥善配合教師證照制度、教師職級制度與教師進修制
　　　度。

三十二、請論述教師在職進修教育與教師專業發展，學校組織革新的
　　　　關係，並對當前國小教師在職進修的制度或措施加以評析，
　　　　且提出具體改進建議。【花師86】

答：（一）教師進修是促進教師專業成長及終身教育的必要途徑，與
　　　　學校組織革新息息相關。

　　（二）教師進修的相關法令：

　　　　1.「師範教育法」第十九條：「各級學校教師在職期間，
　　　　　應進修研究與其教學有關之知能。其辦法由教育部訂定
　　　　　之」。

　　　　2.民74年公布「中小學教師在職進修研究辦法」。

　　　　3.師資培育法（民83），第三條：師資培育含在職進修。第
　　　　　十二條：師範校院應負責教育專業在職進修。第十五
　　　　　條：師範校院及設有教育院、系、所之大學校院得設立
　　　　　各科教育研究所，提供教師在職進修為其任務之一。第
　　　　　十六條：師範院校及沒有教育院、系、所或教育學程之
　　　　　大學校院得設專責單位，辦理教師在職進修。主管教育
　　　　　行政機關得視實際需要，另設機構辦理教師在職進修。

4.民85年重新訂頒高級中學以下學校及幼稚園教師在職進修辦法。

5.依新頒「教師在職進修辦法」（民85）之規定，「教師在職進修」，係廣義地指「在職進修」和「在職研究」二項。「在職進修」是指進修學分進修學位或資格而言。「在職研究」包含從事相關之研究、譯著或創作，及參與各種學術研究會。（謝水南，民85）

（三）教師在職進修的目的（高強華，民85）：

1.為現行和擬訂中的課程，維持適當的教學水準和教師品質。

2.確保教師具充分教學能力，期能有效的勝任教師的角色。

3.鼓勵教師在專門科目的教學歷程中，能有所革新與創造。

4.鼓勵教師擴充其知識領域，以提升其專業成就。

5.激發教師發展新的專長、促進課程與教學的意義。

6.協助教師發展對學生需要與學習經驗的瞭解，以及對學業和社會的瞭解。

7.協助教師瞭解學校的結構、組織關係、行政管理之理念或運作，俾能在參與學校目標、政策和計畫時扮演適當的角色。

8.增進學校組織間的溝通和人際關係，鼓勵教師致力於學術社區建立和維持。

9.增進教學工作上的個人成長與滿足，充分發揮個人能力。

10.鼓勵教師自我反省。

（四）教師進修活動的功能：

1.維持教育競爭力。

2.教學技巧的擴展與精熟。

　　3.專業知識分化精深。

　　4.教學與適應之彈性化或創造力之提升。

　　5.個人或人際成長的重視。

　　6.激勵自我意識與專業責任。（高強華，民85）

（五）教師在職進修的類型：

　　1.各科教學研究會。

　　2.個案研究會：例如商討學生學習不良的問題。

　　3.教學觀摩。

　　4.專題演講。

（六）教師在職進修機構：

　　1.台灣省國民學校教師研習會。

　　2.台灣省中等學校教師研習會。

　　3.台北市教師研習中心。

　　4.高雄市教師研習中心。

（七）教師在職進修的缺失：

　　1.無法對教師進修是為改進學校教育、或做為教師的福利
　　　做明確的定位。

　　2.方式過於單調，教師常參與政府機構所舉辦的以大學教
　　　授擔任講座的進修活動，內容未能符合中小學的實際需
　　　求。

　　3.公辦的教師進修活動常欠缺整體的規劃，事前亦未作需
　　　求評估，事後亦極少評鑑其效果。

　　4.政府機構常在學期中舉辦進修活動，通知時間倉促，又
　　　常要求學校必須派員參加，常造成對中小學學校秩序的
　　　干擾（高強華）。

（八）學校本位教師在職進修：

　　學校本位在職進修可以調整以往由上而下，被動的消極之

學校文化以激勵教師的專業自主，亦可因時、因地制宜靈活的運用教師在學校裡的剩餘時間，在小空間、小經費的原則下，教師從事與自己切身相關問題的研討。成功的教師本位在職進修，應符合下列原則（高強華，民85）：

1. 具有目標意識：明確的指出教師進修或研討，新進教師之輔導，以及教學問題之研討，其所欲達成的目標為何？

2. 事先分析與評估參與成員之背景：包括年資、教學專長、服務的學校類型、學歷、先前進修經驗等，以做為內容選擇與活動設計的參考。

3. 妥善歸劃時間：應配合學校的行事曆，並且考慮到節慶、例假日、以及平時合宜的時段。應從教師本身的立場來考量。

4. 支援或贊助的尋求應統整校內外的各項資源，例如民間基金會或文教團體、官方機構、專業性質的學會，以及高等教育機構等。

5. 促進多元進修管道：專題演講、觀摩示範、參觀考察、團體討論、角色扮演、腦力激盪、電腦輔助教學、虛擬實境等。

6. 配合視聽媒體的使用：包括手冊、表格、影片、幻燈片、錄音帶和錄影帶。

7. 適當的規劃環境與設備：例如空間和環境的佈置、進出動線的規劃，包括圖書館、電算中心、寢室、衛浴設備等。

8. 評量實施的成果：發展評量表格與資料搜集，做為往後改進之參考。

9. 適當的回饋與獎懲：宜建立全面整體的回饋系統。

三十三、試就意義與特性，分析並比較初等教育、國民教育與義務教育之相同與相異處。【市北師86】

答：（一）初等教育（primary education或elementary education）

　　1.早期看法：

　　　（1）雙軌制 vs. 單軌制（ladder system vs. single-track system）

古代歐洲有階級制度，學校分為兩種系統，上層社會人士所讀的學校稱為中等教育學校系統（secondary school system），而下層社會勞工子弟所讀的為初等教育學校系統（primary school system），此種學制稱為雙軌制（dual school system），當時的初等學校並非在中等學校之先，而是與中等學校並行的另一系統，中等學校的入學年齡約9歲至18歲，而初等學校的入學年齡約6～14歲，兩者有重疊處。

美國為改善雙軌制階級不平等的現象，乃於十九世紀末建立男、女兼收單軌制學校，即所有兒童及青少年不論其階級的貴賤與貧富，都上同一種學校，直至中學畢業為止，於是初等教育與中等教育合而為一，而非以往不同軌道或不同類型的教育，此後單軌制的教育不再是民眾教育，或平民教育，而轉換為基礎教育的性質。

（二）目前初等教育的內涵：

目前多數國家的初等教育亦即基礎教育，目的在培養個人的基本能力，奠定個人身心發展的基礎，而所謂的基本能力包含兩方面：個人參與社會生活所需的基本能力；與個人繼續發展所需的基本能力，前者是指一般性的社會能力而非職業技術能力，多數國家將此一階段定義為普通教育（general education），初等教育的內容大致上為：

1.日常生活所需的國語文的正確理解與使用的能力。

2.日常生活所需的數量關係的正確理解與使用的能力。

3.日常生活中與食、衣、住、行有關的基本知識與技能。

4.日常生活中有關自然現象科學理解與處理的能力。

5.有關身心健康與幸福生活有關的知識與技能。

6.對於鄉土、社會、國家以及國際現況與發展的正確瞭解。

7.對於音樂、藝術、文藝等的基本認識與技能。

8.社會上各種職業類別的初步認識與勤勞的習慣。

初等教育在階段上屬於第一階段的教育，其上還有中等教育與高等教育，另外初等教育是否包括學前教育或幼兒教育，為一見仁見智的問題。

（三）義務教育（compulsory education）：

義務教育具有強迫性質，多數國家規定其國民在一定年齡期間必須接受的一種教育，因具有強迫性質，故又稱為強迫教育，義務教育的來源有二：

1.國民教育的源流。

2.對受教權的保障，有關受教權的保障有下列支持性的文獻：

（1）我國憲法第二十一條：人民有受國民教育之權利與義務。

（2）憲法第一六〇條：6歲至12歲之學齡兒童，一律受基本教育，免納學費。其貧苦者，由政府供給書籍。已逾學齡未受基本教育之國民，一律受補習教育，免納學費，其書籍亦由政府供給。

（3）世界人權宣言第二十六條：凡人均有受教育的權利。教育至少在初等及基礎的階段，必須為免費。初等教育應為義務。歸納言之，義務教育具有四點特性：

（a）義務教育階段的國民，每一個人均需就學。

（b）義務教育以培養健全國民爲主要目的。

（c）父母、政府及社會均有保障義務教育階段的國民接受教育的權利。

（d）義務教育應免費。

（四）國民教育：

國民教育的目的在培養健全國民或社會公民，其歷史的發展與民族國家的興起，各國重視該國之國語與民族意識教育有關，歷史上著名的例子有：

1.菲特烈大帝所公布之教育法令，申言教育的目的在「防止並減少極爲不適並有害於基督教信仰的文盲，而使今後各學校中能訓練並教育出更爲開化並有品德的臣民」。

2.菲希特（Fichte）於1806年普法戰爭中，普魯士失利後發表「告德意志國民書」，此時普魯士即成立了國民學校。

3.我國國民小學課程以民族精神教育及國民生活教育爲中心，在課程標準中亦多所強調愛國教育及民族精神教育（王家通、孫邦正）。

32 班級經營

班級經營的內涵

定義

班級經營是建立和維持班級學生達成教育目標的歷程。吳清基認為是師生共同合作處理有關教室中人、事、物的問題。

目的

1.擴展教學及學習的時間。
2.增加師生互動。
3.促進自我管理能力（張新仁等，民89）。

內容

1.班級行政管理：座位安排、班規建立、校令宣導等。
2.班級教學管理：教學活動指導、學生作業指導等。
3.班級常規管理。
4.班級環境管理。
5.班級人際互動管理（張新仁等，民89）。

建立班級常規

何謂班級常規

班級常規包含班級規則和班級秩序的建立，其內容包含：教室規約、上下學規約、集會工約、運動場所規約、其他校內規約、家庭生活規約及校外生活規約等（張新仁等，民89）。

班規執行原則（張新仁等，民89）

　　1.對事不對人。

　　2.預防重於治療。

　　3.注重合作而不是命令。

　　4.使用正增強。

　　5.經常而立即的指導。

　　6.獎勵表現優秀者。

教室管理的原則（張春興）

教師應先瞭解學生之心理特徵

　　1.認知發展：7歲前爲運思期、7～11歲爲具體運思期、11歲以上爲形式運思期，教師應熟悉各時期兒童之認知特色。

　　2.人格發展，依艾瑞克森的社會發展論，小學之發展危機爲勤勉 vs. 自卑，而中學爲自我統合 vs. 角色混淆，對於小學應儘量促進其潛能的開展，提供成功的經驗，使其努力向上，而對於中學生則鼓勵其探索人生發展的方向。

　　3.道德發展：9歲以下爲道德成規前期有兩種取向：避罰、服從與相對功利。而9歲以下爲道德成規期，具有兩種取向：尋求認可與遵守法規，教師在管理與設訂班約時應考慮學生之道德認知發展階段，且應具有彈性。

　　4.身體發展：青春期約起於12歲，體重、身高增長快速。

　　5.注意家庭背景的影響：可分爲三類學生：順教育學生、缺教育學生、反教育學生。

瞭解教育行政的規定

　　例如學校對懲罰的規定有五種：訓誡、警告、記小過、記大過與特別懲罰，而特別懲罰又分爲由家長帶回管教、轉學與退學。

建立基本的行為規範

例如有禮貌、舉手發言、不插嘴、定時交作業、借用公物一定歸還、尊重別人的財務等。

維持教室秩序

1.讓學生瞭解教師並洞悉教室內一切情況。

2.同時兼顧不同事務。

3.順利地運作分段教學活動。

4.維持全班學生參與學習活動，避免只指定成績優良者。

5.營造生動活潑的教學環境。

6.責罰時避免產生連漪擴散的效應。

7.維持教室常規：引發學習興趣、運用非語言線索、選適當強化行為、刻意讚許其他學生。

行為學派的教室管理原則（張春興）

教室不當行為的成因

1.故意引起教師的注意或向教師挑戰。

2.存心惹同學的注意。

3.困擾情結的渲洩。

違規行為的處理步驟

1.確定目標行為及強化物。

2.設定目標行為的基準線。

3.選擇強化物與強化標準。

4.如懲罰則需先設定標準。

5.與基線比較行為進步情形。

黃宜敏提出幾項教師執行教室管理的建議：

1.先設定規則與標準。

2.選擇正增強：例如以愛心溫暖或給予注意。

3.教師應學會瞭解與掌握生活世界，使用反映性傾聽。

4.促進行為與增強的聯結。

5.符合一致性（consistency）的標準，不要因人而異。

6.逐步養成學生良好習慣。

7.去除不良行為，可使用的技巧有：

　　◇學生可以從停止不良行為中得到好處。

　　◇對於無法消弱的行為要直接處理。

　　◇改變情境。

　　◇暫時隔離。

8.提供學生良好的榜樣。

9.讓學生知道他們是被關愛、需要與尊重的。

10.維護權威。

懲罰原則

1.儘量使用正增強、負增強，處罰是最後手段，其副作用有：退縮與洩恨性攻擊。

2.確定有良好的逃離行為：例如若明天有寫作業，則明天不必留下來。

3.確定學生已將不愉快事件與不良行為聯結。

4.前後一致、言出必行。

5.最好在不良行為發生前就予以制止。

6.選用適合且合理的懲罰方式，避免使用集體懲罰。

7.確保課業不會變成一種懲罰（黃宜敏）。

8.實施懲罰前需讓學生確實瞭解懲罰的標準。

9.懲罰只限於可改過的行為。

10.應考慮到學生的心理需求及個別差異。

11.儘量使用剝奪式懲罰（removal punishment），少用施予式懲罰（presentation punishment）。

行為學派的輔導技術（黃正鵠）

操作制約治療法

1.增強物之評估：目的在找出最適合個人的增強物以發揮增強的極效，評估的方法有：晤談法、觀察法、顯露法、清單法、問卷法等。

2.增強物之分類：消耗性增強物、活動性增強物、操作性增強物、擁有性增強物、社會性增強物。

3.增強方式：正增強、負增強、處罰、消弱等。

4.行為塑造（shaping），其程序為：

◇先確定終點行為。

◇選定起始點行為。

◇擬定塑造行為的步驟，採漸進方式。

◇隨時給予增強、調整增強方式與增強物，避免飽足。

◇達終點行為後，還需繼續以保持行為的隱定。

5.代幣制（token economy）：其優點有：

◇可以適當變化增強物以配合學生的需要。

◇代幣可以依當事人行為改變的情形來加以調節。

◇增強物延後出現可以培養自制精神。

◇增強物的呈現可以設定在適當的時間與地點，而不影響上課秩序。

　　◇籌碼是一種緩衝的媒介，其實行的程序爲：

　　　　◆選用適當的代幣。

　　　　◆訂定行爲標準。

　　　　◆選定支援性增強物。

　　　　◆制定代幣與增強物間的匯率。

　　　　◆說明實施步驟。

　　　　◆實施。

　　　　◆代幣的消除。

嫌惡制約療法（aversive conditioning）（黃正鵠）

應用原則

　　1.明白實施之步驟。

　　2.是自願參與的。

　　3.對結果不能保證。

　　4.對當事人說明副作用。

技術

　　1.處罰。

　　2.過度矯正法：包含還原性過度矯正法（restitutional overco-rrection）在不當行爲發生後，要求當事者過度的表現適當行爲；與練習性過度矯正法（positive practice overco-rrection）、練習適當的行爲。過度矯正法不但能使學生習得正當行爲，而且也讓其瞭解到做錯事必須付出代價。

　　3.暫停法（time-out）：例如現場暫停法（冷漠、取消增強）與隔離房間法、隔離區域法、走廊隔離法。

4.電擊法與化學法

5.想像法。

古典制約治療法

肌肉鬆弛訓練

常用來治療焦慮，在安靜柔和的情境中學習經由放鬆肌肉，促進心情的平靜，其練習有：呼吸練習、雙手、手臂、全身肌肉之放鬆練習等。

系統減敏感法

理論來自相互抑制理論（reciprocal inhibition），目的在消除或減低焦慮，其原理是以正向的刺激（鬆弛反應）來取代負向的刺激（害怕、焦慮）。實施程序為：

1.初次晤談：瞭解當事人之困擾與害怕的對象。

2.組織焦慮層次表（anxiety hierarchy）。

3.實施肌肉鬆弛訓練。

4.引導想像。

5.實施系統減敏感治療：訂定信號、實施治療、記錄結果。

教室佈置

意義

藉由教室佈置來增進師生互動、傳達教育訊息、培養學生思考及欣賞的態度等。其目的有（簡良燕，民89）：

1.擴展學習之廣度與深度。

2.培養認知態度與興趣。

3.促進思考與欣賞的機會。

4.結合生活與教育。

5.增進師生互動。

教室佈置原則（簡良燕，民89）

考量九個因素：

1.整體性：時間、空間、科目、材料等。

2.需要性：以學生為本位，增加歸屬感。

3.教育性。

4.合作性：師生共同合作。

5.創新性。

6.安全性：避免尖銳物、有毒物質等。

7.色彩協調性。

8.經濟性：可以廢物利用。

9.可替換性：可定期更換學生作品、標語而不損及佈置。

親師合作

目的

傳達訊息，促進溝通與建立共識等。

溝通原則（陳淑絹，民89）

1.開誠佈公。

2.建立教育反省與改革之共識。

3.循序漸進。

4.與家長建立溝通之輪流表。

5.行政單位的支援。

6.建立親師聯誼中心。

7.發展學校特色：例如校慶或成立類似之親師溝通組織。

溝通管道

1.家庭聯絡簿。

2.家庭訪問。

3.傳達信涵。

4.電話聯繫。

5.校刊或班訊。

6.社區活動。

7.協助校方教學或行政：例如交通安全、補救教學等。

學生偏差行為的輔導

偏差行為的成因

1.家庭因素：隔代教養、單親家庭、父母不和。

2.學校因素：課業不佳、同儕影響、不當管教。

3.社會因素：藥物濫用、社會風氣。

4.個人因素：人格特質、價值觀等。

學校偏差行為類型（魏麗敏，民89）

1.偷竊。

2.說謊。

3.逃學。

4.抗拒行為：例如向權威挑戰、標新立異。

5.過動行為。

6.暴力行為。

7.焦慮行為。

8.憂鬱傾向。

9.內向害羞。

10.自殘（殺）行為。

11.不寫作業等。

輔導原則（魏麗敏，民89）

1.明確指出與描述不當行為。

2.記錄不當行為。

3.參與討論、取得共識、共謀解決。

4.態度一致。

5.給予正增強。

6.絕不放棄。

7.循序漸進。

8.積極樂觀。

9.設定具體明確的目標。

10.建立師生良好關係。

試題詳解

一、如果您是一位國小三年級級任教師，請您敘述：

　　1.教師期望原理的淵源？並且應如何運用教師期望原理於一個新接任的班級？

　　2.在開學之初始如何建立班級學生所需要的教室行為管理系統？
　　【屏師83】

答：教師期望原理又稱為比馬龍效應，源於1968年Rosenthal與Jacobson的研究，是指教師對個別學生在有意無意中會產生某些期望，並且在行動上表現出與其期望一致的行為，期望的產生可能受到教師本身的經驗學識或偏見的影響，可能有好或壞的期望。

　　（一）如何運用教師期望於新任班級：

　　　　1.教師瞭解班級特性，設訂具體、正面的期望水準。

　　　　2.教師傳達正面期望，並與學生討論。

　　　　3.設定目標，使用增強方式來達成目標。

　　　　4.選擇模範行為／學生加以表揚。

　　（二）如何建立所需教室行為管理系統：

　　　　1.瞭解學生背景：興趣、能力、家庭組成等。

　　　　2.瞭解與宣導行政規定：校規生活守則等。

　　　　3.全班共同討論班規與管理方式。

　　　　4.建立規約以及具體的獎懲標準。

　　　　5.分層負責執行。

二、學業成績低落及學生作業遲交是國小校園中常見的問題，就學習觀點而言，此一現象與兒童的成就動機有關。試問何謂成就動機？請說明兩個學派的成就動機理論，並闡述其在教學上之應用。【屏師87】

答：（一）成就動機：

是指個人在從事有成、敗之分的活動時，能夠全力以赴不怕任何的險阻，以達目標。

依張春興的定義，成就動機含有三種內涵：

1.個人追求進步以期達成希望目標的內在動力。

2.從事工作時個人精益求精的心理傾向。

3.個人在不順利的情境中衝破障礙、克服萬難，達成目標的心理傾向。

依艾特肯遜的看法，成就動機的性質在意識上有兩個相對立的心理：希望成功（hope for success）與恐懼失敗（fear of failure），若希望成功的動力大於恐懼失敗，則行動的意願較高。此外，70年代的動機理論假設，女性並非較男性缺乏成就動機，而是既希望成功又恐懼失敗的患得患失心理，更有甚者，女性有害怕成功的傾向——成功恐懼（fear of success），依成就動機理論，提下列建議：

1.提供適度的成功經驗。

2.培養挫折容忍度，勉勵不怕艱難，越挫越勇的精神。

3.培養學生設定適當目標的能力。

4.鼓勵學生按部就班，系統化的實現目標。

（二）遲交作業的處理（張新仁）：

1.要求同學將作業記載於聯絡本上，由全班共訂罰則，依遲交日期的多寡罰站、倒垃圾或抬便當等。

2.使用全班的勤惰表，只要有遲交作業，就在其上記下日期，直到補交為止，此項任務可由各科小老師負責登記。

3.平時作業表現良好者，就在公開場合予以獎勵，並且電話告知家長，未按期繳交作業者，限期繳交，並且與家長聯絡、追蹤。

4.要求沒有完成作業的學生在下課時補完，可請小老師協
　助。

5.若學生硬是不寫，該節上課時可以不必聽講，利用該節
　慢慢寫。

6.再無效的話，可以將作業分成幾個部分，分散在上課與
　下課時慢慢完成。

7.面談，瞭解不寫作業的原因，改善之。

8.關心您專線：列出常遲交作業者，由班級幹部與該同學
　經常接觸者組成「關心您專線」，以電話方式提醒其完成
　作業。

三、請舉出五種您最常用的班級秩序管理策略，並分別說明其理論依
**　據。【市北師84】**

答：班級經營的策略繁多，各學派均有不同的處理方式，教師應視情
　　境因人、因事、因地制宜，妥善使用各種策略：

　　（一）教師應先瞭解影響班級秩序的因素：

　　　　1.教師因素：例如教師特質（真誠、友善、快樂），教師權
　　　　　威角色（自信、冷靜、主動、傾聽、不預設立場、遇事
　　　　　不退縮、不情緒化），有時教師亦應扮演父母的角色，給
　　　　　予無條件的關懷與接納，善於維持教室秩序的教師具有
　　　　　下列特徵：

　　　　　（1）機警（withitness）：隨時隨地掌握教室狀況，知道
　　　　　　　　每位學生在做什麼。

　　　　　（2）能一心兩用（overlapping）：有能力一面教學一面
　　　　　　　　處理學生的問題行為。

　　　　　（3）教學順暢且能鼓勵學生：步調明快不拖泥帶水。

　　　　　（4）作業有變化且富有挑戰性：難易適中。

　　　　2.學生因素：學生不當行為的出現可能與下列因素有關：

　　　　　（1）生理特質：精力過盛或身體不適。

（2）無聊無助。

（3）想取得地位、認可或其他人的關注。

（4）想減低緊張感或挫折感。

（5）學業成績不佳。

（6）脾氣古怪、不合群。

（7）平日生活習慣不好。

（8）人格特質：情緒不隱，缺乏信心。

3.環境因素：例如教室空間之大小、照明、通風、溫度、日課安排型式等都對學生的學習有所影響。

（二）預防性班級秩序的管理：

目的在排除學生發生不良行為的可能性，包含兩方面：

1.改進教學：

（1）使用大約一半時間進行教學，1／3時間督導學生讀寫算或做實驗，15％在教室管理和其他事務。

（2）有清楚且系統化的行為規則，並且公告、執行。

（3）事先計畫當天活動並且公佈，以便讓學生瞭解。

（4）設計多樣化的活動。

（5）敘述教學目標及評量方式讓學生瞭解。

（6）要求學生閱讀教材以瞭解內容。

（7）實施簡短測驗且立即回饋。

（8）大部分教學是針對全班學生而非個別學生。

（9）平均分配學生回答問題的機會。

（10）稱讚學生的成功與努力。

（11）當學生答錯時應提供暗示，給予答對的機會。

（12）教新概念之前複習舊概念。

2.訂定班規之步驟：

（1）全班討論班規之重要性。

（2）制定一組規則。

（3）促使學生承諾遵守。

（4）督導學生行為及複習規則。

3.支持性的班級秩序管理：

（1）熟記學生姓名。

（2）善用眼神傳達警告或嘉許之意。

（3）善用聲音變化點醒學生。

（4）善用各種肢體語言的配合。

（5）適時的增強。

（6）真誠讚賞每位學生。

（7）隨時發問。

（8）分組秩序競賽。

（9）調整座位。

（10）善用幽默。

4.一般違規的處置：可使用行為學派的古典制約、操作制
約、增強原理、行為塑造法、以及班都拉的模仿與示範
等：

（1）說理。

（2）增強：考慮增強物增強方式及增強的時地選擇。

（3）示範。

（4）消弱。

（5）懲罰，但需遵守懲罰的原則（詳見內文）（賴清
標，民89）。

33 多元評量

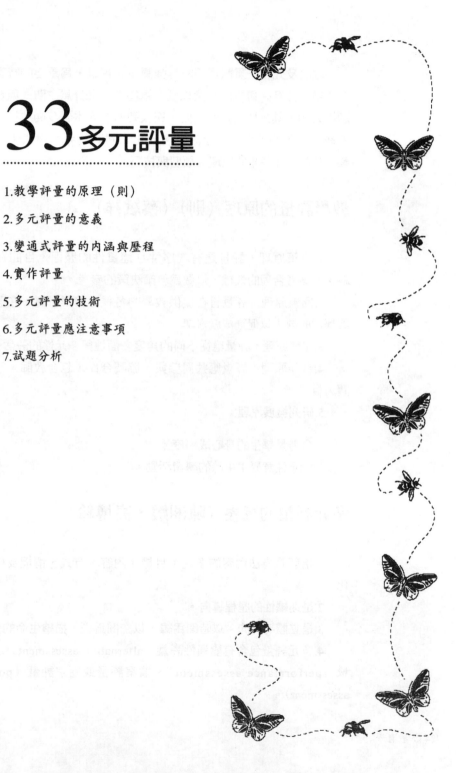

教改及九年一貫課程都非常強調多元評量，爲重要的時事考題，考生請多注意。傳統的評量以紙、筆爲主，又分爲主觀式與客觀式問題兩大類，其主要的缺點是僵化與人智力多元本質及開放社會不合，故教育改革的重點之一是評量多元化，聰明的考生應抓住考試的趨勢，熟悉多元評量的原理、類型與技巧。

教學評量的原理（則）（蔡斌祥）

1.決策原理：評量是有次序性且連貫性的歷程，目的在蒐集資料，並參考合理的效標，以做爲教師決策的參考。

2.回饋原理：評量旨在提供教學的各種回饋與引導，在改善教學與學習的缺失以促進成就水準。

3.完整原理：評量應從不同的角度多面性與多元性的評估。

4.合作原理：評量應共同參與，協調合作，包含教師、學生與相關人員。

5.研究發展原理：

◇考量學生的身心成熟度。
◇應注意學生平時的學習活動。

多元評量的意義（陳湘媛、高博鈴）

1.指評量方法內容的多元：目標、內容、方式、情境及標準多元化。

2.是連續性的歷程導向。

3.是立體導向的：以時間爲緯，以空間爲經，描繪生命的全貌。

4.多元評量包含有變通性評量（alternative assessments）、實作評量（performance assessment）、檔案評量或卷宗評量（portfolios assessment）。

5.應兼具質與量。

6.評量應包含背景、輸入、過程及結果。

7.評量的對象包含學生、教師與課程。

8.包含認知、情意與技能。

變通式評量的內涵與歷程

變通式評量的內涵

變通性評量內涵	變通性評量發展趨勢
1.學生需在學習活動中表現、製造、或產生某些行為。 2.學生必須能表現出一些有意義的教學活動的作業。	1.從行為主義轉變為認知理論的學習與評量觀點。 2.從紙、筆評量轉變成為有意義、真實性的評量（authentic assessment）。
3.學生能將學習與生活結合。	3.從單次評量轉變為多次作品式的評量——作品評量（portfolios）。
4.評分以人為主而不使用機械。	4.從單一化評量轉為多元化評量。
5.教師在教學與評量的角色，必須革新。	5.從強調個別式評量轉變成團體式評量。

變通式評量的歷程（陳湘媛，民86）

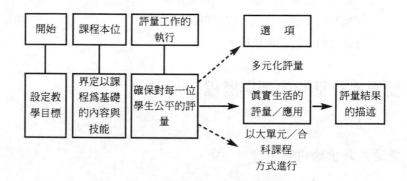

資料來源：陳湘媛（民86）。談開放教育教學活動的多元評量。蒐於鄧運林（民86）所編之：開放教育多元評量。高雄：復文。頁8。

測量過程（process）的變通式評量與傳統測量結果（product）之比較（陳湘媛，民86）

評量過程（變通式）	評量結果（傳統式）
1.臨床晤談。	1.論文式測驗，有評分標準。
2.記錄觀察。	2.計畫有評分標準。
3.學生學習記錄與日記。	3.學生作品集有評分標準。
4.學生自我評量（口頭／書面）。	4.學生表現／實驗說明。
5.學生口頭報告，且說明可能之數變。	5.繪畫舞蹈和故事均有評量之標準。
6.行為檢核。	6.態度量表。
7.學生對標準化或客觀式測驗說出思考的內容與評量結果（傳統式）。	7.標準化或客觀式測驗附有解答。

實作評量（陳湘媛）

實作評量的特色

1.要求學生自作答案而非選擇答案，且答案可能不只一種。
2.評量重視結果與歷程。
3.評量往往不限於單一知識，而是綜合許多知識與技能。
4.問題取材自生活，以促進學生學以致用。
5.評量時間有彈性。
6.評量即教學的一部分。

實作評量與其他類型評量之比較

項目	客觀式測驗	論文式測驗	口頭發問	實作評量
目的	以最大的效率及信度測驗代表性知識	評估思考技巧或對知識結構的瞭解	學習中用來評估知識	評估將知識化為行動的能力
學生的反應	閱讀、評量	組織、寫作	口頭回答	計畫、建構、表達、原始反應
優點	有效率	可測量複雜的認知	使評量與教學結合	提供充分表現技巧
對學習的影響	過度強調記憶但適當出題，仍可促進思考	鼓勵思考與寫作	刺激學生參與教師立即瞭解教學效果	強調運用知識、技巧與實際生活

多元評量的技術（高博銓）

以國語課本第十一冊〈天地一沙鷗〉為例：

評量的種類	實　施　要　領	研究典範
紙筆測驗	以生字、造句、選擇等方式測驗。	量
閱　　讀	學生閱讀後，記錄本課大意。	量
演　　說	學生講述本課大意。	質
角色扮演	學生分飾主角、老鷹、小魚、海鷗等角色。	質
討　　論	分組討論各段內涵。	量／質
資料收集	至圖書館收集努力、奮鬥的故事。	量
說 故 事	學生說一則奮鬥的故事。	質
反　　省	抒發個人感受。	質
訪　　問	訪問生活中人物其努力奮鬥的經驗。	質
繪　　畫	以天地一少鷗為背景，畫出故事歷程。	質
心得報告	報告個人感想。	質
評　　鑑	學生就其平日表現來評量。	質
同學互評	依評量表互評。	量
創　　思	重新構思故事情結。	質

資料來源：高博銓（民86）。多元評量，蒐於鄧運林（民86）所編之：開放教育多元評量。高雄：復文。頁41.

多元評量應注意事項（陳素櫻）

1.因評量項目少，故特別應注意評量項目之代表性。

2.考慮到時間、金錢與精力之效率問題。

3.應對個別學生有充分的瞭解，並依其認知、特性施予有意義的評量。

4.注意評量的公平性，是否有證據支持自己的公平？

5.讓同一個活動或作品可同時供跨學科評分。

一、何謂動態評量（dynamic assessment）？動態評量的概念在教學上有何種意義？【花師86】

答：動態評量由Feuerstein首先提出，類似的名詞尚包含有：中介評量（cediated assessment）、學習潛能評量（learning potential assessment）、最大發展區評量（assessment of zone of proximal development）、極限取向測驗（testing the limits approaches）、認知可修正性測驗（cognitive modifiability test）、以及協助性評量（assisted assessment），是指在教學前、中、後，依學生之最大發展區及進步情形因應及調整評量，以瞭解教學後之認知改變情形，並且確認兒童所能達到的最大潛能表現，並使用各種中介手段，協助兒童發展其潛能至極限。

（一）動態評量的特色：

1.動態評量包含了教學的過程，並結合了評量——教學——再評量的歷程，來評估教學與學生認知改變間之關係。

2.強調學習中之知覺、思考及問題解決等歷程的評量，目的在評估學生的潛能，而非學生目前的表現。

3.評量者扮演主動引導的角色，透過彼此互動的關係，儘可能使受試者之能力改變。

4.偏重在個別學生學習歷程的確認與評量，而非同儕間的能力比較。

5.由評量中發現個體認知改變的介入程序與方式。

（二）動態評量的優點：

1.比較不會低估文化不利或身心不利兒童的認知潛能。

2.教學與評量能密切結合。

3.以學習歷程為導向。

4.以成功為導向之評量。

5.連續歷程的評量方式。

（三）限制：

1.影響學習效能的認知歷程不易確認。

2.對學習效能的預測似乎無法超越傳統的智力測驗。

3.信、效度受質疑。

4.評量過程費時、費力、不易執行。

5.評量結果難以進行客觀明確之解釋。

（四）在教學上之意義：

1.教學應與評量結合。

2.先確認學生的最大發展區。

3.教師扮演鷹架角色，促進學生潛能之開展。

4.教學著重在引導學生認知的改變而非內容的記憶。

5.教學是動態的歷程，應隨時注意學生之認知變化，並配合其認知結構來進行教學。

二、請說明何種評量方式較適合建構主義教學？並請選擇現行國民小學自然科教材之任一單元，設計三題適合建構教學之評量題目並請說明評量標準。【國北師88】

答：建構教學注重知識的主動建構歷程，學生之自動探索學習，問題解決及分析、綜合、評鑑等高層思考能力的培養，教學上應偏向使用例如問思教學法、問題解決教學法、以及注重討論與發表。其評量應屬多元評量，以國小低年級自然科為例（吳源戊，民88），其評量的過程如下：

（一）教學內容與達成目標：

教學內容	達　成　目　標
物質與能	1.瞭解物質的顏色、形狀、大小、軟硬、粗細、氣味、物質三態；物質所占的空間；水溶解特性等可辨認的特性。 2.瞭解聲、光、磁、電、水力、和風力等能量的形式作用。
生命現象	1.瞭解生物會成長，動物的外形和運動方式亦不同。
地球環境	1.知道太陽和天氣冷、熱有關。 2.知道生物生活需要水、空氣和土地的環境。

（二）多元評量過程：

三個問題：

　　1.有哪些不同種類的豆子？

　　2.豆子有哪些功用？

　　3.豆子有哪些顏色？

目　標	評　量　項　目	家　長	教　師	合計
認識豆子 的名稱	1.收集多種的豆子。	5 4 3 2 1	5 4 3 2 1	
	2.問父母或找資料，知道豆子的名稱。	5 4 3 2 1	5 4 3 2 1	
	3.說出所收集的豆子的名稱。	5 4 3 2 1	5 4 3 2 1	
明白豆子 的功用	1.說出所收集豆子的功用。	5 4 3 2 1	5 4 3 2 1	
	2.說出同組小朋友所收集豆子的功用。	5 4 3 2 1	5 4 3 2 1	
	3.說出他組小朋友所收集豆子的功用。	5 4 3 2 1	5 4 3 2 1	
分辨豆子 的顏色	1.說出各種豆子的顏色。	5 4 3 2 1	5 4 3 2 1	
	2.用彩色筆描繪各種豆子的顏色。	5 4 3 2 1	5 4 3 2 1	

（三）此種評量的標準使用Likert Scale之五點量表，且由家長及老師針對學生表現共評。學生在實作中建構其對豆子的認知基模。

三、名詞解釋：形成性評量（formative evaluation）。【嘉師87】

答：與總結性評量相對，是教師在教學過程中所從事的評量，目的在瞭解學生的學習情形，以爲改進教學的參考。

四、試申述「實作評量」（performance assessment）之理論、實際運用與困境。【中山88】

答：詳見內文。

五、近年來「替代評量」（alternative assessment）方法逐漸受到重視，請說明您所瞭解替代性評量的概念及種類有哪些？並評論其優缺點。【屏師88】

答：詳見內文。

34 輔導基本概念

1.輔導的涵義

2.輔導的範圍

3.國民小學輔導活動

4.輔導基本態度

5.問題瞭解諮商技巧

6.問題處理與解決技巧

輔導的涵義

依張春興所編著之張氏心理學辭典將輔導（guidance）定義爲：
「輔導是一種教育的歷程。在輔導歷程中，受過專業的輔導人員運用其
專業知能，協助受輔者瞭解自己、認識世界，根據其自身條件，建立
其有益於個人與社會生活目標，並使之在教育、職業及人際關係等各
方面的發展上，能充分發展其性向從而獲得最佳的生活適應」。

輔導、諮商與心理治療的區別

1. 輔導爲教育性措施，其對象爲一般人，目的在幫助其自主與自
立。

2. 諮商是輔導的一部分，對象含蓋一般人與生活適應不良者，目
的在幫助個人成長、適應環境與解決困難。

3. 心理治療：對象是心理疾病或精神失常者，目的在協助當事人
解除內在衝突、消除不當的觀念、恢復信心、重建生活。

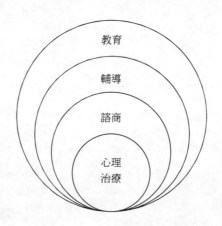

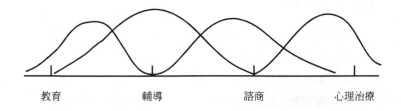

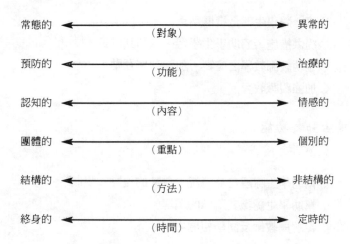

資料來源：彭駕騂：《諮商與輔導Q&A》。台北：風雲論談。

輔導活動三層面之功能

1.治療性的輔導工作：

　　◇針對學生的問題，提供必要的診斷與治療。

　　◇對象為少數適應不良學生。

　　◇採個別諮商方式。

　　◇同時必須注意教師與家長的聯繫及配合。

2.預防性輔導工作：

◇側重問題學生之預防與輔導。
◇以少數問題學生為主。
◇同時使用個別諮商與團體輔導。
◇注意與家長的聯繫及配合。

3.發展性：

◇以全體學生健全發展為重心。
◇提供措施，協助學生學習，以利其成長。
◇協助教師教學之充實，加強師生互動。
◇加強親職教育。

輔導活動之功能

1.順應功能：

◇幫助學生瞭解自身情況、自身的優點、限制。
◇幫助學生認識其所處的環境。
◇瞭解與教師及同學相處之道。

2.分配功能：

◇幫助學生瞭解自己的能力、興趣與成就，藉以考慮將來的發展。
◇幫助學生以本身的能力與興趣，分配到不同性質的學校學習與選讀適合自己的科目。

3.適應功能：

◇藉入學與學習輔導，以增進學生的適應能力。
◇實施各種心理與教育測驗，提供教學與訓導的參考，以利於學習與生活之輔導（彭駕騂）。

教、訓、輔合一

　　1.輔導與訓導之不同：輔導的理論源於行為科學，包含：教育學、心理學、心理衛生等，注重心理問題的探究，而訓導的理論源於社會科學，包含倫理學、法學、政治學與行政學，偏重外在的行為規範。訓導的工作是直接的、有形的。輔導的工作在從個體的內在層面去發掘與解決問題，兩者應是相輔相成的。另馮觀富認為，輔導重視個性而訓導重視群性，兩者皆是教育的內涵。

　　2.教、訓、輔合一：

　　　◇輔導人員在實施輔導時，應不限任何時、空，並應積極介入參與學校之教學與訓育活動。
　　　◇教師在教學時，也可使用輔導理論、輔導與教學互相配合，例如：
　　　　◆重視個別差異，因材施教。
　　　　◆提高學習興趣。
　　　　◆同時學習原則：教學活動與輔導活動配合。

輔導的範圍

依學生問題分類

　　1.健康與身體發展。
　　2.家庭與親屬關係。
　　3.休閒生活。
　　4.人格特質。
　　5.學校生活。
　　6.宗教生活。
　　7.社會與道德。
　　8.職業趨向。

依服務性質區分

1.評量服務。

2.資料服務。

3.諮詢服務。

4.定向服務。

5.安置服務。

6.延續服務。

7.研究服務。

依輔導內容區分

1.生活輔導。

2.教育輔導。

3.生涯輔導（彭駕騂）。

國民小學輔導活動

國民小學輔導活動之目標

1.協助兒童瞭解自己的各種能力、性向、興趣與人格特質。

2.協助兒童認識自己所處的環境，適應社會變遷，使其由接納自己、尊重別人而達群性的發展。

3.養成兒童良好生活習慣、樂觀進取的態度。

4.幫助兒童發展價值判斷力。

5.幫助兒童認識正確的職業觀念與勤勞生活的習慣。

6.協助特殊兒童適應環境，發揮潛能（彭駕騂）。

國民小學學習輔導的內容

1.培養學習興趣。

2.建立正確的學習觀念。

3.發展兒童學習能力。

4.培養良好學習習慣與有效的學習方法。

5.培養兒童適應及改善學習環境的能力。

6.特殊兒童的學習輔導。

7.兒童升學輔導（彭駕騂）。

輔導基本態度

溫暖

諮商人員對來談者表示關心、支持、接納，且能與他分享喜悅或沮喪，整個諮商過程都需要有溫暖（warmth）的態度，目的在建立互相信任的關係或減低來談者之敵意（林香君）。

眞誠

諮商師能敏感的察覺自己在諮商過程中的感覺，並願意將自己的眞實感受及態度合而爲一，坦然的將自己的感受傳給來談者，其目的在建立眞誠（genuineness）的諮商關係，示範來談者表達眞實的情感以及擴展諮商師的覺察（林香君）。

接納

諮商師對來談者感覺到安全自在與關懷，其目的在建立關係、安全感與來談者對諮商師的信任（林香君）。

尊重

尊重（respect）的目的在建立接納（acceptance）、開放的安全關係，鼓勵來談者不必擔心對、錯勇敢的表白（林香君）。

支持

支持（support）在來談者有情緒或安全需要時，能適時的提供關懷與肯定，目的在減低來談者的焦慮，提供具安全感的環境（林香君）。

問題瞭解諮商技巧（陳清泉）

起始技術（begining）

諮商師在會談之前，先與來談者進行打破僵局的對話，以緩和其情緒，使其自然的說出自己的困難，目的是希望創造一個輕鬆的氣氛，減輕來談者的焦慮，通常開始時先問候或寒暄，再以適當的話題引導切入主題。

結構化

結構化（structuring）是指諮商師對來談者解釋雙方在不同過程中所扮演的角色，諮商的過程限制及目標以便使來談者瞭解諮商的架構及方向，減少諮商過程的不明確，並且防止來談者對諮商的錯誤與不當的觀念與期待。

簡述語意（paraphrase）

諮商師對來談者的說話內容，以簡要的語句回映，其中應包含情感與內容兩方面，目的在使來談者瞭解諮商師正在認真的聽他敘述，並希望把握來談者話中的意義。

情感反映

情感反映（reflection of feeling）把來談者的情緒，以其能接受的方式反映回去，協助其瞭解並接受自己的感覺。

具體化

諮商師以具體化（concreteness）的方式協助來談者表達感覺、經驗、行為，常涉及人、事、時、地、物等等，以避免漫無目標的談論。

再保證（reassurance）

諮商師提供來談者情緒、認知、行動上的關心與鼓勵，使來談者感到支持與自信，減低其疑慮不安，並提供支持的價值。

問題處理與解決技巧

自我表露（self disclosure）

諮商師選擇性的把自己個人的想法和感受傳遞給當事人，多半是與來談者類似或共同的經驗上，目的在藉由經驗的分享，拉近彼此間的距離，並協助來談者從不同的角度來看問題（鄭石英）。

目標訂定（goal setting）

當來談者瞭解與確定其本身的問題之後，諮商師協助來談者設定問題解決的具體可行目標，以便以系統化的方式達成目標（張德聰）。

角色扮演

角色扮演（role playing）若具有團體傾向的，稱為社會劇（sociodrama），而具有個人傾向的稱為心理劇（psychodrama），目的是引導來談者對過去、現在或未來可能發生的生活困擾情境行為，加以重新扮演或預先演練，以達到渲洩自我、探索、領悟等目的（張德聰）。

家庭作業（homework）

為使當事人在實際生活中也能練習諮商過程中所學技巧，或使其

來諮商之前就預先練習，目的在便於來談者之行為從諮商情境、轉移到實際情境，並於實施中培養來談者負責的態度（張德聰）。

結束（termination）

當諮商師與來談者回顧諮商歷程已達到原先預訂的目標，或諮商師未能滿足來談者的要求而必須轉介時，結束有三種技巧：

1.漸弱法（fading）：諮商師逐漸減少對來談者的增強與鼓勵。

2.維持法（maintenace）：經由系統性策略，例如對問題的再認知、評估及因應策略等，維持諮商過程的效果。

3.類化法（generalization）：希望所學能類化至一般實際生活（張德聰）。

35 各諮商學派之理論與技術

理情治療法（呂勝瑛）

內涵

　　理情治療法（rational-emotive therapy, RET）爲艾理斯（Albert Ellis）於1950年代所發展，中心概念是以理性來處理問題，其認爲多數問題都是源於不合理的信念。此理論又稱爲A.B.C理論（A→B→C）：A:activating event：事情的發生；B:belief system：價值觀；C:emotional consequence：情緒反映。價值觀或對事件的看法（B）可視爲中介變項，可能對事情採取積極或悲觀的看法，而影響個人的情緒，因此輔導的重點就是改變人的信念。

人性觀

　　1.人是理性與非理性的綜合體。

　　2.反對佛洛依德的看法，認爲人不需完全受早年生活經驗所驅使，也不完全受生物本能所控制。

　　3.反對存在主義與人本主義自我實現的看法，認爲人受生物性驅力的影響仍大。

　　4.強調人的思想、情緒與行爲是同時發生的，因此要瞭解人的不理性行爲，就必須同時瞭解其認知與情緒，同時，艾理斯認爲不理性的思考是根源於早期不合理的學習（父母、文化等）。

　　5.情緒困擾純粹是來自內在主觀的解釋，而非外在環境。其將精神官能症視爲非理性的思考與行爲。

不合理的信念

　　艾理斯認爲個人之情緒困擾源自不合理的信念，例如：

　　1.我們絕對需要其他人的喜愛與稱讚。

　　2.個人只有在他有充分能力且完美的適應，有成就時才有價值。

3.有些人是邪惡的,應受到懲罰。

4.事情若不如意時,是很糟的。

5.避免困難與責任比面對困難與責任容易。

輔導方法

1.認知治療:以理性取代不理性。

2.情感喚起治療(emotive-evocative therapy):將眞理或非眞理呈現給來談者,以改變其價值觀,可用的技巧包含:

◇角色扮演。

◇示範。

◇幽默。

◇無條件的接納。

◇忠告(exhortation)。

3.行爲治療:包含家庭作業、漸近的冒險、有意在某件事上失敗(培養面對挫折能力)。

4.強調此時此地的經驗,不追問早年的歷史。

5.促進當事人的洞見:瞭解困擾源於非理性的想法,體會到必須改變不合理的想法。

溝通分析治療法

溝通分析治療法(transactional analysis, TA)由伯尼(E. Berne)首創,十分淺顯易懂,認爲環境比遺傳更能影響人格,並主張以當事人與諮商師訂契約的方式來進行輔導。

結構分析

1.自我狀態:分爲成人自我、父母自我與兒童自我三部分,而父母自我又分爲撫育式的父母(nuturing parent)和批評式父母(critical parent),成人自我較爲成熟其功能是評估、專注與平衡,兒童的狀態

分為自然兒童（natural child）是天真的、衝動的、情感自然流露的，
與學者兒童（little professor），好奇心強、富冒險性。

2.自我狀態的問題：

◇污染（contamination）——例如成人的思想受父母偏見的影響：
處理的方式是去污染、協助個人分清自我狀態中之各種自我的
界線。

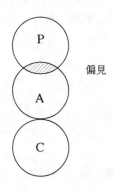

◇排除（exclusion）——是指個人很少或幾乎不用某類自我。其
角色扮演較為僵化，例如：

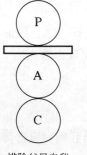

排除父母自我
（例如，只知遊戲不負責任）

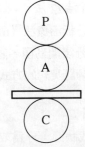

排除兒童自我
（例如，只知工作而不遊戲）

心理地位

　　心理地位（psychological position）是受到生命腳本的塑造，有四種模式：

　　1.我不好──你好（I am not O.K, You are O.K）：覺得自己是沒有價值的，而別人是神聖的，批評式的父母，容易造成自卑的心理狀態。

　　2.我不好──你不好（I am not O.K, You are not O.K）：對自己社會充滿挫折與敵意。

　　3.我好──你不好（I am O.K, You are not O.K）：是對自己不好的過度防衛、自我膨脹，此種人具攻擊性、批評他人、推卸責任、孤獨的傾向。

　　4.我好──你也好（I am O.K, You are O.K）：屬成人的理智態度，能與人妥善相處，TA輔導希望達到的心理狀態。

溝通

　　溝通（transaction），分為下列三種模式：

　　1.互補式（complementary）：例如：

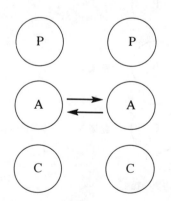 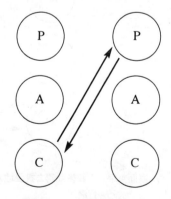

例：甲：請你把窗子關起來好嗎？　　　例：上司：今天六點前要完成報告。
　　乙：好的。　　　　　　　　　　　　　下屬：是的。

2.交錯式（crossed）

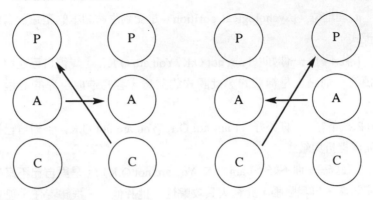

例：甲：功課做好了沒有（A→A）？

　　乙：你老是愛管我（C→P）！

3.曖昧式（ulterior）：表面上與實際上的意義不一樣。

例：

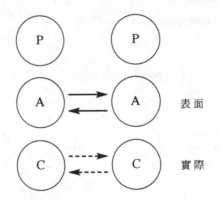

表面：甲：下課後我們去找個地方討論功課好嗎？
　　　乙：好啊！
實際：甲：等一下出去聊聊好嗎（不是討論功課而是情感交流）？
　　　乙：我也想！

輔導的目標

1.除去自我狀態的污染。

2.發展當事人靈活使用各種自我的能力。

3.協助發展成人自我、具有理性、獨立的自我。

4.排除不當的生活腳本或心理地位。

輔導技術

1.訂定契約。

2.結構分析，找出當事人是否有污染與排斥的情形。

3.溝通分析。

4.去污染工作（Deconamination work）：包括（1）區分成人自我與兒童自我、父母自我；（2）強化各種自我的界限；（3）訓練與教育成人自我；（4）使成人自我成為人格中之主軸（黃佩瑛，民85）。

5.角色扮演。

6.再傾洩、澄清、重新導向（呂勝瑛）。

個人中心治療法

個人中心治療法（individual-center therapy）由羅吉斯（C. R. Rogers）所倡，理論源於現象學、有機體說及人際關係學說，特別強調來談者自己負起解決問題的責任，而諮商師的工作，主要是提供適當的諮商環境，讓當事者可以自由的傾訴、做決定與擔負問題解決的主人。

人性觀

1.重視人性尊嚴，相信每人皆有做決定的能力。

2.相信世界是主觀的運作。

3.相信人有自我實現的傾向。

4.相信人是值得信任的。

輔導的目標

1.提供一個安全，且有利當事人自我探索的氣氛，使其能體認出阻礙其自我成長的因素。

2.釋放個人潛能、解決眞實我與理想我不一致的情形，促進個人的成長。

3.協助當事人降低自我防衛行爲。

治療方法

1.同理心（empathy）：能從當事者的角度去體會觀察。

2.無條件積極關注（unconditional positive regard）：不批評當事者之任何想法、行爲，不論其行爲多麼不合理。

3.眞誠一致（genuineness or congruence）：諮商師與來談者皆能體察其本身的感受，並將彼此的感受自由的傳遞給對方，沒有虛假的掩飾，且在行動上一致。

個人中心治療法的最大特色

是持積極的態度，相信來談者本身即有能力解決問題。促進來談者自行探索、自行解決、與自我實現；缺點是：多數來談者面臨巨大的內心衝突、徬徨無主，希望有人給予建議與指導。

精神分析治療法

佛洛依德的理論請參考發展心理學部分。其精神分析的重點：

1.找出心理衝突的病因，且用釋放取代壓抑，此過程又稱爲頓悟。

2.重視幼年時期的不愉快經驗對成年生活的影響，其輔導的方法有：

◇自由聯想（free association）：讓來談者在自由的氣氛下說出心理的一切。

◇夢的解析（dream analysis）：瞭解夢所隱含的意義，揭開當事人潛意識的慾望動機。

◇移情分析（transference analysis）：移情是一種投射，可以瞭解案主的內心思考，又分為正移情（positive transference）與負移情（negative transference），前者是指案主將心中好的感覺投射在諮商師身上，而負移情則是指案主將負面的感受投射在諮商師身上。

◇抗拒分析（analysis of resistence）：抗拒是一種防衛作用，案主對於痛苦的經驗不願說出，怕再次傷害。

◇闡釋（interpretation）：分析師依自由聯想、抗拒分析等，逐漸找到問題的根源並向案主解釋，如此可以釋放案主壓抑的情感，並促其領悟。

行為治療法

參照班級經營部分，其技巧有行為塑造法、系統減敏法、嫌惡制約法、代幣法等。

折衷取向之心理治療

綜合各家之長以達最大效果，折衷取向治療包含完形治療法（gestalt therapy）、現實治療法（reality therapy）、存在治療法（existential therapy）、溝通分析（transactional analysis）與意義治療法（logo therapy）。

一、何謂E.Q？並提出一則情緒管理妙方供國小學生參考。【屏師87】

答：E.Q是指emotional quotient即情緒智商之意，談情緒智商前，應先
　　瞭解情緒的本質，王淑俐認為情緒具有五項特性：

　　（一）情緒的特徵：

　　　　　1.普遍性：不論任何民族皆具有五項基本情緒：喜、怒、
　　　　　　哀、懼、惡。

　　　　　2.情緒必由刺激所引起，而刺激可來自內在或外在、先天
　　　　　　或後天習得的。

　　　　　3.情緒作用必引發某些後果：可能是建設性也可能是破壞
　　　　　　性。

　　　　　4.情緒是主觀導向的，因人、因事、因情境而有不同的知
　　　　　　覺與反映。

　　　　　5.情緒具有可變性：情緒是可以去學習而改變之，也會因
　　　　　　為一個人的成長，或其他因素而改變對情緒的看法。

　　（二）情緒管理的內涵：

　　　　　1.認識自己的情緒。

　　　　　2.妥善管理自己的情緒。

　　　　　3.自我激勵。

　　　　　4.認知他人的情緒：培養敏感性、同理心，能考慮從他人
　　　　　　的立場著想。

　　　　　5.人際關係管理。

　　（三）情緒管理的策略（王淑俐）：

　　　　　1.增進個人認知能力：

　　　　　（1）對周遭環境（自然及社會兩方面）做更深入之瞭
　　　　　　　解。

（2）檢討及分析自己的價值系統並且以合理取代不合理。

（3）發展對情緒刺激，包含人、事、物的正確認識與評價。

（4）清楚覺察自己眞實的情緒。

2.增進個人的自主，培養負責的態度：

（1）從事心理建設，面對自己的情緒而不逃避。

（2）以理性對抗不合理的情緒或衝動行爲。

（3）主動提升自己的心理層次，改善自己的情緒而不是被動的等待指示。

3.減少情緒衝動及爆發程度，促進健康與合乎道德的表現方式：

（1）以實際行動來抑制情緒的爆發。

（2）鼓勵健康的情緒渲洩方式。

4.瞭解與批判社會文化背景對情緒表現的影響：

（1）瞭解社會規範，適當的遵守社會規範。

（2）不盲從社會規範，須加以批判，並且建立較合理的情緒表現規範。

5.培養情操、提升人格：

（1）培養道德良心。

（2）提升情緒表現層次，例如：同情心、樂觀、知足、博愛。

＊情緒智商之名詞解釋與指導策略爲熱門考題，考生請注意！

二、試說明諮商理論中的REBT理論。【屏師87】

答：REBT是指理情治療法（Rational Emotive Behavior Therapy, REBT），是心理學家艾理斯（Ellis）根據認知理論所發展的，其內涵是以理性的信念取代不合理的信念而達到治療的效果。

（一）治療的程序：

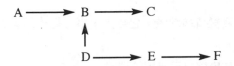

　　　A：activating event：事件（內在或外在）

　　　B： belief system：信念系統

　　　C： emotional consequence：情緒與行為的後果

　　　D： disputing intervention：干預（介入）的價值系統

　　　E： effect：效果

　　　F： new feeling：新的感受

（二）找出自己不合理的信念：

　　　Ellis列出十二項一般人常有的不合理信念（廖鳳池），例如：

　　　1.一個人有絕對的必要隨時獲得他人的愛與讚許。

　　　2.對自己所做的事，一定要要求十全十美，且絕不失敗。

　　　3.會傷害人或犯下罪行的人是不道德的、邪惡的、應接受羞辱與懲罰。

　　　4.當事情未按照所希望的方向進行時，是嚴重的災難。

　　　5.逃避生活中的責任，要比用一些酬賞來自我要求還要容易……等等。

（三）注意事項：

　　　1.先確定A、B及C。

　　　2.選擇介入、改變信念的方法（D）。

　　　3.治療者示範如何填寫理性、情緒自我分析的方法。

　　　4.治療者提供適切範例。

　　　5.要求當事人以最困擾事件為主體，自我分析。

　　　6.必須要求知、行合一（來談者說到做到）。

三、何謂理情治療法？試說明其主要概念及治療的過程。【市北師84】

答：此答案同【屏師87】之解答。

四、試比較個人中心諮商法（person-centered couseling）與行為諮商法（behavioral couseling）在人性觀和諮商方法論之差異，並申論對學校輔導工作各有何影響？【彰師88】

答：詳見內文。

五、輔導中「個案研究」的意義是什麼？它的優缺點何在？使用時應注意些什麼？【市北師86】

答：（一）定義：馮觀富（民87）：「個案研究大多以一個學生為對象，詳盡的調查其身體、智力、學業、情感、社交、態度、家庭及社會等資料，詳細加以分析研究，以期徹底瞭解真相及其困難問題，然後針對問題的成因與困難之所在，提出適切的處理方法，使其在行為上有所改善，而獲得有效率的發展。」（p. 174）

（二）個案研究的優點：

1.瞭解問題學生之困難所在：造成問題行為的原因並不單純，應從個案之性格、智力、身心狀況、家庭環境與人際關係等各方面去調查。

2.瞭解個案行為的動機行為，動機的診斷是消除個案不良行為的根本做法，而非只求不良行為的去除。

3.瞭解情緒發展的過程：藉由瞭解個案情緒發展的過程，瞭解情緒反常學生（過分焦慮、冷漠、害羞、喜怒無常等）之情緒發展脈絡。

4.瞭解個人的特殊性：每個個案都有其特殊的時、空發展脈絡，問題的形成與解決也未盡相同。（馮觀富）

（三）個案研究的對象：

1.情緒不穩定，表現反常的學生：例如過度緊張、孤僻、

冷漠、喜怒無常、自卑心理、神經錯亂、行為失常或變態心理等。

2.品性不端、行為乖張者：例如：偷竊、打架、逃學、賭博、欺侮弱小、參加不良幫派、破壞公物、辱罵師長等。

3.身體有缺陷的學生：特別是指因身體有缺陷而影響其學習效率者，而且在生活調適上發生了困難，並影響自身人格的發展。

4.學業成就低劣的學生：找出其成績不良的真正原因，並且予以對症下藥。

5.特殊才能學生：包含學業與性向上的特殊表現。

（四）個案研究的原則：

1.注意預防問題的發生，個案的選擇不僅限於問題已發生的學生，對於沒有問題行為發生，但有可能發生者，應仔細的予以預防。

2.問題的發生常有其脈絡關係，且非常的複雜，故應對其人格的形成、生活歷史的現狀等因素，作客觀的記錄，且不可以以偏概全。

3.進行個案訪談時，要能把握訪問的目的與原則，力求發現真相，並能對其所陳述的事物鑑定真偽。

4.參與個案研究的人員，必須就其負責的部分做客觀的分析。個案會議中所提各部分的資料應相互印證，且工作人員之間應有一致性的觀點，去除不重要或不可靠的資料，最後作綜合的觀察與分析。

5.應遵守保密原則。

6.有關精神醫學上的診斷治療等非輔導人員所能勝任者，可以轉介專家處理，不可冒然從事。

（五）個案研究的方式：

1. 確定相關合適的工作人員：應有基本學科訓練，且與個案接近。

2. 邀請其他專家的協助：包括社會工作者心理測驗諮商專家等。

3. 舉行個案會議：個案研究是一種協同工作（team work），因此需經常舉行個案會議（case conference）對個案做深入的探討。

4. 個案會議應有的態度：

（1）應強調未來應如何？

（2）應以參與人員對個案的瞭解及處理意見爲主，使個案「立體化」。

（3）參與會議的人以四～七人爲主（非嚴格規定）。

5. 個案進行的原則：

（1）個案報告：個別輔導者以四分之一的時間，對個案做重點式的報告。

（2）研究協商：以報告的事項爲中心，進行協商，大多採自由討論的方式。

（3）確認與協調協商後的處置方向。（馮觀富）

（六）個案研究的步驟：

1. 確定研究對象的癥狀。

2. 蒐集與研究現象有關的資料，可使用下列方法：

（1）訪問法：例如訪問當事人的父母、同學、兄弟姐妹等。

（2）問卷法：使用調查問卷來調查其態度。

（3）觀察法：觀察當事人在各種情境中的反應。

（4）測量法：使用各種標準化測驗來收集資料，例如智力測驗、人格測驗、性向測驗等。

（5）評估法：交由同學、師長、父母來評估。

（6）文獻分析法：分析當事人的日記、作品、信件等。

3.分析資料診斷原因。

4.提示處理方法。

5.追縱研究與補救教育（馮觀富）。

（七）個案研的缺點：

1.資料的蒐集、研究與分析費時、費事。

2.行政協調困難。

3.問題的發生常有許多錯綜複雜的因素介入，相關人員不一定全部盡力配合，相關因素也非一定可以改善，此會使個案研究的效果大打折扣。

4.個案本身的意願也會影響輔導的效果。

六、名詞解釋：人際交流分析（transactional analysis）。【高師87】

答：即溝通分析（詳見內文）。

36 成人教育

成人教育之涵義

依皮德斯（A. J. Peters）成人教育的涵意有：

1.成人教育係指18歲以上，不屬正規學校教育的各種教育措施而言。

2.指18歲以上的各種非職業教育，有別於職業訓練及軍事訓練。

3.包含文化性及娛樂性活動。

從性質而言是一種過程（process），內容上是有順序、有組織的學習情境，對象上是已完成階段教育，再行參與的繼續教育。

成人教育的功能

1.基本教育的需求（basic education needs），例如掃除文盲。

2.技術職業訓練的需求（technical-vocational training needs）例如在職訓練。

3.社會──經濟的教育需求（social-economic education needs）。

4.意識── 政治的教育需求（ideological-political education needs）。

5.改善生活品質的需求（needs for improving the quality of life）（楊國賜）。

成人教育的型式

1.補教教育（remedial education）：例如成人識字教育。

2.職業、技術以及專業能力的教育（education for vocational technical professional competence）。

3.健康、營養、福利與家庭生活的教育（education for helth and nutrition, welfare and family living）：例如家庭計畫、兒童照顧等。

4.公民、政治與社區能力的教育（education for civic, political, and community competence）例如社區發展、公共事務等。

5.自我實現的教育（education for self-fulfilment），例如音樂、藝術、文學、戲劇等教育活動（楊國賜）。

成人教育學

　　成人教育學（andragogy）由德國凱普（A. Kapp）最先採用，於1833年教育學一詞即已出現。對成人教育有四項假設：

　　1.成人之自我觀念由依賴性轉為自主性。

　　2.成人之經驗成為豐富的學習資源。

　　3.學習的目的在發展社會角色。

　　4.知識的運用有立即性。

　　教育學與成人教育學之對照如下（楊國賜）：

	教育學傳統學習（教師導向）	成人教育學（自我導向）
自我概念	依賴性	自我導向
經　驗	稍有價值	成為豐富的學習資源
準　備	與生理、心理成熟有關	與發展社會任務有關
學習取向	科目中心，延緩應用	問題中心、立即應用
氣　氛	權威取向、正式、競爭	成熟尊重、非正式、合作

計　畫	教　師　負　責	師生共同計畫（參與決定）
診斷需求	教師負責	共同自我診斷
設　計	依學科邏輯性	依任務特性
評　量	教師負責	共同評量
動　機	外在獎懲	內在自發性、好奇
學習活動	傳授技巧，指定學習	探究方法、獨立學習

成人教育的模式（楊國賜）

1.傳動模式（transactional modes）：傳動意指在一個情境中，個人、環境及其行為型態間之交互作用，是一種學習情境，包含獨立與個別學習、團體與班級學習，又可分為：

◇個人傳動模式：指成人自己個別學習。
◇團體傳動模式：多人互動學習情境。
◇社區傳動模式：社區成員之學習以解決社區問題。

2.案主中心（clint focus）模式：成人教育的對象（可能案主）分為個人、團體、社區，再以上述三種傳動方式，共可組成九種型式。

◇個人傳動模式：
◆個人案主中心：例如針對戒酒之獨立學習課程。
◆團體案主中心：戒酒團體參與自我設計課程。
◆社區案主中心：針對社區戒酒團體的個別化課程。
◇團體傳動模式：
◆個人案主中心。
◆團體案主中心。
◆社區案主中心。
◇社區傳動模式：
◆個人案主中心。
◆團體案主中心。
◆社區案主中心。

3.必須考慮個人、社會與文化體系（Personal, Social and Cultural systems）層面的影響：例如動機、個人特質、團體規範、角色期待、價值、習慣等。

成人教育目標

Coles認為成人教育目標為：

1.瞭解國際和平與合作。

2.發展現代化國民之能力。

3.促進人與自然的溝通。

4.對不同文化的瞭解與尊重。

5.促進家庭、社區、國家及國際間之團結。

6.注意個人發展、群體關係。

7.發展兒童教育能力。

8.培養繼續學習的興趣。

9.使用大眾傳播媒體來促進成人學習。

10.成人教育之內容含蓋：識字教育、社會技能、親職教育、消費教育、社區教育、職業教育、專業教育等。

成人教育課程設計方案的原則（黃政傑）

1.發展方案的哲學基礎。

2.分析大眾／社區之需求與問題。

3.讓學習者參與。

4.瞭解學習者的心智和社會發展水準。

5.分析各種資料，確定方案目標。

6.意識到個人與機構的限制。

7.建立方案優先次序與規準。

8.訂定方案的彈性程度。

9.爭取支持。

10.選擇與組織學習經驗。

11.選用適當教學設計、技術與媒體。

12.促銷。

13.取得資源，以支持方案之運作。

14.評估方案效果。

15.傳播方案之價值予決策者。

成人教育之哲學基礎

成人教育之哲學派別有人文主義、進步主義、行為主義（請參考本書哲學部分），研究所有考過激進成人教育哲學，詳述如下：

激進成人教育哲學源於1970年代巴西成人教育家佛烈爾（Paulo Freire）在拉丁美洲之巴西、智利等地對農民實施的識字訓練活動，該活動之目的在透過教育去喚醒農民之自我意識與覺醒，以改變不合理的社會。

激進成人教育哲學之歷史根源

1.無政府主義（the anarchist tradition）質疑政府的權威與角色，主張個人的自由與自主。

2.馬克斯主義（參考哲學部分）。

3.激進佛洛依德精神分析論。

雷克（W. Reich）以為無產階級未能有效的反抗資本家在於其根深柢固的壓抑，使其喪失了反應能力、解決之道，在透過教育，將潛意識中壓抑不滿的情緒提升至意識界予以批判，因而解放了精神的痛苦（蔡必焜）。

理論要點

1.人為主體而非客體（subjects rather than objects），不應受任何文化、心理結構的壓抑。

2.人有創造甚至再創造任何文化歷史的能力，能結合反省與行動以改變物質世界。

3.人是不成熟的、時刻在成長中。

4.社會在持續變動中，而現實社會是處於辯正的歷史過程。

5.歷史、文化會影響人的思考，但人具有反省意識（reflective consciousness），人不僅能知覺，且瞭解其知覺的歷程。

6.Frieire將意識的發展分為四個層次，認為個人的解放與社會的解放應密切結合：

◇未轉移意識（intransitive consciousness）處於沉默文化（culture of silence）的初民社會，對生活之困境會歸咎自己或超自然力，是一種封閉、壓迫之社會。

◇不完全、不轉移或神奇的意識（semi-intransitivity magical consciousness）：內化了霸權文化的價值，造成自我貶抑與過度依賴。

◇初轉移意識（naive-transitiveness）：人們開始體會到現實社會的不平等，但未完全從沈默文化之中解放。

◇批判意識（critical consciousness）：經由自覺與行動而得到解放。

7.強調解放過程中宗教價值（愛、謙卑、互信、希望）之重要性。

8.發展革命行動理論（the theory of revolutionary action-）：將西方工業社會視為霸權社會，控制、壓迫、依賴的第三世界，而被壓迫者之解放必須透過教育進行革命，而革命行動理論有四個原則：合作、團結統一、組織、文化綜合。

9.教育的文化行動理論（the theory of education as cultural action）。

◇沒有中立的教育。

◇提倡問題啓發式教育使受壓迫者由為他人存在（beings for others）轉為為自己存在（beings for themselves）。

10.推廣識字訓練計畫和自覺的過程（literacy training and the process of conscientization）：識字為自覺之根本，並在識字的過程中加入意識喚起與社會行動的知識與討論（蔡必焜）。

Frieire之成人教育策略（蔡必焜）

	傳統學科導向	Frieire成人教育策略
開　始	教師對學習者評估	學習者參與對現實的探究
取　向	學科的學習	對共同問題思考與行動
關　注	問題取向（理論性）	實際生活之問題
態　度	客觀的／師、生分離	實際參與
目　標	控制、灌輸	廣泛、探索性的、發展性的

37 終身教育

終身教育

終身教育的涵義

終身教育（lifelong education）可定義為：「主張個人從出生到死為止，沒有任何階段的教育，個人可以隨時接受教育、同時工作，沒有小學、中學、大學的劃分。個人可以在教室內或教室外接受教育，或利用電視、廣播或則函授，或是推廣教育。總之，是不具形式、隨時接受教育」（楊國賜）。終身教育主張整合正規教育與非正式的學習（有組織、無組織、有意識、無意識）等各種學習機會，以促進學習的社會（learning society）。

終身教育的八項原則

1.整體性：指終身教育的整體形式與特質。

2.統整性：指課程與個人整體生活的協調。

3.彈性：指教育內容與學習時間的多樣性。

4.民主：所有人皆有機會接受終身教育。

5.機會與動機：即個人與社會的必要條件，以促進終身教育。

6.可教性：教育強調教導「學習如何學習」的能力。

7.操作型態：可由正式、非正式或不拘形式等方式來進行。

8.生活素質與學習：終身教育可提高人民素質（楊國賜）。

終身教育的類型

依史寶汀（Seth Spauding）將機構活動分為開放式與封閉式，再分為正規（formal）、非正規（non-formal）與非正式（informal）等三類教育，又可細分為六種型式：

1.第一種型式：具高度結構與嚴密的教育組織，例如傳統的初等、中等、技術與高等學校。

2.第二種型式：具長期教育目標的高度結構與規定的教育活動，但其組織與教育內容有較大的彈性，例如英美的變通學校（alternative school）、個別化教學學校、綜合學校。

3.第三種型式：具有適當結構化的教育活動或組織，常有具體的學習目標與研究會。例如社區中心、函授教育、美國的無圍牆大學（university-without-wall）、英國的開放大學（open universit-y）、軍事訓練計畫等。

4.第四種型式：屬結構鬆散的教育活動，民眾可以自由選擇參與，例如：農業推廣服務、消費者教育、健康教育、在職訓練計畫、人口教育等，此類活動逐漸偏向非正規教育。

5.第五種型式：在所參加的團體中，選擇該團體所開設的課程，包含研討會、課程演講等，例如：青年組織社團、俱樂部、扶輪社、勞工組織、宗教組織等，較屬結構性質活動與偏向服務性之活動。

6.第六種型式：提供廣泛的資訊與教育媒介服務，例如：電視、廣播、雜誌、報紙、圖書館、書店等，較屬於居家生活的無意識學習(楊國賜)。

在規劃終身教育體系時應注意：

1.考慮個人、社區與政府三個層面。

2.應聯合規劃上述六種教育型式。

3.尚需顧及立法、教育目標、財務、管理、材料、設備及人員等。

美國終身教育特色

1.成人教育機構與型態的多樣性，尤其是圖書館。

2.重視成人教育的立法。

3.民間熱衷於成人教育活動。

4.各級政府部門直接負起成人教育責任？

5.大學院校重視成人教育推廣活動。

6.社區學院的大力推動。

7.成人基本教育的範圍日漸擴大（楊國賜）。

英國終身教育特色

1.成人教育體系完備，且配合成人生活需要，課程不斷擴充，人數不斷增加。

2.課程往博雅教育發展，同時重視學術與休閒內容。

3.大學扮演終身教育推動的積極角色。

4.社區學院的發展結合了學校與社區。

5.以獨立性之開放大學，使成人得以繼續接受教育（楊國賜）。

日本終身教育特色

1.政府主導終身教育的推展。

2.成立放送大學，以謀求大學教育之普及發展。

3.重視青少年教育，培養其自主性與群性。

4.積極推展高齡教育及婦女教育。

先進國家終身教育發展趨勢（楊國賜）

1.政府擔負實施終身教育之責。

2.組織有力的終身教育機構以促進終身教育。

3.訂定法律推動終身教育。

4.大學院校積極參與推動。

5.妥善利用大眾媒體。

6.機構與型態日益多元。

7.以全體成人為對象。

台灣終身教育發展趨勢

1.頒訂成人教育工作綱要，確定成人教育工作發展之方向。

2.積極規劃成人教育體系。

3.發展空中教育體系。

4.充實成人教育機構的設備、組織及人員編制。

5.整合各機構，以發揮功能。

6.培育成人教育師資。

7.發展與改進成人教育、教材、教法。

8.發展多元教學媒體，增進學習興趣。

9.加強山地、離島及偏遠地區成人教育，以實現公平正義（楊國賜）。

回流教育

回流教育（recurrent education）這個名詞的使用始於1970年代，回流（Recurrent）源自拉丁文recurro，即奔回之意，是指在職者、失業者、休閒中人、退休者重回教育機構做有組織的學習。

回流教育的特性（詹棟樑）

1.重視教育歷程，而此種教育歷程可達三目的：

◇加工：是精緻的學習，且不必擔心成績。

◇控制：使成人對學習更有把握、瞭解自己的需要。

◇完整：學習內容必與生活結合才算完整。

2.重視經驗的學習，而學習經驗之內涵包含：傳統、批判能力與更新能力。

3.有組織。

4.參與回流教育的動機有：發展工作能力（職業需求）與教育消費（永續學習）。

回流教育的功能

1.協助成人作生涯規劃。

2.促進終身教育。

3.有助個人發展（詹棟樑）。

4.促進教育機會均等、提供教育機會、制度化、多元化與組織化成人教育，皆可促進教育機會的均等（詹棟樑）。

回流教育的原則

1.把握教育的完整性：

　◇瞭解社會結構的流動性，包括技術的改變、批判思考等。

　◇瞭解職業升遷方式。

2.培養批判思考能力，瞭解成人所負的自我責任與社會責任。

3.提供適時教育機會，鼓勵成人學習。

4.鼓勵成人自動參與學習。

5.提供良好的學習環境。

6.促進工作場所與教育場所的溝通。

7.發展工作與教育的輪替制度。

8.促進個人發展，培養自我決定能力（詹棟樑）。

回流教育發展的目標

1.個人的主導性（personal autonomy）。

2.社會的職能（social competence）。

3.倫理的考量（ethical discretion）。

4.創造力（creative capacity）。

5.工作的熟練（career proficiency）。

6.追求智慧（intellectual ponder）（詹棟樑）。

隔空教育

最早起源於十八、十九世紀的通信函授教學（correspondence education），後發展成隔空教育（distance education），具有以下特色：

1.教學機構與學習者是有空間距離的，學習者彼此之間亦是分散的。

2.教材是系統化設計的與自我學習的。

3.傳播管道多元化，並注意學習與機構之互動。

4.教學過程缺乏同伴，基本上是個別式教學，但視情況提供團體互動的機會。

5.隔空教育機構比一般傳統機構有更多的科技設備（吳翠珍）。

開放學習

開放學習（open learning）含有兩層意義：解除學習過程中之限制（例如：行政、空間、時間成本、教學目標、方法等）與開放體制（open access），基本上可分為兩種導向：傳佈導向（dissemination oriented）與發展導向（development oriented）兩種（吳翠珍）。

開放學習兩種導向

	傳 佈 導 向	發 展 導 向
知識的假設	知識為有價財貨，可貯存、傳遞，增進個人幸福	知識為探索過程，對個人所處世界賦予意義
學習的假設	增加個人知識、技能	在賦予意義的過程中，增進個人能力
教育目的	傳遞知識	個人整體發展
學習的意義	個別化學習（individualization）	自主式學習（autonomy）
學習的選擇	自助餐式的選擇，從備妥的課程中作套餐式選擇	到府製餐式的選擇，自己選擇學習內容與方式
課程結構	以課程進度綱要（syllabus）為依據，作有組織安排	參與學習計畫，決定學習內容
學習策略	研讀技巧	學習如何學
教師角色	知識傳遞者	協助者

隔空教育之開放學習

　　隔空教育旨在排除地理障礙所產生之教育機會不均等的現象，而開放學習在消除個人心理及社會的障礙，兩者結合成開放隔空學習不僅是增進學習者多元接受學習之機會，並在教學方法及傳播上具有彈性，以利學習。

一、試根據終身教育的理念，申論我國學校教育應有的改革措施。
【高師86】

答：（一）終身教育的定義：

終身教育乃是一個綜合統一的理念，包括在人生的不同階段與生活領域中，以正式與非正式學習方式以獲得提高知識來達成人生最充實的發展。它關係著個人的成長和社會的進步（楊國賜）。

（二）我國學校教育應有的改革措施（楊國賜）：

1.頒訂成人教育工作綱要，確定成人教育工作發展方向（教育部已於民國七十九年二月頒布成人教育工作綱要）

2.積極建立成人教育體系，以達成終身教育的理想，其具體措施有：

（1）以正規教育途徑，積極發展大學推廣教育、進修補習教育、以提供成人繼續進修機會。

（2）透過非正規教育途徑，且利用各級社會教育機構（圖書館、文化中心、民間團體等）舉辦各項成人教育活動。

（3）透過非正式教育途徑，且利用大眾傳播媒體，如電視、廣播、報紙、網路等來推動成人教育活動以提升國民素質。

（三）建立空中教育體系，促進教育機會均等，包括：

1.舉辦各類空中教學的補習教育。

2.利用空中學校辦理高中、高職及大專程度的進修教育。

3.使用廣播、電視來推動民眾教育。

（四）積極規劃辦理成人教育及相關工作：

1.加強辦理成人基本教育。

2.加強辦理婦女教育

3.推動老人教育。

4.發展具體育性、文化性、藝術性、服務性及知識性的休閒教育。

5.辦理社會環境教育：辦理各種戶外教室、野外考察、露營使其從環境中學習保育知識與培養保護生態環境之美德。

6.積極進行成人相關法令之研訂及增修，落實成人教育專業，例如修訂「社會教育法」、「補習教育法」、「成教育法」、「成人教育規程」等。

7.充實成人教育機構的設備、設施、組織及人員編制。

8.協調各有關機關、學校、社教機構、公民營企業機構等，共同辦理成人教育，以整合資源。

9.培育成人教育師資，辦理成人教育工作人員在職進修，以提高人員的素質：

（1）由各師範院校開設成人教育系、所、組，及成人教育學分班培育推展成人教育必要的師資及專業人員。

（2）辦理成人教育研討會、業務檢討會、觀摩會彼此交換經驗，建立共識與作法、有效推展成人教育。

10.發展與改進成人教育教材、教法，提升教學效果。

11.規劃利用多元教學媒體，增進成人的學習興趣。

12.利用電視、廣播、報紙、雜誌、圖書等來推展成人教育，並加強宣導活動。

13.加強山地、離島及偏遠地區的成人教育，以實現公平正義的理想，其具體措施有：

（1）充實山地離島及偏遠地區成人教育設施及各項必要設備。

（2）策劃並協調有關機關、學校、社教機構及民間團體優先辦理山地、離島及偏遠地區成人基本教育、短期研習班、婦女教育及成人職業進修班。

二、論述成人教育的內涵特性並分析未來的規劃取向。【高師88】

答：（一）成人教育的定義（楊國賜）：

1.成人教育係指十八歲以上，不屬於正規學校的各種教育措施，故與中等教育年輕學生的擴充教育有別。

2.成人教育係指十八歲以上的各種非職業教育而言，如此則與職業訓練及軍事教育有別，並且包括職業性課程中的普通教育部分。

3.成人教育係指十八歲以上非職業性，但較具文化性的教育而言，包括所有的文化訓練，且不包括社區中心的娛樂活動。

4.成人教育係指十八歲以上由教育部所提供非職業性教育，包括文化及娛樂活動，但不包含職業課程中普通教育部分。

5.成人教育係指十八歲以上由教育部所提供的非職業性教育，但較具文化性的教育而言，包括一切非正式的活動，如圖書館及廣播。

6.成人教育係指十八歲以上非職業教育，但更具文化性的教育活動，而係教育部為其他機構所提供者。

（二）成人教育的內涵／特性（鄧運林）：

代　表	內涵（教育哲學）
Benne（1957）	1.教師是幫助者（helper）：提供學習者學習模式。 2.教師是專家（expert）：比學生知道的更多。 3.教師是治療家（therapist）：幫助解決學生之學習障礙。
Knowles（1957）	1.成人教育的目的在使成人更具有教養。 2.注重提供成人參與及選擇的機會。
Broudy（1960）	成人教育的目的在幫助成人自我發展以便能認清自己的角色發展及生命階段任務。
B. Lindeman （1961）	1.成人教育的目的在改善人們的社會生活及社會秩序。 2.成人教育著重在個人需求和經驗。 3.以討論方式提供成人自由和自我表達的洞察力。
Bergevin（1967）	1.成人教育的目的在提供成人自我充實的機會。 2.成人教育要在民主社會中推動，因此要提供失業的低教育程度國民教育機會。
Friere（1970）	1.經由免費的成人教育可促進社會急遽改變。 2.成人們經由教師或同學間共同討論與學習。
Lawson（1970）	1.成人教育不需外在目標，成人本身發展即其目的。 2.成人與孩童教育差別即在於成人能對學習內涵加以判斷。
Apps（1973）	1.認為理想主義、實在主義之成人教育視成人教育本身即其目的，教師教學在達成學生學習目標與接受知識內容，幫助學生精熟知識。 2.認為進步主義、存在主義信念成人教育之教師像幫助者，幫忙學生解決問題。
Paterson（1973）	成人教育的目的在傳遞知識，尤其是有價值的知識。
Champion （1975）	生活是一系列的挑戰，成人只關心自身身心特性、學習需求及性向發展，成人教育在求人性重視。
Thomas and Harris-Jenkins （1975）	1.從社會變遷達到個人發展及課程和教學方法之改進。 2.成人教育之目的在隨社會變遷而改變。

三、名詞解釋：激進成人教育（radical adult education）。【中正85】
答：1970年代巴西成人教育家佛烈利（P. Frieire）在拉丁美洲之巴西智利等地從事成人識字訓練（literacy training），試圖以教育方式來喚醒自我意識，且經由集體行動，促進改變不合理的社會，政治經濟結構，開啓了激進成人教育的序幕，Frieire於1970年出版了兩本著作：Pedagogy of the Oppressed與Cultural Action for Freedom，奠定了激進成人教育的理論基礎。激進主義教育家孔滋（Counts）、柏萊茉（Brameld）與佛烈利（Frieire）皆不認為去除政府控制的公立教育能使人獲得獨立、自主，卻希望透過教育和革命性的變革（revolutional change）以消除資本主義社會的政治與經濟的弊端，而轉變成社會主義的政治經濟體制（蔡必焜）。

佛烈利的理論內涵包括：

1. 對人性的基本假設：人是主體而非客體的（subjects rather than objects）、人具有自主性（autonomy）與自由（freedom）。人具創造性，且能自我反省（reflection）與行動（action）。人是不成熟的，且處於不斷的改變中，是一個成長的過程（process of becoming completion）相信人是中性的（neutral）不全是善，也不全是惡。

2. 對於社會的假定：社會不斷在變動中（continuous transformation），而社會現實（social reality）是一個歷史的辨證過程（dialectical historical process），人不斷的由否定現存的社會制度，並結合反省與行動，最後從壓迫的解構中解放出來。

3. 關於人的知覺或意識的假設佛烈利將意識分為四個層次：

（1）未轉移意識（intransitive consciousness），是意識的最低層次，處於沈默文化（culture of silence）的初民社會，只追求基本需求的滿足，是一個封閉壓迫的社會。

（2）不完全不轉移或神奇的意識（semi-intransitivity），此層次的

人具有自我貶抑（self-depreciation），與文化的霸權文化（dominant culture）意識形態。

（3）初轉移意識（naive-transitiveness），此時人們開始體會到現實社會的不合理，但未完全從沈默文化中解脫出來，統治階層仍可使用各種威脅利誘的手段，試圖維持社會現狀。

（4）批判意識（critical consciousness）：人們自覺，或意識的喚起，開始對社會持續的批判，以瞭解社會，並去發覺欺瞞人們，幫助統治階層維持壓迫不人道（dehumanizing）的社會結構與迷思（myth）。

4.革命行動理論之四項原則：

（1）合作（cooperation）。

（2）團結統一（unity）。

（3）組織（organization）。

（4）文化綜合（cultural synthesis）。

5.教育的文化行動理論（the theory of education as cultural action）：

佛烈利認為沒有中立的教育，教育的目標向來只有二個：支配（domination）與自由（freedom），Frieire主張採用問題啓發式教育，以獲得解放與自由。他又主張識字訓練計畫與自覺過程的結合，教育的過程強調自覺解放而非教育的內容（蔡必焜）。

四、名詞解釋：遠距教學（distance teaching）。【中正85】

答：依Keegan所提，遠距教學或隔空教育共含有七大元素：

1.與傳統的面對面教學情境不同，遠距教學的實施，常有地理的阻隔。

2.遠距（隔空）教育機構特別注重教材的規劃、設計與製作，並強調自我學習。

3.常利用媒體，如印刷品、錄音帶、錄影帶、電腦等，將學習內容與學習者做具彈性的聯結。

4.儘管有地理上的限制，仍應提供雙向溝通的管道，以便促進學習者與教學機構的互動與建立對話關係（initiate dialogue）。

5.教學過程中缺乏學習的同伴，基本上屬個別化教學，然而也不排除提供團體直接互動的機會。

6.比一般傳統機構有更多的科技化設備。

7.課程的實施應排除定時定點的機構式學習（institational learning）（吳翠珍）。

五、面對親人的死亡，個人哀傷的過程可分為哪些階段？又如有不正常的哀傷反應出現，應如何加以協助？【中正85】

答：（一）依庫柏勒──羅絲（Elisabeth Kubler-Ross）的研究，一般人在哀傷的過程中，一共經歷了五個階段：

1.否認：對親人或自己將死一事表示震驚與無法接受，若周遭的人也否認事實時，當事者會因為沒有討論的對象而感到孤立。

2.憤怒：知道自己（或）親人將死，會感到憤怒，會問為什麼是我？而不是別人。

3.討價還價：例如與神明拜拜達成某種交易。

4.沮喪。

5.接受：接受自己（或親友）即將離去的事實，在親人死亡幾週內（有些人甚至好幾年）可能產生兩種情況：

（1）震驚與無法置信：在心理上表現茫然迷惑，若有所思，生理上出現呼吸短促、胸部與喉嚨抽緊、作嘔、腹中空虛的感覺。

（2）心思為有關死者的回憶所佔據：例如可能感到死去的親人的存在，他的聲音、臉孔，甚至有鮮明的夢境。當事人應逐漸走上解決的階段，恢復往日的生活。

（二）不正常的哀傷輔導：

　　1.接受悲傷治療（grief therapy）：悲傷治療是著重於幫助遭喪者表達其遺憾、喪失、內疚、敵意和憤怒的感覺，並鼓勵個案把死亡的事實呈現在生活中，以使自己由舊關係中解脫，藉以發展新關係，以及對生者、朋友、親人的新反應方式。

　　2.針對小朋友以及大人都可施行死亡教育（death education），其目的在幫助個人面對死亡所產生的焦慮，教導人們以和平、人道的方式面對瀕死者，提供照顧者一種實際的做法，並提供對悲傷動力的瞭解。

　　3.與支持團體聯絡，以社會的力量來幫助渡過哀傷階段。

　　4.接受心理輔導：可使用行為學派或認知學派的輔導技術。

　　5.家人多給予關懷與支持（黃慧真（譯者），民85）。

六、1995年為國際婦女年，試從婦女教育的需求論析，非正規教育系統如何調整，方能促進婦女多元學習機會。【高師84】

答：（一）為彌補婦女少時失學，各級機構所提供之婦女教育內容，可含基本教育之讀、寫、算課程再進階至知性課程之安排。

　　（二）除提供文雅教育之外，尚提供職業教育課程，亦可以利用在職進修方式來執行。

　　（三）針對婦女之興趣與需要，開設精神生活、親子關係、衛生保健、休閒生活安排等相關課程。

　　（四）可開設有關婦女研究或兩性平權課程。

　　（五）課程之安排應保持彈性，考慮許多婦女有照顧家庭的需要。

　　（六）在提供修課之際，宜配合鄰里或社區中心的資源，以提供臨時或固定時間的托育照顧，使婦女進修時無後顧之憂。

（七）課程之設計與執行可包括與擴大婦女成員之參與，例如有
　　關親子教育或兩性平權教育，可邀請配偶或家人之參與。

（八）教育單位在從事婦女教育課程規劃時，應考慮社區需要婦
　　女主動參與，及與社會服務部門，勞工行政部門多協調
　　（楊瑩）。

七、名詞解釋：回流教育（recurrent education）。【高師85】
答：詳見內文。

**八、成年人有哪些發展任務？又這些發展任務完成與否對其有何影
　　響？【高師86】**
答：（一）Erikson之心理社會發展論：將人生全程發展分為八個階
　　　　段，每一個階段都是一個發展的危機，若能解決，則危機
　　　　亦是轉機：
　　　　1.信賴 vs. 不信賴（0～18個月）。
　　　　2.自主 vs. 羞怯、懷疑（18個月～3歲）。
　　　　3.進取 vs. 罪惡（4～5歲）。
　　　　4.勤奮 vs. 自卑（6~12歲）。
　　　　5.認同 vs. 角色混淆（12歲～青年）。
　　　　6.親密 vs. 孤立（成年前期）。
　　　　7.生殖力 vs. 停滯（成年、中年期）
　　　　8.統合失望（老年期）。
　　　　由以上可知成年期的發展任務與角色認同、親密（尋找終
　　　　身伴侶）、生殖及統合等有關，若任務完成即可順利的社會
　　　　化，若無法達成，則可能造成角色混淆或孤獨或失望等現
　　　　象，且無法順利的往下一個階段繼續社會化。

九、名詞解釋：回流教育（recurrent education）。【高師88】
答：詳見內文。

38 特殊教育

特殊兒童的定義

唐恩（Dunn）對特殊兒童的定義：「特殊學生之受到標記，僅在他的學校生涯中當：（1）他的違常生理或行為特質，以特殊教育目的而言，顯然具有學習的資產或缺陷的性質；以致（2）經由試探性服務設施之提供足以判定，給予直接或間接的特殊教育服務比傳統一般學校的教育，他能獲致更大的、全面性的適應與學業上的進步」（何國華）頁70。

依柯克與葛拉格（Kirk and Gallagher）的定義：「在（1）心智特質；（2）感覺能力；（3）神經動作或生理特質；（4）社會行為；（5）溝通能力方面偏離一般或常態兒童；或（6）具有多重障礙的兒童。而這種偏離的情形，須達到兒童得靠學校教育設施的調整，或特殊教育服務的提供，才可發展其最大潛能的程度」（何國華）頁8。

特殊兒童之分類

柯克與葛拉克將特殊兒童分為五種：

1.心智偏異（mental deviations）：包括智能優異（intellectually superior）與智能不足（mentally retarded）兒童。

2.感覺障礙（sensory handicaps）：包括聽覺損害（auditory impairments）與視覺損害（visual impairments）兒童。

3.溝通異常（communication disorders）：包括學習障礙（learning disabilities）與語言障礙（speech and language impairments）。

4.行為異常（behavior disorders）：包括情緒困擾（emotional disturbance）與社會不適應（social maladjustments）的兒童。

5.多重與重度障礙（multiple and severe handicaps）：包括腦性麻痺、智能嚴重不足等。美國94－142公法之分類：

◇聾（deaf）。

◇盲聾（deaf-blind）。

◇重聽（hard-of-hearing）。

◇智能不足（mentally retarded）。

◇多重障礙（multiple handicapped）。

◇肢體傷殘（orthopedically impaired）。

◇其他健康問題（other health impaired）。

◇嚴重情緒困擾（seriously emotionally disturbed）。

◇特殊學習障礙（specific learning disabled）。

◇說話障礙（speech impaired）。

◇視覺障礙（visually handicapped）。

台灣於民86年通過「特殊教育法」，將特殊兒童分為資賦優異與身心障礙兩類，後者包含：

1.智能障礙。

2.視覺障礙。

3.聽覺障礙。

4.語言障礙。

5.肢體障礙。

6.身體病弱。

7.嚴重情緒障礙。

8.學習障礙。

9.多重障礙。

10.自閉症。

11.發展遲緩。

12.其他顯著障礙。

標記（labeling）的優點與限制

分類一定伴隨著標記的問題，其優點爲：

1. 標記提供教育經費撥給的基礎。
2. 便於專業人員溝通。
3. 提供對特殊兒童處遇的指標。
4. 便於政府制定必要的法令。

負面影響：

1. 造成當事人心理創傷。
2. 可能因標記而受到排斥。
3. 無法證明標記與教育之關聯。
4. 隱含錯誤診斷的可能性。
5. 不利兒童自我概念之發展。

針對標記的不良影響，何伯斯建議改進之道：

1. 改進特殊兒童的分類系統。
2. 對心理測驗的使用做適當的限制。
3. 改進對特殊兒童早年的鑑定方法。
4. 適當保護個案的記錄與運用。
5. 在鑑定與安置特殊兒童時須遵守法定程序（何國華）。

特殊教育之安置型態

特殊兒童之教學以個別教學爲原則，遵循評量——教學——評量的程序，且依兒童的需要提供不同的服務：治療、復健、社工服務、交通接送，即其他專業人員（醫生、心理學家、物理治療師等）之協助。

特殊兒童教育之安置型態有：

1.普通班（regular class）：我國特殊兒童就讀普通班高達84.44%。

2.巡迴輔導制：特殊兒童基本上在普通班，並且定期或不定期接受巡迴輔導人員（itinerant personnel）之協助。

3.資源教室（resource room）：常被視為特殊兒童回歸主流（mainstreaming）的過渡橋樑。

4.自足式的特殊班（self-contained special class）：集中性質相近的特殊兒童，全部時間在該班受教的安置方式，目前以中、重度殘障者居多，例如啟智班、啟聰班。

5.特殊學校（special day school）：可提供住宿，具較多之專業訓練與設備，例如啟聰、啟智、啟明學校。

6.醫院與在家教學服務（hospital and homebound services）：針對生理殘障、身體病弱需在家休養者，教育與學校當局常派教師實施床邊教學與輔導。

應給予特殊兒童富彈性的教育安置，並幫助其逐漸適應最少限制環境（least restrictive environment）（何國華）。各種特殊教育的型態可以歸納為下圖（何國華，民88）：

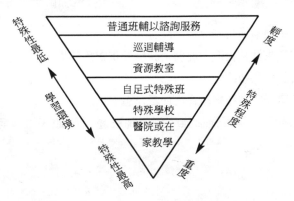

資料來源：何國華（民88）。《特殊兒童心理與教育》。台北：五南。頁21.

特殊教育發展趨勢

1.重視造成殘障的生態因素，對造成殘障原因的探討逐漸由醫學模式轉移到兒童與環境互動生態模式（ecological model）之探討。

2.對特殊兒童不加分類（non-categorical approach）：目的在去除標記作用，例如瑞典以「具有特殊需要兒童」來概括傳統的分類。

3.重視特殊兒童教育權益之保障：例如美國94－142公法明訂對特殊兒童的最少限制環境與個別化教育方案。

4.強調正常化原則，回歸主流以及融合教育：正常化原則（normalization principle）是指儘量使殘障兒童的生活、與教育環境和一般兒童相近，此概念的具體表現是：非機構化（deinstitutionalization）與社區本位服務設施（community based service systems），回歸主流是將特殊兒童與一般兒童混合安置，以增加彼此的互動、正常化多用於重度或中度殘障者，回歸主流則針對輕度的特殊兒童。融合教育（inclusive education）則主張直接讓殘障兒童在普通班受教，並輔以必要協助。

5.重視學前教育，台灣規定學前特殊教育從三歲開始，實施的場所有：醫院、家庭、幼稚園、托兒所、特殊幼稚園、特殊教育學校幼稚部。

6.家長積極參與特殊兒童之教育。

7.課程朝生涯教育取向發展，課程偏重實用能力本位。

8.使用現代科技的協助。

9.司法當局扮演特殊教育之仲裁角色。

10.殘障預防與研究加強，例如加強產前照顧、檢查等（何國華）。

39 特殊兒童心理與教育

1. 資賦優異

2. 智能不足

3. 學習障礙

4. 行為異常附錄

   a. 特殊教育法

   b. 特殊教育法施行細則

5. 試題分析

資賦優異

資賦優異的定義

所謂資賦優異是指兒童具有下列任何一種或多種的成就或潛能：

1.一般智力（general intellectual ability）。

2.特殊學術性向（specific academic aptitude）。

3.創造性與生產性思考（creative and productive thinking）。

4.領導才能（leadership ability）。

5.視覺與表演藝術（visual and performing arts）。

6.心理動作能力（psychomotor ability）。

調查指出資優兒童的出現率約3％～5％之間，最常用的鑑別方式是智商在140以上者即是資賦優異。

資優兒童之特質

1.資優兒童的身高、體重、健康情形多較一般兒童優越。

2.有更強的意志力、情緒更隱定、道德推理能力佳。

3.心智隱定，長大後仍是聰明的。

4.知識特別豐富，不尋常的記憶力。

5.高度理解力。

6.不尋常的多樣興趣與好奇心。

7.語言高水準發展。

8.思考過程變通。

9.對他人期待與感受有不尋常之敏感性。

10.高度的自我覺察，並且有所「不同」的感受。

11.理想主義與正義感，早年即出現。

12.在情緒上之非常的深度與強度。

13.完美主義。

14.敏銳的幽默感——可能是溫和或敵對的。

15.被自我實現的需要強烈促動。

16.顯然在所有領域的表現皆有創造力。

但高智商兒童也常有不適應問題（Dunlap）：

1.不參與。

2.不附合。

3.假裝平庸。

4.反強記。

5.自我表現機制（the mechanics of self-expression），不拘小節或喜歡表現。

6.避免失敗：因為有強烈自尊心。

7.喜歡直言（outspokenness），例如當眾指出教師的錯誤（郭為藩）。

資賦優異兒童之輔導

1.充實制，又分為：

◇水平充實（horizontal enrichment）：在課程上加廣。

◇垂直充實（vertical enrichment）：發展資優生較高層的思考概念與技能。但充實制的實施需配合特殊班、資源教室或能力分組、課外活動等。

2.跳級（grade skipping）。

3.綜合班級（grade combinations）：特地為資優班設計的課程，例如在一學年中修畢兩學年的課程，亦稱之為急速升級（rapid promotion）。

4.提早入學（early entrance）。

5.不分年級（non-grade school），廢除年級界限，改以主科或學科領域劃分等級（郭為藩）。

資賦優異生之教學原則

1.建立非權威性的教學環境，教師應有和而不同的雅量。

2.注重學習的過程而非結果。注重高層能力的培養，可使用設計教學法、發現學習等方法教學。

3.適當運用問題情境，鼓勵學生分析問題，並解決問題。

4.實施個別化教學，並重視思考能力之培養。

5.鼓勵自我評鑑與自動學習（郭為藩）。

6.陶冶建全人格與對社會之責任感。

7.注意生涯輔導（何國華）。

智能不足兒童

依美國智能不足協會1992年的定義：「智能不足係指現前功能上的重大限制。表現於智力功能顯著低於一般水準，同時存在著應用性適應技能方面兩種或兩種以上受到限制的情形：溝通能力、自理能力、家居能力、社會技巧、社區利用、能力保健與安全維護能力、學科基本能力、休閒與工作能力等。智能不足係於十八歲以前出現」。（郭為藩）p. 59。

智力不足的分類

1.美國智能不足協會的分類：

	智　　商　　範　　圍		
	史比量表 （SD=16）	魏式量表 （SD=15）	SD範圍
輕度(mild)	67～52	69～55	-3～-2
中度(moderate)	51～36	54～40	-4～-3
重度(severe)	35～20	39～25	-5～-4
深度(profound)	19以下	24以下	-5以下

2.我國教育部之分類

　◇可教育性智能不足：其智齡發展上限為10～12歲，對讀、
　　寫、算等基本學科之學習較為困難，但若予以補救教學，尚
　　能學習日常事務。
　◇可訓練性智能不足：其智齡發展上限為6～7歲，學習能力有
　　限，在監督下可以學習簡單之生活技能。
　◇養護性智能不足：智齡發展上限為3歲，幾無學習能力，終身
　　需賴他人照顧（郭為藩）。

智能不足的學習特性

1.注意力分散：在極短暫時間內所能知覺的刺激較少、且容易分
心。
2.對刺激之關鍵因素或足以辨認的特質常未能迅速知覺。
3.短期記憶（short-term memory）不佳。
4.缺乏隨機應變能力。
5.依賴心強。
6.對學習有失敗的預期。
7.不善於組織學習材料。
8.學習遷移的困難（郭為藩、何國華）。

智能不足的人格特徵

1.自我發展（ego development）有遲滯現象，較傾向於自我中心
（egocentric）
2.在道德判斷層次上較低；缺乏所有權概念。
3.成就動機較弱。
4.偏向外控。
5.社會辨識能力不佳。
6.有更高的焦慮感與挫折感。

7.較常使用原始性的防衛機轉，例如，退化、壓抑等。

8.常表現固執性（rigidity）（郭為藩）。

智能不足兒童之教育目標

1.養成生活自理能力：家事、處理錢財、善用時間、維護健康。

2.增加團體生活能力：與人和睦相處。

3.學習基本知能：溝通觀念（讀、寫、算）。

4.準備職業生活：謀生技能、旅行、外出（郭為藩）。

輕度智能不足的教學原則

1.培養自信心。

2.充份練習。

3.加強知覺動作訓練。

4.加強語言訓練。

5.加強語言社會技巧的訓練。

6.配合親職教育。

中度智能不足的輔導

1.自理能力、知動協調訓練。

2.基本知能及謀生能力之培養（郭為藩）。

智能不足的教學方法（何華國）

1.採個別化教學設計。

2.提供主動學習機會。

3.注意教學活動之變化。

4.運用過度學習。

5.提供適當回饋。

6.學習步調不可過快。

7.提供成功經驗。

智能不足兒童的安置

1.資源教室。

2.特殊班：例如啓智班。

3.特殊學校：啓智學校。

4.養護機構：以中、重度爲對象（例如南投啓智教養院）。

5.職業訓練機構。

行爲異常

性格或行爲異常有不同程度與類別：「情緒困擾兒童」（emotionally disturbed children）、「行爲異常兒童」（children with behavior disorders）、「行爲與人格異常兒童」（children with behavior and personality）、「社會不適應兒童」（socially malad justed children），依美國94－142公法對嚴重情緒困擾（siriously emotionally）的定義爲：此一名詞是指長期且明顯地表現下述一種或多種特質，而對教育產生不良的影響：

1.無法學習，但又不能以智能、感覺或健康因素加以解釋。

2.無法與同儕或教師建立或維持滿意的人際關係。

3.在正常的狀況下卻有不當的行爲或情緒。

4.充滿不快樂或鬱悶的情緒。

5.有發展出與學校或個人有關的生理徵候或恐懼的傾向（何華國）。

正常與異常的規準

正常的判準有三種：

1.符合社會規範。

2.精神病學的診斷。

3.符合健全人格的標準。例如：

◇個人對自我所採取的態度。

◇生長、發展或自我實現的程度與方式。

◇人格的統整性、自主性。

◇對環境的控制力。

鮑爾（Bower）針對情緒困擾提出五項判定原則：

1.無法有效進行學習活動，且非由智力不足、感官缺陷或身體健康因素所引起。

2.無法與教師或同學建立維持滿意的人際關係。

3.不合適的行為或情緒表現。

4.經常抑鬱寡歡。

5.行動突兀，有生理症狀等。

行為問題的類型

1.攻擊行為傾向：暴力、製造衝突、講髒話等。

2.抑鬱行為傾向：神經質、白日夢、幻想、自殺念頭、孤僻、消極、自責。

3.退回行為傾向：經常哭泣、畏縮、無主見、缺乏成就動機、經常作感情的勒索。

4.墮落行為傾向：偷竊、說謊、出走、行為古怪。

5.心因性生理症狀：夜驚（惡夢）、失眠、厭食、啃指甲、便秘、偏頭疼等（郭為藩）。

特殊教育的分類：

1.反應異常兒童（children with reactive behavior disorders）常以防衛機轉面對挫折，以減低焦慮。

2.性格異常兒童，又稱神經質兒童（children with neurotic character disorder）：包含焦慮型（anxiety type）、恐懼型（phobic type）、轉換型（conversion type）、解離型（dissociativetype）、強迫型（obsessive-compulsive type）與抑鬱型（depressive type）。

3.情緒不成熟兒童（immaturity）：幼稚、不獨立。

4.犯罪傾向兒童：道德力薄弱、逃學。

5.嚴重情緒困擾（severely emotional disturbance）：例如自閉症（autism）。

輔導方法

1.精神分析：

◇找出童年期不愉快的經驗。

◇情感的渲洩、移轉、昇華。

◇認知上的頓悟，以領悟取代壓抑。

◇使用自由聯想、夢的解析、與催眠等技術。

2.行為學派：

◇行為改變技術。

◇反制約刺激。

◇使用增強原理：正增強、負增強、處罰。

◇刺激替代。

◇選用適當增強物。

3.人本學派：

◇人有自行解決的能力。

◇使用無條件積極關注、同理心等技術。

4.生物物理論（biophysical theory）：認為不適應行為源於生理因素，屬醫學範疇，可以給予藥物、外科手術、適度運動或是結構化、教室情境設計、系統性學習活動等加以控制。

5.生態環境論（ecological theory），認為個人行為是內、外在環境交作用的產物，每個兒童事實上即是一小型的社會系統，因此不僅治

療兒童，同時更應注意相關人士（父母、師長、兄弟姐妹、親友、社區）等對兒童的影響，治療若無相關人士的配合，則成效不彰（何國華）。

學習障礙

定義：「學習障礙（learning disability）係指在獲取與運用聽講、說話、閱讀、書寫、推理、或數學能力顯現重大困難的一群不同性質異常者的通稱，這些異常現象被認為係由於中樞神經系統的功能失常，這種個人內在的因素所引起的，且在一生中皆可能發生。自我節制的行為、社會知覺、社會互動方面的問題，可能與學習障礙一起存在，但這些問題並無法構成學習障礙。雖然學習障礙可能與其他的障礙狀況（如感官損傷、智能不足、嚴重情緒困擾）或外在的影響（如文化差異、教學的不足或不當）同時存在，但它們並非那些狀況或影響的結果」（何華國，p. 323）。

學習障礙有五個共同因素：

1.學科上的遲滯狀態。

2.發展不均衡。

3.可能（卻不一定有）中樞神經系統的功能異常。

4.問題非來自環境因素。

5.也非源自智能不足或情緒困擾。

學習障礙的類型

基本上分為三類：

1.語言接受與表達方面的學習缺陷。

2.閱讀與書寫方面的學習缺陷。

3.算術方面的學習缺陷。

另一種分法是分為發展性學習缺陷（developmental learning

disabilities）與學科性學習缺陷（academic learning disabilities），如下圖所示：

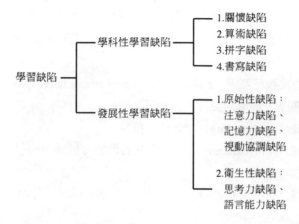

資料來源：郭為藩（民87）。《特殊兒童心理與教育》。台北：文景。頁192.

學習障礙的行為特徵

1.分心（distractibility）。

2.活動過敏（hyperactivity）：浮躁好動。

3.知覺動作損傷（perceptual-motor impairment），例如手、眼協調笨拙，形狀與背景之辨識困難。

4.情緒不隱定（emotional lability）。

5.記憶與思考力的缺損（disorders of memory and thinking）。

6.不確定的神經徵兆（equivocal neurological signs），例如平衡感的缺損、斜視、腦波異常。

7.知覺與認知缺陷。

8.符號缺陷：對（數學）符號辨識困難（郭為藩）。

學習障礙之教學原則

1.學習環境單純化。

2.使用行為改變技術：例如正增強、負增強與代幣制之運用。

3.知覺動作訓練：一般協調、平衡感、肌力、空間覺識、聽覺、動覺。

4.多感官語文技巧訓練（multi-sensory approach to language）：多種學習途徑：觸覺、嗅覺、聲音、視覺等並用。

5.技能訓練（skill training）：動作、技能。

6.歷程訓練（ability training）：即內在心理能力訓練。

7.運用科技。

8.學習策略之指導。

特殊教育之發展趨勢

1.多元教育型態：回歸主流、資源教室、最少限制環境、教育代用卷（educational voucher）。

2.鑑別診斷程序更加審慎。

3.更重視早期輔導，其早期教育輔導之方式有三種：

◇在家教育模式（home-based models）。

◇中心施教模式（center-based models）。

◇家庭與中心併合模式（combined home-center models）。

4.推廣無障礙環境。

5.電腦的應用。

6.更加重視重度及多重殘障者之照顧。

7.通才化特教師資之培育（郭為藩）。

試題分析

一、我國特殊教育法（民國八十六年五月公布）中之資賦優異：

1.其定義為何？

2.定義：根據「身心障礙及資賦優異學生鑑定原則鑑定基準」（民國八十七年十月頒布）各領域之資賦優異其鑑定基準均有規定，請予說明並討論這些基準對今後我國資優教育發展的可能影響。

【高師88】

答：依八十六年所公佈之特殊教育法（參見附錄）。

（一）資優生之定義：

對資優生之定義為「所謂資賦優異，係指在下列領域中有卓越潛能或傑出表現者」：

1.一般智能。

2.學術性向。

3.藝術才能。

4.創造能力。

5.領導能力。

6.其他特殊才能。

（二）資優生之鑑定：

資優生之鑑定工作大致分為兩階段來進行：第一階段稱為篩選（screening）或初選，目的在透過普查的方式，找出具有資賦優異傾向的學生；第二階段稱為鑑定（identification）或複選階段，目的是從初選名單中，利用更加週詳的個別評量方法，來確定安置於資優方案的學生。

1.初選階段：方法有：

（1）教師的推介（teacher nomination）：教師可以注意一些資優生常有的特徵，做為推介的參考：

（a）表現獨創性或高度的技術水準。

（b）輕易且迅速學會，或具有強烈的好奇心。

（c）多才多藝。

（d）能提早使用多種詞彙。

（e）對聽到或看到的資訊很容易記住等。

（2）使用團體智力測驗。

（3）成就測驗。

（4）與家長訪談。

（5）同儕推介。

（6）以學生具體的學習結果爲依據。

2.複選階段：

（1）個別智力測驗。

（2）創造力測驗。

（3）也可評估兒童的動機特質、自我概念與人格特性
等。

民國八十七年教育部所公佈之「身心障礙及資賦優異學生鑑定原
則鑑定基準」對一般智能與學術性向優異之鑑定有：

（一）一般智能優異：

是指在記憶理解、分析、綜合、推理、評鑑等方面較同年
齡具有卓越潛能或傑出表現者，其鑑定標準如下：

1.智力或綜合性向測驗得分在平均數正一點五個標準差或
百分等級九十三以上者。

2.專家學者、指導教師或家長觀察推薦，並檢附學習特質
與表現等具體資料者。

（二）學術性向優異：

是指在語文、數學、社會科學或自然科學等學術領域，較
同年齡具有卓越潛能或傑出表現者。其鑑定基準爲以下各
款之一：

1.某領域學術性向或成就測驗得分在平均數正一點五個標準差或百分等級九十三以上，經專家學者、指導教師或家長觀察推薦，並檢附專長學科學習特質與表現等具體資料者。

2.參加國際性或全國性有關學科競賽或展覽活動表現特別優異，獲前三等獎項者。

3.參加學術研究單位長期輔導之有關學科研習活動，成就特別優異，經主辦單位推薦者。

4.獨立研究成果優異，經專家學者或指導教師推薦，並檢附具體資料者。

（三）對我國資優教育的影響：

1.重視資優生之安置，資優生之安置型式有：

充分回歸主流　　　　　　　　　　　　　　　　　　　　完全隔離
　←——————————————————————————————————→

●暑期特殊研習班

●特殊學校

●普通學校的特殊班

●參加人數受限的研習班

●資源教室與學習輔導中心

●學校中參加人數受限的參觀旅行

●普通班中的能力分組。

●參加人選受限的普通班以外之課外活動。

●普通班中的個別輔導。

●普通班中的獨立與個別化的學習活動。

資料來源：何國華（民88）。《特殊兒童心理與教育》。台北：五南。

2.課程設計型態的考量：

　　（1）加速制：跳級、縮短修業年限、提早入學。

　　（2）充實制：水平充實、垂直充實。

3.資優生之輔導：

　　（1）促進主動與獨立的學習精神。

　　（2）課程內容應強調高層次的概念學習。

　　（3）培養思考能力。

　　（4）陶冶健全人格，激發對社會責任感。

　　（5）注意生涯輔導。

4.注重電腦輔助教學。

5.注重教師的專業修養與人格特質（何華國）。

二、民國八十八年二月，教育部公布資賦優異學生降低入學年齡、縮
　　短修業年限及升學辦法，第四條規定縮短修業年限之方式包括七
　　種，請說明並討論其對我國資優教育發展的可能影響？進一步亦
　　請就學理或相關研究說明縮短修業年限的理由。【高師88】

答：（一）資賦優異學生降低入學年齡縮短修業年限及升學辦法請參
　　　　　考附錄。

　　（二）此題考生應列舉、簡述其中的一些辦法，再回答相關問
　　　　　題，例如：

　　　　　「第三條：資賦優異之未足齡兒童提早入學國民小學，應由
　　　　　其父母或監護人提出申請，並經特殊教育學生鑑定及就學
　　　　　輔導委員會鑑定符合下列規定者為限：

　　　　　1.智能評量之結果，在平均數正二個標準差以上或百分等
　　　　　　級九十三以上。

　　　　　2.社會適應行為之評量結果與適齡兒童相當」。「第四條：
　　　　　　各級學校應依資賦優異學生身心發展狀況、學習需要及
　　　　　　其意願，擬訂縮短修業年限方式及輔導計畫報請該主管
　　　　　　教育行政機關核定。前項所稱縮短修業年限，指縮短專

長學科學習年限或縮短各該教育階段規定之修業年限，
其方式如下：

（1）學科成就測驗通過後免修該科課程。

（2）逐科加速。

（3）逐科跳級。

（4）各科同時加速。

（5）全部學科跳級。

（6）提早選修高一年級以上之課程。

（7）提早選修高一級以上教育階段之課程。

（三）對資優教育的可能影響，請參考高師88年的答案。

（四）縮短修業年限的理由：屬資優生教育安置的型態中的加速制，依Kirk & Callagher（1983）、Blake（1981）、Hardman & Drew & Egan（1984）加速制可分為四種型態：

1.跳級（skipping grades）：讓學生跳過某一學年或某一學期而直接升學。

2.縮短修業年限（telescoping grades）。

3.提早入學（early school admission）：提早入幼稚園或小學。

4.提早修讀大學課程（early college programs）：分為提早進入大學，仍在高中的資優生選讀大學課程，通過大學科目之測驗可抵免學分。

三、資優兒童在一般班級可能會有哪些適應上之問題？如何輔導？
【高師大88】

答：（一）史特連治（R. Strang）研究300名智商在120以上的中學生，發現受試者有四個共同的適應問題：自卑感與不圓滿感（inadequacy）：自卑感常來自理想與實際的過大差距，亦即理想我（ideal self）與現象我（phenomenal self）間無法調和，而不圓滿感則來自聰明學生常將抱負水準定

的特別高，然而一個人無法樣樣都很出色；人際關係不盡如意：資優生常心智較早熟，生理與心理有一段差距，不一定能和同學互動良好，有時會視其同學為幼稚；自覺未能實現其智力潛能：因其較早熟，所提出的看法有時不為他人所接受；難以選擇、準備及進入一種職業（郭為藩）。

鄧拉普（James M. Dunlap）歸納高智商學生的適應問題如下：

1.不參與（non-participation）：除非活動活潑有趣、具有啟發性與挑戰性，否則資優生會覺得無趣而不屑。

2.不附和（non-conformity）：多數高智商學生會擇善固執，不輕易盲從附和，有時會被視為固執或有怪僻傲慢。

3.平庸相（the image of mediocracy）：有些資優生會掩飾其才能，以免老師給予額外的作業，或者為了取悅同學和同學打成一片。

4.反強記（revolt against rote）：聰慧學生大多討厭刻板及機械記憶。

5.自我表現機制（the mechanics of self-expression）：常不拘小節，其表現的方式有時很特別，常能自我省察，且自我要求很高，可以一再的修正直到滿意為止。

6.防失敗（auoidance of failure）：常用各種自我防衛機轉來避免失敗，可能造成羞怯、過慮或半推半就的態度。

7.好直言（outspoken）：常過於坦率、喜歡評論是非，而遭惹人怨（郭為藩）。

（二）輔導方法：

1.強調創造性、及問題解決的教學法。

2.教育安置方式：有不同的型態，參考前述答案：加速制、充實制。

3.發揮主動與獨立學習精神等（參考前述答案）。

四、資優兒童之生理及認知發展有何重要特徵？【高師88】

答：（一）資優兒童之認知特徵：

    1.知識特別豐富、不尋常的記憶力。

    2.高度的理解力。

    3.不尋常的多樣興趣與好奇心。

    4.語言有高水準的表現。

    5.口語能力亦有高水準。

    6.不尋常的訊息處理能力。

    7.思考步調快速。

    8.思考的過程具有變通性。

    9.具綜合統整能力。

    10.早期的擱延作結的能力。

    11.能看出不尋常與不同的關係，及統整各種觀念與學問之能力。

    12.產生有創意的觀念與解決方法的能力。

    13.早期即表現思考過程的特殊形式（變通性思考、抽象詞彙的運用、視覺性思考）。

    14.早期的使用，與形成概念化架構的能力。

    15.對他們自己與他人的評鑑式做法。

    16.表現不尋常強烈，持續的目標導向行為。

（二）資優生的生理特質：

    1.經由高度的覺識，而從環境獲得非常數量的訊息輸入。

    2.在身體與智能發展上的非常差距。

    3.對於他的標準與體育技能間的落後，有低度的容忍力。

    4.忽略身體的健康，避免身體的活動（何華國）。

五、試述「身心障礙及資賦優異學生鑑定原則鑑定基準」（民88）中，有關「語言障礙」之定義及分類？並請敘述語言障礙教學之趨向？【彰師88】

答：(一) 參見附錄「身心障礙及資賦優異學生鑑定原則鑑定基準」。

(二) 定義：語言障礙分為說話異常（speech disorders）和語言異常（language disorders）兩大類。所謂說話異常，依范來波（Van Riper, 1978）的定義為：「當說話的語言十分不同於他人，因而引起自個兒的注意，以致對溝通的歷程有所干擾，或造成說話者或聽講者的困惱時，即屬說話異常」。

(三) 語言障礙的分類：

1.不會說話（absence of speech）不會說話的原因很多，有重度智能不足、自閉症（autism）缺乏語言能力、腦性麻痺（cerebral palsy）、中風（stroke）、顏面神經受損等。

2.構音異常（articulation disorders）：是一種說話時咬字不清的現象，在說話異常的學童中約佔3／4，構音錯誤的情形有：

(1) 省略音（omissions），例如daddy 將說成day。

(2) 替代音（substitutions），例如將that說成dat。

(3) 歪曲音（distortions），例如將sled說成smled。

(4) 贅加音（additions），例如將cow唸成cubow。

3.發聲異常（voice disorders）：說話的音調（pitch）、音量（loudness）、音質（quality）及音變（flexibility）不同於一般人，包括說話夾雜呼吸聲、嘶啞聲、鼻音等，有時是因發音器官濫用所引起（例如比賽時大聲呼叫）。

4.節律異常（rhythm disorders）：指說話結巴不流暢，例如口吃，又分為四種：

(1) 語言缺乏（absence of language），小孩到五歲時仍缺乏語言能力。

(2) 語言發展遲緩（delayed language development）：即語言發展水準比同年齡兒童還低。

（3）語言能力喪失（interrupted language）：多導因於大腦語言區的病變，若語言能力完全喪失者，稱為卡語疾（aphasia），部分喪失者，稱為語言困難（dysphasia）。

（4）語言性質偏異：指語言內容與常情有異。

（四）語言障礙兒童的教育與輔導：

1.巡迴輔導：是由語言治療師或語言病理學家往來於有語言障礙兒童的學校，以提供語言治療服務。

2.資源教室：語言障礙兒童大部分就讀於普通班，只在排定時間至資源教室接受語言治療人員的輔導。

3.諮詢服務：語言治療人員不直接對學生提供語言矯治的服務，而是對普通班教師、特殊教育老師、學校行政人員或家長等提供與語言矯治有關的教材、教法、在職訓練或教學等。

4.語言矯治中心或診所：大多設於大學或醫院之中，能提供語言障礙兒童更為完整的診斷計畫。

5.不會說話者的補救措施包含有教導手勢、手語、或溝通板（communication board）的使用。

6.構音異常的矯治包含有外科手術的修補、或再學習以逐步養成正確的構音習慣。

7.發聲異常的矯治是透過適當的發聲訓練，與不斷的自我檢核與改進。

8.節律異常的矯正，以口吃為例，有三種方式：

（1）以心理治療來矯正口吃的現象。

（2）學習流利的說話以替代口吃。

（3）避免對口吃壓制。

9.語言發展遲緩的矯治有：

（1）發展法（developmental approach）或自然法

（naturalistic approach）：遵循正常語言發展的歷程，提供兒童系統化與具鼓勵性的語言訓練。

（2）行為改變法（behavior modification），使用行為學派的技術（行為目標、獎賞）。

（3）認知法（cognitive approach）。

（五）教師角色：

1.語言障礙學生之轉介。

2.提供良好的語言示範。

3.培養接納性的語言環境：

（1）專心聽語言障礙兒童的發言。

（2）不直接批評語言障礙兒童在言語上的缺失。

（3）不要對兒童在構音或語言節律的問題過度注意，而要多注意其所要傳達的內容。

（4）禁止班上學生取笑語言障礙的現象。

（5）在指定語言作業時，需考慮其本身的限制。

4.配合語言矯治工作以強化語言矯治效果（何華國）。

六、發現學生學習困難原因：或因教材太難、簡略、技藝科、某科多數學生、學生能力分班等困難應如何實施補救教學法。【彰師88】

答：教師應先發掘學習障礙兒童之學習缺陷，再針對其學習缺陷領域而進行補救教學，輔導策略有：

（一）知覺動作訓練：此派人士認為學習障礙源於在一般發展過程中之一般性或某一階段的發展遲滯，凱伯（Newell Kephart）將兒童的學習發展分為六個階段：

1.粗大動作期（gross-motor stage）。

2.動作──知覺期（motor-perceptual stage）。

3.知覺──動作期（perceptual-motor stage）。

4.知覺期（perceptual stage）。

5.知覺──概念期（perceptual-conceptual stage）。

6.概念期（conceptual stage）：矯治之道在找出兒童動作知覺發展中之障礙部分，並從其前一階段開始給予適當的訓練。

（二）多重感官的學習法（multisensory approach）：除視覺與聽覺之外，也訓練其他感官的靈活運用，觸覺運動覺（kinesthesia）、嗅覺，由於多重感官的運用也等於給予學習者多重感官的學習刺激，故又稱爲刺激轟炸法（stimulus bombardment approach）。

（三）學習環境的控制、原則：
1.學習活動的空間應儘可能寬敞、避免擁擠。
2.教室的牆壁須保持樸素。
3.採用具有三面隔板的學習桌（learning carrels or booths）。
4.教室門窗應採用半透明的毛玻璃。
5.教室內最好舖設地毯以減少走路的音響。
6.教室內儘量少用佈告欄。
7.書桌最好面向空白的牆壁。
8.教師服裝力求樸素。

（四）行爲改變技術：例如行爲契約（contingency contracting）的訂定。

（五）心理神經學的補救教學：其研究重點偏重於與中樞神經系統功能失常有關的學習問題，而此類的學習障礙與心理動力因素或邊緣神經系統的功能失常無關。麥克伯斯（Helber Myklebust）認爲語言的學習歷程爲：感覺作用（sensation）→知覺作用（perception）→意象作用（imagery）→符號化作用（symbolization）及概念作用（com-ceptualization）等五個經驗層次，而兒童的語言學習障礙可能出現在知覺作用、意象作用、符號化作用、或概

念化作用等層次，輔導的實施應先找出障礙的層次，再提
出補救之道。

（六）學習策略的指導：例如後設認知策略的教導（何國華）。

七、試分析說明我國特殊教育未來發展趨勢？【彰師86】

答：詳見內文。

八、名詞解釋：特殊教育中的「資源教室」（resource room）方案。
【東師86】

答：（一）定義：「資源教室」（resource room）原文即含有支援之
意，「是在普通學校中設置，專為具有顯著學習困難或行
為問題的學生，提供適合其特殊需要的個別化教學場所
（教室）這種教室聘有專門推動特殊教育工作的資源教師，
以及各種教材、教具、教學媒體、圖書設備等。學生於特
定時間到此接受特殊教育。它與特殊班級最大的不同，在
於學生只是部分時間來此上課，其他時間仍在普通班級
中。所以資源教室的目標是在為學生與教師提供教學的支
援，以便使學生繼續留在普通班級，並激發其學業與情緒
的發展」（林美和，民78，p. 150）。

1.特殊學生可在資源教師（resource room teacher）的協助
之下，於資源教室獲得個別化教學。

2.特殊學生大部分時間仍在普通班上課。

3.資源教師與普通班教師共用。

（二）資源教室的功能：

1.給予學生個別化的教學與輔導。

2.學生在資源教室的時間以不超過二分之一上課時間為原
則。

3.資源教室為每一位學生建立「個別化教育或輔導方案」
（IEP）並視其進步情形，彈性調整其課程內容及在資源
教室的時間，原則上每生資源教室的時間至少一學期。

4.補救教學的範圍除教科書外,並搜集各種教學資料與課
外讀物。

5.受輔學生之成績考查以在資源教室為主。

6.資源教室的設備有:

（1）基本設備:辦公桌椅、學生資料櫃、黑板、文具
等。

（2）教學設備:投影機、教科書、參考書、語言教學機
等。

（3）評量工具:各種測驗卷（張莉,民78）。

（三）資源教室的優點（黃武鎮,民87）:

1.提高學習興趣:歸功於個別化教學。

2.教室情境容易控制:學生人數少,教室容易管理。

3.適應學生學習需要。

4.較容易採用分組討論教學。

5.較容易運用實物教學。

6.學員使用各種設備的機會增加。

7.師生相處融洽。

（四）資源教室的缺點:

1.只有少數人受惠有欠公允。

2.由資源教室回原班後適應困難。

3.影響其他科目的學習。

4.缺乏標準化的診斷工具,甄選學生的客觀性受質疑。

5.上課時數常感不足。

6.去資源教室上課的學生可能會被貼標記,或招來異樣的
眼光。

7.資源教室沒有教師員額的編制,以公差方式從事,容易
影響工作本身。

8.為顧及教學進度及學生在原班的考試,使得補救教學變
成補習性教學。

9.資源教師的教學時數尚無統一規定，常造成資源教師間排課不一致、勞逸不均的現象。

10.缺乏參考資料及專人指導，資源教室的方向不知何去何從。

11.智力測驗不實，無法據以判斷學生之真正智商（黃武鎮，民78）。

40 教育研究

調查研究法（survey research）

調查研究在教育的情境使用非常普遍，常使用的工具是標準化測驗與問卷，目的在收集有關態度等方面的資料。其型式可分爲面對面訪問（interview）、問卷調查（questionnaire）、觀察與記錄（observation or testing results）。此外，調查研究也常使用在教育行政上，例如教育或教學評鑑、德慧法等。在個案研究中也可以使用調查研究做爲資料收集的方式之一。

調查研究的程序

1. 定義問題。
2. 選定調查對象。
3. 選定現成工具或自編問卷。
4. 選定母群、可接近母群與抽樣方法／單位。
5. 預試，建立信效度。
6. 發展傳達信函與最終問卷。
7. 正式實施。
8. 回收問卷追蹤催收。
9. 資料分析。
10. 提出報告（王文科，民86）。

調查研究法的優點

1. 經濟方便。
2. 可匿名，受試者較安心做答。
3. 較有充分時間作答。
4. 使用問卷的方式可以避免曝光效應。

缺點

1.回收率偏低。

2.不易確認作答者的真實身分。

3.不深入，所收集的資料較膚淺。

實驗法

實驗法（experimental method）的發展最早，程序最嚴謹，型式繁多，是唯一可以斷定因果關係的研究方式。其特色是操控、減低無關變項的干擾、隨機取樣、隨機分派與控制組等。

1.實驗設計的類型：

◇前實驗設計（pre experimental design）：
　　例如：單組前、後測設計（O_1　X　O_2）。
　　　　　O_1 與 O_2 為觀察（observation）。
　　　　　X為實驗處理（treatment）。

2.真正實驗設計（true experimental design）：例如：等組前、後測設計。

　　R　O_1　X　O_2
　　R　O_3　C　O_4
　　R：為隨機取樣與隨機分派，C為控制組（control group）

3.準實驗設計（quasi-experimental design）：例如，不相等組控制組設計。

　　　　O_1　X　O_2
　　　　O_3　C　O_4（沒有隨機取樣）

4.多因子設計（factorial design）：例如：

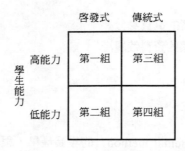

	啓發式	傳統式
高能力	第一組	第三組
低能力	第二組	第四組

（學生能力）

5.實驗法之優點：

◇較精確可以計算出各因子的影響力。
◇可以斷定因果關係。

6.實驗法之缺點：

◇可以斷定因果關係。
◇若採多因子實驗設計則可以決定主要影響效果（main effects）
與交互作用影響效果（interaction effects）。

行動研究

行動研究（action research）指教師在教學情境中所做的研究，目的在解決教學中所遭遇的問題。

行動研究的特色

1.目的在解決教師實際工作上的問題。
2.從事行動研究者即實際工作者，因此在理論與應用上不致於脫節。

3.研究的情境即實際工作情境。

4.行動研究同時包含問題解決與研究，有利於教師的在職進修。

5.行動研究重視團隊合作以發揮最大影響力。

6.行動研究有其特殊性，只針對某教學情境之特定問題。

7.具最大彈性與自主性。

8.以解決問題為導向，而非對知識之貢獻（王文科）。

行動研究與正式研究之比較（王文科）

	正 式 研 究	行 動 研 究
目　　的	1.獲得知識 2.發展理論 3.驗證理論 4.擴展外在效度	直接解決教學問題
假　　設	假設之設立要求嚴謹、精確、具體可驗證	行動假設、暫時性假設
抽　　樣	較大，考慮到代表性與推論性	不抽樣
結果之應用	可以類推到性質相近群體	不可類推

質性研究之特色

　　質性研究是近年熱門考題，請多留意，一般以文字或數字來區分量化與質性研究，量化研究以數字為主，而質性研究以文字為主，量化研究的代表有問卷調查法、相關研究及實驗法等。而質性研究包含了人種誌研究法、歷史研究法與內容分析法等。質性研究的特色有：

1.互為主體性：研究者與受試者立於平等地位，研究者以同理心去瞭解受試者。

2.深度素描：研究者對研究的情境、過程與對象鉅細靡遺的記載，以便讀者能正確的瞭解研究的歷程。

3.重視脈絡：質性研究重視整體而非片斷，事件必須立基於脈絡的基礎上去解釋，有時間與空間的脈絡。

4.動態、彈性的過程：質性研究的歷程是開放的、可修正的、循環的。其假設是暫時的。

5.參與觀察：研究者為取得臨場感，必須長期進駐現場，並參與被研究者之部分活動。

質性研究與量化研究之比較

比較項目	量化研究	質性研究
研究方法	實驗法、問卷調查法、相關研究法、事後回溯研究法等	人種誌研究法、內容分析、參與觀察、歷史研究法等
研究場景	人為環境（實驗室）或現場實驗	田野調查
資料分析	重視統計推論與變項間關係的探究	以文字敘述為主，但並不排斥數字資料
因果推論	實驗法可以做因果推論，其他量化研究法只能瞭解變項間之關係	無法做因果推論，研究結果只接近真理
內在效度	儘量利用控制來減低內在效度的威脅	使用深度素描及訓練有素的主觀性來增加內在效度
限　制	以偏概全、片斷、過份依賴測量與統計	缺乏外在效度，較費時、費事主觀的介入
研究設計	線性的、嚴謹的、預定的	彈性的、發展的、循環的
樣　本	重視大樣本抽樣、隨機與推論	小樣本、含目標抽樣
工　具	常用客觀的測量工具與儀器	研究者本身即工具，常用觀察法

人種誌研究法

人種誌研究法（ethnography）是人與人之間交互作用的研究，目的在捕捉精微的、深沉的內心的感受，常用的研究技術有參與觀察、深度訪談、田野調查等。

人種誌研究之特性（王文科，胡幼慧）

1. 交互作用：意義是在互動中編織而成，在脈絡中呈現出來。
2. 建構觀點：意義是主觀認知與建構的，是相對的。
3. 脈絡觀點：意義有其歷史與空間之脈絡性，是延續的、完整的。
4. 現象學觀點：每個人都有其本身的現象場（認知架構）與立場，各人的看法多少不同。
5. 互為主體性。
6. 緊接著的研究設計：研究過程具有試探、修正、彈性、循環等特色。
7. 進駐現場：為深入瞭解參與者的生活必須使用田野調查。
8. 參與觀察。
9. 自然的發現：並不操控變項，在自然情境中探究因素間之關係。
10. 多種資料來源：儘可能收集各類資料以提升其信、效度。

優點

精微、深入、完整。

缺點

1. 研究者需受過相當的訓練。
2. 需長期進駐現場：故研究者需健康、有強烈動機、毅力。

3.較主觀。

4.參與研究使研究者涉入，可能會改變研究之本質。

個案研究

個案研究（case study）常用在社會變項的研究或特殊教育領域中針對特殊學生之問題解決之行動方案。個案研究的單位，可以小至個人或大至一個國家。

個案研究的設計

1.探索性（exploratory）研究：例如個人有何學習困難，個人偏差行為的類型？

2.描述性（descriptive）研究：例如米德（Mead）所著《薩摩亞人的成長》，描述當地兒童的成長狀況。

3.解釋性（explanatory）研究：試圖解釋現象產生之相關因素。

資料來源

1.正式文書、文件等，包括成績及各種測驗（智力、性向）之測驗結果。

2.檔案記錄：日記、行事曆、畢業記念冊、地圖、人名錄等。

3.訪問或晤談：又分為開放式訪問、聚焦式訪問與調查式訪問。

4.觀察：參與或非參與。

5.各種物質器具、人工製品。

6.測驗卷。

個案研究法之資料運用原則（王文科，郭生玉）

1.多種途徑或多重資料蒐集原則：目的在提升研究的信、效度與完整性。

2.創造個案研究資料庫：以便收集、整理，且有利於長期的追蹤。

3.長期研究：問題的產生與解決皆需一段時間。

優點

1.研究步驟有條理，其過程為：

◇發現與界定問題。

◇蒐集資料。

◇分析、診斷。

◇輔導、矯治。

◇追蹤、輔導。

2.運用各種方法蒐集資料，較完整。

3.分析徹底、深入、完整。

4.具有行動特質，以解決問題為導向。

缺點

1.不具外在效度。

2.資料蒐集費時、費事。

3.行動方案的執行，不易取得各方的配合（黃光雄、簡茂發）。

研究法歷屆試題詳解

一、試述教育研究的特徵與類型。【國北師81】

答：（一）依研究目的分：

    1.基本研究（pure research）：目的（功用）在發現眞理、擴展知識、發展與驗證假設或理論，通常需要較長的時間才能完成。以實驗研究爲主，結論屬於原理原則，較抽象，常使用統計爲工具。

    2.應用研究（applied research）：其功能在將實證研究所發展的理論應用在實際生活中，以解決實際生活問題或提升生活品質，包括一項產品的發明、個案研究及行動研究都很重視實際問題的解決。

    3.評鑑研究（evaluation research）：常用在教育行政中，其目的是依照某些預定的規律準則，收集學校各方面表現的資料，以做爲評鑑的參考，可做爲決策的依據，評鑑的研究的方法較多元，除傳統的質或量研究技術之外，尙有許多的評鑑模式，例如CIPP模式或史鐵克模式等。

（二）依研究取向分：

    1.量的研究（qualitative research）以收集量化的資料爲主（數字），常見的研究方法有實驗法、問卷調查法、相關研究法等，以統計分析爲主要的判斷標準，其目的在探討變項間之因果關係或相關程度等。

    2.質的研究（quantitative research）資料的收集與敘述以文字爲主，常見的質性研究方法有人種誌研究法、個案研究法及歷史研究法等，其目的在瞭解事項背後所存在的脈絡關係，對事件的瞭解較深入且採取某一個視角（perspective）。

（三）依研究方法分：

1.實驗研究（experimental research）：其特色是操控、隨機與控制組，實驗設計的方法發展較早、型式繁多，是唯一可以斷定因果關係的研究法。

2.相關研究法（correlational research）：目的在求變相間的關係，例如社經地位與學業間之關係如何？常用皮爾森積差相關係數來求。

3.因果比較研究（causal-comparative research）或事後回溯研究（ex post facto research）其程序與實驗研究法相反，是事情發生後才去追溯事件發生的原因，但又與歷史研究法不同，因其收集的資料以量化為主。

4.調查研究法（survey research）：目的在收集態度或意見的資料，有問卷調查、訪問調查及電話訪問等方式。

5.趨勢研究（trend research）：目的在瞭解社會事項的變遷，例如出生率、死亡率、年平均所得的變化、生活品質等等，需長期調查以及建立龐大的資料庫。

6.發展研究（developmental research）：在探討個體生物變項的發展情形（例如身高、體重、智力等），也需要較長的一段時間，常用縱貫研究法或橫斷研究法。

7.個案研究（case research）：目的在深入瞭解某個人、單位、團體、部落、甚至國家的發展脈絡與大自然、人、歷史間之互動關係。在特殊教育裡所使用的個案研究之目的在瞭解個別學生問題發生的原因與輔導之道，並對輔導的結果進行追綜。

8.文獻或內容分析（content analysis）：以蒐集質性的資料為主，目的在探究作品的意識形態、發展假設或理論等，其對象多元：日記、回憶錄、書信、自傳等。

9.歷史研究法（historical research）：目的在試圖還原眞

象，探討當時事件發生的影響因素，補捉變遷的脈絡或對歷史人物、思想等之探究，其對證據之研判使用內在鑑定與外在鑑定的方式。

10.人種誌研究（ethnographic research）：屬互動關係之研究，常用來研究組織文化、學生次文化、班級氣氛等較精微的事項，研究技術有參與觀察、田野調查、深度訪談等。

二、準實驗研究的類型有哪些？其設計模型爲何？【南師83】【中師82】

答：準實驗設計的主要特色是沒有隨機取樣或隨機分派，只用現成的班級，其優點是不需要打破建制，較不會影響教育活動的進行，因此較容易被接受，也因此在眞正的教育實驗研究之中使用的比率相當高，也成爲考試的重點。其模式有：。

（一）不相等實驗組控制組設計：

$$O_1 \quad X \quad O_2$$
$$\text{----------------}$$
$$O_3 \quad C \quad O_4$$

1.無隨機取樣。

2.但有隨機分派某班至實驗組或控制組（O：觀察測量，X：實驗處理，C：控制組）。

（二）相等時間樣本設計：

$$X_1 O_1 \quad X_0 O_2 \quad X_1 O_3 \quad X_0 O_4$$

1.針對同一組受試。

2.有兩種處理方式

　　X：實驗處理。

　　X：不處理或另一種處理。

3.兩種處理間隔進行。

（三）對抗平衡設計：

$$X_1O_1 \quad X_2O_2 \quad X_3O_3 \quad X_4O_4$$

$$X_2O_1 \quad X_4O_2 \quad X_1O_3 \quad X_3O_4$$

$$X_3O_1 \quad X_1O_2 \quad X_4O_3 \quad X_2O_4$$

$$X_4O_1 \quad X_3O_2 \quad X_2O_3 \quad X_1O_4$$

1.共有四組分別接受四種實驗處理（X_1，X_2，X_3，X_4）與處理後的觀察（O_1，O_2，O_3，O_4）。

2.為避免次序效應，每一組實驗處理的次序都不一樣。

3.應避免遺留效果大的實驗處理。

三、何謂實驗研究的內、外在效度？請說明之。【南師82】

答：內在效度（internal validity）是指研究結果能被正確解釋的程度，或研究所操控的因素確能對觀察結果造成影響的程度。也就是確實是A（因）造成B（果），而不是C造成B，或A+C造成B。外在效度（external validity）是指樣本的代表性與研究結果的推論性，與研究的實用價值有關。

四、影響教育實驗的內、外效度之因素有哪些？【政大84】【竹師83】【南師82】【嘉師82】【許多學校】

答：此題是研究法中最熱門的考題之一。影響內在效度的因素通常稱為內在效度的威脅（internal validity threat），會對研究的過程與結果有不精確、不嚴謹的影響，是研究很重大的缺失。

（一）內在效度的威脅，根據campbel與stanly（1963）的研究，共有八種：

1. 同時事件（contemporary history）：影響實驗的無關因素在實驗進行中發生，當實驗越久，越可能有其它因素介入而影響到實驗的嚴謹性。

2. 成熟（maturation）：實驗經過一段時間，受試在心理與生理方面的成熟會使其測驗分數提高，而測驗分數的提高並非來自實驗處理的效果。

3. 測驗（testing）或對前測的敏感性：是對前測的學習效果，通常造成後測成績往往要高於前測。

4. 測量工具（instrumentation）指測量本身的不準確，例如測驗工具缺乏效度、測驗過程受到系統誤差或非系統誤差的影響。

5. 統計迴歸（statistical regression）當受試為極端取樣（資優生或不及格的學生），其第二次施測的成績有向平均數趨近的現象稱之。

6. 差異的選擇（differential selection）即樣本缺乏代表性，常發生在使用志願者、現成班級，沒有隨機的情形，研究所喜歡考當研究者碰到差異選擇時應如何改正，其改正之道為：
   （1）增加隨機取樣與隨機分派。
   （2）不使用志願者或現成班級。
   （3）擴大樣本、增加代表性。

7. 受試流失（experimental mortality）當實驗時間拉得越長，受試的流失率越高，會影響結果的代表性。

8. 因素間交互作用（interactive mortality）前述七項因素間產生交互作用。

（二）外在效度的威脅較少考，主要有四種：

    1.前測的反作用或交互作用效果。

    2.選擇偏差與實驗變項的交互作用效果。

    3.實驗安排的反作用效果：例如霍桑效應。

    4.多重實驗處理的干擾。

五、編寫問卷題目，應注意哪些原則？【南師】

答：（一）題目反映研究架構與內容。

    （二）精簡，題目不可太多，太多會降低回收率。

    （三）避免暗示性或有偏見的題目。

    （四）相同內容的題目排在一起。

    （五）一題只問一個概念。

    （六）必須配合受試的程度。

    （七）使用漏斗型技術：先問簡單的、一般的問題，再問特殊的、敏感的問題。

    （八）注意表面效度：印刷的品質、題目的組織等。

六、一份完整的問卷可包含哪幾個部分？請舉例說明。【屏師82】

答：（一）問卷標題。

    （二）傳達信函，包括：

        1.研究背景。

        2.研究動機。

        3.委託單位／執行單位。

        4.填答期限。

        5.表示謝意。

        6.保證保密。

    （三）項答說明。

    （四）基本資料。

    （五）題目。

七、教育民族誌是一種質的研究方法，採用這種研究方法時必須具備
　　什麼信念？【政大84】

答：（一）重視研究的時間（歷史）與空間的脈絡。

　　　（二）重視整體性。

　　　（三）採取視角觀點，但必須是訓練有素的主觀性。

　　　（四）尊重受試者，採互為主體性的態度。

　　　（五）詳細的描述研究的情境。

　　　（六）使用參與觀察以取得臨場感。

　　　（七）需與受試者建立親善關係。

　　　（八）限制：

　　　　　　1.研究者需受相當的訓練。

　　　　　　2.無法複製以驗證研究的信效度。

　　　　　　3.較主觀。

　　　　　　4.費時、費事。

八、師範學院王教授，最近發展一種數學教學法，他想在國小教室中
　　加以試用，並促成國小數學教學的革新，為達這些目的，他採用
　　什麼研究方法比較理想，為什麼？【花師83】

答：應使用行動研究法或實驗法，因為行動研究法的目的是解決教室
　　情境中之問題，重視直接的應用或問題的解決。行動研究法的特
　　色為：

　　（一）較具有彈性、變通性。

　　（二）以現成班級為樣本，所以缺乏外在效度。

　　（三）重視合作，可邀請行政人員、家長或學者參與。

　　（四）研究者所需的訓練較少。

　　（五）重視立即應用而發展原理原則或追求知識。

　　但若王教授想驗證其理論，則只有使用實驗法一途，請參考內文
　　寫出實驗法的特色，優點與限制。

九、試簡要說明調查（survey）、實驗（experimentation）、事後回溯研究（expost facto research）、相關研究（correlational research）四種常用教育研究方法的性質與功用。　　　【國北師82】

答：（一）調查研究：

　　　1.性質：

　　　　（1）執行較容易。

　　　　（2）可分為問卷調查、訪問調查與電話訪問三種。

　　　　（3）取樣最廣（問卷）。

　　　2.缺點：

　　　　（1）問卷調查所收集的資料不深入。

　　　　（2）不容易確定回答者的身分。

　　　　（3）問卷的回收率偏低。

　　　3.功用：常用來收集態度或意見的資料。

　　（二）實驗研究：

　　　1.性質：

　　　　（1）以操控來減低內、外在效度的威脅。

　　　　（2）常伴隨著某（些）種實驗。

　　　　（3）常有實驗組或控制組／比較組。

　　　　（4）可能有隨機。

　　　2.功能：在斷定因果關係以建立假設或發展理論，在教育情境中常用來探究新教學法、教室編排方式等之實用效果。

　　（三）相關研究：

　　　1.性質：

　　　　（1）以統計方式求出變項間之關聯程度。

　　　　（2）可以凸顯重要變項以便更深入的探討。

　　　　（3）通常使用複相關，會比只使用直線相關更圓融。

　　　2.功能：做為教育變項間關係之探討：例如求社經地位與學業成績之關係。

（四）事後回溯研究：

　　1.性質：

　　　　（a）使用量化方式探討事情發生的原因（先在因素）。

　　　　（b）使用量化方式探討事件所產生的影響（結果因素）。

　　　　（c）資料來源多元。

　　2.功能：適用於對事情發生之後因果的推論。

十、個案研究資料的來源可分爲幾類，請說明之。【中師82】

答：（一）文件：記錄、信函、研究報告、公文。

　　（二）檔案：個人的記錄資料（學業成績）、電話號碼簿、名冊。

　　（三）訪談記錄：對個案、其朋友、家人、師長之訪談記錄。

　　（四）觀察資料：對個案所做觀察記錄。

　　（五）測量：各種標準化或非標準化測驗的結果。

　　（六）物質或人工製品：作品等。

十一、晚近幾年有關教育研究的文章與書籍中，對「量的研究」與
　　　「質的研究」多所討論，試問：

　　1.這兩個不同概念究何所指？

　　2.兩者有何差別？【花師83】

答：質性研究與量化研究的理論基礎、研究方式、關注焦點等都不
　　同，可由下表表示：

	質性研究	量化研究
理論基礎	現象學、符號互動論、俗民方法學、完形等。	理性主義、實證主義
資料收集	文字為主、數字為輔	數字為主
資料分析	1.以各理論為架構（社會學、心理學等）。 2.自行發展理論。	依賴統計推論
取　樣	個案、不具外在效度	常有取樣、重視代表性
研究者——對象關係	互為主體性	主——客關係
研究情境	田野調查	實驗室或現場或其他情境。
主／客觀	訓練有素的主觀性	重視客觀
研究模式	循環	線性
特　性	重視脈絡、完整性、較精微深入。	重視控制，較片斷。
代表之研究法	人種誌、歷史研究	實驗研究、問卷調查研究。

參考書目

王淑俐（民84）。《青少年情緒的問題、研究與對策》。台北：國立編譯館。

方德隆（民89）。《課程與教學研究》。高雄：復文。

伍振鷟（民85）。《教育哲學》。台北：師苑。

李泳吟（民81）。《教學原理》。台北：遠流。

李佳琪、柳文卿、簡良燕（民89）。《班級經營》。台北：五南。

何國華（民88）。《特殊兒童心理與教育》。台北：五南。

邱兆偉（民85）。《教育哲學》。台北：師苑。

林進材（民88）。《教學理論與方法》。台北：五南。

林玉體（民86）。《西洋教育思想史》。台北：三民。

林淑梨等（民84）（譯者）。《人格心理學》。台北：心理。

林育瑋、王怡云、鄭立俐（民86）。《進入方案教學世界》。台北：光佑。

林新發（民88）。《教育與學校行政研究：原理和應用》。台北：師大書苑。

吳清山（民87）。《學校行政》。台北：心理。

吳俊升（民77）。《教育哲學大綱》。台北：台灣商務。

吳清基（民73）。《教育行政決定理論》。台北：文景。

吳清山、高強華、林山大、謝水、蔡培村等（民85）。《師範教育的挑戰與展望》。台北：師苑。

周珮儀、徐靜嫻、高新建等（民89）。《課程統整與教學》。台北：揚智。

胡月倫、高強華（民84）。運用與省思（蒐於：中國教育學會所編之教育評鑑。台北：師苑。）方案評鑑及其研究方法。

孫邦正（民82）。《教育概論》。台北：台灣商務。

高廣孚（民80）。《教育哲學》。台北：五南。

高廣孚（民81）。《西洋教育思想》。台北：五南。

高德義、沈姍姍等（民89）。《多元文化教育》：我們的課題與別人的經驗。台北：師苑。

徐宗林（民80）。《西洋教育史》。台北：五南。

郭爲藩（民87）。《特殊兒童心理與教育》。台北：文景。

陳奎憙（民84）。《教育社會學》。台北：三民。

陳龍安（民87）。《創造思考教學》。台北：師苑。

陳伯璋（民74）。《潛在課程研究》。台北：五南。

陳奎憙（民87）。《現代教育社會學》。台北：師苑。

陳伯璋、周佩儀、楊龍立、周愚文等（民86）。《新世紀的教育發展》。台北：師苑。

陳湘媛、陳素櫻、高博銓等（民86）。《開放教育多元評量》（鄧運林主編）。高雄：復文。

黃宜敏等（民81）。《教育心理學》。台北：心理。

黃光雄（民78）。《教育評鑑模式》。台北：師苑。

黃光雄（編者，民80）。《教學原理》。台北：師苑。

黃炳煌（民75）。《課程理論之基礎》。台北：文景。

黃政傑（編者，民89）。《教學原理》。台北：師大書苑。

黃慧眞（譯者，民85）。《發展心理學——人類發展》。台北：桂冠。

黃炳煌（民85）。《教育改革——理念、策略與措施》。台北：心理。

黃正鵠（民80）。《行爲治療的基本理論與技術》。台北：天馬文化。

黃光雄（民88）。《課程與教學》。台北：師苑。

黃珮瑛（譯者，民85）。《人際溝通分析：TA治療的理論與實務》。台北：張老師。

張春興（民87）。《現代心理學》。台北：東華。

張芳全（民88）。《教育政策理念》。台北：商鼎。

張春興（民89）。《教育心理學——三化取向的理論與實踐》。台北：東華。

張建成（民89）。《多元文化教育：我們的課題與別人的經驗》。台北：師大。

張德聰、鄭玉英、林香君、陳清泉（民84）。《諮商技巧訓練手冊》。台北：天馬。

單小琳（編者，民89）。《創意教學》。台北：聯經。

喬玉全、陳鋅、錢華（民80）。《學校行政領導原理》。台北：五南。

彭駕騂（民86）。《諮商與輔導》。台北：風雲論壇。

馮觀富（民87）。《輔導原理與實務》。台北：心理。

溫明麗（民86）。《批判性思考教學——哲學之旅》。台北：師苑。

詹火生、林瑞穗、陳小紅、章英華、陳東升（民84）。《社會學》。台北：空大。

楊龍立（民86）。《新世紀的教育發展》。台北：師苑。

楊國賜、黃富順、詹棟樑、吳翠珍（民83）。《成人教育與國家發展》。台北：師苑。

楊國賜、黃政傑、鄧運林等（民85）。《成人基本教育》。台北：台灣書店。

劉秀娟（民86）。《兩性關係與教育》。台北：揚智。

廖鳳池（民79）。《認知治療理論與技術》。台北：天馬。

廖鳳池等（民81）。《教育心理學》。台北：心理出版社。

蓋浙生（民78）。《教育財政學》。台北：東華。

蔡培村（民85）。《學校經營與管理》。高雄：麗文。

蔡必焜（民81）。《成人教育思想論文集》（吳聰賢主編）。台北：師苑。

鄭玉卿、林進材、江芳盛、王秀玲等（民85）。《現代心理學說》。台北：師苑。

歐陽教（民89）。《教育哲學》。高雄：麗文。

歐用生（民88）。《課程發展的基本原理》。高雄：復文。

賴清標（民89）。《班級秩序管理》（蒐錄於賴清標（民89）所篇之教育實習）。台北：五南。

謝文全等（民84）。《教育行政學》。台北：空大。

謝文全等著（民87）。蒐於高強華（編者）所編之：鬆與綁的再反思。台北：五南。

魏麗敏、江志正、呂錘卿等（民89）。蒐於賴清標（編者）所編之：教育實習。台北：五南。

Anthony Giddens（1997）（張家銘〔譯者〕）。《社會學》。台北：唐山。

George Ritzer（1992）. *Socological Theory*。MeGraw-Hill Inc。

〔附錄一〕
國民教育階段九年一貫課程總綱綱要

教育部87年9月30日公布

壹、九年一貫課程改革之基本理念

　　展望二十一世紀將是一個資訊爆炸，科技發達、社會快速變遷、國際關係日益密切的新時代。在本質上，教育是開展學生潛能、培養學生適應與改善生活環境的歷程。因此，跨世紀的九年一貫新課程應該培養具備人本情懷、統整能力、民主素養、鄉土與國際意識，以及能進行終身學習之健全國民。

　　其基本內涵至少包括：

1. 人本情懷方面：包括瞭解自我、尊重與欣賞他人及不同文化等。

2. 統整能力方面：包括理性與感性之調和、知與行之合一、人文與科技之整合等。

3. 民主素養方面：包括自我表達、獨立思考、與人溝通、包容異己、團隊合作、社會服務、負責守法等。

4. 鄉土與國際意識方面：包括鄉土情、愛國心、世界觀等（涵蓋文化與生態）。

5. 終身學習方面：包括主動探究、解決問題、資訊與語言之運用等。

貳、國民教育階段課程目標

國民中小學課程應以生活為中心，配合學生身心能力發展歷程；尊重個性發展，激發個人潛能；涵泳民主素養，尊重多元文化價值；培養科學知能，適應現代生活需要。國民教育之學校教育目標在透過人與自己、人與社會、人與自然等人性化、生活化、適性化、統整化與現代化之學習領域教育活動，傳授基本知識，養成終身學習能力，培養身心充分發展之活潑樂觀、合群互助、探究反思、恢弘前瞻、創造進取的健全國民與世界公民。為實現國民教育階段學校教育目的，須引導學生致力達成下列課程目標：

一、人與自己：強調個體身心的發展

1.增進自我瞭解，發展個人潛能。

2.培養欣賞、表現、審美及創作能力。

3.提升生涯規劃與終身學習能力。

二、人與社會環境：強調社會與文化的結合

1.培養表達、溝通和分享的知能。

2.發展尊重他人、關懷社會、增進團隊合作。

3.促進文化學習與國際瞭解。

4.增進規劃、組織與實踐的知能。

三、人與自然環境：強調自然與環境

1.運用科技與資訊的能力。

2.激發主動探索和研究的精神。

3.培養獨立思考與解決問題的能力。

為達成上述十項課程目標，以下擬具十項國民教育基本能力為指標。

參、國民教育階段應培養之基本能力

國民教育階段的課程設計應以學生為主體，以生活經驗為重心，培養現代國民所需的基本能力。

一、瞭解自我與發展潛能

充分瞭解自己的身體、能力、情緒、需求與個性，愛護自我，養成自省、自律的習慣、樂觀進取的態度及良好的品德；並能表現個人特質，積極開發自己的潛能，形成正確的價值觀。

二、欣賞、表現與創新

培養感受、想像、鑑賞、審美、表現與創造的能力，具有積極創新的精神，表現自我特質，提升日常生活的品質。

三、生涯規劃與終生學習

積極運用社會資源與個人潛能，使其適性發展，建立人生方向，並因應社會與環境變遷，培養終身學習的能力。

四、表達、溝通與分享

有效利用各種符號（例如語言、文字、聲音、動作、圖像或藝術等）和工具（例如各種媒體、科技等），表達個人的思想或觀念，善於傾聽與他人溝通，並能與他人分享不同的見解或資訊。

五、尊重、關懷與團隊合作

具有民主素養，包容不同意見，平等對待他人與各族群；尊重生命，積極主動關懷社會、環境與自然，並遵守法治與團體規範、發揮團隊合作的精神。

六、文化學習與國際瞭解

尊重並學習不同族群文化，瞭解與欣賞本國及世界各地歷史文化，並瞭解世界為一整體的地球村，培養相互依賴、互相互助的世界觀。

七、規劃、組織與實踐

具備規劃、組織的能力，且能在日常生活中實踐，增強手腦並用、群策群力的做事方法，與積極服務人群與國家。

八、運用科技與資訊

正確、安全和有效地利用科技，蒐集、分析、研判、整合與運用資訊，提升學習效率與生活品質。

九、主動探索與研究

激發好奇心及觀察力，主動探索和發現問題，並積極運用所學的知能於生活中。

十、獨立思考與解決問題

養成獨立思考及反省的習慣，有系統地研判問題，並能有效解決問題和衝突。

肆、國民教育階段課程學習領域

為培養國民應具備之基本能力，國民教育階段之課程應以個體發展、社會文化及自然環境等三個面向，提供語文、健康與體育、社會、藝術與人文、數學、自然與科技及綜合活動等七大學習領域。

一、學習領域

學習領域為學生學習之主要內容，而非學科名稱，除必修課程外，各學習領域，得依學生性向、社區需求及學校發展特色，彈性提供選修課程。

二、學習領域之實施

學習領域之實施應以統整、合科教學為原則。其學習領域結構如下表：

學習領域 學科年級	語　文	健康與體育	社會	藝術與人文	自然與科學	數學	綜合活動
一	本國語文	健康與體育	生　　活			數學	綜合活動
二	本國語文	健康與體育	生　　活			數學	綜合活動
三	本國語文	健康與體育	社會	藝術與人文	自然與科技	數學	綜合活動
四	本國語文	健康與體育	社會	藝術與人文	自然與科技	數學	綜合活動
五	本國語文英語	健康與體育	社會	藝術與人文	自然與科技	數學	綜合活動
六	本國語文英語	健康與體育	社會	藝術與人文	自然與科技	數學	綜合活動
七	本國語文英（外）語	健康與體育	社會	藝術與人文	自然與科技	數學	綜合活動
八	本國語文英（外）語	健康與體育	社會	藝術與人文	自然與科技	數學	綜合活動
九	本國語文英（外）語	健康與體育	社會	藝術與人文	自然與科技	數學	綜合活動

三、各校應成立課程發展委員會及各學習領域課程小組

各校應成立課程發展委員會及各學習領域課程小組，於學期上課前整體規劃、設計教學主題與教學活動，由教師依其專長進行教學。

四、各學習領域主要內涵

1.語文：包含本國語文、英語、外國語文等，注重對語文的聽說讀寫、基本溝通能力、文化與習俗等方面的學習。

2.健康與體育：包含身心發展與保健、運動技能、健康環境、運動與健康的生活習慣等方面的學習。

3.社會：包含歷史文化、地理環境、社會制度、道德規範、政治發展、經濟活動、人際互動、公民責任、鄉土教育、生活應用、愛護環境與實踐等方面的學習。

4.藝術與人文：包含音樂、美術、表演藝術等方面的學習，陶冶學生對藝術作品的感受、想像與創造的人文素養，並積極參與藝文活動。

5.數學：包含數形量之基本概念與運算、日常生活中數形量之應用問題、與其他學習領域的連結、解題過程、推理思考、創造能力，以及與自己或他人溝通數學內涵的能力。

6.自然與科技：包含物質與能、生命世界、地球環境、生態保育、資訊科技等的學習、注意科學及科學研究知能，培養尊重生命、愛護環境的情操及善用科技與運用資訊等能力，並能實踐於日常生活中。

7.綜合活動：包含輔導活動、團體活動、及運用校內外資源獨立設計之學習活動。

五、各學習領域授課之比例

參考先進國家之教育趨勢之實際需要，訂定原則如下：

1.語文學習領域佔教學節課時數約20%至30%。

2.健康與體育、社會、藝術與人文、數學、自然與科技、綜合活動等六個學習領域，各佔基本教學節數之10%至15%。

3.各校應在每學年上課總時間內，依上述規定比例，彈性安排教學節數。

六、語文學習領域

小學五年級起實施英語教學，教學內容以生活實用爲主。

伍、實施要點

一、學習領域教學節數

（一）以學年度爲單位，將總節數區分爲「基本教學節數」與「彈性教學節數」。其中基本教學節數佔總節數之80%，彈性教學節數佔總節數之20%。

　　1.基本教學節數：係指全國各校至少必須授課的最低節數，並分爲必修節數與選修節數二種：

　　　（1）一至六年級必修節數：包括七項學習領域內容，佔基本教學節數之80%至90%，至選修節數佔基本教學節數之10%至20%。

　　　（2）七至九年級必修節數：包括七項學習領域內容，佔基本教學節數之70%至80%；至選修節數佔基本教學節數之20%至30%。

　　　（3）七項學習領域之學科設計，每學年每週教學節數百分比，應依據課程綱要及實際需要訂定之。

　　2.彈性教學節數：係指除各校必須之最低教學節數外，留供班級、學校、地區彈性開設的節數。另分爲「學校行事節數」與「班級彈性教學節數」二種。

　　　（1）學校行事節數：提供學校規劃辦理全校性和全年級活動，如運動會、親師活動及慶典活動等；並可執行教育行政機關委辦活動，及依學校特色所設計的課程或活動，例如實施兩性教育、社區活動等。

　　　（2）班級彈性教學節數：提供各班老師實施補救教學、充實教學、班級輔導，以及增加學科教學節數。

（二）課程教學節數以學年度爲單位，各學習領域應合理適當分
配，並依據各學習領域之綱要規定，各校全學年必須授課達
至最低節數。

（三）全年授課日數以二百天（不含國定假日、例假日）、每學期
上課二十週、每週授課五天爲原則。

（四）每節上課以四十至四十五分鐘爲原則。

（五）各年級每週教學節數：

　1.一年級：20～22節。

　2.二年級：20～22節。

　3.三年級：22～26節。

　4.四年級：24～26節。

　5.五年級：26～28節。

　6.六年級：26～28節。

　7.七年級：28～30節。

　8.八年級：30～32節。

　9.九年級：30～35節。

（六）學校得視課程實施之需要彈性調整學期週數、每節分鐘數，
以及年級班的組合。

（七）學校得視環境之需要，配合綜合活動；並以課程統整之精
神，設計課外活動，利用課餘時間，輔導學生積極參與各項
社團及服務社區，以培養學生自我學習之習慣與知能。

二、實施原則

（一）基本原則：

　1.課程研究應重視課程發展的延續性、學校教育的銜接性與
統整性，並兼顧實施的可行性。

　2.課程修訂應同步考慮相關配合措施，例如：師資培育制
度、在職進修機會、新課程研習、審定本教科用書的審查
與選用制度等，亦應配合九年一貫新課程及時規劃。

3.課程綱要內涵，應包括：課程目標、基本能力、學習領域、實施原則、各年級學力指標之規範，同時保留地方政府、學校教師專業自主與課程設計所必須要的彈性空間。

4.授課日數與各科基本教學節數的訂定，應充分考量學生需求、學科特性，以及教師的權利和義務之間的關係。

5.在授滿基本教學節數的原則下，各校和班級可自行安排每週各科教學節數。

6.各學習領域課程綱要的研討，應列出該課程的定義和範圍、教學目標、基本能力（或表現標準）作為編輯教材、教學與評量的參考。

7.各校應訂定學年課程實施計畫，其內容包括「目標、每週教學進度、教材、教學活動設計、評量、教學資源」等課程實施相關項目。

8.在符合基本教學節數的原則下，學校得打破學習領域界限，彈性調整學科及教學節數，實施大單元或統整主題式的教學。

9.學習活動如含蓋兩個以上的學習領域時，其教學節數得分開計入相關學習領域。

10.各科應充分考量學校條件、社區特性、家長期望、學生需要等相關因素，結合全體教師和社區資源。發展學校本位課程，並審慎規劃全校總體課程方案和班級教學方案。

11.建立學校課程報備制度，在課程實施前，學校應將整年度課程方案呈報主管機關備查。

（二）教材編輯、審查與選用：

1.中小學教科用書應依據課程綱要的規定編輯，並經由審查機關（單位）審定通過後，由學校選用。

2.教科用書的編輯應以九年一貫、統整的精神，發展各科課程內容，教科書的分量以符合基本教學節數所需為原則。

3.教科書的內容除了包含學科知識與技能之外，也要能反應當前社會關注的主要議題，例如：資訊教育、環保教育、兩性教育、人權教育、宗教教育等。

4.教科用書的審查，應以符合本課程綱要的精神與內涵為原則，提供多元化教材的發展空間。審查標準由教育部另定之。

5.學校必須因應地區特性、學生特質與需求，選擇或自行編輯合適的教科用書和教材，以及編輯彈性教學所需的課程教材。

（三）評鑑：

1.課程評鑑應由中央、地方政府和學校分工合作，各依權責實施：

（1）中央：建立各學科學力指標，並督導地方以及學校課程實施之成效。

（2）地方政府：負責辦理與督導學校的課程實施及各學科表現的測驗。

（3）學校：負責課程與教學的實施，並進行學習評鑑。

2.各校應組織「課程發展委員會」審查全校各年級的課程計畫，以確保教育品質。課程委員會的成員包括：學校行政人員代表、年級及學科教師代表、家長及社區代表等，必要時亦得聘請學者專家列席諮詢。

3.評鑑的範圍包括：課程教材、教學計畫、實施成果等。

4.評鑑方法應採多元化方式實施，兼重形成性和總結性評鑑並定期提出學生學習報告。

5.評鑑結果應做有效利用，包括改進課程、編選教學方案、提升學習成效，以及進行評鑑後的檢討。

〔附錄二〕
教育基本法

民國88年6月4日立法院三讀通過

第一條 爲保障人民學習及受教育之權利,確立教育基本方針,健
　　　　全教育體制,特制定本法。

第二條 人民爲教育權之主體。
　　　　教育之目的以培養人民健全人格、民主素養、法治觀念,
　　　　人文涵養、強健體魄及思考、判斷與創造能力,並促進其
　　　　對基本人權之尊重、生態環境之保護及對不同國家、族
　　　　群、性別、宗教、文化之瞭解與關懷,使其成爲具有國家
　　　　意識與國際視野之現代化國民。
　　　　爲實現前項教育目的,國家、教育機構、教師、父母應負
　　　　協助之責任。

第三條 教育之實施,應本有教無類、因材施教之原則,以人文精
　　　　神及科學方法,尊重人性價值,致力開發個人潛能,培養
　　　　群性,協助個人追求自我實現。

第四條 人民無分性別、年齡、能力、地域、族群、宗教、信仰、
　　　　政治理念、社經地位及其他條件,接受教育之機會一律平
　　　　等。對於原住民、身心障礙者及其他弱勢族群之教育,應
　　　　考慮其自主性及特殊性,依法令予以特別保障,並扶助其
　　　　發展。

第五條 各級政府應寬列教育經費，並合理分配及運用教育資源。對偏遠及特殊地區之教育，應優先予以補助。

教育經費之編列應予以保障；其編列與保障之方式，另以法律定之。

第六條 教育應本中立原則。學校不得爲特定政治團體或宗教信仰從事宣傳，主管教育行政機關及學校亦不得強迫學校行政人員、教師及學生參加任何政治團體或宗教活動。

第七條 人民有依教育目的興學之自由，政府對於私人及民間團體興辦教育事業，應依法令提供必要之協助或經費補助，並依法進行財務監督。其著有貢獻者，應予獎勵。政府爲鼓勵私人興學，得將公立學校委託私人辦理；其辦法由該主管教育行政機關定之。

第八條 教育人員之工作、待遇及進修等權利義務，應以法律定之，教師之專業自主應予尊重。學生之學習權及受教育權，國家應予保障。

國民教育階段內，家長負有輔導子女之責任；並得爲其子女之最佳福祉，依法律選擇受教育之方式、內容及參與學校教育事務之權利。學校應在各級政府依法監督下，配合社區發展需要，提供良好學習環境。

第九條 中央政府之教育權限如下：

一、教育制度之規劃設計。

二、對地方教育事務之適法監督。

三、執行全國性教育事務，並協調或協助各地方教育之發展。

四、中央教育經費之分配與補助。

五、設立並監督國立學校及其他教育機構。

六、教育統計、評鑑與政策研究。

七、促進教育事務之國際交流。

八、依憲法規定對教育事業、教育工作者、少數民族及弱
　　勢群體之教育事項，提供獎勵、扶助或促其發展。

　　前項列舉以外之教育事項，除法律另有規定外，其權
　　限歸屬地方。

第十條 直轄市及縣（市）政府應設立教育審議委員會，定期召開
　　　 會議，負責主管教育事務之審議、諮詢、協調及評鑑等事
　　　 宜。

　　　 前項委員會之組成，由直轄市及縣（市）政府首長或教育
　　　 局局長為召集人，成員應包含教育學者專家、家長會、教
　　　 師會、教師、社區弱勢族群、教育及學校行政人員等代
　　　 表；其設置辦法由直轄市、縣（市）政府定之。

第十一條 國民基本教育應視社會發展需要延長其年限；其實施另
　　　　 以法律定之。

　　　　 前項各類學校之編制，應以小班小校為原則，中央主管
　　　　 教育行政機關應做妥善規劃並提供各校必要之援助。

第十二條 國家應建立現代化之教育制度，力求學校及各類教育機
　　　　 構之普及，並應注重學校教育、家庭教育及社會教育之
　　　　 結合與平衡發展，推動終身教育，以滿足國民及社會需
　　　　 要。

第十三條 政府及民間得視需要進行教育實驗，並應加強教育研 究
　　　　 及評鑑工作，以提升教育品質，促進教育發展。

第十四條 人民享有請求學力鑑定之權利。學力鑑定之實施，由各
　　　　 級主管教育行政機關指定之學校或教育測驗服務機構行
　　　　 之。

第十五條 教師專業自主權及學生學習權遭受學校或主管教育行政機關不當或違法之侵害時，政府應依法令提供當事人或其法定代理人有效及公平救濟之管道。

第十六條 本法施行後，應依本法之規定，修正、廢止或制（訂）定相關教育法令。

第十七條 本法自公布日施行。

〔附錄三〕
國民教育法

中華民國88年2月3日
華總（一）義字第88000224770號令公布

第一條 國民教育依中華民國憲法第一百五十八條之規定，以養成
德、智、體、群、美五育均衡發展之健全國民為宗旨。

第二條 凡六歲至十五歲之國民，應受國民教育；已逾齡未受國民
教育之國民，應受國民補習教育。六歲至十五歲國民之強
迫入學，另以法律定之。

第三條 國民教育分為二階段：前六年為國民小學教育；後三年為
國民中學教育。
國民補習教育，由國民小學及國民中學附設國民補習學校
實施；其辦法另定之。

第四條 國民教育，以由政府辦理為原則，並鼓勵私人興辦。
國民小學及國民中學，由直轄市或縣（市）政府依據人
口、交通、社區、文化環境、行政區域及學校分布情形，
劃分學區，分區設置。
前項國民小學及國民中學，得委由私人辦理，其辦法由直
轄市或縣（市）政府定之。
為保障學生學習權，國民教育階段得辦理非學校型態之實
驗教育，其辦法由直轄市或縣（市）政府定之。

第五條 國民小學及國民中學學生免納學費；貧苦者，由政府供給
　　　書籍，並免繳其他法令規定之費用。
　　　國民中學另設獎助學金，獎助優秀清寒學生。

第六條 六歲之學齡兒童，由戶政機關調查造冊，送經主管教育行
　　　政機關按學區分發，並由鄉、鎮（市）、區公所通知其入
　　　國民小學。國民小學當年度畢業生，由直轄市或縣（市）
　　　主管教育行政機關按學區分發入國民中學。

第七條 國民小學及國民中學之課程，應以民族精神教育及國民生
　　　活教育為中心，學生身心健全發展為目標，並注重其連貫
　　　性。

第八條 國民小學及國民中學之課程綱要，由教育部常設課程研究
　　　發展機構定之。

第八條之一 國民小學及國民中學設備基準，由教育部定之。直轄
　　　　市或縣（市）政府亦得視實際需要，另定適用於該地
　　　　方之基準，報請教育部備查。

第八條之二 國民小學及國民中學之教科圖書，由教育部審定，必
　　　　要時得編定之。教科圖書審定委員會由學科及課程專
　　　　家、教師及教育行政機關代表組成。教師代表不得少
　　　　於三分之一；其組織由教育部定之。
　　　　國民小學及國民中學之教科圖書，由學校校務會議訂
　　　　定辦法公開選用之。

第九條 國民小學及國民中學各設置校長一人，綜理校務，應為專
　　　任，並採任期制，在同一學校得連任一次。
　　　國民中、小學校長任期屆滿得回任教職。
　　　縣（市）立國民中、小學校長由縣（市）政府組織遴選委

員會就公開甄選、儲訓之合格人員、任期屆滿之現職校長或曾任校長人員中遴選後聘任之。直轄市立國民中、小學校長，由直轄市政府教育局組織遴選委員會就公開甄選、儲訓之合格人員、任期屆滿之現職校長或曾任校長人員中遴選後，報請直轄市政府聘任之。

師範校院及設有教育院系之大學所設附屬國民中、小學校長，由各該校、院組織遴選委員會就該校、院或其附屬學校教師中遴選合格人員，送請校長聘請兼（任）之，並報請主管教育行政機關備查。

前三項遴選委員會應有家長代表參與，其比例不得少於五分之一。遴選委員會之組織及運作方式，分別由組織遴選委員會之機關、學校定之。

第十條 國民小學及國民中學設校務會議，議決校務重大事項，由校長召集主持。校務會議以校長、全體專任教師或教師代表、家長會代表、職工代表組成之。其成員比例由設立學校之各級主管教育行政機關定之。

國民小學及國民中學，視規模大小，酌設教務處、訓導處、總務處或教導處、總務處。各設置主任一人及職員若干人。主任由校長就專任教師中聘兼之，職員由校長遴用，均應報直轄市或縣（市）主管教育行政機關核備。

國民小學及國民中學應設輔導室或輔導教師。輔導室置主任一人及輔導教師若干人，由校長遴選具有教育熱忱與專業知能教師任之。輔導主任及輔導教師以專任為原則。

輔導室得另置具有專業知能之專任輔導人員及義務輔導人員若干人。

國民小學及國民中學應設人事及主計單位，學校規模較小者，得由其他機關或學校專任人事及主計人員兼任；其員額編制標準，依有關法令之規定。

第十一條 國民小學及國民中學教師應為專任，但必要時得聘請兼任教師。

第十二條 國民小學及國民中學，以採小班制為原則；其班級編制及教職員員額編制標準，由教育部定之。

第十三條 國民小學及國民中學學生修業期滿，成績合格，由學校發給畢業證書。

第十四條 國民教育階段，對於資賦優異、體能殘障、智能不足、性格或行為異常學生，應施以特殊教育或技藝訓練；其辦法由教育部訂之。

第十五條 國民小學及國民中學應配合地方需要，協助辦理社會教育，促進社區發展。

第十六條 政府辦理國民教育所需經費，由直轄市或縣（市）政府編列預算支應，財源如左：
一、直轄市或縣（市）政府一般歲入。
二、直轄市或縣（市）政府依平均地權條例規定分配款。
三、為保障國民教育之健全發展，直轄市或縣（市）政府，得依財政收支劃分法第十八條第一項但書之規定，優先籌措辦理國民教育所需經費。中央政府應視國民教育經費之實際需要補助之。

第十七條 辦理國民教育所需建校土地，由直轄市或縣（市）政府視都市計畫及社區發展需要，優先規劃，並得依法撥用或徵收。

第十八條 國民小學及國民中學校長、主任、教師之任用及考績，另以法律定之；其甄選、儲訓、登記、檢定、遷調、進修及獎懲等辦法，由教育部定之。

第十九條 師範院校及設有教育學院（系）之大學，為辦理國民教育各項實驗、研究，並供教學實習，得設實驗國民中學、國民小學或幼稚園。

實驗國民中學、國民小學或幼稚園校（園）長，由主管學校校（院）長，就本校教師中遴選合格人員充任，採任期制，並報請主管教育行政機關核備。

實驗國民中學、國民小學或幼稚園教師，由校（園）長遴聘；各處、室主任及職員由校（園）長遴用，報請主管校、院核轉主管教育行政機關備查。

第二十條 私立國民小學及私立國民中學，除依照私立學校法及本法有關規定辦理外，各處、室主任、教師及職員由校長遴聘，送直轄市或縣（市）政府備查。

第二十一條 本法施行細則，由教育部定之。

第二十二條 本法自公布日施行。

〔附錄四〕
教 師 法

總統84年8月9日
華總（一）義字第5890號令公布

第一章 總則

第一條 為明定教師權利義務，保障教師工作與生活，以提昇教師
專業地位，特制定本法。

第二條 教師資格檢定與審定、聘任、權利義務、待遇、進修與研
究、退休、撫卹、離職、資遣、保險、教師組織、申訴及
訴訟等悉依本法之規定。

第三條 本法於公立及已立案之私立學校專任教師適用之。

第二章 資格檢定與審定

第四條 教師資格之取得分檢定及審定二種：高級中等以下學校之
教師採檢定制；專科以上學校之教師採審定制。

第五條 高級中等以下學校教師資格之檢定分初檢及複檢二階段行
之。初檢合格者發給實習教師證書；複檢合格者發給教師
證書。

第六條 初檢採檢覈方式。具有下列資格之一者，應向主管教育行
政機關繳交學歷證件申請辦理高級中等以下學校實習教師
之資格：

一、師範校院大學部畢業者。

二、大學校院教育院、系、所畢業且修畢規定教育學分者。

三、大學校院畢業修滿教育學程者。

四、大學校院或經教育部認可之國外大學院校畢業，修滿教育部規定之教育學分者。

第七條 複檢工作之實施，得授權地方主管教育行政機關成立教師複檢委員會辦理。

具有下列各款資格者，得申請高級中等以下學校教師資格之複檢：

一、取得實習教師證書者。

二、教育實習一年成績及格者。教師合格證書由教育部統一頒發。

第八條 高級中等以下學校教師資格檢定辦法由教育部定之。

第九條 專科以上學校教師資格之審定分初審及複審二階段，分別由學校及教育部行之。教師經初審合格，由學校報請教育部複審，複審合格者發給教師證書。

教育部於必要時，得授權學校辦理複審，複審合格後發給教師證書。

第十條 專科以上學校教師資格審定辦法由教育部定之。

第三章 聘任

第十一條 高級中等以下學校教師之聘任，分初聘、續聘及長期聘任，經教師評審委員會審查通過後由校長聘任之。

前項教師評審委員會之組成，應包含教師代表、學校行政人員代表及家長會代表一人。其中未兼行政或董事之

教師代表不得少於總額二分之一；其設置辦法由教育部
定之。

專科以上學校教師之聘任分別依大學法及專科學校之規
定辦理。

第十二條 高級中等以下學校教師之初聘以具有實習教師證書或教
師證書者爲；續聘以具有教師證書者爲限。實習教師初
聘期滿，未取得教師證書者，經教師評審委員會審查通
過後得延長初聘，但以一次爲限。

第十三條 高級中等以下學校教師聘任期限，初聘爲一年，續聘第
一次爲一年，以後續聘每次爲二年，續聘三次以上服務
成績優良者，經教師評審委員會全體委員三分之二審查
通過後，得以長期聘任，其聘期由各校教師評審委員會
統一訂定之。

第十四條 教師聘任後除有下列各款之一者外，不得解聘、停聘或
不續聘：
一、受有期徒刑一年以上判決確定，未獲宣告緩刑者。
二、曾服公務，因貪污瀆職經判刑確定或通緝有案尚未
　　結案者。
三、依法停止任用，或受休職處分尚未期滿，或因案停
　　止職務，其原因尚未消滅者。
四、褫奪公權尚未復權者。
五、受禁治產之宣告，尚未撤銷者。
六、行爲不檢有損師道，經有關機關查證屬實者。
七、經合格醫師證明有精神病者。
八、教學不力或不能勝任工作，有具體事實或違反聘約
　　情節重大者。
有前項第六款、第八款情形者，應經教師評審委員會委

員三分之二以上出席及出席委員半數以上決議。

有第一項第一款至第七款情形者，不得聘任爲教師。其已聘任者，除有第七款情形者依規定辦理退休或資遣外，應報請主管教育行政機關核准後，予以解聘、停聘或不續聘。

第十五條 因系、所、科、組、課程調整或學校減班、停辦、解散時，學校或主管教育行政機關對仍願繼續任教且有其他適當工作可以調任之合格教師，應優先輔導遷調或介聘；現職工作不適任或現職已無工作又無其他適當工作可以調任者，或經公立醫院證明身體衰弱不能勝任工作者，報經主管教育行政機關核准後予以資遣。

第四章 權利義務

第十六條 教師接受聘任後，依有關法令及學校章則之規定，享有下列權利：

一、對學校教學及行政事項提供興革意見。

二、享有待遇、福利、退休、撫卹、資遣、保險等權益及保障。

三、參加在職進修、研究及學術交流活動。

四、參加教師組織，並參與其他依法令規定所舉辦之活動。

五、對主管教育行政機關或學校有關其個人之措施，認爲違法或不當致損害其權益者，得依法提出申訴。

六、教師之教學及對學生之輔導依法令及學校章則享有專業自主。

七、除法令另有規定者外，教師得拒絕參與教育行政機關或學校所指派與教學無關之工作或活動。

八、其他依本法或其他法律應享之權利。

第十七條 教師除應遵守法令履行聘約外，並負有下列義務：

　　　　一、遵守聘約規定，維護校譽。

　　　　二、積極維護學生受教之權益。

　　　　三、依有關法令及學校安排之課程，實施教學活動。

　　　　四、輔導或管教學生，導引其適性發展，並培養其健全
　　　　　　人格。

　　　　五、從事與教學有關之研究、進修。

　　　　六、嚴守職分，本於良知，發揚師道及專業精神。

　　　　七、依有關法令參與學校藝術、行政工作及社會教育活
　　　　　　動。

　　　　八、非依法律規定不得洩漏學生個人或其家庭資料。

　　　　九、其他依本法或其他法律規定應盡之義務。前項第四
　　　　　　款之辦法，由教育部定之。

第十八條 教師違反第十七條之規定者，各聘任學校應交教師評審
　　　　委員會評議後，由學校依有關法令規定處理。

第五章 待遇

第十九條 教師之待遇分本薪（年功薪）、加給及獎金三種。

　　　　高級中等以下學校教師之本薪以學經歷及年資敘定薪
　　　　級；專科以上學校教師之本薪以級別、學經歷及年資敘
　　　　定薪級。加給分為職務加給、學術研究加給及地域加給
　　　　三種。

第二十條 教師之待遇，另以法律定之。

第六章 進修與研究

第二十一條 為提昇教育品質，鼓勵各級學校教師進修、研究，各

級主管教育行政機關及學校得視實際需要，設立進修研究機構或單位；其辦法由教育部定之。

第二十二條 各級學校教師在職期間應主動積極進修、研究與其教學有關之知能；教師進修研究獎勵辦法，由教育部定之。

第二十三條 教師在職進修得享有帶職帶薪或留職停薪之保障；其進修、研究之經費得由學校或所屬主管教育行政機關編列預算支應，其辦法由教育部定之。

第七章 退休、撫卹、離職、資遣及保險

第二十四條 教師之退休、撫卹、離職、及資遣給付採儲金方式，由學校與教師共同撥繳費用建立之退休撫卹基金支付之，並由政府負擔最後支付保證責任。儲金制建立前之年資，其退休金、撫卹金、資遣金之核發依原有規定辦理。教師於服務一定年數離職時，應准予發給退休撫卹基金所撥之儲金。

前項儲金由教師及其學校依月俸比例按月儲備之。

公私立學校教師互轉時，其退休、離職及資遣年資應合併計算。

第二十五條 教師退休撫卹基金之撥繳、管理及運用應設置專門管理及營運機構辦理。

教師之退休、撫卹、離職、資遣及保險，另以法律定之。

第八章 教師組織

第二十六條 教師組織分為三級；在學校為學校教師會；在直轄市

及縣（市）為地方教師會；在中央為全國教師會。

學校班級少於二十班時，得跨區（鄉、鎮）合併成立學校教師會。

各級教師組織之設立，應依人民團體法規定向該主管機關申請報備、立案。

地方教師會須有行政區內半數以上學校教師會加入，始得設立。全國教師會須半數以上之地方教師會加入，始得成立。

第二十七條 各級教師組織之基本任務如下：

一、維護教師專業尊嚴與專業自主權。

二、與各級機關協議教師聘約及聘約準則。

三、研究並協助解決各項教育問題。

四、監督離職給付儲金機構之管理、營運、給付等事宜。

五、派出代表參與教師聘任、申訴及其他與教師有關之法定組織。

六、制定教師自律公約。

第二十八條 學校不得以不參加教師組織或不擔任教師組織職務為教師聘任條件。

學校不得因教師擔任教師組織職務或參與活動，拒絕聘用或解聘及為其他不利之待遇。

第九章 申訴及訴訟

第二十九條 教師對主管教育行政機關或學校有關其個人之措施，認為違法或不當，致損其權益者，得向各級教師申訴評議委員會提出申訴。

教師申訴評議委員會之組成應包含該地區教師組織或

分會代表及教育學者，且未兼行政教師不得少於總額
的三分之二，但有關委員本校之申訴案件，於調查及
訴訟期間，該委員應予迴避；其組織及評議準則由教
育部定之。

第三十條 教師申訴評議委員會之分級如下：
　　　　一、專科以上學校分省市及中央兩級。
　　　　二、高級中等以下學校分縣（市）、省（市）及中央
　　　　　　三級。

第三十一條 教師申訴之程序分申訴及再訴二級。
　　　　　教師不服申訴決定者，得提起再申訴。學校及主管教
　　　　　育行政機關不服申訴決定者亦同。

第三十二條 申訴案件經評議確定者，主管教育行政機關應確實執
　　　　　行，而評議書應同時寄達當事人、主管機關及該地區
　　　　　教師組織。

第三十三條 教師不願申訴或不服申訴、再申訴決定者，得按其性
　　　　　質依法提起訴訟或依訴願法或行政訴訟法或其他保障
　　　　　法律等有關規定，請求救濟。

第十章 附則

第三十四條 本法實施前已取得教師資格之教師，其資格應予保
　　　　　障。

第三十五條 各級學校兼任教師之資格檢定與審定，依本法之規定
　　　　　辦理。
　　　　　兼任、代課及代理教師之權利、義務，由教育部訂定
　　　　　辦法規定之。

各級學校之專業及技術科目教師之資格，依教育人員
任用條例之規定辦理。

第三十六條 本法各相關條文之規定，於公立幼稚園及已完成財團
法人登記之私立幼稚園專任教師準用之。

未辦理財團法人登記之私立幼稚園專任教師，除本法
第二十四條、第二十五條外，得準用本法各相關條文
之規定。

第三十七條 本法授權教育部訂定之各項辦法，教育部應邀請全國
教師會代表參與訂定。

第三十八條 本法施行細則，由教育部定之。

第三十九條 本法自公布日施行。但待遇、撫卹、離職、資遣、保
險部分之施行日期，由行政院以命令定之。

〔附錄五〕
師資培育法

中華民國83年2月7日
總統華總（一）義字第0694號令
中華民國86年4月27日總統令修正公布

第一條 師資培育，以培養健全師資及其他教育專業人員，並研究
教育學術為宗旨。

第二條 本法稱師資者，指高級中等學校、國民中學、國民小學、
幼稚園及特殊教育之教師。
本法稱其他教育專業人員者，指從事教育行政、學校行
政、心理輔導及社會教育等工作人員。

第三條 師資培育包括師資及其他教育專業人員之職前教育、實習
及在職進修。

第四條 師資及其他教育專業人員之培育，由師範校院、設有教育
院、系、所或教育學程之大學校院實施之。
前項各校院之教育學程，應針對中等學校、國民小學、幼
稚園及特殊教育師資類科之需要，分別訂定。
前二項所稱教育學程係指大學校院所規劃經教育部核定之
教育專業課程。
大學校院教育學程應置專任教師，其師資及設立標準，由
教育部定之。

第五條 師範校院學生之入學資格與修業年限依大學法之規定辦理。

第六條 師範校院及設有教育院、系、所或教育學程之大學校院得視實際需要招收大學校院畢業生，修業一年，完成教育部規定之教育學分，成績及格者，由學校發給學分證明書。

第七條 具下列情形之一者，為修畢師資職前教育課程：
一、師範校院大學部畢業且修畢規定教育學分者。
二、大學校院教育院、系、所畢業且修畢規定教育學分者。
三、大學校院畢業修滿教育學程者。
四、大學校院或經教育部認可之國外大學校院畢業，修滿教育部規定之教育學分者。
前項人員經教師資格初檢合格者，取得實習教師資格。

第八條 依前條規定取得實習教師資格者，應經教育實習一年，成績及格，並經教師資格複檢合格者，取得合格教師資格。
教育實習辦法，由教育部定之。

第九條 教育資格檢定辦法，由教育部定之。

第十條 師資培育課程包括普通科目、教育專業科目及專門科目；其內容與教學方式，應著重道德品格之陶冶、民主法治之涵泳、專業精神及教學知能之培養。
前項之專門科目，由各師資培育機構自行認定之。
持國外學歷者，其專門科目之認定，由辦理初驗之單位送請培育機關認定之。

第十一條 師資培育以自費為主，兼採公費及助學金等方式實施。
公費生以就讀師資類科不足之學系或畢業後自願至偏遠或特殊地區學校服務學生為原則。

師資培育自費、公費及助學金實施辦法，由教育部定之。

第十二條 師範校院應從事師資與其他教育專業人員之培育及教育學術之研究，並應負責教育實習及教育專業在職進修。

第十三條 師資培育及進修機構得設實習輔導單位，辦理學生及實習教師之實習輔導工作；其組織由教育部決定。

第十四條 師範校院及設有教育院、系、所之大學校院得設附屬或實驗學校及幼稚園，以供教育實習、實驗及研究。

第十五條 師範校院及設有教育院、系、所之大學校院得設立各科教育研究所，著重各科教育學術之研究，並提供教師在職進修。

第十六條 師範校院及設有教育院、系、所或教育學程之大學校院得設專責單位，辦理教師在職進修。教師進修教育，除由前項校院辦理外，主管教育行政機關得視實際需要，另設機構辦理之。
教師在職進修辦法，由教育部定之。

第十七條 師範校院、設有教育院、系、所或教育學程之大學校院應從事地方教育之輔導。
地方教育之輔導辦法，由教育部定之。

第十八條 本法修正施行前已考入師範校院肄業之師範生，其教師資格之取得與分發，仍適用修正施行前之規定。

第十九條 本法施行細則，由教育部定之。

第二十條 本法自公布日施行。

〔附錄六〕
教師法施行細則

中華民國八十五年八月三十日
行政院台八十五教字第二九六三○號函核定
中華民國八十五年八月三十一日
教育部台（85）參字第八五○七五九四九號令訂定發布全文三十一條

第一條 本細則依教師法（以下簡稱本法）第三十八條規定訂定
之。

第二條 本法第三條所稱專任教師，係指各級學校編制內，按月支
給待遇，並依法取得教師資格之教師。

第三條 軍警學校依教育人員任用條例規定聘任之專任教師，除法
律另有規定者外，適用本法。

第四條 本法第五條第二項所稱實習教師證書，應記載下列事項，
並粘貼最近三個月一吋半身正面相片及加蓋鋼印：
一、姓名。
二、出生年月日。
三、國民身分證統一編號。
四、初檢結果。
五、證書字號
六、發給證書之年月日。
前項實習教師證書之格式，由省（市）政府教育廳（局）
訂定，並製發。

第五條 本法第七條第一項所稱複檢工作，由省（市）政府教育廳（局）辦理；必要時得授權縣（市）政府設教師複檢委員會辦理。

第六條 本法第七條第三項所稱教師合格證書，應記載下列事項，並粘貼最近三個月內之一吋半身正面相片及加蓋鋼印：
一、姓名。
二、出生年、月、日。
三、國民身分證統一編號。
四、檢定結果。
五、證書字號。
六、發給證書之年、月、日。

第七條 本法第九條所稱教師合格證書，應記載下列事項，並粘貼最近三個月內之一吋半身正面相片及加蓋鋼印：
一、姓名。
二、出生年、月、日。
三、國民身分證統一編號。
四、審定等級。
五、證書字號
六、年資起算。
七、送審學校。
八、發給證書之年、月、日。

第八條 前二條之證書，其格式由教育部統一訂定。

第九條 學校依本法第九條第二項辦理複審合格後，報請教育部發給教師證書。

第十條 教師依師資培育法第十一條或第十八條規定分發者，免依本法第十一條第一項經學校教師評審委員會審查。

第十一條 本法所稱初聘，係指實習教師或合格教師接受學校第一次聘約或離職後重新接受學校聘約者。

第十二條 本法所稱續聘，係指合格教師經學校初聘後，在同一學校繼續接受聘約者。

第十三條 本法第十一條第三項所稱專科以上學校教師之聘任，係指初聘、續聘及長期聘任。

第十四條 本法施行前依法派任及已取得教師資格之現任教師，依本法第十三條規定辦理聘任時，其原派、聘任年資應予併計。

第十五條 本法第十條所稱服務成績優良者，係指高級中等以下學校教師除履行本法第十七條所規定之義務外，並應具有下列條件之一：

一、品德良好有具體事蹟，足為師生表率。

二、積極參加與教學、輔導有關之研究及進修，對教學及輔導學生有具體績效。

三、參與學校學術、行政工作及社會教育活動，負責盡職，圓滿達成任務，對學校有特殊貢獻。

第十六條 本法第十四條第一項所稱解聘、停聘或不續聘，其定義如下：

一、解聘：係指教師在聘約存續期間，具有本法第十四條第一項各款情事之一，經服務學校評審委員會決議，並報經主管教育行政機關核准後，解除聘約者。

二、停聘：係指教師在聘約存續期間，具有本法第十四條第一項各款情事之一，經服務學校評審委員會決議，並報經主管教育行政機關核准後，暫時停止聘

約關係者。

三、不續聘：係指教師具有本法第十四條第一項各款情
事之一，經服務學校評審委員會決議，於聘約期限
屆滿時不予續聘，並報經主管教育行政機關核准
者。

教師聘任後具有教育人員任用條例第三十一條或第
三十三條規定情事者，應依法解聘。

第十七條 教師停聘期間，服務學校應予保留底缺，俟停聘原因消
滅並經服務學校教師評審委員會審查通過後，回復其聘
任關係。

學校行政教師因依本法停聘，於停聘原因未消滅前聘約
期限屆滿者，學校教師評審委員會仍應依規定審查是否
繼續聘任。

第十八條 依本法第十四條規定停聘之教師，其本人及家屬如係依
賴其薪資維持生活者，在聘約期內得向服務學校申請，
經查證屬實後，發給半數以下數額之本薪（年功薪）；
停聘原因消滅後回復聘任者，其本薪（年功薪）；應予
補發。但教師係因受有期徒刑或拘役之執行或受罰金之
判決而易服勞役者，其停聘期間之薪資，不得依本條規
定發給。

第十九條 學校教師評審委員會依本法第十四條之規定作成教師解
聘、停聘不續聘之決議後，學校應自決議作成之日起十
日內報請主管教育行政機關核准，並同時以書面附理由
通知當事人。

教師依前項解聘停聘或不續聘，於主管教育行政機關核
准，其聘約期限屆滿者，學校應予暫時繼續聘任。

第二十條 學校或主管教育行政機關依本法第十五條規定優先輔導
　　　　遷調或介聘之教師，經學校教師評審委員會審查發現有
　　　　本法第十四條第一項各款情事之一者，其聘任得不予通
　　　　過。

第二十一條 本法第十五條有關資遣原因之認定，由學校教師評審
　　　　　委員會審查。

第二十二條 本法第十六條所稱學校章則，係指各學校依法令或本
　　　　　於職權經學校校務會議通過，並按規定程序公告實施
　　　　　之規定。

第二十三條 本法第十六條第三款所稱在職進修，係指與教師教
　　　　　學、研究及輔導有關之進修。

第二十四條 本法第十七條第一項第一款所定聘約，得由主管教育
　　　　　行政機關訂定聘約準則。各級教師會並得依本法第二
　　　　　十七條第二款規定，與各級主管教育行政機關協議聘
　　　　　約準則。
　　　　　教師聘約內容，應符合各級學校聘約準則之規定。

第二十五條 本法第二十六條第一項所稱學校教師會、地方教師
　　　　　會、全國教師會，其定義如下：
　　　　　一、學校教師會：係指各級學校專任教師所組成之職
　　　　　　　業團體。
　　　　　二、地方教師會：係指於直轄市縣（市）區域內以學
　　　　　　　校教師會為會員所組成之職業團體。
　　　　　三、全國教師會：係指由各地方教師會為會員所組成
　　　　　　　之職業團體。

第二十六條 學校教師會由同一學校（含附設幼稚園）專任教師三
　　　　　十人以上，依人民團體法規定組成之，冠以學校名

稱，執行本法第二十七條各款任務。

學校（含附設幼稚園）班級數少於二十班時，得跨校、跨區（鄉、鎮），由同級學校專任教師三十人以上，依人民團體法規定組成之。其名稱由共同組成之學校教師協調訂定。

依第一項規定成立學校教師會之學校，其教師不得再跨校、跨區（鄉、鎮）參加學校教師會。

第二十七條 各級教師會應於成立大會後三十日內，檢具大會紀錄、章程、會員及負責人名冊，報請所在地人民團體主管機關備案。

前項人民團體主管機關於備案後，除發給證書及圖記外，並通知當地主管教育行政機關。

第二十八條 地方教師會以直轄市、縣（市）為其組織區域，並冠以各該區域之名稱；全國教師會應冠以中華民國國號。

第二十九條 本法第二十六條第四項前段所稱行政區內半數以上學校教師會之計算，係指行政區內二十班以上之各級學校（含幼稚園）之半數。

第三十條 本法第三十四條所稱已取得教師資格之教師，係指具有下列各款情形之一者：

一、在專科以上學校，係指已取得教育部所頒發之教師證書者。

二、在高級中等以下學校，係指已取得主管教育行政機關所頒之教師合格證書且尚在有效期間或在本法施行前已具有該級該類科教師登記資格者。

前項第二款所稱有效期間及已具有該級該類科教師

登記資格者，其認定依高級中等以下學校及幼稚園
教師資格檢定及教育實習辦法之規定。

第三十一條 本細則自發布日施行。

師資培育法施行細則

中華民國八十四年一月二十五日
行政院台八十四教字第○三○八九號函核定
中華民國八十四年二月二十二日
教育部台（84）參字第○○八一二三號令訂定發布全文十五條

第一條 本細則依師資培育法（以下簡稱本法）第十九條規定訂定
　　　　之。

第二條 本法第三條所稱其他教育專業人員之職前教育實習及在職
　　　　進修，除其從事工作須具備教師資格者，適用本法相關規
　　　　定外，並依各該人員之相關法令辦理。

第三條 大學校院得依學校特色及師資需要規劃開設教育學程，經
　　　　教育部核定後實施。
　　　　師範校院得依校際互選課程之規定，報經教育部核定後，
　　　　爲當地區其他大學校院學生開設教育學程。

第四條 本法第四條、第六條、第七條所稱教育學分及教育學程，
　　　　由教育部依師資或其他教育專業人員之類別另定之。

第五條 師範校院大學部學生應修畢規定之教育學分，始准畢業。

第六條 本法第十條所稱普通科目係大學法施行細則所稱各大學共
　　　　同必修科目及校定必修科目。
　　　　本法第十條所稱教育專業科目名稱及各科目學分數由教育
　　　　部訂定。

本法第十條所稱專門科目應符合教師資格檢定辦法規定。

第七條 師資培育採公費者，應依本法第十一條第二項之原則，由
　　　教育部研訂計畫並定期檢討實施。師資培育採自費者，經
　　　教師資格檢定合格後，由主管教育行政機關建立教師人力
　　　資源庫備用。
　　　師資類科不足之學系由省市主管教育行政機關定期調查推
　　　估，報經教育部核定並公告之；偏遠或特殊地區學校，由
　　　各級主管教育行政機關認定之。

第八條 師範校院得設實習輔導處，置處長一人，由校長聘請具有
　　　教學實習專長之副教授資格以上教師兼任之。
　　　設有教育院、系、所或教育學程之大學校院得設實習輔導
　　　室，置主任一人，由校長聘請具有教學實習專長之副教授
　　　資格以上教師兼任之。
　　　主管教育行政機關設置之教師研習進修機構得設實習輔導
　　　組，置組長一人，由具有教學實習專業知能之人員充任
　　　之。
　　　第一項、第二項之處、室得分組辦事，各置組長人一人，
　　　並置專任輔導教師及職員若干人。其員額編制由學校擬定
　　　報請教育部核定之。

第九條 師範校院及設有教育院、系、所之大學校院，得依本法第
　　　十四條規定，報經主管教育行政機關核轉教育部核准設立
　　　附屬或實驗高級中等學校、國民中學、國民小學、幼稚園
　　　及特殊教育學校，以供其教育實習、實驗及研究。

第十條 師範校院為辦理教師在職進修，得設進修部，置主任一
　　　人，專任教師若干人，並得分組辦事，各置組長一人，職
　　　員若干人，其員額編制由學校擬定，報請教育部核定之。

設有教育院、系、所或教育學程之大學校院為辦理教師在職進修，得設教師研習中心，並置專任教師、職員若干人，其員額編制由學校擬定，報請教育部核定。

第十一條 師資培育機構所設教師在職進修專責單位辦理之各項進修，其授予學位或發給學分證明書者，除依本法相關規定外，並依大學法及學位授予法相關規定辦理。

第十二條 師資培育機構依本法所設之單位、附屬或實驗學校及幼稚園，應於各校組織規程中明定，並報請教育部核定後實施。

第十三條 本法修正施行前已在職，且修正施行後仍繼續任教之試用教師、合格偏遠或特殊地區教師證書尚在有效期間者，其教師資格之取得，仍適用本法修正施行前各該有關之規定。

第十四條 教育部為審議本法所定有關師資培育事項，得組成委員會辦理之。所需工作人員由教育部相關員額內調充之。

第十五條 本細則自發布日施行。

〔附錄八〕
教師申訴評議委員會組織及評議準則

中華民國八十五年八月十四日
教育部台（85）參字八五五○四四一五號令訂定

第一章 總則

第一條 本準則依教師法第二十九條為第二項規定訂定之。

第二條 本準則之主管教育行政機關（以下簡稱主管機關），在中央為教育部，在省（市）為省（市）政府教育廳（局），在縣（市）為縣（市）政府。

第三條 教師對主管機關或學校有關其個人之措施，認為違法或不當致損害其權益者，得提出申訴。

各級主管機關及專科以上學校為辦理教師申訴案件之評議，應設教師申訴評議委員會（以下簡稱申評會）。

第四條 各級主管機關應依其業務需要訂定申評會編組表，列明職稱、職等、員額。

前項編組所需人員於本機關現有員額內聘用。

第二章 組織

第五條 各級主管機關申評會置委員十五人至二十一人，均為無給職，任期二年，由機關首長遴聘教師、教育學者、該地區

教師組織或分會代表、主管機關代表、社會公正人士擔任，其中未兼行政職務之教師不得少於總額三分之二。

前項委員因故出缺時，繼任委員之任期至原任期屆滿之日止。

第六條 各級主管機關申評會主席由委員會互選之，並主持會議，任期一年，連選得連任。

前項主席因故不能主持會議時，由其指定委員一人代理主席。

第七條 專科以上學校申評會之組成、主席產生方式及委員任期，由各學校擬訂要點報教育部核定。

前項申評會主席，不得由該校校長擔任。

第八條 各級主管機關申評會會議由機關首長或其指定之人員召集之；專科以上學校申評會會議由校長或其指定之人員召集之。

前項會議經委員二分之一以上之書面請求，召集人應於二十日內召集之。

第三章 管轄

第九條 教師提起申訴、再申訴之管轄如下：

一、對於專科以上學校之措施不服者，向該學校申評會提起申訴；如不服其決定者，向中央主管機關之申評會提起再申訴。

二、對於高級中等以下學校之措施不服者，向學校所屬主管機關之申評會提起申訴；如不服其決定者，向其上級主管機關之申評會提起再申訴。但對於國立高級中等以下學校之措施不服者，向中央主管機關之申評會提起申訴，並以再申訴論。

三、對於縣（市）主管機關之措施不服者，向縣（市）主
管機關之申評會提起申訴；如不服其決定者，向省主
管機關之申評會提起再申訴。

四、對於省（市）主管機關之措施不服者，向省（市）主
管機關之申評會提起申訴；如不服其決定者，向中央
主管機關之申評會提起再申訴。

五、對於教育部之措施不服者，向中央主管機關之申評會
提起申訴，並以再申訴論。

依前項第二款或第三款規定，向金門縣、連江縣政府之申
評會提起申訴，如不服其決定者，向福建省政府之申評會
提起再申訴。

第十條 學校或主管機關不服申訴決定，提起再申訴者，應比照前
條管轄等級為之。

第四章 申訴之提起

第十一條 申訴之提起應於知悉措施之次日起三十日內以書面為
之；再申訴應於評議書達到之次日起三十日內以書面為
之。

第十二條 申訴應具申訴書，載明下列事項，由申訴人署名，並應
檢附原措施文書、有關之文件及證據：

一、申訴人姓名、出生年月日、身分證明文件號碼、服
務學校及職稱、住居所、電話。

二、有代理人或代表人者，其姓名、出生年月日、身分
證明文件號碼、住居所、電話。

三、為原措施之學校或主管機關。

四、申訴之事實及理由。

五、希望獲得之補救。

六、提起申訴之年月日。

七、受理申訴之學校或機關。

八、載明就本申訴事件有無提起訴願、訴訟。

再申訴時，並應檢附原申訴書及原評議決定書。

第十三條 提起申訴不合前條規定者，受理之申評會得酌定相當期
限，通知申訴人補正。逾期未補正者，申評會得逕為評
議。

第五章 申訴評議

第十四條 申評會應自收到申訴書之次日起十日內，以書面檢附申
訴書影本及相關書件，請求為原措施之學校或主管機關
提出說明。

學校或主管機關應自前項書面請求達到之次日起二十日
內，擬具說明書連同關係文件，送於受理之申評會。但
為原措施之學校或主管機關認定申訴為有理由者，得自
行撤銷或變更原措施，並函知受理之申評會。

為原措施之學校或主管機關逾前項期限未提出說明者，
申評會得逕為評議。

第一項期間，於依前條規定補正者，自補正之次日起
算；未為補正者，自補正期限屆滿之次日起算。

第十五條 申訴提起後，於決定書送達申訴人前，申訴人得撤回
之。申訴經撤回者，申評會毋須評決，應即終結，並通
知申訴人、為原措施之學校或主管機關。

申訴人撤回申訴後，不得就同一原因事實重行提起申
訴。

第十六條 提起申訴之教師就申訴案件或相牽連之事件，同時或先

後另行提起訴願、行政訴訟、民事或刑事訴訟者，應即
以書面通知申評會。申評會依前項通知或依職權知有前
項情形時，應以書面通知申訴人停止申訴案件之評議；
俟停止原因消滅後經其書面請求繼續評議。申訴案件全
部或一部之決定，以其他訴願或訴訟之法律關係是否成
立爲據者，申評會得在其他訴願或訴訟終結前，以書面
通知申訴人，停止申訴案件之評議，俟停止原因消滅後
繼續評議。

第十七條 申評會依前條規定繼續評議時，應以書面通知申訴人。

第十八條 申評會會議以不公開舉行爲原則。

申評會評議時，得經決議邀請申訴人、關係人、學者專
家或有關機關指派之人員到場說明。

申訴人得申請於申評會評議時到場說明；經申評會決議
後，得通知申訴人或由申訴人偕同一人到場陳述意見。

申訴案件有實地瞭解之必要時，得經申評會會議決議，
推派委員三人至五人爲之。

第十九條 申評會委員對於申訴案件有利害關係或關於其服務學校
申訴案件者，應自行迴避，不得參與評議。

有具體事實足認申評會委員就申訴案件有偏頗之虞者，
申訴人得向申評會申請委員迴避，並應舉其原因事實。

前項申請，由申評會決議之。

第六章 評議決定

第二十條 申評會之決定，除依第十六條規定停止評議者外，自收
受申訴書之次日起，應於三個月內爲之；必要時，得予
延長，並通知申訴人。

延長以一次為限，最長不得逾二個月。

前項期間，於依第十三條規定補正者，自補正之次日起算；未為補正者，自補正期限屆滿之次日起算；依第十六條規定停止評議者，自繼續評議之日起重行起算。

第二十一條 申訴案件有下列各款情形之一者，應附理由為不受理之決定：

一、提起申訴逾第十一條規定之期間者。

二、申訴人不適格者。

三、非屬教師權益而應由法院審理之事項者。

四、申訴已無實益者。

五、對已決定或已撤回之申訴案件就同一原因事實重行提起申訴者。

第二十二條 申評會於申訴案件評議前，應擬具處理意見連同卷證提請評議。

申評會於必要時，得推派委員三人審查，委員於詳閱卷證、研析事實及應行適用之法規後，向申評會提出審查意見。

第二十三條 申訴案件無第二十一條各款情形之一者，申評會評議時應審酌申訴案件之經過、申訴人所受損害及所希望獲得之補救、申訴雙方之理由、對公益之影響及其他相關情事。

第二十四條 申訴無理由者，申評會應為駁回之決定。

第二十五條 申訴有理由者，申評會應為有理由之決定，其有補救措施者，並應於決定主文中載明。

第二十六條 申評會開會，委員應親自出席會議，經委員二分之一

以上出席，始得開議，評議書之決定應經出席委員三分之二以上之同意行之；其他事項之決議以出席委員過半數之同意行之。

前項評議決定，委員中有應行迴避之情事者，不計入出席委員人數。

第二十七條 申評會之評議決定，以無記名表決方式為之，其評議經過應對外嚴守秘密。

第二十八條 申評會之評議案件，應指定人員製作評議紀錄附卷，委員於評議中所持與評議決定不同之意見，經其請求者，應列入紀錄。

第二十九條 評議書應載明下列事項：

一、申訴人姓名、出生年月日、身分證明文件號碼、服務之學校及職稱住居所、電話。

二、有代理人或代表人者，其姓名、出生年月日、身分證明文件號碼、住居所、電話。

三、為原措施之學校或主管機關。

四、主文。

五、事實及理由。其係不受理決定者，得不記載事實。

六、申評會主席署名。

七、評議決定之年月日。

評議書應附記如不服評議決定，得於評議書送達之次日起三十日內，向指明再申訴機關提起再申訴。但再申訴評議書，不在此限。

第三十條 評議書以申評會所屬之機關或學校名義為之，並作成正本以申訴文書郵務送達證書（格式如附件）送達申訴

人、爲原措施之學校或主管機關、該地區教師組織及有
關機關。但該地區教師組織未依法設立者，不在此限。

申訴案件有代表人或代理人者，除受達之權限受有限制
者外，前項評議書之送達，向該代表人或代理人爲之；
代表人或代理人有二人以上者，送達得僅向其中一人爲
之。

第三十一條 評議決定有下列各款情事之一者即爲確定：
　　　　　一、申訴人、爲原措施之學校或主管機關於評議書送
　　　　　　　達之次日起三十日內未提起再申訴者。
　　　　　二、再申訴評議書送達於再申訴人者。
　　　　　三、依第九條第二款但書或第五款規定提起申訴，其
　　　　　　　評議書送達於申訴人者。

第三十二條 評議決定確定後，主管機關應確實執行，並監督所屬
　　　　　學校執行。

第七章 附 則

第三十三條 本準則各條，除於再申訴已有規定者外，其與再申訴
　　　　　性質不相牴觸者，於再申訴準用之。

第三十四條 本準則發布施行前依教師申訴評議委員會暫行設置要
　　　　　點受理之申訴、再申訴案件，未評議或評議未終結
　　　　　者，依本準則規定辦理。

第三十五條 本準則發布施行前原得依教師申訴評議委員會暫行設
　　　　　置要點第四點之（八）第二項提出之案件，自本準則
　　　　　發布施行之次日起六十日內，未提出申訴者，不予受
　　　　　理。

第三十六條 本準則發布施行後，現有申評會之組織與本準則不相符合者，應調整之。但申評會委員中地區教師組織或分會代表之遴聘，至遲應自各該地區教師組織或分會依法設立完成後六十日內為之。

第三十七條 依本準則規定所為之申訴、再申訴說明及應具備之書件應以中文書寫；其書件係引述外文者，應譯成中文，並應附原外文資料。

第三十八條 本準則自發布日施行。

〔附錄九〕
高級中等以下學校及幼稚園教師資格檢定及教育實習辦法

中華民國八十四年十一月七日
行政院台八十四教字第39559號函核定
中華民國八十四年十一月十六日
台（84）參字第056322號令訂定發布全文三十九條

第一章 總則

第一條 本辦法依師資培育法（以下簡稱本法）第八條、第九條及教師法第八條規定訂定之。

第二條 本辦法專用名詞，定義如下：

一、師資培育機構：係指師範校院及設有教育院、系、所或教育學程之大學校院。

二、教育實習機構：指經遴選供教育實習之高級中等學校、國民中學、國民小學、幼稚園、特殊教育學校（班）或其他教育機構。

三、教師研習進修機構：係指縣（市）政府及省（市）政府教育廳（局）依本法施行細則第八條第三項所設置之機構。

四、修畢師資職前教育課程：指修畢本法第七條第一項所規定之課程。

五、教育專業科目：係指教育部依本法施行細則第六條第
　　二項所訂高級中等以下學校及幼稚園教師教育專業科
　　目學分對照表之規定。

六、專門科目：係指教育部依本法施行細則第六條第三項
　　所訂高級中等以下學校及幼稚園教師本科系或輔系對
　　照表之規定。

第二章 組織

第三條 省（市）政府教育廳（局）應設教師資格檢定委員會（以
　　　下簡稱省（市）檢定委員會），辦理教師資格檢定工作；
　　　必要時，得授權縣（市）政府設教師資格複檢委員會（以
　　　下簡稱縣（市）複檢委員會）辦理複檢工作。

第四條 省（市）檢定委員會置主任委員一人，由各省（市）政府
　　　教育廳（局）長兼任；並聘請相關學者、專家、資深教
　　　師、社會公正人士及教育行政人員為委員。
　　　縣（市）複檢委員會置主任委員一人，由各縣（市）長兼
　　　任，並聘請相關學者、專家、資深教師、社會公正人士及
　　　教育行政人員為委員。

第五條 省（市）檢定委員會之任務如下：
一、學歷、經歷證件之審查。
二、國外學歷之查證認定。
三、科目學分疑義之審查。
四、教育實習成績之審查。
五、複檢實施方式之審查。
六、其他有關檢定事項。
前項第四款、第五款事項，得授權縣（市）複檢委員會辦
理。

第三章 初檢

第六條 修畢師資職前教育課程，其課程符合第二條第五款教育專
業科目及第六款專門科目之規定，擬任教職者，應依本辦
法之規定參加教師資格初檢。

第七條 教師資格之初檢，依下列方式爲之：
一、中等學校教師：採科別教學檢定。
二、國民小學及幼稚園教師：採教育階段別教學檢定。
三、特殊教育教師：採類別科別及教育階段別教學檢定。
但啓智類及多重障礙類教師，以擔任教學之教育階段
別辦理檢定。

第八條 申請參加教師資格初檢者，應依下列規定申請初檢，初檢
合格者，由省（市）政府教育廳（局）核發實習教師證
書：
一、國內畢（結）業生：由其所屬師資培育機構造具名
冊，向師資培育機構所在地省（市）政府教育廳（局）
申請初檢。
二、國外畢業生：由申請人檢具申請表、學歷與經歷證件
及成績單（或學分證明書），向戶籍所在地之省（市）
政府教育廳（局）申請初檢。

第四章 教育實習

第九條 取得實習教師證書者，應配合其檢定之教育階段別、科
（類）別，依下列規定參加教育實習：
一、應屆畢（結）業生：由原畢（結）業師資培育機構負
責輔導至訂約之教育實習機構，參加教育實習；但具
有兵役義務者，俟服役期滿後，由原師資培育機構輔

導至教育實習機構，參加教育實習。

二、非應屆畢（結）業生或國外畢業生：依省（市）政府教育廳（局）於每年五月底公告之教育實習機構及名額，自覓教育實習機構，參加教育實習。

前項第一款實習教師應於規定期限內，向教育實習機構報到；屆期不報到且未能提出正當理由證明者，應依前項第二款自覓教育實習機構，參加教育實習。

第十條 師資培育機構應依下列遴選原則，選定教育實習機構，報請教育實習機構所屬之主管教育行政機關同意後，訂定實習契約，辦理教育實習：

一、辦學績效良好者。

二、具有足夠合格師資者。

三、地理位置與師資培育機構距離不遠，易於就近輔導者。

前項各款之認定標準，由省（市）政府教育廳（局）定之。

第十一條 教育實習機構提供各科實習教師之名額如下：

一、中等學校：不得超過各該學（類）科編制內合格教師人數。

二、國民小學及幼稚園：不得超過該校（園）編制內合格教師總人數。

三、特殊教育學校（班）或其他教育機構：依前二款之規定辦理。

教育實習機構與二個以上師資培育機構訂定實習契約者，其提供實習教師之總名額，不得超過前項之規定。

第十二條 實習教師應在同一教育實習機構實習一年；實習期間自當年七月一日起至翌年六月三十日止。

第十三條 各師資培育機構應邀集教師研習進修機構、教育實習機構及教育實習機構所屬主管教育行政機關，組成實習輔導委員會，規劃實習教師整體輔導計畫，並於每學年度開學二個月前，彙總報請教育部核定後實施。

自覓教育實習機構之實習教師，其實習輔導工作，由教育部另行邀集師資培育機構規劃辦理之。

第十四條 為協調規劃實習教師之輔導工作，教育部必要時，得邀請前條第一項各實習輔導委員會共同研商之。

第十五條 教育實習輔導以下列方式辦理：
一、平時輔導：由教育實習機構在該機構給予輔導。
二、研習活動：由縣（市）政府、省（市）政府教育廳（局）、師資培育機構、教育實習機構及教師研習進修機構辦理。
三、巡迴輔導：由實習教師所屬師資培育機構，前往教育實習機構予以指導。
四、通訊輔導：由師資培育機構編輯教育實習輔導通訊，定期寄發實習教師參閱。
五、諮詢輔導：由師資培育機構設置專線電話，提供實習諮詢服務。

第十六條 實習教師之教育實習事項如下：
一、教學實習。
二、導師（級務）實習。
三、行政實習。
四、研習活動。
實習期間以教學實習及導師（級務）實習為主，行政實習及研習活動為輔。

第十七條 在教育實習機構擔任實習輔導教師者,以合格教師為限。每位實習輔導教師以輔導一位實習教師為原則,並得視需要實施團體輔導。
一、有能力輔導實習教師者。
二、有意願輔導實習教師者。
三、具有教學三年以上及擔任導師三年以上之經驗者。

第十八條 各師資培育機構擔任實習輔導工作之實習指導教師,每位以指導二十五名實習教師為原則,並得酌減實習指導教師原授課時數二至四小時。
實習指導教師由師資培育機構遴選;其遴選原則如下:
一、有能力指導實習教師者。
二、有意願指導實習教師者。
三、具有在中等學校、國民小學、幼稚園、特殊教育學校(班)或其他教育機構一年以上之教學經驗者。

第十九條 實習教師應於實習開始後一個月內,與教育實習機構之實習輔導教師研商後,擬訂實習計畫,其內容包括下列事項:
一、實習重點及目標。
二、主要實習活動及實習方式。
三、預定進度及完成期限。
前項實習計畫經師資培育機構之實習指導教師認可後,由教育實習機構建檔列管,以作為實習輔導及評量之依據。

第二十條 實習教師實習期間,應參加教師研習進修機構辦理之研習活動,為期至少七天。

第二十一條 為加強師資培育機構對實習教師之輔導,師資培育機

構應規劃實習教師每月至少返校一次，集中參加座談或研習。

第二十二條 實習教師應在教育實習機構，由實習輔導教師指導下，從事教學實習。

實習教師每週教學實習時間如下：

一、中等學校：不得超過編制內合格專任教師基本授課時數之二分之一。

二、國民小學：不得超過十六節。

三、幼稚園：不得超過教學活動之二分之一。

四、特殊教育學校（班）或其他教育機構：依前三款之規定辦理。

實習教師除前項教學實習時間外，應全程參與教育實習機構之各項教育活動

第二十三條 實習教師實習期間，應撰寫實習心得報告或專題研究報告，由教育實習機構初評後，送交師資培育機構複評。

第二十四條 實習教師實習成績分為平時評量及學年評量兩項，採百分計分法。二項評量成績均達到六十分者，為實習成績及格，並以二項成績之平均數為其實習總成績。

第二十五條 平時評量包括下列事項：

一、品德操守。

二、服務態度及敬業精神。

三、表達能力及人際溝通。

四、教學能力及學生輔導知能。

五、 研習活動之表現。

第二十六條 平時評量成績依下列比率計算：

一、師資培育機構：占百分之五十。

　　二、教育實習機構：占百分之四十。

　　三、教育研習進修機構：占百分之十。

第二十七條 學年評量由師資培育機構邀集教育實習機構，共同就
　　　　　實習教師所撰寫之實習計畫、實習心得報告或專題研
　　　　　究報告，以口試及試教方式予以評量。

第二十八條 學年評量成績依下列比率計算：
　　　　　一、師資培育機構：占百分之五十。
　　　　　二、教育實習機構：占百分之五十。

第二十九條 實習教師實習一年成績不及格，得自覓教育實習機
　　　　　構，或經教育實習機構教師評審委員會同意後，重新
　　　　　在原機構參加教育實習。但在原機構重新實習者，以
　　　　　一年為限。

第三十條 實習教師因重大疾病或事故，致不能參加教育實習之期
　　　　　間超過該學期期間三分之一者，應報請師資培育機構同
　　　　　意，停止教育實習。於病癒或事故消失後，得自覓教育
　　　　　實習機構，或經原教育實習機構教師評審委員會同意
　　　　　後，在原機構參加次一年度之教育實習。

第三十一條 實習教師於教育實習期間得發給實習津貼；其標準由
　　　　　教育部擬定，報請行政院核定。實習教師支領之實習
　　　　　津貼，以一年為限。

第五章 複檢

第三十二條 實習教師之各項實習成績，由師資培育機構彙總，並
　　　　　將實習成績及格者造具名冊，函報教育實習機所在地

之省（市）政府教育廳複檢合格後，轉報教育部發給合格教師證書。

第三十三條 本法修正施行後，本辦法施行前，已進用之試用教師，於其試用教師證書（通知書）有效期間內繼續任教，且連續任教二年以上，並修畢師資職前教育課程者，得以其任教年資，折抵教育實習一年。

前項試用教師任教之最後一年應撰寫教學心得報告或專題研究報告。其試用期間成績之評量，除平時評量由試用學校自行辦理，學年評量由試用學校聘請師資培育機構教師共同辦理外，均依本辦法實習教師之規定。

第一項試用教師試用期間成績及格者，由試用學校造具名冊，報請試用學校所在地之省（市）政府教育廳（局）複檢合格後，轉報教育部發給合格教師證書。

第三十四條 教師法第二十五條第二項所定代課、代理教師，經直轄市政府教育局、縣（市）政府或學校公開甄選進用，每年代課或代理連續滿三個月以上，累計滿二年，並修畢師資職前教育課程者，得以其代課、代理年資，折抵教育實習一年。

前項代課、代理教師任教期間，應撰寫教學心得報告或專題研究報告。其代課、代理教師任教期間成績之評量，除平時評量由代課、代理學校自行辦理，學年評量由代課、代理學校聘請師資培育機構教師共同辦理外，餘依本辦法實習教師之規定。

第一項代課、代理教師於代課、代理期間成績及格者，由代課、代理學校造具名冊，報請代課、代理學校所在地之省（市）政府教育廳（局）複檢合格後，轉報教育部發給合格教師證書。

第六章 附則

第三十五條 經登記或檢定合格之教師，未曾擔任教職或脫離教學工作連續達十年以上，擬重任教職者，應重新申請資格檢定及參加教育實習。但其未擔任教職脫離教學工作期間，係擔任教育行政工作者，不在此限。

第三十六條 中等學校、國民小學、幼稚園各類教師，於繼續擔任教職期間，轉任同一階段特殊教育教師者，於修畢特殊教育師資職前教育課程時，由師資培育機構造具名冊，報請師資培育機構所在地之省（市）政府教育廳（局）審查合格後，轉報教育部發給特殊教育合格教師證書，免依本辦法申請資格檢定及參加教育實習。

第三十七條 國民中學、高級中學或職業學校同一科合格教師，於繼續擔任教職期間相互轉任時，免本辦法申請資格檢定及參加教育實習。

中等學校合格教師，於繼續擔任教職期間，修畢他科之專門科目者，得檢具合格教師證書、成績單、學分證明書，向服務學校所在地之省（市）政府教育廳（局） 申請加註他科教師資格，免依本辦法申請資格檢定及參加教育實習。

第三十八條 本辦法施行前之下列人員，自本辦法施行之日起十年內，其教師資格之取得，得依本辦法施行前之法令，以登記方式辦理之；屆期未辦理者，其教師資格之取得，悉依本辦法之規定：
一、於師範校院及設有教育院、系、所之大學，已修習或修畢教育專業科目之大學畢業生。
二、師範學院進修部各類學士學位班畢（肄）業生。

三、師範學院進修部幼稚教育專業學分班結（肄）業
　　　生。

四、具有教師資格，尚未辦理合格教師登記者。

第三十九條　本辦法自發布日施行。

〔附錄十〕
現階段加強推行國民小學生活教育實施要點

中華民國八十年五月六日
台（八〇）國字第二一六二八號

壹、實施目標

　　培養兒童自尊自愛、心懷別人、盡己之責、充實生命的生活態度，進而輔導兒童建立正確的價值觀念，開創積極進取的人生。

貳、實施原則

一、整體配合原則：注重校內生活的實踐，並兼顧正式課程的實施與潛在課程的影響。

二、循序漸進原則：首重兒童個人生活習慣的養成，建立良好的人際關係，進而能關懷社會、熱愛團體。

三、實踐力行原則：注重兒童日常生活行為、態度及習慣之培養，能透過認知層次進而樂意實踐，使良好氣質能表現於日常生活之中。

四、適性發展原則：重視個別差異，因材施教，使兒童能適性發展，發揮潛在能力，適應當前社會生活。

五、潛移默化原則：強調能處處以身作則，以良好身教、言教及境教在潛移默化中塑造兒童良好的品格。

六、協調配合原則：重視家庭與學校的協調合作，鼓勵教師、家長對兒童行為習慣態度，能在教導和評量上相互配合。

參、實施重點

生活教育之實施，仍須以「生活教育實施方案」、「生活與倫理課程」為主，並配合下列實施要點，納入各校年度實施計畫：

年級	自尊自愛	心懷別人	盡己之責	充實生命
低年級	1.會注意自己的健康和安全。 2.會愛惜物品和善用金錢。 3.會按時完成功課和工作。 4.會主動遵守班上約定事項。 5.要做一個受歡迎的人。 6.其他（由各校視實際需要得以增訂）。	1.會用愉快活潑的聲音向人打招呼。 2.能和朋友相親相愛，互相幫助。 3.會感謝別人幫助。 4.其他（由各校視實際需要得以增訂）。	1.對於大家一起使用的東西，會很珍惜不破壞。 2.要敬愛家人，而且主動做家事。 3.敬愛老師，喜愛班級中每個同學。 4.師長分配的工作，會盡力做好。 5.其他（由各校視實際需要得以增訂）。	1.以滿懷愛心去接近大自然。 2.珍惜生命，不玩危險遊戲。 3.喜歡接觸美的事物，保持愉悅的心情。 4.其他（由各校視實際需要得以增訂）。
中年級	1.自己能做的事一定自己做。 2.做事前會先仔細考慮後果。 3.勇於認錯並馬上改正。 4.自己決定的事要盡力完成。 5.對於正當的事，有勇氣去實行。 5.做一個誠實和可以令人信任的人。	1.會和顏悅色有禮節地對待他人。 2.會為別人著想，樂意幫助每個人。 3.對朋友要互相瞭解、互相信賴。 4.對於父母、師長要尊敬感謝，並適時的表達關懷之意。 5.其他（由各校視實際需要得以增訂）。	1.有公德心，遵守公共秩序。 2.養成勤勞的習慣，同時主動做好自己的工作。 3.敬愛家人，使家庭更快樂、更甜蜜。 4.努力使自己的班級更和諧。 5.瞭解生長地方的文化，並且珍惜所住的地方。	1.要瞭解大自然的奇妙，同時要珍惜自然環境。 2.學會保護自己生命安全，同時珍惜有生命的東西。 3.對於美的事物能欣賞、會感動。 4.其他（由各校視實際需要得以增訂）。

	7.其他（由各校視實際需要得以增訂）。		6.要關心自己的文化和傳統，養成敬愛國家的心。 7.其他（由各校視實際需要得以增訂）。	
高年級	1.每天反省，並檢討自己的行為。 2.訂定理想的目標，能勇敢去做。 3.會遵守規律，並能享受自己安排的生活。 4.以誠實、開朗的心來充實生活。 5.要日新月新，追求進步。 6.瞭解自己的優、缺點，改正缺點，發揚優點。 7.要自信的表現自己的才能。 8.其他（由各校視實際需要得以增訂）。	1.在不同的時間、地點會用正確的禮節去處理事情。 2.有體諒他人的心，為對方著想，彼此不傷和氣。 3.能與同學互相信賴、互相切磋、互相幫助來加深彼此的友情。 4.能以謙虛的心，不堅持己見，容納不同的意見，尊重不同的立場。 5.明白人們是互相合作才能過快樂的生活，因此對待他人常心存感激。 6.會欣賞別人的優點並學習。 7.其他（由各校視實際需要得以增訂）。	1.主動參加有益身心的活動，同時盡力完成在團體中的責任。 2.要有公德心，遵守法律的規律，尊重自己的權利和盡義務。 3.以平等的心去對待每一個人，努力實現正義。 4.能發揮勤勞的習慣，樂意為社會服務。 5.敬愛家人，透過自己努力，多與家族親人保持聯繫。 6.敬愛學校的每一個人，共同樹立良好的校風及校譽。 7.珍惜自己的文化傳統，瞭解先人努力進而愛鄉愛國。 8.熱愛自己的國家，並以開闊胸懷向世界各國表示友好。 9.其他（由各校視實際需要得以增訂）。	1.瞭解大自然的偉大，珍惜自然環境，做好環保的工作。 2.瞭解生命是無價的，學習尊重別人和自己的生命。 3.能欣賞美的事物，並溶入日常生活中。 4.對於大自然要有敬畏之心。 5.能勤學好問並養成閱讀習慣，以充實知識。 6.能夠培養自己的興趣，並且有恆心的去努力。 7.其他（由各校視實際需要得以增訂）。

肆、績效考評

本要點實施成效，併入國民中、小學成績考查辦法第二章德育成績之考查項目下辦理。

〔附錄十一〕
「降低國民中小學班級學生人數」長程計畫（草案）

中華民國八十六年三月

壹、計畫緣起

一、依據

(一) 國民教有法第十二條規定：「國民小學及國民中學，以採小班制為原則；其班級編制及教職員員額編制標準，由教有部定之。」

(二) 民國八十四年二月二十一日行政院台八十四人政力字第〇五九九二號函核定修正之「國民小學與國民中學班級編制及教職員員額編制標準」，其第二條第一項規定「國民小學及國民中學，每班學生人數以四十人為原則，其每班學生人數最多不得超過四十五人。山地、偏遠、離島及特別地區之學校，每班學生人數得視實際情形予以降低，且以維持年級教學為準。」

(三) 國民教有法第十六條第四項規定：「中央政府應視國民教育經費之實際需要補助之。」

(四) 八十五年八月七日訂定，九月四日二次修訂，教育部長施政構想「迎接新世紀，開展新教有」。

（五）八十五年十二月二日，行政院教育改革審議委員會「教育改
　　　革總諮議報告書」暨「教有部對教育改革審議委 員會總諮
　　　議報告書建議事項之初步研析」。

（六）「政院提升國家競爭力工作計畫」將基本教育師生人數比例
　　　爲提升地方行政競爭力之細項指標。

二、未來環境預測

（一）隨著即將到來的二十一世紀，教育追求卓越及精緻的理念已
　　　成爲世界的潮流，基於提升教學效能、增進師生互動、加強
　　　個別化教學及對學生尊嚴、個性的尊重，合理降低國民中小
　　　學班級學生人數是各先進國家教育改革的必經之路，我國刻
　　　正進行教有改革之際，降低國民中小學班級學生人數勢必成
　　　爲重要課題。

（二）依內政部編印之臺閩人口統計顯示，各單一年齡之人口數以
　　　民國六十八年至七十年出生人口數爲高峰階段，每年約四十
　　　萬人，其後逐年下降，未來每年進入國小就學人數已趨穩
　　　定，每年約三十二萬人；惟因工商社會的發展，造成人口持
　　　續往都會區及城鎮流動，形成新興都會區國民中小學班級數
　　　過多及每班學生人數偏高之現象。

三、問題評析

（一）我國國民中小學班級學生教編制之沿革

　　　我國中小學班級學生數編制，自臺灣光復以來大致以五十人
　　　爲度。民國五十七年實施九年國民教育，規定每班不超過五
　　　十人。民國六十年公布之國民教育法第十二條規定：「國民
　　　小學及國民中學，以採小班制爲原則：其班級編制及教職員
　　　員額編制標準，由教有部定之。」民國七十年一月二十日行
　　　政院台七十教字第〇六六二號函核定之「國民小學與國民中
　　　學班級編制及教職員員額編制標準」，其第二條第一項規定

「國民小學及國民中學，每班學生人數以四十人為原則 。國民中學每班學生人數最多不得超過四十八人。國民小學每班學生人數最多不得超過五十二人。山地、偏遠、離島及特別地區之學校，每班學生人數得視實際情形予以降低。」

近年來隨著政治民主、經濟發展及社會多元化，各界期待能夠降低國民中小學班級學生人數，民國七十六年第六次全國教育會議決議 「逐年減少班級學生人數至四十人以下」，民國八十三年四月十日「四一〇教育改革聯盟」以小班小校為教育改革的首要訴求，民國八十三年七月三十日監察院以台八十三教字第二九四四號函糾正教育部未依規定認真規劃督導執行降低國民中小學班級學生人數。為順應教育發展趨勢及社會需求，教育部修正之「國民小學與國民中學班級編制及教職員員額編制標準」於民國八十四年二月二十一日行政院台八十四人政力字第〇五九九二號函核定，其第二條第一項修正為「國民小學及國民中學，每班學生人數以四十人為原則，其每班學生人數最多不得超過四十五人。山地、偏遠、離島及特別地區之學校，每班學生人數得視實際情形予以降低，且以維持年級教學為準。」

教育部於八十四年三月出版的「中華民國教育報告書」中，提出三階段降低國民中小學班級學生人數計畫，第一階段於八十四學年度降低至每班四十五人，第二階段於八十七學年度降低至每班四十人，第三階段於九十學年度降低至每班三十五人。行政院教育改革審議委員會第三期諮議報告書建議，八十七學年度每班降至四十人以下，九十至九十五學年度每班降至三十人以下，惟因考量教育經費負擔及地方政府人事經費困境，故本計畫修正執行年限，以兼顧財務計畫及教育品質之提升。

（二）先進國家與鄰進國家中小學班級學生人數現況

1.美國：各州、各地方學區不一致，加州地區爲二十七至三十人，芝加哥地區爲二十三至二十七人，波士頓地區爲十六至二十六人，德州地區規定幼稚園至國小四年級每班學生人數不得超過二十二人。

2.英國：小學每班平均人數約爲二十六人，中學每班平均人數約爲二十一人。

3.法國：小學每班平均人數約爲二十三人，中學每班平均人數約爲二十五人。

4.德國：小學及中學每班平均人數均約爲二十三人，

5.加拿大：各省、各地方學區不一致，小學約爲二十五人，中學爲十七至三十五人。

6.澳大利亞：小學每班平均人數約爲二十八人，中學每班平均人數約爲二十四人。

7.比利時：小學每班最多十九人，中學每班爲二十六至二十八人。

8.日本：小學及中學班級學生人數編制均爲四十人。

9.南韓：小學每班平均人數約爲三十六人，國中每班平均人數約爲四十八人。

10.大陸地區：城鎮初中每班平均學生數爲四十五至五十人，小學每班平均學生數爲四十至四十五人，鄉村初中每班平均學生數爲四十至四十五人，小學每班平均學生數爲三十至三十五人。

（三）我國國民中小學班級學生人數現況

八十五學年度國民中學學生人數爲1,120,716人，班級數爲25,489班，每班平均學生數爲43.97人，其中班級人數三十人以下有1,153班，班級人數三十至三十五人有1,958班，班級人數三十五至四十人有9,147班，班級人數四十至四十五人有14,818班，班級人數四十五人以上有4l2班。班級人數

在四十人以上者占59.75%。

八十五學年度國民小學學生人數爲1,934,756人,班級數爲56,565班,每班平均學生數爲34.20人,其中班級人數三十人以下有12,471班,班級人數三十至三十五人有8,573班,班級人數三十五至四十人有24,744班,班級人數四十至四十五人有10,068班,班級人數四十五人以上有709班。班級人數在三十五人以上者占62.79%。

(四)我國國民中小學班級人數與先進國家相較,確屬偏高。且爲符應「行政院提升國家競爭力工作計畫」將基本教育師生人數比例爲提升地 方行政競爭力之細項指標,本計畫之執行確有實需。

貳、計畫目標

一、目標說明

(一)八十七學年度國民小學一年級班級學生人數降低爲三十五人。

(二)八十八學年度國民小學一、二年級班級學生人數降低爲三十五人。

(三)九十六學年度起國民中學各年級班級學生人數降低爲四十人,國民小學各年級班級學生人數降低爲三十五人。

二、達成目標之限制條件

(一)部分情況特殊地區之學校已無校地可供增建校舍,亦無可供籌設新校之土地,造成班級學生人數無法調降。

(二)部分地方政府財政困難,無法配合籌措徵收校地所需經費及支應增聘教師人事。

(三)部分地區人口流動數及越區就讀學生數,無法準確預估,因而影響目標之達成。

（四）直轄市及縣（市）政府徵收土地及拆遷校地地上物，可能產生民眾抗爭，因而影響籌設新校之工程。

三、預期績效指標及評估基準

（一）預期績效指標

1.八十七學年度國民小學一年級班級學生人數降低為三十五人。

2.八十八學年度國民小學一、二年級班級學生人數降低為三十五人。

3.九十六學年度起國民中學各年級班級學生人數降低為四十人，國民小學各年級班級學生人數降低為三十五人。

（二）評估基準

學年度	評　估　基　準
八十七	國民小學一年級班級學生人數降低為三十五人。
八十八	國民小學一、二年級班級學生人數降低為三十五人。
九十	國民中學各年級班級學生人數降低為四十三人。 國民小學一、二、三年級班級學生人數降低為三十五人。
九十二	國民中學各年級班級學生人數降低為四十二人。 國民小學一至四年級班級學生人數降低為三十五人。
九十四	國民中學各年級班級學生人數降低為四十一人。 國民小學一至五年級班級學生人數降低為三十五人。
九十六	國民中學各年級班級學生人數降低為四十人。 國民小學各年級班級學生人數降低為三十五人。

參、既有相關策略、政策及方案之執行檢討

一、既有策略、政策及方案內容

（一）整建國中與國小教育設施計畫：計畫期間為八十四至八十六

年度，每年經費二百億元，惟八十六年度僅有一百億元，本計畫分爲十一項子計畫，其內容如下：

1. 增改建普通教室。
2. 充實專科教室及設備。
3. 修建現代化廁所。
4. 改善飲用水設施。
5. 充實圖書館及設備。
6. 改善衛生保健。
7. 改善燈光照明。
8. 興修建學生活動中心。
9. 興修建運動場及相關設施。
10. 興修建游泳池。
11. 急需統籌款。

(二) 臺灣省政府教育廳補助降低國民中小學班級學生人數增班人事費計畫：逐年降低國民中小學班級學生人數，八十四學年度降爲每班四十五人，八十五學年度降爲每班四十三人，八十六學年度降爲每班四十一人，八十七學年度降爲每班四十人，所需增班人事費由該廳專款支應。

二、執行檢討

(一) 本部自八十二學年度起推動降低國民中小學班級學生人數，於八十四學年度降低至每班四十五人，其中所需增建校舍及籌設新校經費係納入「整建國中與國小教育設施計畫」統籌辦理，致使桃園縣及台中縣屢次反映不敷所需，並嚴重影響該縣執行「整建國中與國小教育設施計畫」之成效。

(二) 臺灣省政府教育廳補助降低國民中小學班級學生人數增班人事費計畫，己發揮預期效益，本部推動降低國民中小學班級學生人數計畫仍須本計畫繼續配合。

肆、實施策略及方法

一、計畫內容

八十七學年度國民中學各年級及國民小學二至六年級以每班四十人編班，國民小學一年級以每班三十五人編班，因降低班級學生人數造成增班而須增建教室及增聘教師，部分地區因學校已無校地可供增建教室，則須籌設新校解決。本計畫預定：

（一）國民中學部分：

1. 臺灣省：增設新校22所、分校3所，現有學校增建教室1,533間。

2. 台北市：增設新校4所、現有學校增建教室18間。

3. 高雄市：增設新校1所，現有學校增建教室24間。

（二）國民小學部分：

1. 臺灣省：增設新校41所、分校6所，現有學校增建教室3,657間。

2. 台北市：增設新校3所、現有學校增建教室84間。

3. 高雄市：增設新校3所，現有學校增建教室107間。

二、分年實施策略

本計畫預計分五期執行，以每二年為一期，第一期八十七及八十八學年度將國小一、二年級班級學生人數降低為三十五人；第二期八十九及九十學年度將國民中學各年級班級學生人數降低為四十三人及國民小學一、二、三年級班級學生人數降低為三十五人；第三期 九十一及九十二學年度將國民中學各年級班級學生人數降低為四十二人及國民小學一至四年級班級學生人數降低為三十五人；第四期九十三及九十四學年度將國民中學各年級班級學生人數降低為四十一人及國民小學一至五年級班級學生人數降低為三十五人；第五期九十五及九十六學年度將國民中學各年級班級學生人數降低為四十人及國民小學各年級班級學生人數降低為三十五人。

三、主要工作項目

(一) 由本部、省市教育廳局、縣市政府及學校代表組成推動降低國民中小學班級學生人數專案小組，負責本計畫之推動。

(二) 審核各縣市所提增班、增建教室、籌設新校計畫。

(三) 核撥補助經費。

(四) 督導各縣市執行情形，協助解決執行所遭遇問題。

(五) 考核各縣市執行成效。

四、實施步驟、方法與分工

年　度	實　施　內　容	執行單位
第一期	(一) 調查、彙整、初審各縣市所需資源。 (二) 針對國小一、二年級降低爲三十五人之學校辦理學區調整計畫。 (三) 審核各縣市增班、增建教室計畫。 (四) 核撥經費並執行增建教室計畫。	教育部、直轄市及縣市政府教育局。
第二期	(一) 繼續各項計畫審核及撥款作業。 (二) 除國小外亦增加國中部分之降低班級學生人數執行工作。教育部、直轄市及縣市政府教育局。 (三) 繼續增建教室並辦理設校先期工作，包括必要時之都市計畫通盤檢討、都市計畫變更作業及土地建物之拆遷補償作業。	直轄市及縣市政府教育局。
第三期	(一) 賡續辦理各項學區調整及增班設校計畫。 (二) 期中評估各項計畫執行情形並做必要之修正。	教育部、直轄市及縣市政府教育局。
第四期	賡續辦理各項增班設校計畫。	直轄市及縣市政府教育局。
第五期	(一) 賡續辦理各項增班設校計畫。 (二) 期末評估各項計畫執行情形。	教育部、直轄市及縣市政府教育局。

伍、資源需求

一、所需資源說明

（一）人力：規劃9所師範學院增加招生員額，並積極鼓勵大學校院開設國民小學教師教育學程及各師資培育機構辦理學士後教育學分班，以多元方式培育師資，以投入國民小學教師行列。

（二）物力：所需之增建教室或增設新校用地由各地方政府依據都市計畫法及相關法令辦理撥用或徵收等相關事宜。

（三）財力：直轄市及縣市政府負擔徵收校地及增聘教師人事費、本部負擔增建教室及籌設新校工程費。

二、經費需求

（一）財務需求方案：

本計畫所需經費為增建教室及籌設新校工程費，擬於完成計畫審核後，配合計畫時程辦理一次發包並依工程進度分年編列經費支應。計畫總經費為新台幣（以下同）陸佰捌拾億元，編列於本部年度預算內辦理，分別為八十七會計年度伍拾柒億元、八十八至九十五會計年度各柒拾億元、九十六會計年度陸拾參億元。

單位：億元

用途別　預算科目　年度	以前年度已列預（概）算數累計（A）	八七年度	八八年度	八九年度	九十年度	九一年度	九二年度	九三年度	九四年度	九五年度	九六年度	小計(B)	總需求(A+B)	備註
—	0	57	70	70	70	70	70	70	70	70	63	680	680	

（二）經費需求計算：

本部於八十五年度委託台北市教師研習中心，針對每班平均學生人數多於四十人之1,078所國民中小學，調本八十七學年度每班學生數降為四十人所需資源，經彙整後結果如下：

1.徵收校地面積：1,900,810平方公尺。

2.增聘教師：9,358人。

3.增設新校工程經費：42,860,650千元。

4.增建教室及附屬建築經費：10,584,336千元。

為自八十七學年度起國民小學一年級班級學生人數優先降為三十五人，本部推估八十七學年度一年級由每班四十人降為三十五人，將增加1,687人班，預估須增加教師2,530人，增建教室經費2,429,280千元（每班1、2間教室，每間教室造價120萬），因人口成長幅度緩和，每年進入國小就學人數已趨穩定，以相同比例計算國民小學各年級班級學生人數均降為三十五人，所需增建教室經費共約為14,575,680千元。本計畫所需徵收校地經費由直轄市及縣（市）政府負擔，所需增聘教師人事費由直轄市及省政府負擔，所需增設教室及增設新校工程費由中央補助，中央負擔經費共計68,020,666千元，因屬推估數，如取其概數則為680億元。

陸、預期效果及影響

一、預期效果

（一）國民中小學屬於義務教育，學生之個別差異極大，需要經常實施個別化教學，以提升教學效能，降低班級學生人數，可增進師生互動，較易實施個別化教學及個別輔導，進而提升教學品質。

（二）國小一、二年級學生年齡小，需要教師較多的關心照顧及個

別指導，優先降低班級人數至三十五人，能使其獲得教師較多關心照顧及個別指導，也較易銜接幼稚園每班三十人之班級型態，以減少適應困難，並奠定良好學習基礎。

二、計畫影響

與世界各國比較，我國國民中小學班級學生人數確屬偏高，降低班級學生人數可降低國民中小學師生比例（人力素質指標之一），因而提升國家形象及競爭力。

柒、附則

一、有關機關應配合事項

（一）省市政府教育廳局配合編列增聘教師所需人事經費。

（二）直轄市及縣市政府配合增收所需校地。

二、其他有關事項

配合鼓勵和人興學措施，鼓勵私人興辦國民中小學，以減輕政府財力負擔。（本次計畫草案行政院於八十六年七月校定，其降低班級學生人數之目標年年與每班人數也有調整）

〔附錄十二〕
成人教育法草案

中華民國八十四年

第一章 總 則

第一條 （立法目的）

　　本法旨在明定中央與地方政府對成人教育之任務，以輔導及管理成人教育事業，促進成人教育發展。

第二條 （成人教育之定義）

　　本準所稱之成人教育，係指爲超過國民教育年齡者所提供之有計畫性的非正式教育。

第三條 （成人教育之目的與任務）

　　成人教育之目的在增進成人之生活、職業、健康及休閒知能。

　　成人教育之任務如下：

　　一、增進基本知能，提高教育程度。

　　二、充實生活內涵，促進個人發展。

　　三、加強法治觀念，提升民主素養。

　　四、訓練就業技能，提供職業新知。

　　五、增進職業轉變及生活調適之知能。

　　六、培養環境保護與保健衛生之知能。

　　七、提供休閒娛樂之正確觀念與知能。

　　八、倡導社會倫理及發揚公益精神。

第四條 （成人教育範疇）

　　成人教育之範疇如下：

　　一、成人基本教育。

　　二、成人進修教育。

　　三、成人繼續教育。

　　四、其他成人教育事項。

第五條 （政府之任務）

　　各級政府機關應依其職責，擬定成人教育計畫，並設置成人教育之實施機構及設施，以推動成人教育之發展。

第六條 （明定中央及地方之主管機關）

　　成人教育之主管機關：在中央為教育部；在省（市）為省（市）政府教育廳（局）；在縣（市）為縣（市）政府。

第二章 機 構

第七條 （建議及諮詢委員會之設立）

　　各級政府機關應成立成人教育委員會，提供成人教育之建議及諮詢。

第八條 （專辦成人教育機構之設立、組織、規程、標準變更或停辦等）

　　各級政府機關、公私立機構、學校、民間團體或私人為專門辦理成人教育，得單獨設立或附設下列成人教育機構：

　　一、補習學校。

　　二、空中學校。

　　三、進修學校（班）。

　　四、函授學校（班）。

　　五、成人教育中心。

六、推廣教育中心。

七、社區成人學院。

八、婦女教育會館。

九、老人學苑。

十、其他成人教育機構。

成人教育機構之隸屬、設立、組織、規程、標準、變更或停辦由教育部訂定辦法或依相關法令辦理。

第九條 （兼辦成人教育活動之規範）

各級政府機關、公私立機構、學校、團體或私人為推展成人教育，亦得兼辦成人教育活動。

第三章 人 員

第十條 （成人教育專業人員之進用）

成人教育機構應進用成人教育專業人員推展成人教育活動。

第十一條 （教學人員之專業教育）

成人教育之教學人員應受成人教學之專業教育。

第十二條 （成人教育人員之培訓）

為培育成人教育人員，各級政府應設立專門學校，或於現有大專院校中設立系、所、科、組培育之，並辦理在職進修教育。

第四章 經 費

第十三條 （經費預算之編列）

各級政府應寬列成人教育經費，積極推展成人教育。

第十四條 （地區均衡發展原則）

　　　　成人教育經費應顧及地區均衡發展之原則，對於經費短
缺之地區，上級政府應予補助。

第十五條 （補助私人或民間團體成人教育機構與活動）

　　　　各級政府應訂定辦法補助私人或民間團體所辦理之成人
教育機構或活動。

第十六條 （成人教育基金會之籌設）

　　　　各級政府得編列預算或配合運用民間財力，籌設財團法
人成人教育基金會，以推行成人教育。

第五章　實施方式

第十七條 （明定成人基本教育推行之主體及協同辦理機構）

　　　　成人基本教育應由各級政府編定預算，共同負擔全力推
展；並獎助公私立機關、機構、民間組織協同辦理。

第十八條 （企業員工進修教育之辦理）

　　　　公私立企業機構為提升員工素質，應辦理員工進修教
育。

第十九條 （成人教育資源中心之設置）

　　　　政府為提供民間成人教育資訊及應用成人教育資源，應
在適當地區設置成人教育資源中心，協助推展成人教育
活動。

第二十條 （成人教育需求之調查）

　　　　各級教育行政機關為瞭解成人之教育需求，應視實際情
形需要進行需求調查。

第二十一條 （實施方法）

成人教育之實施，除利用固定場所施教外，並得採用隔空、函授、自學巡迴或其他有效方法施行之。

第二十二條 （成人基本教育課程大綱之訂定）
成人基本教育課程標準由教育部依據成人學習特性及實際生活之需求編定之。

第二十三條 （成人基本教育教材編審及供應）
成人基本教育教材，由政府編輯或審定之，免費供應。

第六章 輔導與評鑑

第二十四條 （成人教育輔導）
成人教育主管機關得組成成人教育輔導團，定期或不定期赴成人教育機構或團體，進行成人教育輔導工作。

第二十五條 （成人教育實施績效之評定）
成人教育主管機關為瞭解成人教育實施績效，得視需要辦理成人教育評鑑。

第二十六條 （成人教育機構或活動成果之考核）
成人教育主管機關應隨時考核成人教育機構或團體推行成人教育活動之成果。

第七章 協助與獎勵

第二十七條 （明定政府對民間團體、企業機構辦理成人教育之協助）
民間團體及企業機構為辦理成人教育，得請政府及社會教育機構予以協助。

第二十八條 （對績優機構、團體、個人之獎勵）

　　　　　各級政府對研究、辦理成人教育績效優良之機構、團
　　　　體及個人應予獎勵。其獎勵辦法另定之。

第八章 附 則

第二十九條 （有關法律之適用）

　　　　　本法未規定者，適用其他有關法律之規定。

第三十條 （施行細則）

　　　　　本法施行細則由教育部定之。

第三十一條 （施行日）。

　　　　　本法自公布日施行。

特殊教育法

中華民國七十三年十二月十七日華總（一）
義字第六六九二號令公布全文二十五條
中華民國八十六年五月十四日華總（一）
義字第8600112820號修正公布全文三十三條

第一條 為使身心障礙及資賦優異之國民，均有接受適性教育之權
　　　 利，充分發展身心潛能，培養健全人格，增進服務社會能
　　　 力，特制定本法；本法未規定者，依其他有關法律之規
　　　 定。

第二條 本法之主管教育行政機關；在中央為教育部；在省（市）
　　　 為省（市）政府教育廳（局）；在縣（市）為縣（市）政
　　　 府。本法所定事項涉及各目的事業主管機關業務時，各該
　　　 機關應配合辦理。

第三條 本法所稱身心障礙，係指因生理或心理之顯著障礙，致需
　　　 特殊教育和相關特殊教育服務措施之協助者。
　　　 本法所稱身心障礙，指具有下列情形之一者：
　　　 一、智能障礙。
　　　 二、視覺障礙。
　　　 三、聽覺障礙。
　　　 四、語言障礙。

五、肢體障礙。

六、身體病弱。

七、嚴重情緒障礙。

八、學習障礙。

九、多重障礙。

十、自閉症。

十一、發展遲緩。

十二、其他顯著障礙。

第四條 本法所稱資賦優異，係指在下列領域中有卓越潛能或傑出表現者：

一、一般智能。

二、學術性向。

三、藝術才能。

四、創造能力。

五、領導能力。

六、其他特殊才能。

第五條 特殊教育之課程、教材及教法，應保持彈性，適合學生身心特性及需要；其辦法，由中央主管教育行政機關定之。對身心障礙學生，應配合其需要，進行有關復健、訓練治療。

第六條 各級主管教育行政機關為研究改進特殊教育課程、教材教法及教具之需要，應主動委託學術及特殊教育學校或特殊教育機構等相關單位進行研究。
中央主管教育行政機關應指定相關機關成立研究發展中心。

第七條 特殊教育之實施，分下列三階段：

一、學前教育階段，在醫院、家庭、幼稚園、托兒所、特殊幼稚園（班）、特殊教育學校幼稚部或其他適當場所實施。

二、國民教育階段，在醫院、國民小學、國民中學、特殊教育學校（班）或其他適當場所實施。

三、國民教育階段完成後，在高級中等以上學校、特殊教育學校（班）、醫院或其他成人教育機構等適當場所實施。

為因應特殊教育學校之教學需要，其教育階段及年級安排，應保持彈性。

第八條 學前教育及國民教育階段之特殊教育，由直轄市或縣（市）主管教育行政機關辦理為原則。

國民教育完成後之特殊教育，由各級主管教育行政機關辦理。

各階段之特殊教育，除由政府辦理外，並鼓勵或委託民間辦理。主管教育行政機關對民間辦理特殊教育應優予獎助；其辦法，由中央主管教育行政機關定之。

第九條 各階段特殊教育之學生入學年齡及修業年限，對身心障礙國民，除依義務教育之年限規定辦理外，並應向下延伸至三歲，於本法公布施行六年內逐步完成。

身心障礙學生因故休學者，得再延長其修業及復學年限。對於失學之身心障礙國民，各級政府應規劃實施免費之成人教育。

對資賦優異者，得降低入學年齡或縮短修業年限；其辦法，由中央主管教育行政機關定之。

第十條 為執行特殊教育工作，各級主管教育行政機關應設專責單位，各級政府承辦特殊教育業務人員及特殊教育學校之主

管人員，應優先任用相關專業人員。

第十一條 各師範校院應設特殊教育中心，負責協助其輔導區內特
殊教育學生之鑑定、教學及輔導工作。
大學校院設有教育院、系、所、學程或特殊教育系、所、
學程者，應鼓勵設特殊教育中心。

第十二條 直轄市及縣（市）主管教育行政機關應設特殊教育學生
鑑定及就學輔導委員會，聘請衛生及有關機關代表、相
關服務專業人員及學生家長代表為委員，處理有關鑑
定、安置及輔導事宜。有關之學生家長並得列席。

第十三條 各級學校應主動發掘學生特質，透過適當鑑定，按身心
發展狀況及學習需要，輔導其就讀適當特殊教育學校
（班）、普通學校相當班級或其他適當場所。身心障礙學
生之教育安置，應以滿足學生學習需要為前提下，最少
限制的環境為原則。直轄市及縣（市）主管教育行政機
關應每年重新評估其教育安置之適當性。

第十四條 為使就讀普通班之身心障礙學生得到適當之安置與輔
導，應訂定就讀普通班身心障礙學生之安置原則與輔導
辦法；其辦法，由各級主管教育行政機關定之。
為使普通班老師得以兼顧身心障礙學生及其他學生之需
要，身心障礙學生就讀之普通班應減少班級人數；其辦
法，由各級主管教育行政機關定之。

第十五條 各級主管教育行政機關應結合特殊教育機構及專業人
員，提供普通學校輔導特殊教育學生之有關評量、教學
及行政支援服務；其辦法，由中央主管教育行政機關定
之。

第十六條 特殊教育學校（班）之設立，應力求普及，以小班、小校為原則，並朝社區化方向發展。

少年監獄、少年輔導院、社會福利機構及醫療機構附設特殊教育班，應報請當地主管教育行政機關核准後辦理。

私立特殊教育學校，其設立標準，由中央主管教育行政機關定之。

第十七條 為普及身心障礙兒童及青少年之學前教育、早期療育及職業教育，各級主管教育行政機關應妥當規劃加強推動師資培訓及在職訓練。

特殊教育學校（班）、特殊幼稚園（班），應依實際需要置特殊教育教師、相關專業服務人員及助理人員。特殊教育教師之資格及任用，依師資培育法及教育人員任用條例之規定；相關專業人員及助理人員之遴用辦法，由中央主管教育行政機關定之。

特殊教育學校（班）、特殊幼稚園（班）設施之設置，應以適合個別化教學為原則，並提供無障礙之學習環境及適當之相關服務。

前二項人員及設施之設置標準，由中央主管教育行政機關定之。

第十八條 設有特殊教育系（所）之師範大學、師範學院或一般大學，為辦理特殊教育各項實驗研究，並供教學實習，得附設特殊教育學校（班）。

第十九條 接受國民教育以上之特殊教育學生，其品學兼優或有特殊表現者，各級政府應給予獎助；家境清寒者，應給予助學金、獎學金或教育補助費。

前項學生屬身心障礙者，各級政府應減免其學雜費，並

依其家庭經濟狀況，給予個人必須之教科書及教育補助
器材。

身心障礙學生於接受國民教育時，無法自行上下學者，
由各級政府免費提供交通工具；確有困難，無法提供
者，補助其交通費。

前三項之獎助辦法，由各級政府定之。

第二十條 身心障礙學生，在特殊教育學校（班）修業期滿，依修
業情形發給畢業證書或修業證書。

對失學之身心障礙國民，應擬定各級學校學力鑑定辦法
及規劃實施成人教育辦法；其相關辦法，由各級主管教
育行政機關定之。

第二十一條 完成國民教育之身心障礙學生，依其志願報考各級學
校或經主管教育行政機關甄試、保送或登記、分發進
入各級學校，各級學校不得以身心障礙為由拒絕其入
學；其升學輔導辦法，由中央主管教育行政機關定
之。

各級學校入學試務單位應依考生障礙類型、程度，提
供考試適當服務措施，由各試務位於考前訂定公告
之。

第二十二條 身心障礙教育之診斷與教學工作，應以專業團隊合作
進行為原則，集合衛生醫療、教育、社會福利、就業
服務等專業，共同提供課業學習、生活、就業轉銜等
協助；身心障礙教育專業團隊設置與實施辦法，由中
央主管教育行政機關定之。

第二十三條 各級主管教育行政機關應每年定期舉辦特殊教育學生
狀況調查及教育安置需求人口通報，出版統計年報，

並依據實際需求規劃設立各級特殊學校（班）或其他身心障礙教育措施及教育資源的分配，以維護特殊教育學生接受適性教育之權利。

第二十四條 就讀特殊學校（班）及一般學校普通班之身心障礙者，學校應依據其學習及生活需要，提供無障礙環境、資源教室、錄音及閱讀服務、提醒、手語翻譯、調頻助聽器、代抄筆記、盲用電腦、擴視鏡、放大鏡、點字書籍、生活協助、復健治療、家庭支援、家長諮詢等必要之教育輔助器材及相關支持服務；其實施辦法，由各級主管教育行政機關定之。

第二十五條 為提供身心障礙兒童及早接受療育之機會，各級政府應由醫療主管機關召集，結合醫療、教育、社政主管機關，共同規劃及辦理早期療育工作。
對於就讀幼兒教育機構者，得發給教育補助費。

第二十六條 各級學校應提供特殊教育學生家庭包括資訊、諮詢、輔導、親職教育課程等支援服務，特殊教育學生家長至少一人為該校家長會委員。

第二十七條 各級學校應對每位身心障礙學生擬定個別化教育計畫，並應邀請身心障礙學生家長參與其擬定與教育安置。

第二十八條 資賦優異學生經學力鑑定合格者，得以同等學力參加高一級學校入學考試或保送甄試升學；其辦法，由中央主管教育行政機關定之。
縮短修業年限之資賦優異學生，其學籍及畢業資格，比照應屆畢業學生辦理。

第二十九條 資賦優異教學，應以結合社區資源、參與社區各類方
案為主，並得聘任具特殊專才者為特約指導教師。
各級學校對於身心障礙及社經文化地位不利之資賦優
異學生，應加強鑑定與輔導。

第三十條 各級政府應按年從寬編列特殊教育預算，在中央政府不
得低於當年度教育主管預算百分之三；在地方政府不得
低於當年度教育主管預算百分之五。
地方政府編列預算時，應優先辦理身心障礙學生教育。
中央政府為均衡地方身心障礙教育之發展，應視需要補
助地方人事及業務經費以辦理身心障礙教育。

第三十一條 各級主管教育行政機關為促進特殊教育發展及處理各
項權益申訴事宜，應聘請專家、學者、相關團體、機
構及家長代表為諮詢委員，並定期召開會議。
為保障特殊教育學生教育權利，應提供申訴服務；其
服務設施辦法，由中央主管教育行政機關定之。

第三十二條 本法施行細則，由中央主管教育行政機關定之。

第三十三條 本法自公布日施行。

〔附錄十四〕
特殊教育法施行細則

中華民國七十六年二月二十五日
教育部台（76）參字第12619號令訂定發布
中華民國八十七年五月二十九日
教育部台（87）參字第87057266號令修正發布

第一條 本細則依特殊教育法（以下簡稱本法）第三十二條規定訂
定之。

第二條 本法第三條第二項各款所列身心障礙者及第四條各款所列
資賦優異者，其鑑定原則鑑定基準，由中央主管教育行政
機關會商相關機關定之。

第三條 本法第七條第一項第一款所稱特殊幼稚園，指為身心障礙
或資賦優異者專設之幼稚園；所稱特殊幼稚班，指在幼稚
園為身心障礙或資賦優異者專設之班。本法第七條第一項
第二款及第三款所稱特殊幼稚班，指在國民小學國民中學
高級中學職業學校或依本法第十六條第二項為身心障礙或
資賦優異者專設之班。
本法第七條第一項第三款所稱高級中等以上學校，指高級
中學職業學校專科學校及大學。

第四條 政府民間依本法第八條規定辦理特殊教育學校（班）者，
其設立變更及停辦之程序如下：
一、公立特殊教育學校：

（一）國立者，由中央主管教育行政機關核定。

（二）省（市）立者，由省（市）主管教育行政機關核定，報請中央主管教育行政機關備查。

（三）縣（市）立者，由縣（市）主管教育行政機關核定，報請省主管教育行政機關備查。

二、公立學校之特殊教育班：由學校之主管教育行政機關核定。

三、私立特殊教育學校：依私立學校法規定之程序辦理。

四、私立學校之特殊教育班：由學校之主管教育行政機關核定。

各階段特殊教育除依前項規定辦理外，公、私立學校並得依學生之特殊教育需要，自行擬具特殊教育方案，向各級主管教育行政機關申請辦理之；其方案之基本內容及申請程序，由各級主管教育行政機關定之。

第五條 各級主管教育行政機關得依本法第八條第三項委託民間辦理特殊教育學校（班）或其他教育方案，其委託方式及程序，由各該主管教育行政機關定之。

第六條 為辦理本法第九條第一項身心障礙學生入學年齡向下延伸至三歲事項，直轄市、縣（市）政府應普設學前特殊教育設施，提供適當之相關服務。

直轄市、縣（市）政府對於前項接受學前特殊教育之身心障礙學生，應視實際需要提供教育補助費。

第一項所稱學前特殊教育設施，指在本法第七條第一項第一款所定場所設置之設備或提供之措施。

第七條 學前教育階段身心障礙兒童，應以與普通兒童一起就學為原則。

第八條 本法第十條所稱專責單位，指於各級主管教育行政機關置
　　　專任人員辦理特殊教育行政工作之單位。

第九條 本法第十二條所稱特殊教育學生鑑定及就學輔導委員會
　　　（以下簡稱鑑輔會），應以綜合服務及團隊方式，辦理下列
　　　事項：
　　　一、議決鑑定，安置及輔導之實施方式與程序。
　　　二、建議專業團隊及特殊教育資源中心應遴聘之專業人
　　　　　員。
　　　三、評估特殊教育工作績效。
　　　四、執行鑑定、安置及輔導工作。
　　　五、其他有關特殊教育鑑定、安置及輔導事項。
　　　直轄市、縣（市）主管教育行政機關應從寬編列鑑輔會年
　　　度預算，必要時，由中央主管教育行政機關補助之。鑑輔
　　　會應置主任委員一人，由直轄市、縣（市）主管教育行政
　　　機關首長兼任之；並指定專任人員辦理鑑輔會事務。
　　　鑑輔會之組織及運作方式，由直轄市、縣（市）主管教育
　　　行政機關首長定之。

第十條 直轄市、縣（市）主管教育行政機關應結合鑑輔會、特殊
　　　教育資源中心、特殊教育諮詢委員會、身心障礙教育專業
　　　團隊及其他相關組織，建立特殊教育行政支援系統；其聯
　　　繫及運作方式，由直轄市、縣（市）主管教育行政機關定
　　　之。
　　　前項所稱特殊教育資源中心，指直轄市、縣（市）主管教
　　　育行政機關為協助辦理特殊教育相關事項所設之任務編
　　　組；其成員，由直轄市、縣（市）主管教育行政機關就學
　　　校教師、學者專家或相關專業人員聘兼之。

第十一條 鑑輔會依本法第十二條安置身心障礙學生，應於身心障

礙學生教育安置會議七日前，將鑑定資料送交學生家長；家長得邀請教師、學者專家或相關專業人員陪同列席該會議。

鑑輔會應就前項會議所爲安置決議，於身心障礙學生入學前，對安置機構以書面提出下列建議：

一、安置場所環境及設備之改良。

二、復健服務之提供。

三、教育輔助器材之準備。

四、生活協助之計畫。

前項安置決議，鑑輔會應依本法第十三條每年評估其適當性；必要時，得視實際狀況調整安置方式。

第十二條 國民教育階段特殊教育學生之就學以就近入學爲原則。但其學區無合適特殊教育場所可安置者，得經其主管鑑輔會鑑定後，安置於適當學區之特殊教育場所。前項特殊教育學生屬身心障礙者，直轄市、縣（市）主管教育行政機關應依本法第十九條第三項規定，提供交通工具或補助其交通費。

第十三條 依本法第十三條輔導特殊教育學生就讀普通學校相當班級時，該班級教師應參與特殊教育專業知能研習，且應接受特殊教育教師或相關專業人員所提供之諮詢服務。

本法第十三條所稱輔導就讀特殊教育學校（班），指下列就讀情形：

一、學生同時在普通班及資源班上課者。

二、學生同時在特殊教育班及普通班上課，且其在特殊教育班上課之時間超過其在校時間二分之一者。

三、學生在校時間全部在特殊教育班上課者。

四、學生在特殊教育學校上課，且每日通學者。

五、學生在特殊教育學校上課，且在校住宿者。

申請在家教育之身心障礙學生，除依強迫入學條例第十三條規定程序辦理外，其接受安置之學校應邀請其家長參與該學生之個別化教育計畫之擬定；其計畫內應載明特殊教育教師或相關專業人員巡迴服務之項目及時間，並經其主管鑑輔會核准後實施。

第十四條 資賦優異學生入學後，學校應予有計畫之個別輔導；其輔導項目，應視學生需要定之。

第十五條 資賦優異學生，如須轉入普通班或一般學校就讀者，原就讀學校應輔導轉班或轉校，並將個案資料隨同移轉，以便追蹤輔導。

第十六條 各級主管教育行政機關於依本法第二十三條實施特殊教育學生狀況調查後，應建立各階段特殊教育學生通報系統，並與衛生、社政主管機關所建立之通報系統互相協調、結合。本法第二十三條所定出版統計年報，應包含接受特殊教育服務之學生人數與比率、教育安置狀況、師資狀況及經費狀況等項目。

第十七條 本法第二十六條所定提供特殊教育學生家庭支援服務，應由各級學校指定專責單位辦理。其服務內容應於開學後二週內告知特殊教育學生家長；必要時，應依據家長之個別需要調整服務內容及方式。

第十八條 本法第二十七條所稱個別化教育計畫，指運用專業團隊合作方式，針對身心障礙學生個別特性所擬定之特殊教育及相關服務計畫，其內容應包括下列事項：

一、學生認知能力、溝通能力、行動能力、情緒、人際關係、感官功能、健康狀況、生活自理能力、國

文、數學等學業能力之現況。

二、學生家庭狀況。

三、學生身心障礙狀況對其在普通班上課及生活之影響。

四、適合學生之評量方式。

五、學生因行為問題影響學習者，其行政支援及處理方式。

六、學年教育目標及學期教育目標。

七、學生所需要之特殊教育及相關專業服務。

八、學生能參與普通學校（班）之時間及項目。

九、學期教育目標是否達成之評量日期及標準。

十、學前教育大班、國小六年級、國中三年級及高中（職）三年級學生之轉銜服務內容。

前項第十款所稱轉銜服務，應依據各教育階段之需要，包括升學輔導、生活、就業、心理輔導、福利服務及其他相關專業服務等項目。

第十九條 前條個別化教育計畫，學校應於身心障礙學生開學後一個月內訂定，每學期至少檢討一次。

第二十條 依本法第二十九條第二項鑑定身心障礙之資賦優異學生及社經文化地位不利之資賦優異學生時，應選擇適用該學生之評量工具及程序，得不同於一般資賦優異學生。

依本法第二十九條第二項輔導身心障礙之資賦優異學生及社經文化地位不利之資賦優異學生時，其教育方案應保持最大彈性，不受人數限制，並得跨校實施。

學校對於身心障礙之資賦優異學生之教學，應就其身心狀況，予以特殊設計及支援。

第二十一條 主管教育行政機關對各階段特殊教育，應至少每二年
　　　　　評鑑一次；其評鑑項目，由各級主管教育行政機關定
　　　　　之。

第二十二條 本細則自發布日施行。

〔附錄十五〕
身心障礙及資賦優異學生鑑定原則
鑑定基準

中華民國八十七年十月十九日
教育部臺（87）特教字第87115669號函發布
中華民國八十八年三月五日
教育部臺（88）特教字第88021444號函修正

一、本鑑定原則鑑定基準依特殊教育法施行細則第二條規定訂定
之。

二、各類特殊教育學生之鑑定，由各直轄市、縣（市）政府「特
殊教育學生鑑定及就學輔導委員會」（以下簡稱鑑輔會）負責
相關事宜。各類特殊教育學生之鑑定，應採多元評量之原
則，依學生個別狀況，採取標準化評量、直接觀察、晤談、
醫學檢查或身心障礙手冊等方式蒐集個案資料，綜合研判
之。

三、特殊教育法（以下簡稱本法）第三條第二項第一款所稱智能
障礙，指個人之智能發展較同年齡者明顯遲緩，且在學習及
生活適應能力表現上有嚴重困難者；其鑑定基準如下：
（一）心智功能明顯低下或個別智力測驗結果未達平均數負
二個標準差。
（二）學生在自我照顧、動作、溝通、社會情緒或學科學習
等表現上較同年齡者有顯著困難情形。

四、本法第三條第二項第二款所稱視覺障礙，指由於先天或後天原因，導致視覺器官之構造缺損，或機能發生部分或全部之障礙，經矯正後對事物之視覺辨認仍有困難者；其鑑定基準如下：

(一) 視力經最佳矯正後，依萬國式視力表所測定優眼視力未達〇.三或視野在二十度以內者。

(二) 無法以前款視力表測定時，以其他方式測定後認定者。

五、本法第三條第二項第三款所稱聽覺障礙，指由於先天或後天原因，導致聽覺器官之構造缺損，或機能發生部分或全部之障礙，導致對聲音之聽取或辨識有困難者；其鑑定基準如下：

(一) 接受自覺性純音聽力檢查後，其優耳語音頻率聽閾達二十五分貝以上者。

(二) 無法接受前款自覺性純音聽力檢查時，以他覺性聽力檢查方式測定後認定者。

六、本法第三條第二項第四款所稱語言障礙，指語言理解或語言表達能力與同年齡者相較，有顯著偏差或遲緩現象，而造成溝通困難者；其狀況及鑑定基準如下：

(一) 構音障礙：說話之語音有省略、替代、添加、歪曲、聲調錯誤或含糊不清等現象，並因而導致溝通困難者。

(二) 聲音異常：說話之音質、音調、音量或共鳴與個人之性別或年齡不相稱，並因而導致溝通困難者。

(三) 語暢異常：說話之節律有明顯且不自主之重複、延長、中斷，首語難發或急促不清等現象者。

(四) 語言發展遲緩：語言之語形、語意、語彙、語法、語

用之發展，在語言理解或語言表達方面，較同年齡者有明顯偏差或遲緩現象者。

七、本法第三條第二項第五款所稱肢體障礙，指上肢、下肢或軀幹之機能有部分或全部障礙，致影響學習者；其鑑定基準依行政院衛生署所定「身心障礙等級」中所列肢體障礙之標準。

八、本法第三條第二項第六款所稱身體病弱，指罹患慢性疾病，體能虛弱，需要長期療養，以致影響學習者；其鑑定由醫師診斷後認定之。

九、本法第三條第二項第七款所稱嚴重情緒障礙，指長期情緒或行為反應顯著異常，嚴重影響生活適應者；其障礙並非因智能、感官或健康等因素直接造成之結果。情緒障礙之症狀包括精神性疾患、情感性疾患、畏懼性疾患、焦慮性疾患、注意力缺陷過動症、或有其他持續性之情緒或行為問題者。嚴重情緒障礙之鑑定基準如下：

（一）行為或情緒顯著異於其同年齡或社會文化之常態者，得參考精神科醫師之診斷認定之。

（二）除學校外，至少在其他一個情境中顯現適應困難者。

（三）在學業、社會、人際、生活等適應有顯著困難，且經評估後確定一般教育所提供之輔導無顯著成效者。

十、本法第三條第二項第八款所稱學習障礙，指統稱因神經心理功能異常而顯現出注意、記憶、理解、推理、表達、知覺或知覺動作協調等能力有顯著問題，以致在聽、說、讀、寫、算等學習上有顯著困難者；其障礙並非因感官、智能、情緒等障礙因素或文化刺激不足、教學不當等環境因素所直接造成之結果；其鑑定基準如下：

（一）智力正常或在正常程度以上者。

（二）個人內在能力有顯著差異者。

（三）注意、記憶、聽覺理解、口語表達、基本閱讀技巧、
閱讀理解、書寫、數學運算、推理或知覺動作協調等
任一能力表現有顯著困難，且經評估後確定一般教育
所提供之學習輔導無顯著成效者。

十一、本法第三條第二項第九款所稱多重障礙，指具兩種以上不
具連帶關係且非源於同一原因造成之障礙而影響學習者。
多重障礙之鑑定，應參照各類障礙之鑑定原則、基準。

十二、本法第三條第二項第十款所稱自閉症，指因神經心理功能
異常而顯現出溝通、社會互動、行為及興趣表現上有嚴重
問題，造成在學習及生活適應上有顯著困難者；其鑑定基
準如下：

（一）顯著口語、非口語之溝通困難者。

（二）顯著社會互動困難者。

（三）表現固定而有限之行為模式及興趣者。

十三、本法第三條第二項第十一款所稱發展遲緩，指未滿六歲之
嬰幼兒因生理、心理或社會環境因素，在知覺、認知、動
作、語言及溝通、社會情緒、心理或自理能力等方面之發
展較同年齡顯著遲緩，但其障礙類別無法確定者；其鑑定
依嬰幼兒發展及養育環境評估等資料，綜合研判之。

十四、本法第四條第一款所稱一般智能優異，指在記憶、理解、
分析、綜合、推理、評鑑等方面較同年齡具有卓越潛能或
傑出表現者；其鑑定基準如下：

（一）智力或綜合性向測驗得分在平均數正一點五個標準
差或百分等級九十三以上者。

（二）專家學者、指導教師或家長觀察推薦，並檢附學習
　　　特質與表現等具體資料者。

十五、本法第四條第二款所稱學術性向優異，指在語文、數學、
　　　社會科學或自然科學等學術領域，較同年齡具有卓越潛能
　　　或傑出表現者；其鑑定基準爲下列各款規定之一：
　　　（一）某領域學術性向或成就測驗得分在平均數正一點五
　　　　　　個標準差或百分等級九十三以上，經專家學者、指
　　　　　　導教師或家長觀察推薦，並檢附專長學科學習特質
　　　　　　與表現等具體資料者。
　　　（二）參加國際性或全國性有關學科競賽或展覽活動表現
　　　　　　特別優異，獲前三等獎項者。
　　　（三）參加學術研究單位長期輔導之有關學科研習活動，
　　　　　　成就特別優異，經主辦單位推薦者。
　　　（四）獨立研究成果優異，經專家學者或指導教師推薦，
　　　　　　並檢附具體資料者。

十六、本法第四條第三款所稱藝術才能優異，指在視覺或表演藝
　　　術方面具有卓越潛能或傑出表現者；其鑑定基準爲下列各
　　　款規定之一：
　　　（一）某領域藝術性向測驗得分在平均數正一點五個標準
　　　　　　差或百分等級九十三以上者，或術科測驗表現優異
　　　　　　者。
　　　（二）參加國際性或全國性各該類科競賽表現特別優異，
　　　　　　獲前三等獎項者。
　　　（三）專家學者、指導教師或家長觀察推薦，並檢附藝術
　　　　　　才能特質與表現等具體資料者。

十七、本法第四條第四款所稱創造能力優異，指運用心智能力產
　　　生創新及建設性之作品、發明、或問題解決者；其鑑定基

準為下列各款規定之一：

（一）創造能力測驗或創造性特質量表得分在平均數正一
　　　點五個標準差或百分等級九十三以上者。

（二）參加國際性或全國性創造發明競賽表現特別優異，
　　　獲前三等獎項者。

（三）專家學者、指導教師或家長觀察推薦，並檢附創造
　　　才能特質與表現等具體資料者。

十八、本法第四條第五款所稱領導才能優異，指具有優異之計
　　　畫、組織、溝通、協調、預測、決策、評鑑等能力，而在
　　　處理團體事務上有傑出表現者；其鑑定基準為下列各款規
　　　定之一：

（一）領導才能測驗或領導特質量表得分在平均數正一點
　　　五個標準差或百分等級九十三以上者。

（二）專家學者、指導教師、家長或同儕觀察推薦，並檢
　　　附領導才能特質與表現等具體資料者。

十九、本法第四條第六款所稱其他特殊才能優異，指在肢體動
　　　作、工具運用、電腦、棋藝、牌藝等能力具有卓越潛能或
　　　傑出表現者；其鑑定基準為下列各款規定之一：

（一）參加國際性或全國性技藝競賽表現特別優異，獲前
　　　三等獎項者。

（二）專家學者、指導教師或家長觀察推薦，並檢附專長
　　　才能特質與表現等具體資料者。

〔附錄十六〕
資賦優異學生降低入學年齡縮短修業年限及升學辦法

中華民國八十八年二月三日
教育部臺（八八）參字第88010951號令修正發布全文九條（原名稱為
「特殊教育學生入學年齡修業年限及保送甄試升學辦法」）

第一條 本辦法依特殊教育法（以下簡稱本法）第九條第四項、第
二十八條第一項及藝術教育法第十一條規定訂定之。

第二條 資賦優異學生之入學年齡得依本法規定予以降低，不受各
級學校最低入學年齡之限制。

第三條 資賦優異之未足齡兒童提早入學國民小學，應由其父母或
監護人提出申請，並經特殊教育學生鑑定及就學輔導委員
會鑑定符合下列規定者為限：
一、智能評量之結果，在平均數正二個標準差以上或百分
等級九十七以上。
二、社會適應行為之評量結果與適齡兒童相當。
前項申請程序由直轄市及縣（市）主管教育行政機關定
之。

第四條 各級學校應依資賦優異學生身心發展狀況、學習需要及其
意願，擬訂縮短修業年限方式及輔導計畫報請該管主管教
育行政機關核定。
前項所稱縮短修業年限，指縮短專長學科學習年限或縮短

各該教育階段規定之修業年限，其方式如下：

一、學科成就測驗通過後免修該科課程。

二、逐科加速。

三、逐科跳級。

四、各科同時加速。

五、全部學科跳級。

六、提早選修高一年級以上之課程。

七、提早選修高一級以上教育階段之課程。

各級學校對前項各款方式之採用，應針對個別學生，就其超前之學科，逐科評估其學習起點行為及能力，其實施內容由各級主管教育行政機關定之。

第五條 提前修畢各科課程之高級中等以下學校資賦優異學生，得由其父母或監護人向學校提出申請，經學校就其社會適應行為之評量結果，認定與該級學校畢業年級學生相當後，報請該管主管教育行政機關認定其畢業資格;該校並應予以追蹤、輔導。

依前條第二項第七款提早選修高一級以上教育階段課程者，該校對其及格科目於其入學後得予以抵免。

第六條 各類資賦優異學生，經認定合於下列情形之一者，得以推薦、保送、甄試、或其他入學方式升學：

一、在校肄業期間經主管教育行政機關核定參加國際性或核定有案之全國性有關學科、藝術才能或創造發明等競賽活動，獲前三等獎項者。

二、參加主管教育行政機關指定或委託學術研究機構長期輔導有關學科研習活動成就特別優異，經該機構推薦者。

三、從事獨立研究、創作發表或領導才能優異，經相關學術研究機構所組成之審查委員會推薦者。

前項入學方式，升學高級中等學校者由省（市）主管教育行政機關辦理，升學大專校院者，由各校依招生相關規定辦理。

第七條 依前條方式升學並經錄取之各類資賦優異學生，其重覆參加入學考試者，前經錄取之升學資格應予註銷。

第八條 資賦優異學生於本辦法修正施行前入學者，仍依原規定參加保送甄試升學高一級教育階段，以一次為限。

第九條 本辦法自八十八年八月一日施行。

教育學

編　　著／林重新

出 版 者／揚智文化事業股份有限公司

發 行 人／葉忠賢

責任編輯／賴筱彌

登 記 證／局版北市業字第 1117 號

地　　址／台北市新生南路三段 88 號 5 樓之 6

電　　話／886-2-23660309　886-2-23660313

傳　　真／886-2-23660310

E－mail ／tn605547@ms6.tisnet.net.tw

印　　刷／偉勵彩色印刷股份有限公司

法律顧問／北辰著作權事務所　蕭雄淋律師

初版一刷／2001 年 8 月

ＩＳＢＮ ／957-818-296-1

定　　價／新台幣 650 元

郵政劃撥／14534976

帳　　戶／揚智文化事業股份有限公司

國家圖書館出版品預行編目資料

教育學／林重新編著. -- 初版. -- 台北市：揚智文化,
　2001〔民 90〕
　　　面；　公分
　參考書目：面

　ISBN　957-818-296-1（平裝）

　1. 教育

520　　　　　　　　　　　　　　　　90008512